# म सर्भेयर

*तिमी उभिएको ठाउँको समय भनिदिन सक्छु*
*तिमी हिँडेको बाटोको लम्बाइ भनिदिन सक्छु*
*तिमीले तरेको नदीको चौडाइ भनिदिन सक्छु*
*तिमीले चढेको पहाडको उचाइ भनिदिन सक्छु*
*तिम्रो कित्तामा फिता लगाई*
*तिम्रै जमिन यति छ भनिदिन सक्छु*
*खाली कित्तामा नम्बर चढाइदिन सक्छु*
*बेनाम पहाडलाई पूरै पढाइदिन सक्छु*
*देख्दै नदेखेर पनि नापेर नक्सा*
*टेक्दै नटेकेर पनि छापेर नक्सा*
*म तिम्रा सबै खेल थाहा पाउन सक्छु*

*अफसोस !*
*मैमाथि खेलिएको नियतिको खेल थाहा पाउन सक्दिनँ*

*म सर्भेयर*
*आफैंलाई डुबाउने कैयौं खोला तर्न सक्छु*
*भीर, पहरा सोझै झर्न सक्छु*
*नापेर नक्सा, तिम्रो आयाम थाहा पाउन सक्छु*
*तिम्रा आयामलाई नक्सा पनि बनाउन सक्छु*
*खोपिएका अक्षर पनि पढ्न सक्छु*
*पढेका अक्षर खोप्न पनि सक्छु*

म, प्रेयसीको निधार चुमे झैं हिउँचुलीको शिर चुम्न सक्छु
जमिनको जीवन पनि लेख्न सक्छु
जीवनको जमिन पनि लेख्न सक्छु
जमिनको नक्सा र नक्साको जमिन पनि कोर्न सक्छु
अफसोस ! म आफ्नै भाग्यको नक्सा कोर्न सक्दिनँ

म सर्भेयर
गुडेका गाडीको स्थिति पत्ता लगाउन सक्छु
उडेका जहाजको गति पत्ता लगाउन सक्छु
पत्ता लगाउन सक्छु
मैला मैदानको फैलाइ
सुकिला पहाड अनि उज्याला हिमालको उचाइ
नीला तलाउको गहिराइ
नगईकनै हरिया जङ्गलका रूख गनिदिन सक्छु
नापिदिन सक्छु, सागरको क्षेत्रफल, फाँटको फैलावट
भनिदिन सक्छु, पहराको पीर, हिउँको कथा
नापिदिन सक्छु, बगेका नदीहरूको बेग
पग्लिएका हिमढिक्काको गति, जमेका दहहरूको घनत्व
छङछङ झरेका छहराहरूको सामर्थ्य
गहिरिएका खाडलको उचाइ, अग्लिएका चुचुराको गहिराइ

अफसोस !
यी सबै नापेर पनि केही नाप्न सक्दिनँ म !

# पन्ध्रौं चुली

शिखरमै पुगेर सगरमाथा सर्वेक्षण गर्ने सर्भेयरको कथा

खिमलाल गौतम

FP

**फाइनप्रिन्ट बुक्स**

फाइनप्रिन्ट प्रा. लि.

कर्पोरेट तथा सम्पादकीय कार्यालय

विशाल बस्ती 'क', विशालनगर, काठमाडौं

फोन : +९७७-१-४४४३२६३, ४४२१६४१

इमेल : fineprintbooks@fineprint.com.np

वेबसाइट : www.fineprint.com.np

**फाइनप्रिन्टद्वारा प्रथम पटक प्रकाशित, चैत २०७८**



ISBN: 978-9937-746-46-5



PANDHRAUN CHULI BY KHIM LAL GAUTAM

सगरमाथालाई !

# विषयसूची

## इतिहास खण्ड

# आरोहण अवसर

सगरमाथाको इतिहास ब्रह्माण्डको उत्पत्ति, प्रलय र महाप्रलयसँग जोडिएको छ । मानवजातिको इतिहाससँग त झनै गहिरोसँग जोडिएको छ । यही ब्रह्माण्डको 'सानो कण' म पनि सगरमाथासँग जोडिएको छु । यसमा मेरो अपनत्व छ, स्वामित्व छ । तसर्थ सगरमाथा मेरो पनि हो । तर मेरो मात्र होइन । सबै नेपालीको हो । संसारभरका मानिसका लागि सम्मानको शिखर हो, चुनौतीको चुली हो । क्षमता हुने जोकसैलाई यसको चुली चुम्ने अधिकार छ ।

हिमालयन डाटाबेसअनुसार अहिलेसम्म करिब १४ सय जनाले दुई वा त्यसभन्दा बढी पटक सगरमाथा आरोहण गरेका छन् । तीमध्ये एक म पनि हुँ ।

संयोगवश नापी विभागका तर्फबाट एक सर्भेयरका हैसियतमा म दुई पटक चुलीमा पुग्न सकें । त्यहाँ म विभागको कर्मचारी मात्र भएर गएको होइन, देशको नागरिक मात्र पनि भएर गएको होइन, एक निजी व्यक्ति पनि भएर गएको हुँ । त्यसैले आरोहणमा मेरा निकै निजी अनुभव पनि छन् । तिनलाई मर्न दिनुहुँदैन । किनभने म सगरमाथासँग जोडिएको छु । र संसारसँग जोडिएको छु । यी कुरालाई कुनै न कुनै रूपमा प्रस्तुत गर्न जरूरी छ भन्ने मलाई लाग्यो ।

जसरी मानिसको शरीर अस्थिपञ्जर र मांसपिण्डले बनेको छ, जसरी जमिन ढुङ्गा र माटोबाट बनेको छ, त्यसैगरी यो पुस्तक पनि केही अनुभूति र केही तथ्य जोडिएर बनेको छ । यहाँ अस्थिपञ्जर भनेको तथ्य हो भने मांसपिण्ड भनेको मेरो अनुभूति हो ।

हरेक इतिहास मान्छेको कर्म र अनुभवबाट जन्मिएका हुन्छन् । त्यसैले मेरो अनुभव सानै भए पनि आरोहण इतिहास महत्त्वपूर्ण छ । यो मेरो कर्म

व्यक्तिगत मात्र होइन, देशको पनि हो । किनभने संसारमै पहिलो पटक सर्भेयरको नेतृत्वमा चुलीमै पुगेर सगरमाथाको सर्भे गरिएको थियो ।

धेरै कुरा समान छन्, पहाड र जीवनका । एउटा उक्लिएपछि अर्को, फेरि अर्को गर्दै शृङ्खला नै देखापर्छ पहाडको । मेरा भोगाइमा पनि त्यस्तै अनेकौं पहाडका उक्लाइ अनुभव छन् । मेरो सङ्घर्षको यात्रा पहाडकै फेदबाट प्रारम्भ भयो । यसकै जगमा सगरमाथाको शिरसम्म पुगेर नेपाली झन्डा फहराउने अनि यसको प्रामाणिक उचाइ मापनमा जोडिने अवसर मिल्यो ।

पृथ्वीलाई शरीर मान्ने हो भने सगरमाथा पृथ्वीको शिर हो; पहाड र हिमालहरूको सम्राट् हो । कुनै मानिसलाई देख्दा जसरी सबैभन्दा पहिला शिरमा ध्यान जान्छ, त्यसरी नै पृथ्वीलाई हेर्दा यसको शिरमा ध्यान जान्छ । शिर मानिसको पहिचान भए जस्तै सगरमाथा पृथ्वीको पहिचान हो । यही शिरमा म नेपालका तर्फबाट सर्वप्रथम पुग्ने नापी विभागको कर्मचारी भएँ । अर्को पटक पुनः सर्भेयर भएर पुगें । मेरो प्रथम यात्रा थियो प्राप्ति, उत्साह र आरोहणको; दोस्रो चरणको यात्रामा भने काँधमा राष्ट्रको गौरव, प्रतिष्ठा र कर्तव्यको भार वहन गर्नु थियो । संसारको यही शिरताजको उचाइ नाप्ने काम सक्दै गर्दा मैले प्राप्त गरेका उपलब्धि र सङ्घर्षका अनुभूति यस पुस्तकमा समेट्ने प्रयास गरेको छु ।

मेरा कैयौं आकाङ्क्षा थिए होलान् । उत्कण्ठा पलाए होलान् । विश्वासका डोरी चुँडिए होलान् । तर ती आकाङ्क्षालाई आधारशिविरमै राखें । उत्कण्ठाहरूलाई आफूभन्दा अग्लो हुन दिइनँ । उत्कण्ठाका त्रिपालमा हावाका कैयौं झड्का लागे । तथापि उप्किन दिइनँ । शिविरहरूमा कैयौं हिमदरार परे । तथापि भासिनबाट आफूलाई जोगाएँ । अनि टुट्न लागेका विश्वासका डोरी गाँस्दै अगाडि बढें, बढिरहें । तब न यात्रा सहज बन्यो ।

सगरमाथा आफैंमा साहस, चुनौती, परिश्रम र पुरूषार्थको अर्को नाम हो । आत्मबल, निरन्तरता र सावधानीले मात्र यसको आरोहण गर्न सकिन्छ । यसका मनमोहिनी सुन्दरता, सानदार सौम्यता र विकराल विकटतालाई समभावले आत्मसात् गरेपछि मात्र जीवनशैलीमा सगरमाथासँग तन्मय साक्षात्कार हुन्छ । मेरो अनुभवमा आरोहीले सर्वप्रथम सगरमाथाको कोमलतालाई आत्मसात् गर्नुपर्छ । सगरमाथाको आरोहण जति कठिन छ, शिखरमा पुगेपछि यसले दिने आनन्द पनि उत्तिकै वर्णनातीत छ ।

सगरमाथासँग थुप्रै कष्टकर, कठोर र कहालीलाग्दा कथा पनि छन् । तर त्योभन्दा धेरै यससँग जोडिएका अद्‍भुत प्राकृतिक, जैविक र भौगोलिक अनुभूतिका रहस्यमय शृङ्खला छन् । हिमाल आरोहण गर्दा मलाई अनुभूति भएको महत्त्वपूर्ण कुरा हो– जीवन पर्वतारोहण जस्तै हो । जीवनले पछाडि फर्केर हेर्न सक्छ । तर पछाडि फर्केर हिँड्न सक्दैन ।

सगरमाथा चढ्नभन्दा यसबारे लेख्न गाह्रो हुँदो रहेछ । उचाइ मापनको विज्ञान पढ्नु र उचाइमा पुग्नु फरक रहेछ । उचाइ मापनको विज्ञान धेरैले पढ्न सक्छन् । तर उचाइमा पुग्न थोरैले मात्र सक्छन्, चाहे त्यो भूगोलको होस् या जीवनको ।

पूर्वीय सभ्यताको विकास हिमाली क्षेत्रबाट भएको विश्वास गरिन्छ । प्राचीन कविहरूले हिमालको काव्यिक वर्णन गरेका छन् । समकालीन साहित्यमा यो वर्णन पाइन्छ । सगरमाथा नेपाल र नेपालीको सान हो ।

'उचाइ हाम्रो चुलिन्छ कहाँ हिमालै नरहे', 'हामीले हिमाल उठायौं एसियाको माझमा ।'

राष्ट्रकवि माधव घिमिरेले भने जस्तै सगरमाथाले नेपाल र नेपालीको उचाइ चुल्याएको छ । त्यही हिमालको उचाइ सगौरव संसारलाई बताउन अरूले दिएको तथ्याङ्कको सहारा लिनुपर्ने बाध्यतामा हामी थियौं । अब भने नेपाल आफैंले मापन गरेको सगरमाथाको वास्तविक उचाइ हामी संसारलाई बताउन सक्ने भएका छौं । यही प्रसङ्गमा यो पुस्तकको जन्म हुन पुगेको हो । दुई पटकसम्म सगरमाथा आरोहणका अनुभूति, जहाँ मेरा आनन्द र अप्ठ्यारा क्षण समेटिएका छन्, त्यसैको सार यहाँ उतार्ने कोसिस गरेको छु । हालसम्म कसले, कहिले, कसरी सगरमाथाको मापन गरे र यस क्षेत्रको नापनक्सा कसरी तयार भयो भन्ने जिज्ञासालाई पनि यस पुस्तकले शान्त पार्नेछ ।

# आरोहण खण्ड

## माछापुच्छ्रेको काखदेखि सगरमाथाको शिरसम्म

# पहिलो आरोहण

# माछापुच्छ्रेलाई प्रेमपत्र

प्रिय माछापुच्छ्रे !

म तिम्रै काखमा जन्मिएँ, हुर्किएँ र पढें । म रूँदै जन्मिँदा सायद तिमी हाँसिरहेकी थियौ । मेरो शैशवकाल तिम्रो अगाध शीतलता, रेखदेख र हेरचाहमा बित्यो ।

मेरो बाल्यकाल साँच्चै रोमाञ्चक र सुन्दर थियो । पानी खाँदा होस् या सुनथैलीबाट दाउराको भारी बोकेर चौतारीमा बिसाउँदा होस्; वनपाखामा वनतरूल खन्न जाँदा होस् या गाईभैंसी हेर्दा, तिमीलाई कतै न कतैबाट देखिरहन्थें ।

बाले कराउँदा, आमाले हप्काउँदा, साथीहरूसँग झगडा पर्दा, दिदीहरूलाई घुर्की लगाउँदा, बहिनीहरूसँग जिस्किँदा, जब तिमीलाई देख्थें, एकाएक शीतल हुन्थें ।

ओखारीको इन्द्रेणी प्राविको चौरमा बसेर कखरा सिक्दा, जब लेख्न जान्दैनथें, तिमीतिर हेर्थे, त्यसपछि लेख्न आउँथ्यो । ए माछापुच्छ्रे ! तिमी मेरा गुरू पनि हौ ।

कहिलेकाहीँ घरमा बाआमासँग रिसाएका बेला तिमीतिर हेर्थे, रिस त तिम्रो हिउँवस्त्र जस्तै चिसो भइहाल्थ्यो । लाहाचोक मामाघर जाँदा रिभान गाउँमाथिका डाँडाहरूले तिमीलाई छेक्छन् र देख्न पाउँदिनथें । मामाघर नै नरमाइलो लाग्थ्यो । घरको अत्यारले भन्दा तिम्रो अत्यारले म चाँडै फर्किहाल्थें । थाहै नपाई तिम्रो प्रेममा परिसकेको रहेछु । तिम्रै काखमा बसेको मर्दी हिमालबाट बग्दै आएको मर्दी खोलाको पानी मेरो रगतमा छ ।

सीधा आँखाले नहेर्दा पनि तिमी कताकता देखिइहाल्थ्यौ । तिमी त मर्दी र इँदी खोलाको रहमा मात्र होइन, ताउलाको पानीमा पनि देखिन्थ्यौ ।

म त्यही पानीमा तिम्रो बिम्ब हेर्थें । पोखरा गएका बेला फेवातालमा पनि हेर्थें । तिमी यति धेरै जलराशिमा एकसाथ कसरी देखिन सक्यौ भनेर छक्क पर्थें ।

जताबाट हेरे पनि तिमी अग्ली, चुच्ची र नमस्ते गरिरहे जस्ती देखिन्छ्यौ । सात हजार मिटर पुग्न सात मिटर मात्र बाँकी भएकी तिमी बसिरहेकी बघिनी जस्तै देखिन्छ्यौ । मानौं, तिमीले आफ्ना डमरूलाई शत्रुबाट जोगाउन चनाखो भएर हेरिरहेकी छ्यौ ।

तिमीलाई थाहा छैन होला, म बिहान अबेरसम्म सुत्ने केटो, एक दिन तिमीलाई घामको पहिलो स्पर्शमा देखेपछि सबेरै उठ्ने भएँ । बिहानको तिम्रो स्वर्णरूप हेर्ने बानी पऱ्यो । बिहान मात्र होइन, दिउँसो र साँझ पनि तिम्रो रूप उही, रङ फरक भएर झल्कने गर्छ । म त्यही रूप र रङबाट मोहित थिएँ । त्यो मोह अहिले पनि उस्तै छ ।

मलाई हिमाल मन पर्छ । तीमध्ये तिमी विशेष । कारण, प्रायः हिमालको शृङ्खला हुन्छ; तर तिम्रो छैन । कसैको सहाराबिना तिमी एक्लै ठिङ्ङ उभिएकी छ्यौ; स्वाभिमानी छ्यौ । तिमी पछाडिकी अन्नपूर्ण हेर्दा उनका त धेरै दिदीबहिनी छन्; एकअर्कालाई अँगालो हालेर उभिएका । तर तिमी एक्लै अटल छ्यौ । तिमीलाई कसैको सहारामा उभिने आशा पनि छैन । बरू तिमी पछाडिको अन्नपूर्ण र अगाडि काखमा बसेकी मर्दीलाई सहारा दिएर ठिङ्ग्रिङ्ङ उभिएकी छ्यौ ।

चुनढुङ्गाले बनेकी तिमी सेती हुनुपर्ने तर तिम्रो रूप अलि फरक देख्दा कताकता दुःख लाग्छ । हिउँको क्रिम लगाउने तिम्रो अनुहारभरि जलवायु परिवर्तनले कालो पोतिदिएको देख्दा मन खिन्न हुन्छ । आशा छ, एक दिन हिउँले कालो पोतो छोपिदिनेछ ।

थाहा छ, तिमीभन्दा माथि कैयौं हिमाल छन् । तर तिमीभन्दा महत्त्वका छैनन् । आफैंमा पनि तिमी त्यति सानी त छैनौ ! माथि हुँदैमा ठूलो भइँदैन । अग्लो पनि भइँदैन । कमै मान्छेले हेक्का राखेका होलान्, पृथ्वीको सबैभन्दा माथि रहेको उत्तरी ध्रुवभन्दा सगरमाथा त के, तिमी नै धेरै अग्ली छौ । सगरमाथा आरोहण गर्नेले पनि तिमीलाई आरोहण गर्न सकेका छैनन् । सुनेको थिएँ, म जन्मिनुभन्दा एक वर्षपहिले न्युजिल्यान्डका आरोही बिल डेन्जले तिमीलाई आरोहण गर्ने प्रयास गरेका थिए । तर उनी

आरोहण गर्न नसकेर तिम्रै काखमा बिलाएछन् । तिमी जति सुन्दरी र आकर्षक छ्यौ, त्योभन्दा धेरै अप्ठ्यारी रहिछ्यौ ।

प्रिय माछापुच्छ्रे !

हाम्रो आँगनबाट हेर्दा झलमलाइरहने तिम्रो आभा, आकृति र उज्यालोबाट उही बेलादेखि म साह्रै प्रभावित थिएँ । तिम्रो काखमा रहेका हिमाल र पहाड, खोला र नदी, वनपाखा र खेतबारीको एउटा बलियो अंश मेरो जीवनमा गाँसिएको छ ।

परोक्ष रूपमा हिमालका चुलीहरूले मलाई बोलाइरहेका रहेछन् ।

त्यो बेला मलाई के थाहा, तिम्रो काखमा हुर्किएको म एक दिन सगरमाथाको शिखरमा पुग्न सक्छु भन्ने !

# सपनाशून्य

*सपनाशून्य हुनु भनेको शून्य सपना हुनु होइन ।*

भर्ना नहुँदै म साइँली दिदीको जामाको फेर समाएर खाली खुट्टा स्कुल गएको थिएँ । पढ्न मन लागेर होइन, चौरमा साथीहरूसँग खेल्न पाइन्छ भनेर । इन्द्रेणी प्राथमिक विद्यालय, ओखारी धितालमा भर्ना भएपछि पनि मलाई पढ्न रूचि लागेन । किनभने मैले पढाइको स्वाद पाएकै थिइनँ । एक कक्षामा वर्षभरि पढ्दा पनि मैले 'क'सम्म लेख्न जानिनँ । दाइ र दिदीहरूले सिकाउँदा पनि जानिनँ । रघुनाथ सरले पीपलगेडी दिएर फकाउँदै पढाउँदा पनि जानिनँ । मेरो ध्यान खेल्नमै थियो ।

२०४६ साल, मङ्सिर अन्तिम साता । घरनजिकै बारीमा गाई हेर्दै थिएँ । दुई कक्षामा प्रथम भएर दाइ अबिर लगाएर आए र खुसी हुँदै भने, "कान्छा, तँ पनि पास भइस् !"

म खुसी हुन सकिनँ; दुःखी पनि । मिहिनेतको फल पो मीठो हुन्छ । मिहिनेत नगरी पाएको फलमा के खुसी हुनु । दुई कक्षामा पढ्दासमेत म उल्टो 'क' लेख्थें । सुल्टो 'क' लेख्न जानेको दिन अक्षरको स्वाद थाहा पाएँ । त्यसपछि बिजुली गतिमा लेख्न सिकें । त्यसपछि शब्द लेख्न सिकें अनि वाक्य । दुई कक्षामा त म तेस्रो पो भएँ । त्यसपछि सधैं पहिला । त्यही बेलादेखि बसेको अक्षरको स्वाद आजसम्म पनि उस्तै छ ।

मैले इन्द्रेणी प्राथमिक विद्यालयमा पाँच कक्षासम्म अध्ययन गरें । पछि बराह माध्यमिक विद्यालयमा पढ्न पुगें ।

***

धम्पुस र ल्वाङको पानीढलोबाट सँगालिँदै सुसाएको इँदी खोलामा र मर्दी हिमालबाट बग्दै आएको मर्दी खोलामा पौडी खेल्दा नै थाहा नपाउनेगरी

पहाड र हिमालको स्वाद पाएको रहेछु । इँदी खोलाको पानी न्यानो लाग्थ्यो भने मर्दी खोलाको चिसो । पौडी खेल्न भनेपछि हुरूक्कै हुने मेरो प्रेम गर्मीमा मर्दीसँग र जाडोमा इँदीसँग जोडिएको थियो ।

इँदी र मर्दी खोलाका ढुङ्गा, माटो र बगरको किनारमा मेरो बाल्यकाल र किशोरकाल बित्यो । ती दुई खोला वरपरको संसारसँग म गाँसिएको छु, रत्तिएको छु र रमाएको छु ।

पाखातिर उक्लिँदा होस् या घरमुन्तिर इँदी र मर्दी खोलामा पौडी खेल्दा होस्; पग्लिँदै गरेका हिमालले मलाई पग्लिन सिकाए । जति पग्लिए पनि उचाइ उस्तै रहने हिमालले मलाई अटल हुन सिकाए । हिमालहरूको असल शिष्य हुने प्रयास अहिले पनि उस्तै छ ममा ।

इँदी खोला मेरो अन्तर्मनमा पनि बगिरहेछ । यसले मलाई धेरैचोटि बगाएको छ । बगाएकै कारण इँदीले मलाई पौडिन सिकायो । ए इँदी ! तिमी पौडी गुरू हौ ।

अहिले विचार गर्दा लाग्छ, हाम्रो सभ्यता इँदी र मर्दी खोला तथा माछापुच्छ्रे र मर्दी हिमालसँग जोडिएको छ । मलाई यी खोला र हिमालले सानैदेखि नजानिँदो तरिकाले जीवन बाँच्ने कला सिकाएका रहेछन् ।

मानिसको उन्नति अनि प्रगतिमा आफूले टेकेको भुइँ, खाएको पानी र पितापुर्खाको थातथलोले देखिने र नदेखिने ऊर्जा दिएको हुन्छ । मलाई लाग्छ, हाम्रो गाउँ वरपर रहेका हिमाल, पहाड, चरन, जडीबुटी, वन, खेतीपाती र नदीनालाको एउटा बलियो अंश मेरो जीवनमा गाँसिएको छ । त्यसकै प्रभाव र छाप मेरो जीवनमा गहिरोसँग गडेको छ ।

स्कुल पढ्दा शून्य सपना थियो । अघाउन्जेल खान, धीत मरून्जेल खेल्न र कक्षामा पास हुन पाए पुग्थ्यो । पढाइमा पनि मेरो ठूलो सपना थिएन । पढ्दै र बढ्दै गएपछि मात्र सपनाका ढोका खुल्दै गएका हुन् ।

# सपनाको खोजी

*सपनाको खोजीमा हिँडेर सपना पूरा गरेका मानिसभन्दा खोजी नै नगरी हिँडेकाले नै खासमा सपना पूरा गरेका हुन्छन् ।*

बराह माध्यमिक विद्यालयबाट २०५६ सालमा एसएलसी पास गरेपछि जीवनले नयाँ मोड लियो । म सपनाको खोजीमा लागेँ । पर्समा १२ सय रूपियाँ बोकेर पश्चिमाञ्चल इन्जिनियरिङ कलेज, लामाचौरमा प्रवेश परीक्षा दिन गएँ । परीक्षा दिएर फर्कंदा पर्स हरायो । मलाई सपना हराए जस्तो भयो । पछि बुझ्दा नाम निस्किएको रहेछ । तर म फापेन भनेर भर्ना हुन गइनँ ।

दाइले वन विज्ञान पढ्दै थिए । मैले पनि रूचि देखाएँ । तर उनले भने, "हामी दाजुभाइ एउटै विषय नपढम् । दाजुभाइले फरकफरक विषय पढियो भने फाइदा हुन्छ ।"

दाइको कुरा मलाई ठीकै लाग्यो । त्यसपछि म पृथ्वीनारायण क्याम्पसमा भौतिक विज्ञान पढ्न भर्ना भएँ । मेरो रूचि के हो, मलाई नै थाहा थिएन । यत्ति थाहा थियो, म अलि प्राविधिक खालको मानिस हुँ । प्राविधिक विषयमा जे पढे पनि मिहिनेत गरेर पढ्नुपर्छ ।

आइएससी पहिलो वर्ष पढ्दै थिएँ, हाम्रो गाउँको इँदी बगरको जग्गालाई लिएर गाउँलेबीच विवाद भयो । हाम्रो जग्गा पनि विवादमा परेको थियो । विवाद सल्ट्याउन पोखराबाट अमिन बोलाएका रहेछन् । एक जना सहयोगी लिएर अमिन आए र दिनभरि लगाएर जग्गा नापे । उनले जग्गा नापेको र क्षेत्रफलको हिसाब गरेको मैले ध्यान दिएर हेरेँ । ज्यामितिमा चासो भएर होला, मलाई त्यो काम खुब रूचिकर लाग्यो । उनलाई पारिश्रमिक दिन गाउँ डुलेर प्रत्येक घरबाट दुई सय रूपियाँका दरले उठाउनुपर्‍यो । त्यो जिम्मा मेरो थियो । मैले घरघरै गएर एक बिटो

पैसा उठाएँ । यसै भन्न सक्दिनँ, त्यहाँ ठ्याक्कै कति थियो । तर धेरै थियो । सायद उनको एक महिनाको तलब बराबरको रकम थियो ।

गाउँलेहरूले अमिनलाई मीठोमीठो खान पनि दिए । त्यो बेलाको खरिदारको एक महिनाको तलब बराबर एक दिनको पारिश्रमिक दिए । त्यो देखेर म लोभिएँ र आफैँलाई सम्झाएँ– हेर् कान्छा, पढ्नु नै छ भने तैँले यही विषय पढ् ।

आइएससी दोस्रो वर्ष सकिएपछि महेन्द्रपुलतिर बरालिँदै थिएँ । गोरखापत्र बाजेको पसलअगाडि एउटा नीलो रङको कपडामा सेता अक्षरले लेखिएको ब्यानर देखें, जहाँ लेखिएको थियो– *भर्ना खुल्यो ! भर्ना खुल्यो ! सिटिइभिटीबाट मान्यताप्राप्त नारायणी नापी तालिम केन्द्रमा १५ महिने आधारभूत नापी तालिम (अमिन) खुल्यो ।*

मैले हाम्रो गाउँमा आएका अमिनलाई झल्याँस्स सम्झिएँ । उनले दिनमै एक महिनाको तलब बराबर पारिश्रमिक पाएको सम्झिएँ; उनको सान, मान इज्जत सम्झिएँ । मेरो दिमागमा बत्ती बल्यो । मैले पढ्ने विषय यही हो भन्ने लाग्यो ।

त्यसपछि बाटाखर्च माग्न ठूलाबाको दोकानमा गएँ । सुरूमा उनी झर्किए, "जइले पनि किन पैसा माग्छस्, कान्छा ! काँ, तेरा बाउले मलाई पैसा राख्न द्योछ र ?"

म चुपचाप कपाल कनाएर उभिइरहें । त्यसपछि ठूलाबाले १५ सय रूपियाँ दिए । तीन ओटा पाँचपाँच सयका नोट नकुच्याईकन अलग्गै खाली पर्समा राखें । त्यही बाटा खर्च लिएर म चितवन, भरतपुरतिर हानिएँ । बसमा पनि अमिनको सपना देखिरहें । भरतपुर पुगेर फर्म भर्दा पनि डराइरहें, कतै नाम निस्किएन भने ! प्रवेश परीक्षा दिएपछि पनि डराइरहें, कतै नाम निस्किएन भने ।

नाम निस्किन्छ भन्नेमा म पूरै विश्वस्त थिइनँ, अविश्वस्त पनि थिइनँ । नाम निस्किएको दिन म तीन बित्ता उफ्रिएँ । बा पैसा लिएर भरतपुर आउनुभयो र भर्ना गरिदिनुभयो । १५ महिना तालिम गरेपछि लोकसेवा आयोग खुलेको थाहा पाएँ । परीक्षा दिएँ । जागिरमा पनि नाम निस्कियो । खरिदार सरहको अमिन पदमा २०६१ साउनबाट जागिर सुरू भयो । त्यो बेला म बिएससी पढ्दै थिएँ ।

अमिनको हातमा रूपियाँको बिटो देखेर नापीमा प्रवेश गरेको मलाई त्यसरी पैसा कमाउन कहिल्यै रहर पलाएन । जहिले पनि आफ्नो अध्ययन र योग्यता बढाउनतिर लागें । यही यात्राले मलाई माछापुच्छ्रेको काखबाट सगरमाथाको शिरसम्म पुऱ्यायो ।

# बलवान् विकल्प !

*कहिलेकाहीँ विकल्पहरू बलवान् हुन्छन् । मेरो जीवनमा पनि केही विकल्प बलिया भएका छन् र तिनले आकार लिएका छन् ।*

२०६७ को चैत हुनुपर्छ, *गोरखापत्र दैनिकले* सूचना निकाल्यो– नेपाल निजामती कर्मचारी प्रथम सगरमाथा आरोहण अभियान-२०११ आयोजना । त्यसका लागि आरोहण समूहमा समावेश हुन निजामती कर्मचारीहरूबाट आवेदन मागिएको रहेछ । त्यो कार्यक्रम 'नेपाल पर्यटन वर्ष २०११' को प्रवर्द्धनका लागि नेपालका कर्मचारीले पनि सगरमाथा आरोहण गर्न सक्छन् भन्ने सन्देश प्रवाह गर्न आयोजना गरिएको थियो, जसका लागि २० जना कर्मचारी छनोट गरिने सूचनामा उल्लेख थियो ।

*गोरखापत्र*मा सगरमाथा आरोहणका लागि आएको सूचनाले तरङ्गित भएँ । मभित्र एक खालको भावना जगृत भएर आयो– आरोहण अभियानमा सहभागी हुने रहर । तर रहरमा विचारका तीन तगरा ठडिए । पहिलो, म हिमाल चढ्ने परम्पराबाट नहुर्केको मान्छे । हिमाल चढ्न त शेर्पाहरू झैं हिउँ र हिमालसँग खेलेर हुर्किएको हुनुपर्छ । दोस्रो, साना हिमाल त कहिल्यै नचढेको मानिसले एकैचोटि सगरमाथा चढ्न खोज्नु ठूलो दुस्साहस हो । तेस्रो, यो दुस्साहस हिमालबारे एक कक्षा पनि नपढेको मानिसले एकैचोटि एमएको परीक्षा दिनु जस्तै हो ।

निष्कर्ष निकालेँ– हिमालबारे जान्नु र हिमालमा जानु नितान्त फरक कुरा हुन् । म हिमालमा जान होइन, हिमालबारे जान्न जन्मेको मान्छे; हिमाल चढ्न होइन, हिमाल पढ्न जन्मेको मान्छे ।

***

तर म निदाउँन सकिनँ । म सर्भे इन्जिनियर भएकाले सर्वोच्च शिखर सगरमाथाको उचाइ, भौगोलिक बनोट, नामकरण, मापन विधि आदि विषयले बेलाबेलामा छोइरहन्थे । मलाई आफ्ना पैतालाले पनि सगरमाथा छुन मन लाग्यो ।

विभागमा *गोरखापत्र*को सूचना र आफ्नो रहरबारे सर्भेयर साथीहरूलाई सुनाएँ । कतिपयले चासो दिए, कतिपयले दिएनन् । कतिपयले भने भन्न थाले–

"सगरमाथा हामीले होइन, क्लाइम्बरहरूले पो चढ्ने हो; शेर्पाहरूले चढ्ने हो ।"

"हामी जस्तो मान्छे मर्न जानु छ र हिमालमा !"

"कर्मचारीले सगरमाथा चढ्ने कि आफ्नो क्षेत्रको काम गर्ने ?"

"नजाने गाउँको बाटो नसोध्नू ।"

"हेर भाइ, तिमी हिमालबारे जान्न सक्छौ तर हिमालमा जान सक्दैनौ ।"

साथीहरूले भनेका यी विचारलाई पहिले नै आफैंले जितिसकेको थिएँ । अरूलाई जितेको मानिसभन्दा आफूलाई जितेको मानिस बलियो हुन्छ । म बलियो भइसकेको थिएँ । त्यसैले होला, अडिग भएँ– म जसरी पनि सहभागी हुन्छु । यी गोडा मैदान र सानातिना उकालाओराला बाटा हिँड्न मात्र बनेका होइनन्, हिमाल चढ्न पनि बनेका हुन् । आजसम्म जति मानिस सगरमाथाको शिखरमा पुगे, तिनका पनि दुई ओटा नै खुट्टा थिए । शारीरिक रूपमा स्वस्थ र मानसिक रूपमा बलियो छु भने मेरा गोडाले पनि शिखर चुम्न सक्छन् । शिखरभन्दा माथि पुगेर मेरा आँखाले हिमालको संसार हेर्न सक्छन् । हातले लेखेर त धेरै पटक परीक्षा दिएँ, मलाई खुट्टाले लेखेर परीक्षा दिन मन लाग्यो । यात्रा गर्नु भनेको धरतीमा खुट्टाले लेख्नु हो । मलाई सगरमाथामै लेख्न मन लाग्यो ।

पढेको थिएँ, सगरमाथालाई माउन्ट एभरेस्ट भनेर एक जना महान् सर्भेयरका नामबाट ब्रिटिसहरूले नामकरण गरेका थिए । त्यसैले सर्भेयरले पनि सगरमाथा चढ्नुपर्छ भन्ने पनि लाग्यो ।

छनोट प्रक्रियाका लागि मैले पनि पर्यटन मन्त्रालयमा आवेदन दिएँ । हिमालसँगको प्रेम र आरोहण गर्ने रहर मनमा भएर होला, म छानिन्छु भन्नेमा आशावादी थिएँ ।

पर्यटन महाशाखाले एक सातापछि सम्पर्क गर्न भन्यो । छनोटको जिम्मा पाएको नेपाल पर्वतीय प्रशिक्षण प्रतिष्ठान, गैरीधारा, काठमाडौंमा

सम्पर्क गरें । सगरमाथा आरोहणको प्रथम चरणको छनोट शिवपुरी राष्ट्रिय निकुञ्जभित्र नागार्जुनमा हुने भयो ।

छनोटका विभिन्न विधि अपनाइएका रहेछन्, जसमा शारीरिक तन्दुरूस्ती र स्वास्थ्य परीक्षण प्रमुख प्राथमिकतामा थिए । त्यसपछि रक क्लाइम्बिङ, वाल क्लाइम्बिङ, निश्चित तौलको ब्याकप्याक बोकेर गर्नुपर्ने दौड । सगरमाथा आरोहण गर्दा चाहिने सामग्रीहरू जस्तो कि– जुमर, हार्नेस आदिलाई पहिलो पटक चिन्ने, छुने र प्रयोग गर्ने अवसर पाएँ । ती अनौठा सामग्री र फरक अभ्यासले मलाई रोमाञ्चित बनायो ।

केही दिनपछि नतिजा प्रकाशित भयो । म वैकल्पिकको एक नम्बरमा परेछु । नतिजा देखेर मन खिन्न भयो । मेरो विश्वास पनि वैकल्पिकमा पऱ्यो । तर मलाई हिमाल चढ्न कमजोर छु भन्ने स्विकार्न गाह्रो परिरहेको थियो ।

प्रारम्भिक छनोटमा परेका २० जनामध्ये वातावरण मन्त्रालयमा कार्यरत पदम बजगाईं वैदेशिक तालिममा समेत छानिएका रहेछन् । उनले सगरमाथा आरोहणको छनोट तालिम छाडेर वैदेशिक तालिम रोजे । थाहा थिएन, मेरो भाग्यको ढोका खुलेको हो या अभाग्यको, वैकल्पिक पहिलो नम्बरमा परेका कारण म स्वतः छनोटमा परें । संयोगवश मेरो विकल्प बलियो भइदियो । डगमगाएको मनोबल ह्वात्तै बढ्यो । सोचें, विकल्प बलवान् थियो ।

छनोटमा परेका २० जना कर्मचारी थियौं– लीलामणि पौड्याल, दुर्गाप्रसाद भट्टराई, लक्ष्मण भट्टराई, सुरथ पोखरेल, सन्तकुमार महर्जन, हरि गुरागाईं, तुलसीराम भण्डारी, सुवीर श्रेष्ठ, हरि ढकाल, ज्ञानेन्द्र श्रेष्ठ, विष्णुप्रसाद निर्दोषी, मुक्तिराम रिजाल, पदमबहादुर भण्डारी, रूक्मिणी गुरूङ, कुमार गिरि, सुमन कुँवर, वीरेन्द्र कँडेल, सञ्जीव गुरूङ दामोदर विष्ट र म आफैं ।

यो मेरा लागि सुवर्ण अवसर थियो । आफ्नो जन्मस्थानको शिरमा नमस्कार गरिरहेको माछापुच्छ्रेलाई मनमनै नमस्कार गर्दै आफूलाई दृढ बनाएँ ।

काठमाडौंबाटै तालिम सुरू भयो । हिमाल चढ्न अत्यावश्यक तालिममध्ये वाल क्लाइम्बिङ र हिमाल आरोहणसम्बन्धी सैद्धान्तिक तालिम पासाङ ल्हामु प्रतिष्ठानमा गराइयो । सुरूमा उतिसाह्रो उत्साह नभए पनि पछि

रस बस्दै गयो । म पनि निकै ध्यान दिएर सहभागी हुन थालें । माउन्टेन गाइडहरू प्रेम गुरूङ, सुनारबहादुर गुरूङ, पासाङ शेर्पा, ज्यामच्याङ भोटे, पदमबहादुर घले र पेम्बा ग्याल्जे शेर्पा हाम्रा प्रशिक्षक थिए । नवाङ निमा शेर्पाले तालिमको संयोजन गरेका थिए ।

०६७ असार ४ मा हामी लाङटाङतर्फ लाग्यौं । आधारभूत तालिम सकेपछि असारको पहिलो साता हामी काठमाडौंबाट रसुवाको स्याफ्रुबेंसीसम्म जान नेपाल पर्वतीय प्रशिक्षण प्रतिष्ठानको कार्यालय गैरीधाराको आँगनमा २० जना आरोही, पाँच जना प्रशिक्षक र दुई जना प्रतिष्ठानका कर्मचारी भेला भयौं । त्यहाँबाट हामी बिहान आठ बजेतिर 'टुरिस्ट बस' चढ्यौं । नुवाकोटको बेत्रावती नदीसम्म त बाटो ठीकठीकै थियो, त्यसपछि कच्ची, खाल्डाखुल्डी, उकालो र घुम्ती बाटो सुरू भयो । स्याफ्रुबेंसी पुग्दा झमक्क साँझ पऱ्यो । हामी त्यहीँ बास बस्यौं । हाम्रा प्रशिक्षक प्रेम गुरूङले भने, "स्याफ्रुबेंसीबाट लाङटाङ पुग्न चार दिन लाग्छ ।"

चार दिनसम्म लगातार हिँड्न मैले आफूलाई तयार पारें । बिहान उठेर नास्ता गरेपछि हामी भोटेकोसी तरेर लाङटाङ खोलाको किनारैकिनार लाङटाङ पदयात्रामा निस्कियौं । कहिले खोलावारि कहिले खोलापारि गर्दै धेरै उकालो थोरै ओरालो, अझ थोरै करालो बाटो छिचोल्दै अगाडि बढ्यौं । बाटैभरि विदेशी पर्यटक ब्याकप्याक बोकेर लस्करै लमकलमक हिँड्दै थिए । तिनका हिँडाइमा धैर्य र गन्तव्य छुने अठोट थियो । सन्त, सुवीर, हरि र म गफिँदै हिँडिरहेका थियौं । अनेक कुरा र कथाले यात्रा रमाइलो भएको थियो । बाटो वरिपरि, भीरमाथि गुराँस र भीरमुनि उत्तिसका बोट थिए । गुराँसका फूल कताकति मात्र बाँकी थिए । उत्तिसका रूख भीरमा पनि पहाड झैं उठिरहेका थिए । त्यही प्रसङ्गमा दुर्गा सरले गुराँस र उत्तिसको रमाइलो कथा सुनाए–

"बर्खाको पानी खाएर भदौमा उत्तिस अग्लो, सलक्क परेको, कलकलाउँदो र हरियो देखिएको थियो । उत्तिसको बोट देखेर गुराँसको मन लोभिएछ र प्रेम प्रस्ताव राख्न गएछ । उत्तिसले उपेक्षाभावमा भनेछ, 'हेर्दैमा तिमी यस्ती होची, अनेक ठाउँमा गाँठा परेकी र बाँङ्गिएकी अष्टवक्रा जस्ती छ्यौ । यस्तीले मसँग प्रेम प्रस्ताव गर्ने हिम्मत कसरी गऱ्यौ ?'

"गुराँसलाई साह्रै चित्त दुखेछ । वसन्त ऋतु आएपछि पाखाभरि ढकमक्क गुराँस फुलेछ । र गुराँसको बोट वनभरिमै सबैभन्दा सुन्दरी

भइछ । गुराँसको सौन्दर्य देखेर उत्तिस लोभिएछ र उसले गुराँससँग माफी माग्दै भनेछ, 'मैले तिमीलाई चिन्न सकिनँ । मलाई माफ गरिदेऊ र मेरो प्रेम स्वीकार गरिदेऊ ।'

"गुराँसले उपेक्षाभावमा भनिछ, 'त्यो समय अब बितिसक्यो । छोडिदेऊ पुरानो कुरा ।'

"गुराँसको उपेक्षाले उत्तिसलाई साह्रै पिर परेछ र आत्महत्या गर्छु भनेर भीरबाट हामफालेछ । तर भीरमै अड्किएछ । त्यहाँदेखि जहिले पनि उत्तिस भीरमुनि र त्यसको माथि गुराँस फुल्छन् रे । यसरी उनीहरूको प्रेम बिछोडले अमर बनाएको हो रे ।"

***

पहिलो पटक हिमाली अनुभव लिन गएकाले हरेक कुरा मेरा लागि रमाइलो, आकर्षक र कौतूहलपूर्ण भइरहेथे । अझ भूगोलबारे गहिरो रूचि राख्ने सर्भेयर भएकाले होला, हरेक डाँडाकाँडा, थुम्का, खोंच र खर्कहरूप्रति विशेष चासो राख्दै लम्किरहेको थिएँ ।

दोस्रो दिन घोडा तबेलामा बास बस्यौं । खानपिन गरेपछि तिब्बती चुलोको वरिपरि आगो ताप्दै थियौं । मुख्य प्रशिक्षक पेम्बा ग्याल्जे शेर्पाले सगरमाथाका अनेक कहानी सुनाए । कैयौंको ज्यान सगरमाथाको छातीमा गएको रहेछ । यस्ता कुरा सुन्दा मनमा डर बढेर आयो ।

मलाई थाहा थिएन, सन् १९५३ भन्दा वर्षौं अघिदेखि सगरमाथा आरोहणका कैयौं प्रयास असफल भएका रहेछन् । उनले सगरमाथाको भौगोलिक बनोट, आरोहण गर्दा आइपर्ने अप्ठ्यारा, सुरक्षाका उपाय आदिबारे सुनाउँदा मलाई साहसी कथा सुने जस्तो लाग्यो । उनले अक्सिजन कम हुँदा लाग्ने रोग हाइपोक्सियाबारे पनि बताए ।

तेस्रो दिन लाङटाङ गाउँ पुग्यौं । बत्तीमुनिको अँध्यारो जस्तो हिमालको काखमा खाल्टिएको गाउँबाट लाङटाङ शृङ्खलाको थोरै भाग मात्र देखियो । तल खोल्सातिर लाङटाङ खोला छङछङाउँदै बगेको सुनियो । मिलेका घर, घरघरमा सोलार प्यानल, चिटिक्क परेको बस्ती, फरसिला गाउँले र पर्यटकले भरिएको त्यो ठाउँ रमाइलो लाग्यो ।

चौथो दिन मात्र हामी क्यान्जिङ गुम्बा पुग्यौं । हामी हिंडेका बाटो वरिपरि अनेकौं रूप, रङ र बास्नाका फूल फुलिरहेका थिए । बादलहरू

आकार बदल्दै हिमालका चुचुरासँग लुकामारी खेल्दै थिए । मेरा आँखा पनि ती चुचुरासँग खेल्दै थिए । नजिकै लाङटाङ हिमाल थियो । त्यसलाई देखाएर प्रशिक्षकहरूले भने, "यो किलर माउन्टेन हो !"

सात हजार दुई सय ३४ मिटर अग्लो लाङटाङ लिरूङको अर्थ त्यहाँको स्थानीय भाषामा 'गोरू' हुँदो रहेछ । लाङटाङ आरोहण गर्दा निकै आरोही मरेका रहेछन् । आरोहण गर्न कठिन लाङटाङले "ए मान्छे ! मलाई तिम्रा पैतालाले नटेक" भने झैं लाग्यो ।

मेरा गोडाले मात्र होइन, मेरो मनले पनि हिमालको भाषा सिक्दै थियो । म हिमाल र हिउँसँग कुरा गर्न सिक्दै थिएँ ।

उचाइका हिसाबले धेरै अग्लो नभए पनि चढ्न निकै गाह्रो रहेछ त्यो हिमाल, संसारका अग्ला सय हिमालमध्ये ९९औं नम्बरमा पर्ने रहेछ ।

संसारको सबैभन्दा ठाडो स्टेप ढलान भएका हिमालहरूको सूचीमा चाहिँ यो २०औं नम्बरमा पर्ने रहेछ । यस हिमाललाई सबैभन्दा पहिला जापानी आरोहीहरूले २४ अक्टोबर १९७८ मा आरोहण गरेका रहेछन् ।

लाङटाङ हिमाल आरोहणका लागि जाँदा पटकपटक बादल लागेर आरोहीहरूले निकै दुःख पाउँदा रहेछन् । हरेक क्षण मौसम प्रतिकूल भइरहनाले धेरै आरोही मर्दा रहेछन् ।

लाङटाङ हिमालका कहानी सुन्दै तीन दिनसम्म हामी क्यान्जिङ गुम्बामा बस्यौं र याला पिकतिर लाग्यौं । खाने, बस्ने सबै व्यवस्थापन नेपाल पर्वतीय प्रशिक्षण प्रतिष्ठानले गरेको थियो ।

हिउँमा कसरी हिँड्ने, भऱ्याङ कसरी चढ्ने, जुमरको प्रयोग कसरी गर्ने, क्र्याम्पन लगाउने कसरी आदिबारे सिक्यौं । त्यसैगरी नीलो बरफ (ब्ल्यू आइस), हिमराशि (ग्लेसियर), मोरेन (गेग्रान) आदिबारे जान्यौं; बरफका तह र त्यसमाथि टेक्ने तरिका जान्यौं । हिउँमा लड्दा, उठ्दा, पाइला चाल्दा गर्नुपर्ने अनेकौं होसियारी र सावधानबारे सिक्यौं । डाँग्री लगाएर खुट्टामा क्र्याम्पन फिट गरी हिमबन्चरो लिएर हिँड्नेबारे आधारभूत जानकारी लियौं । यसरी हामीले याला पिकमा चार दिन तालिम गऱ्यौं ।

तालिमकै क्रममा पाँच हजार पाँच सय ६० मिटर उचाइको याला पिक आरोहण गर्दै थियौं । ढुङ्गा र बरफले बनेको चुचुरोमा निकै अप्ठ्यारो भयो । ठाउँठाउँमा खस्नै लागेका बडेमानका ढुङ्गा र बरफका ढिस्काले हामीलाई झम्टिन लागे जस्तो लाग्थ्यो । हाम्रो टोलीकी एक मात्र महिला

आरोही रूक्मिणी गुरूङ ठीक मेरो अगाडि थिइन् । एक्कासि माथिबाट बडेमानको ढुङ्गो गुडुल्किँदै आयो । सबै सुरक्षित ठाउँतिर ढल्किए । उनलाई जोगाउन मैले रूकस्याकसहित च्याप्प समाएर अर्कोतिर हुत्याएँ । उनी सुरक्षित ठाउँमा पछारिइन् र ढुङ्गाको प्रहारबाट जोगिइन् । ढुङ्गो हाम्रो नजिकैबाट गुडुल्किँदै तल गयो । धन्न ज्यान बँच्यो भनेर खुसी भयौं ।

उनले त ढुङ्गा गुडुल्किँदै आएको थाहै पाएकी रहिनछन् । सुरक्षित भएपछि लामोलामो सास फेर्दै भनिन्, "धन्नै मरेकी म त ! तपाईंले नजोगाएको भए के हुन्थ्यो होला मेरो हाल !"

त्यसपछि केही समय आराम गरेर सबै जनाले याला पिकको चुचुरो चुम्यौं । साँघुरो चुचुरोमा एकैचोटि हामी सबै उभिन सकेनौं । छसात जनाका दरले पालैपालो चुचुरोको धारमा उभिँदै तालिमको ब्यानर उठाएर फोटो खिच्यौं । जसरी ठूलो उद्देश्य पूरा गर्नुअघि ससाना उद्देश्य पूरा गर्नुपर्छ, त्यसरी नै ठूलो चुचुरो चुम्नुअघि ससाना चुचुरा चुम्नुपर्छ । हामीले याला पिकको चुचुरो चुम्यौं ।

यसरी सगरमाथा आरोहण अभियानअन्तर्गतको तालिम सम्पन्न भयो । हामी असार १९ मा काठमाडौं फर्कियौं ।

***

काठमाडौं आएपछि नेपाल पर्वतीय प्रशिक्षण प्रतिष्ठानले तालिमको नतिजा प्रकाशन गर्‍यो । २० जनामध्ये १५ जना छानियौं । म एक नम्बरमा छानिएछु । प्रारम्भिक चरणमा वैकल्पिक एक नम्बरमा छानिएको म यस पटक एक नम्बरमा छाँनिदा मूल्याङ्कनलाई नै मैले मूल्याङ्कन गरें । मूल्याङ्कनभन्दा कर्म सत्य हुन्छ ।

# नजिकको लक्ष्य ठूलो

*हेर्दा तल देखिए पनि क्षितिजका पहाड नै अग्ला हुन्छन् ।*
*तर हामीलाई नजिकका पहाड सबैभन्दा अग्ला लाग्छन् ।*

वामदेव अधिकारी राष्ट्रिय भूउपयोग आयोजना प्रमुख थिए । हाम्रो पारिवारिक चिनजानका उनले मलाई घरमा बाआमाले झैं कान्छा भनेर बोलाउँथे । उनीसँग मेरो निकट सम्बन्ध थियो । म उनलाई आफ्नो हाकिम मात्र होइन, अभिभावक सम्झन्छु ।

सगरमाथा आरोहणका लागि म छानिइसकेको थिएँ । अफिसमा भन्दा धेरै समय तालिममा बिताउन थालेको थिएँ । यस्तैमा २०६७ साल फागुन अन्तिम सातातिर एक दिन उनले आफ्नै कार्यकक्षमा बोलाएर भने, "हेर् कान्छा, अब बिहे पनि गर्नुपर्छ । धेरै मन डुलाउनुपर्दैन । केटी हाम्रो नजिकै छिन् । हामीसँगै छिन् । यताउति नलाग् ।"

उनी म जस्तै बहिर्मुखी स्वभावका भएकाले यसै जिस्किएर भनेका होलान् भनेर मैले हलुका रूपमा लिएँ । र खिस्स हाँसें । तर उनले अलि गम्भीर भएर फेरि भने, "मैले साँच्चै भनेको, कान्छा । तैंले केटी बिहान हाजिर गर्दादेखि बेलुकासम्म सधैं देखिराखेको छस् ।"

त्यसपछि म खिस्स हाँसिनँ; गम्भीर भएँ । को होलिन् मैले देखिरहेकी ती युवती ? मलाई अनुमान लगाउन गाह्रो भएन, बिहे नभएकी महिला कर्मचारी त एक जना मात्र छिन् । मैले ती युवतीलाई मात्र सम्झिएँ । अफिसमा कार्यालय सहयोगीका रूपमा अरू पनि महिला थिए । तिनलाई त पक्कै पनि भनेका होइनन् होला ।

उनले नाम भन्न जरूरी पनि भएन, मैले को भनेर सोध्नु जरूरी पनि भएन । मैले अनुमान लगाएँ र गम्भीर किसिमले खिस्स हाँसें ।

त्यसपछि विगतका केही घटना र वामदेव सरले भनेको पात्र मेरो मानसपटलमा सिनेमाका दृश्य झैं सरसर्ती आए ।

म कर्मचारी ट्रेड युनियनमा पनि भएको हुँदा सहयोग गरिदिन एक दिन एक महिला कर्मचारीको फोन आएको थियो, "सर नमस्कार ! म हेमा हुमागाईं । बर्दियामा दरबन्दी छ । हाल काजमा नापी विभागमा छु । मेरो काज अविधि सकिन लागेको छ । म बर्दिया फर्किनुपर्छ । तर मलाई मन छैन । आयोजनामा काम गर्दा काजको सीमा अवधि एक वर्षसम्म हुन सक्ने भएकाले त्यहाँ मलाई काजमा मिलाइदिनुपऱ्यो ।"

म आयोजनामै भएकाले भनें, "दिउँसो तिमी अफिसमै आऊ न त । त्यहीँ कुरा गरम्ला ।"

त्यो बेला आयोजनाको कार्यालय नक्सालमा नक्साल भगवतीको मन्दिरबाट थोरै पूर्व-दक्षिणतिर थियो । २०६७ सुरूवाततिर हुनुपर्छ । दिउँसो मध्याह्नतिर उनको फोन आयो, "सर, म नक्साल भगवती मन्दिरमा आइपुगें । अफिस कता पर्छ ?"

"त्यहीँ बस, म लिन आउँछु ।"

म त्यहाँ पुग्दा एउटी कालीकाली युवती कालो हेलमेट लगाएर गियरवाला कालै स्कुटरको आडमा मन्दिरअगाडि उभिइरहेकी थिइन् । मैले अनुमान गरेर सोझै उनको सामु गएर सोधें, "हेमा तिमी हो ?"

हतारिँदै उनले "हो हो" भनिन् र हतपत नमस्कार गरिन् । मैले भनें, "ल हिँड, अफिसतिर जाऔँ ।"

उनी स्कुटर चढिन् । मैले भनें, "म हिँडेर जान्छु, तिमी आउँदै गर ।"

"बस्नू न स्कुटरमा, केही हुँदैन ।"

अप्ठ्यारो मान्दै पछाडि बसें । पहिलो पटक म केटीले चलाएको स्कुटरमा बसेको थिएँ । उनले केही हुँदैन भनेकी थिइन् । साँच्चै मलाई केही भएन । तर बस्दा मेरा लामा खुट्टा कता राखौं जस्तो भयो । मेरा लामा खुट्टाले उनलाई नछोऊन् भन्नेमा म सचेत भएँ । मलाई के थाहा, पहिलो पटक जसको स्कुटरको पछाडि बसेर छोटो यात्रा गरेको थिएँ, उनैसँग जीवनको लामो यात्रा काट्नुपर्छ ।

यो नै उनीसँगको पहिलो भेट थियो, जुन भेट जिन्दगीभर भेटिरहनलाई रहेछ ।

***

म सगरमाथा आरोहणका लागि छानिएको थिइनँ; जीवनसाथी पनि छानेको थिइनँ र कसैसँग प्रेममा पनि थिइनँ । वामदेव सरको कुराले अब जीवनसाथी छनोट गर्नुपर्छ भन्नेमा भने म सचेत भएँ । उनले भनेको पात्र आफ्नै अफिसमा पहिल्यैदेखि देखिरहेको तर आफूले त्यस्तो दृष्टिकोणबाट कहिल्यै नहेरेको कुराले म आफैँसँग छक्क परेँ । आफूले त्यसरी नहेरेको पात्रलाई अरूले आफ्ना लागि त्यसरी हेरिदिँदा रहेछन् ।

त्यसपछि उनलाई अफिसमा भेट्दा म जस्तो अप्ठ्यारो नमान्ने मानिसलाई पनि अप्ठ्यारो लाग्यो । अलिअलि लाज लाग्यो । सायद अरूले मेरो अनुहार रातो देखे होलान् । तर के कारणले रातो भयो भनेर कसैले याद गरेनन् । गरे पनि भनेनन् ।

सगरमाथा आरोहणका लागि जाने बेला मेरो यात्राको सफलताको कामना गर्दै वामदेव सरले अफिसका तर्फबाट भगवान् गणेशको प्रतिमा भएको चाँदीको लकेटसहितको सिक्री मलाई उपहारस्वरूप लगाइदिए । मलाई थाहा थिएन, त्यो लकेट त तिनले नै न्युरोडको सिल्भर हाउसमा अर्डर गरेर बनाइदिएकी रहिछन् ।

मैले व्यावहारिक रूपमा सोचेँ, ठिटौले हिसाबले सोचिनँ । मनमनै यत्तिको केटी भए होला, पढेलेखेकी, जागिर खाएकी, क्षेत्र पनि एउटै भन्ने लाग्यो । धेरैजसो केटाले रूपमा ध्यान दिन्छन् । मैले पनि दिएँ । तर त्यति धेरै दिइनँ । यत्तिको केटी मलाई सुहाउला भन्ने मात्र लाग्यो । वामदेव सरलाई भने मैले यति मात्र भनेँ, "तपाईंले बाआमालाई चिन्नुभएको छ क्यारे, सर । व्यावहारिक कुरा भएकाले घरमा सोध्नुपर्छ ।"

सगरमाथा आरोहण गर्न जानुभन्दा पहिले यति भनेर म लागेँ । मनमा ती पहाडकी रानी जस्ती केटीको भन्दा सगरमाथाको चित्र धेरै खेलेको थियो ।

मनले भन्यो– मलाई पहाडकी रानीसँग होइन, पहाड र हिमालसँग नाता गाँस्नु छ । मलाई कसैको जिन्दगानीसँग होइन, आफ्नै बिहानीसँग हाँसेर बाँच्नु छ । त्यसैले मलाई पहाडकी रानीको शिरमा सिम्रिकको सिन्दूर होइन, पहाड र हिमालकै शिरमा हिउँको सिन्दुर भर्नु छ ।

त्यसैले मेरा लागि बिहेभन्दा पहिलो प्राथमिकता सगरमाथा आरोहण थियो ।

# टेन्टको सहर

*भूगोलका हिमालभन्दा मनका हिमाल अग्ला हुन्छन् । तर मनका हिमाल चढ्नभन्दा भूगोलको हिमाल चढ्न गाह्रो हुन्छ ।*

१५ जना छानिएकामध्ये एक जना महिला कर्मचारी थिइन्– रूक्मिणी गुरूङ । सगरमाथा चढ्छु भन्ने उनको साहस प्रशंसनीय थियो । उनी आँटिली, साहसी र बलियी थिइन् ।

आरोहणमा निस्किनुअघि बृहत् रूपमा स्वास्थ्य परीक्षण गर्नुपर्ने रहेछ । सबैको सुगर, प्रेसर, मुटु, फोक्सो तथा मिर्गौलाको अवस्थालगायत सम्पूर्ण परीक्षण गर्दा रूक्मिणीको मुटुमा केही समस्या देखियो, जसले गर्दा छनोटमा परेर पनि उनले आरोहण यात्रा छाड्नुपऱ्यो । अब हामी १४ जना मात्र भयौं । तर पछि उनको साटो सोह्रौं नम्बरका एक जना कर्मचारी साथी थपिएर हामी १५ जना नै भयौं ।

***

लाङटाङको तालिमपछि मैले आफ्नै किसिमले अभ्यास गर्न थालें । हिमाल चढ्दा फोक्सो ठूलो हुनुपर्छ भनेर तालिममा सिकाइएको थियो । त्यसैले फोक्सोमा हावा राम्रोसँग पुऱ्याउनुपर्छ भनेर निकै दौडिएँ । डिल्लीबजारबाट दौडिँदै सिंहदरबार, माइतीघर, बानेश्वर, कोटेश्वर, बालकुमारी, बगलामुखी हुँदै पुल्चोकसम्म पुगेर म फेरि सिंहदरबार हुँदै डिल्लीबजार आइपुग्थें । हरेक बिहान यसरी दौडिने गति बढेको थियो ।

सगरमाथा जानुअघि व्यवस्थापनको जिम्मा लिएको नेपाल पर्वतीय प्रशिक्षण प्रतिष्ठानले धेरै पटक बोलायो । आरोहण र व्यक्तिगत सामग्री खरिद गरी प्रतिष्ठानले हामीलाई बुझायो ।

म नेपाल सर्भेयर्स एसोसिएसनको केन्द्रीय सदस्य पनि भएकाले एसोसिएसनको केन्द्रीय कमिटीले आफ्नो झन्डा मसँग पठाई सगरमाथाको चुचुरोमा फहराउने निर्णय गऱ्यो । सरकारले आरोहण दलका कुनै पनि सदस्यले कुनै पनि सङ्घ, सङ्गठनको झन्डा नेपाल सरकारको स्वीकृतिबेगर लैजान नदिने भनेको थियो । केन्द्रीय कमिटीबाट निर्णय गरी एसोसिएसनका तत्कालीन अध्यक्ष मधुसूदन अधिकारीको विशेष पहलमा नेपाल सरकारबाट नेपाल सर्भेयर्स एसोसिएसनको झन्डा लैजाने अनुमति पाइयो ।

यसरी म आबद्ध पेसागत सङ्गठन नेपाल सर्भेयर्स एसोसिएसनको झन्डा बोकेर विश्वको सर्वोच्च शिखर सगरमाथातिर लम्किन पाउँदा मलाई छुट्टै किसिमको गर्वानुभूति भयो । यसले मलाई पेसागत आस्था र निष्ठाको प्रतीक बोकेर सगरमाथा चढ्दै छु, यसमा म अवश्य सफल हुनेछु र सर्भे पेसाकर्मीमाझ एउटा नयाँ इतिहास रच्नेछु भन्ने उत्साह थपिदियो ।

सगरमाथाको चुलीमा सर्भेयर एसोसिएसनको झन्डा फहराउने अनुमति दिने तत्कालीन प्रधानमन्त्री झलनाथ खनाल र समारोहमा उक्त झन्डा हस्तान्तरण गरी हौसला दिने तत्कालीन उपप्रधानमन्त्री कृष्णबहादुर महरा परोक्ष रूपले मेरो आरोहणका उत्प्रेरक हुन् ।

नेपाल सर्भेयर्स एसोसिएसनको केन्द्रीय सदस्य, नापी विभागको कर्मचारी मात्र नभई सर्भेयर पनि भएकाले यसको छुट्टै महत्त्व थियो ।

***

काठमाडौंबाट सगरमाथातिर प्रस्थान गर्ने साइत २०६७ चैत २४ गते पक्कापक्की भयो ।

भूगोलका हिमालभन्दा मनका हिमाल अग्ला हुन्छन् । तर मनका हिमाल चढ्नभन्दा भूगोलको हिमाल चढ्न गाह्रो हुन्छ भन्ने सोचेर आफूलाई सम्झाएँ र त्यसैअनुसार तयार पारें । आमाबाको आशीर्वाद, साथीहरूको शुभकामना, आफूभित्रको आत्मबल र मनमा नेपाल बोकेर आफ्ना गोडा दह्रा बनाएँ ।

चैत २४ मा हामी जहाजबाट लुक्ला पुग्यौं ।

त्यही दिन फाक्दिङ गएर बस्ने सल्लाह भयो । पहिलोचोटि लुक्लामा पाइला राख्दा लाग्यो, मैले हिउँसँग प्रेम अझ गहिरो बनाउनुपर्छ । त्यहाँका होटल, घर, विमानस्थल र दक्षिणतिरको दूधकोसी सुसाएको हेर्दै तेर्सो र तेर्पायँ बाटो लम्केर हामी फाक्दिङ पुग्यौं ।

बाटैभरि आरोहण टोलीको स्वागतमा अनेकौं ब्यानर टाँगिएका थिए । मानौं, त्यो कुनै विशाल अभियान हो, जसबाट नयाँ इतिहास रचिँदै छ; नेपाल भ्रमण वर्षलाई चम्काइँदै छ ।

दुर्गम ठाउँ भएकाले कतैकतै मात्र फोन लाग्थ्यो । बालाई फोन गरें । चिन्तित हुँदै भन्नुभयो, "काँ पुइस्, कान्छा ?"

"लुक्लाट थोरै माथि पुएँ, बा ।"

"कस्तो रच त नि ठाम् ?"

"यहाँका हिमाल त हाम्रो घरतिरका हिमाल-पहाडका बा, हजुरबा जस्ता रचन् ।"

"गारो भइर्च कि ? गारो भो भने फर्की है, कान्छा । हिमालले मुन्छे खान्च भन्चन् !"

"गारो भछैन, बा ।"

"त्याँ त सास फेर्न हावा पनि पुग्दैन भन्चन् । सास फेर्न गाह्रो भछ कि ?"

"छैन बा, सास फेर्न नपुग्नी ठामका लागि सिलिन्डरको अक्सिजनले सास फेर्न पर्नी रच ।"

बिहानको खाजा खाएर हामी भोलिपल्ट हिँड्न सुरू गऱ्यौं । म आरोहण लिडर टासीसँगै थिएँ । हाम्रा गाइडहरू मिङ्मा ठेन्डुप, ङा तेन्जी, कान्छा लाक्पा, मिङ्मा दोर्जे पनि टोलीसँगै थिएँ । बाटाभरि उनीहरूले हिँड्ने तरिका, टेन्टको सुताइ, लेक लाग्दाको अनुभूति सुनाए, वरपरका पहाड, सेता हिउँचुली, खोंच र खानपानबारे बताए ।

त्यति कठिन हिमाली यात्रामा पनि थकाइ पटक्कै लागेको थिएन; बरू आनन्द आइरहेको थियो । हिमालसँग गहिरो मित्रता भएपछि हिमालसँगको प्रेमले प्रदान गर्ने आनन्द बेग्लै हुँदो रहेछ ।

त्यो दिन नाम्चे बजारमा बास बस्यौं ।

नाम्चे बजार र वरपरका थुम्कातिर पनि गयौं । प्रकृतिसँग वातानुकूलित (अक्लामटाइजेसन) नहुँदा केही साथीलाई टाउको दुख्यो । नाम्चेमा रहँदै भारी हिमपात भयो । कपासका गुच्छा उडिरहे जस्तो र धरतीभरि कपासै कपास ओछ्याइए जस्तो देखेर म रोमाञ्चित भएँ ।

***

नाम्चेको सीधा माथि खुम्जुङ गाउँ पर्छ । खुम्जुङका घर एकैनासका र हरियो छाना, जो एउटै ड्रेस लगाएका सिपाही लहरै उभिए जस्ता देखिएका थिए । सायद कुनै संस्थाको सहयोगले ती घरका छाना एकै किसिमको बनाइएको थियो ।

खुम्जुङको याक विकास फार्मबाट कोङ्दे हिमाल फेददेखि टुप्पोसम्म देखियो । होचा भए पनि आँखा नजिकैका हिमाल अग्ला देखिन्छन् र अग्ला हिमाल पनि आँखाबाट टाढा छन् भने होचा देखिन्छन् । सगरमाथा त होचा हिमालहरूले छेकिएको छ । काठमाडौंमा घरैघर देखिए झैं त्यहाँ हिमालै हिमाल देखिए । त्यति धेरै हिमाल एकसाथ कहिल्यै देखेको थिइनँ । आँखैअगाडि लहरै झलमल्ल टल्किएका हिमालको सौन्दर्य देखेर म मोहित भएँ ।

मलाई नाम्चेभन्दा खुम्जुङ राम्रो लाग्यो । एकनासका घर, बारी, वरिपरि हिमाल र पहाडका शृङ्खलाहरू । जनजीवन पनि त्यहाँका हिमाल र पहाड जस्तै शान्त र शीतल । हिमालका सबैखाले सौन्दर्य सोहोरिएर सजिएको जस्तै लाग्यो, खुम्जुङ ।

खुम्जुङबाट नदेखिए पनि नाम्चे बजार मास्तिरको डाँडामा अवस्थित आर्मी क्याम्पबाट भने सगरमाथा देखियो । सगरमाथाको शिर हेरेर सोचें, हाम्रा पैतालाले छुने चुचुरो त्यही हो ।

बाटो दायाँबायाँ लालीगुराँसका बोट, ती धेरै ठाउँमा गाँठा परेका र बाङ्गिएका भए पनि फूलहरूले ती सुन्दर देखिएका थिए । सिँगारिएर फोटो खिच्ने पोजिसनमा उभिएका सुन्दरीहरू जस्ता लागे । हामीले लालीगुराँसका बोटहरूसँग थुप्रै फोटो खिच्यौं । त्यति राम्रा लालीगुराँसका बोटमा फूल नफुलेको र पात झरेको भए कति कुरूप देखिन्थे होलान् !

सङ्ला हिउँखोलाहरू कहिले हिमाल र पहाडका खोंचैखोंच, कहिले वनैवन हुँदै कलकलाइरहेका थिए । थरीथरीका फूलका बुट्यान वनभरि एकअर्कालाई हेर्दै हाँसिरहेका थिए । एउटा फूलको सुवास सुँघेर दुईचार पाइला हिँडिनसक्दै अर्कै फूलको बास्नाले हामीलाई छोइहाल्थ्यो । प्रकृतिको आनन्दपान गर्दै हाम्रा पाइला अगाडि बढ्दै थिए । डिबोचेमा पनि हामी टेन्टमै सुत्यौं । टेन्टको सुताइले हिमालसँग अझ नजिकिने अभ्यास भइरहेको थियो ।

हामीसँग १५ जना पथप्रदर्शक शेर्पा थिए । हिमालका लागि हामी बालक थियौं, जसरी आमाले आफ्ना कलिला सन्तानलाई हिँड्न सिकाउँछिन्, त्यसरी नै शेर्पाहरूले हामीलाई हिमालमा हिँड्न सिकाउँदै थिए । आमाले दुई खुट्टाले हिँड्न सिकाउँछिन्; शेर्पाहरूले चार खुट्टाले हिँड्न सिकाउँदै थिए । ती दुई थप खुट्टा लौरी थिए । हाम्रा र लौरीका खुट्टाको सन्तुलित हिँडाइले नै हिमाल आरोहण गर्न सकिन्छ भन्ने बोध गर्दै थियौं ।

शेर्पाहरू हामीसँग कति नजिकिए भने उनीहरू घरपरिवार, केटाकेटी र आफ्ना पेसागत कुरा पनि खुलेर गर्न थालिसकेका थिए । हामी आरोही र पथप्रदर्शक शेर्पाहरू एउटा ठूलो परिवार जस्तो भएका थियौं ।

***

२०६८ वैशाख १ । नयाँ वर्षको पहिलो दिन हामी छुकुङबाट आइल्यान्ड पिकतिर लाग्यौं । त्यति बेला मौसम रिसाएको थियो । हुस्सु र कुहिरोले ढाकिएर धुम्म भएको । हिमालमा यात्रा गर्दा हिमाल नदेखिएपछि नरमाइलो हुने नै भयो । तैपनि फुसफुस परिरहेको हिउँलाई हिमालको फूल सम्झिई तीसँग खेल्दै रमाइरहेका थियौं ।

मौसम बिग्रिए पनि आइल्यान्ड पिकको सौन्दर्य गजबको थियो । वरिपरि हिउँले घेरेको, बीचमा सानो टापु जस्तो आइल्यान्ड पिक । आरोहणको अभ्यासका क्रममा छ हजार एक सय ८९ मिटरको आइल्यान्ड पिकको सफलतापूर्वक आरोहण गर्‍यौं । त्यो वैशाख ३ को दिन थियो ।

आइल्यान्ड पिक आरोहणको दोस्रो दिन हामी दिङ्बोचे पुगेर बास बस्यौं । तेस्रो दिन लोबुचे र चौंथो दिन गोरकसेपमा । शेर्पा भाषामा गोरक भनेको ठूलो काग र सेप भनेको मरेको हुन्छ । उहिल्यै त्यहाँ ठूलो काग मरेको भेटिएछ । त्यही बेलादेखि त्यो ठाउँको नाम गोरकसेप भएको रहेछ ।

उचाइका कारण पाँच जना साथीलाई समस्या परेकाले उनीहरूलाई त्यहीँ छाडेर हामी १० जना सीधै सगरमाथा आधारशिविर लाग्यौं ।

आधारशिविरमा १५ सय जति मान्छेको भीडभाड थियो । विभिन्न देशबाट सगरमाथा आरोहण गर्न आएका आरोही आआफ्ना टेन्टमा बस्ने रहेछन् । आधारशिविर नजिकै, साँझतिर अलि परको टाकुराबाट चारैतिर हेर्दा त झिलिमिली सोलारका बत्ती पिलपिलाएको देखेर मैले भनें, "आहा, कति सुन्दर साँझको आधारशिविर !"

मलाई त्यो ठाउँ टेन्टको सहर जस्तो लाग्यो । कहिले त म कहाँ आएँ जस्तो पनि लाग्यो । कतै हामी पृथ्वीभन्दा बाहिर कुनै ग्रहमा आएका त छैनौं भन्ने भावना पनि आउँदो रहेछ ।

शिखर चुम्ने सपना देख्दै सगरमाथा आधारशिविरमा लामो समय बस्यौं– वैशाख ६ देखि ३० गतेसम्म । त्यो बसाइँमा हामीलाई हिमालले आफू जस्तै हुन सिकायो; हामीले हिमाल जस्तै हुन सिक्यौं । खासमा हामीलाई हिमाल हुन त थिएन, केवल हिमाल आरोहण गर्न सक्ने हुनु थियो ।

आधारशिविर वरिपरि हामी अभ्यास गरिरहन्थ्यौं । वातानुकूलित हुँदै आफूलाई जति बढी सक्रिय राख्यो, उति राम्रो हुन्छ भनेर नियमित अभ्यास गर्न थाल्यौं ।

हामीले आधारशिविरभरि यताउता छरिएका फोहोर भेला पार्‍यौं । त्यहाँ प्लास्टिकका भाँडा, सिलिन्डरलगायत भान्सामा प्रयोग भएका अनेकौं सामान तथा टेन्ट, जुत्ता र फाटेका ज्याकेट जतातत‍ै थुप्रिएका थिए । के मात्रै थिएनन् त्यहाँ, अनेक किसिमका फोहोरका थुप्रैथुप्रा थिए । त्यसले हामीलाई काठमाडौंका गल्लीहरू सम्झाइदियो । प्रकृतिले त हिमाललाई सबैभन्दा सफा र हिउँलाई सबैभन्दा सेतो बनाइदिएको छ । त्यस्तो ठाउँमा पनि मानिसले फोहोर गरेको छ । ती पनि प्रायः नकुहिने फोहोर । कुहिने वस्तु पनि नकुहिने ठाउँ हो त्यो । तर त्यहाँ गर्मी ठाउँमा पनि नकुहिने वस्तु पनि थिए । टोली नेता लीलामणि पौड्यालको नेतृत्वमा सरसफाइ अभियान चल्यो, जसमा हामी सबै सहभागी भयौं ।

धरतीकै शिर अर्थात् सगरमाथा उक्लिने आधारभूमिमा हिउँको राससँगै फोहोरको थुप्रो देखेर मन नकुँडिने को होला ? तर पनि त्यसलाई टिपेर व्यवस्थापन गर्नेतर्फ कमैको ध्यान गएको देखियो । त्यो बेला हाम्रो टोलीले फोहोर उठाएर एउटा सकारात्मक सन्देश दिने प्रयत्न गरेको थियो ।

२०६८ वैशाख मध्यतिरको कुनै एक दिन तत्कालीन मुख्यसचिव माधव घिमिरे आए । उनीसँगै उच्चपदस्थ अन्य कर्मचारी पनि आएका थिए । साइत हेरेर त्यो दिन त्यहाँ लामाद्वारा भव्य पूजा आयोजना गरिएको थियो । ठुल्ठूला ढुङ्गा ठड्याएर त्यसमाथि लुङ्दरको तोरण टाँगेर लामा पूजा गरियो । पूजा गरेपछि मात्र आरोहण गर्ने चलन रहेछ ।

हाम्रो आरोहण टिममा रहेका शेर्पाहरू मायालु र सहयोगी थिए । ससाना काममा पनि सुझावसल्लाह दिइरहन्थे । र हाम्रो खुब ख्याल गर्थे । उनीहरूको व्यवहारले हामीमा आत्मबल बढेको थियो ।

आधारशिविरमा कहिलेकाहीँ फोन टिप्थ्यो । स्याटलाइट फोन भए पनि महँगो थियो । तर आवश्यक र महत्त्वपूर्ण खबर गर्नुपरे मात्र त्यसको प्रयोग गर्थ्यौं ।

एक दिन आधारशिविरमै हुँदा फ्लुको प्रकोप देखियो । फ्लु हुँदा एक्कासि ज्वरो आउँछ । खान मन लाग्दैन । खाएको पच्दैन, वाकवाकी लाग्छ । यस्तो हुनु भनेको हिमालमा राम्रोसँग वातानुकूलित हुन नसक्नु हो । उच्च हिमाली क्षेत्रमा लामै समय बस्दा शरीरले त्यहाँको हावापानी पचाउन केही समय खोज्छ । कोही चाँडै नै वातानुकूलित हुन्छन्, कोही ढिलो । म भने चाँडै वातानुकूलित भएको थिएँ ।

साथीहरू रूघाखोकीले ग्रस्त भए । धेरैले त अब सगरमाथा यात्रा यहीँ शिविरसम्म मात्र हुने हो कि भनेर आशङ्का व्यक्त गरे । आधारशिविरमा हिमालय उद्धार सङ्घबाट सञ्चालित आपत्कालीन क्लिनिकको व्यवस्था थियो । हामीले त्यहीँ गएर परीक्षण गऱ्यौं । फोहोर पानीले गर्दा पनि यस्तो समस्या धेरैमा आउने रहेछ ।

हामी वातानुकूलित हुने क्रममा आधारशिविरबाटै धेरै ठाउँमा गयौं । जहाँजहाँ गए पनि बेलुका बास बस्ने ठाउँ चाहिँ आधारशिविर नै थियो । अभ्यासकै क्रममा हामी कालापत्थर पुग्यौं । जलवायु परिवर्तनको दुष्परिणामस्वरूप प्राकृतिक विनाश भई हिमालहरूमा हिउँ पग्लँदै गरेको र हिमनदी, खोला अनि पानीका मुहान सुक्दै गएका थिए । यसरी विश्वभर भयानक समस्या आइरहेको परिप्रेक्ष्यमा डेनमार्कको कोपनहेगनमा जलवायु परिवर्तनसम्बन्धी अन्तर्राष्ट्रिय सम्मेलन हुँदै थियो । यसको पूर्वसन्ध्यामा नेपाल जस्ता देशमा जलवायु परिवर्तनका कारणबाट हुन सक्ने प्राकृतिक विनाश र विपत्तिबाट जोगाउन तथा नेपालले जलवायु परिवर्तनका कारण भोगिरहेको समस्याप्रति विश्वकै ध्यान आकर्षित गर्ने हेतुले २०६६ मङ्सिर १९ गते तत्कालीन प्रधानमन्त्री माधवकुमार नेपाल नेतृत्वको मन्त्रिपरिषद् बैठक कालापत्थरमा बसेको थियो, जसका कारण उक्त महासम्मेलनमा अन्तर्राष्ट्रिय स्तरमा नेपालका एजेन्डाहरू ध्यानाकृष्ट भएका थिए । त्यति बेला मन्त्रिपरिषद्को बैठक स्थलको उचाइ पाँच हजार पाँच सय ४५ मिटर लेखिएको रहेछ । मैले नक्सा र जिपिएसको सहयोगले उक्त स्थानको उचाइ हेरेँ । स्थलरूप नक्सा हेर्दा त उक्त स्तम्भ रहेको स्थानको उचाइ लगभग पाँच हजार तीन सय १५ मिटर देखियो ।

त्यति राम्रो उद्देश्यसाथ स्थापित स्मारक स्तम्भमा गलत उचाइ लेखिनुले राम्रो सन्देश जाँदैन भनेर लीलामणि पौड्याललाई बताएँ । उनले मेरो कुरालाई सकारात्मक रूपमा लिए र तथ्य सच्याउन पहल गर्ने बताए । पछि त्यही स्थानमा धेरै पटक जाँदा पनि सच्याइएको भने देखिनँ ।

***

आधारशिविरमा रहेका बेला हामी पुमोरी हाईक्याम्पमा पनि गयौं, जहाँबाट सन् १९५१ मा पहिलो पटक सर एडमन्ड हिलारीसहितको ब्रिटिस टोलीले सगरमाथा चढ्ने बाटोको पूर्वेक्षण गरेको थियो । उक्त टोलीले आइसफल र ल्होत्से फेसको अवलोकन पनि गरेको थियो । र त्यहीँबाट बाटो बनाएर आरोहण गर्न सकिने निर्क्योल निकालेको थियो । अहिले पनि धेरैजसो आरोही हिँड्ने बाटो त्यही हो ।

# चुलीमा चरण

*पृथ्वीको सर्वोच्च शिखरमा पाइला टेक्नु र जीवनको सर्वोच्च शिखरमा पाइला टेक्नु फरक कुरा हो । तर एउटा आरोहीका लागि पृथ्वीको सर्वोच्च शिखरमा पाइला टेक्नु नै जीवनको सर्वोच्च शिखरमा पाइला टेक्नु हो ।*

आरोहण व्यवस्थापनसम्बन्धी जिम्मा पाएको सेभेन समिटका व्यवस्थापकहरूले हामीलाई उल्लेखनीय सेवा गरेका थिए । हाम्रो टोलीमा भएका मकालुतिरका कर्मा, कान्छा लाक्पा, कामी दाइ, मिङ दोर्ची र क्लाइम्बिङ गाइड टासी लाक्पा जस्ता मिलनसार र हार्दिक व्यवहार भएका शेर्पाहरूको सहयोगी भूमिकाले म निकै प्रभावित भएँ ।

वातानुकूलित हुने क्रममा कुमार, सन्त, सुवीर, दुर्गा सर र म एकै पटकमा आधारशिविरबाट सोझै दोस्रो शिविरमा पुगेका थियौं । सोही दिन हामीसँग दोस्रो शिविरमा पुग्न नसकी पहिलो शिविरमै बसेका लीलामणि पौड्याल, सुरथ दाइ, हरि, ज्ञानेन्द्र, पदमबहादुर र हरि ढकालहरू दोस्रो शिविरमा अर्को दिन मात्र पुगे भने लक्ष्मण सर आधारशिविरमै बसे ।

लगभग छ हजार चार सय ५० मिटर उचाइमा अवस्थित दोस्रो शिविरमा दुई रात, दुई दिन बसेर हामी राम्रैसँग वातानुकूलित भयौं । दुई दिनपछि फेरि हामी आधारशिविर नै फर्कियौं ।

शेर्पाहरूले रोप फिक्सिङ कसरी गर्छन् भनेर खुब ध्यान दिएँ । उनीहरूले भऱ्याङ बोकेर माथि आइजाइ गरेको हेरें । आधारशिविरमा रहँदा पनि मैले आफूलाई सक्रिय नै राखें ।

आधारशिविरमा बस्दाबस्दै २५ दिन बितेको पत्तै भएन । यसै क्रममा मौसम रिपोर्टका आधारमा हाम्रो आरोहण अभियान सञ्चालन गरेको सेभेन

समिटले २०६८ जेठ १ गते अन्तिम आरोहणका लागि साइत जुराएको रहेछ ।

हामी १५ जना आरोहीमध्ये आधारशिविरबाट अन्तिम आरोहणका लागि १० जना मात्र जाने भयौं । लीलामणि पौड्याल, दुर्गाप्रसाद भट्टराई, मुक्तिराम रिजाल र विष्णु निर्दोषी आधारशिविरबाटै फर्किए । आरोहणमा जान नसके पनि लक्ष्मण भट्टराई भने आधारशिविरमा हामीलाई कुरेर बस्ने भए ।

हामी राति १२ बजे उठ्यौं र ब्याकप्याक बोकेर एक बजे प्रस्थान गर्‍यौं । बिहानको चिसोमा खुम्बु आइसफल नाघिसक्ने योजना थियो । चिसोमा सजिलो र घाम लागेपछि गाह्रो हुने भएकाले राति नै हिँड्नुपरेको थियो ।

खुम्बु आइसफललाई एडमन्ड हिलारीले एटम बम एरिया भनेका छन् । हिउँमुनि बरफ, बरफमुनि हिमनदी– दूधकोसीको मुहान यही हो । बरफमुनि पानी भएकाले बिहानतिर तापक्रम परिवर्तन हुने बेला सूर्यको प्रकाशले त्यहाँका बरफका ढिक्काहरू बिस्फोट हुन्छन् र ती हिमपहिरो भई खस्छन् । त्यसैले घामको ताप नपर्दै बिहान तीनदेखि छ बजेभित्र यो क्षेत्र पार गर्नुपर्छ ।

खुम्बु आइसफलको माथिपट्टि आइपुग्दा कुमार गिरि एक्कासि बिरामी भए । उनको सास बढेर स्वाँस्वाँ भइरहेको बाहिरै सुनिन्थ्यो । उनी खोकिरहेका पनि थिए । मैले उनलाई एउटा चकलेट खान दिएँ र केहीबेर आराम गर्न भनें । उनको खोकी रोकिएन । खोक्दाखोक्दै अचानक खकारमा रगतका छिटा देखिए । त्यसपछि एक जना शेर्पाको साथ लगाएर उनलाई त्यहीँबाट फर्काइयो ।

पहिलो शिविरदेखि दोस्रो शिविरका माझमा हिमदरार (खर्पस)माथि सात ओटा जति भर्‍याङ जोडेर बनाइएको डरलाग्दो पुल तर्दा निकै रोमाञ्चक अनुभव भयो ।

जेठ २ गते दोस्रो शिविरबाट लगभग सात हजार तीन सय मिटरमा रहेको तेस्रो शिविरतर्फ हामी प्रस्थान गर्‍यौं । धेरैले छ हजार सात सय मिटरबाटै अक्सिजन लगाए पनि मलाई भने तेस्रो शिविरसम्मै अक्सिजन लगाउनुपरेन ।

प्रत्येक आरोहीलाई एकएक जना शेर्पा गाइड तोकिएको थियो । मेरा गाइड थिए, कामी शेर्पा । उनीसँग दार्जीलिङतिरका अर्का शेर्पा पनि थिए ।

खासमा उनी लीलामणि पौड्याललाई तोकिएका गाइड थिए । पौड्याल आधारशिविरबाट माथि नआउने भएपछि उनी पूरै समूहको गाइड भएका थिए । तेस्रो शिविरमा एउटै टेन्टभित्र हामी तीन जना सुत्यौं । उचाइ धेरै भएकाले टेन्टमा खासै निद्रा परेन । थकाइ भने राम्रैसँग मरेको थियो ।

बिहानै साढे पाँच बजेतिर उठ्यौं र पानी तताएर खायौं । त्यसपछि हामी चौथो शिविर अर्थात् दक्षिणी भन्ज्याङ (साउथ कोल)तर्फ उक्लियौं । बिहानै बिरामी भएका कामी शेर्पा मसँग बिस्तारै-बिस्तारै हिँड्दै थिए । मसँगै हिँड्नुपर्नेमा उनी हिँड्न सकिरहेका थिएनन् । मैले त्यहाँबाट अक्सिजन लगाउन सुरू गरें, जसले गर्दा म निकै सजिलोसँग टोलीका अरू शेर्पासँगै हिँड्न सक्ने भएँ । अक्सिजन मास्क लगाएपछि एक्कासि शरीरमा स्फूर्ति र जाँगर बढ्छ ।

तेस्रो र चौथो शिविरको बीचमा 'एलो ब्यान्ड' छ । पहेंलो रङको ढुङ्गाको लामो शृङ्खला भएकाले यस स्थानलाई 'एलो ब्यान्ड' भनिएको रहेछ । 'एलो ब्यान्ड' मोटामोटी १०० मिटर चौडाइमा फैलिएको लामो शृङ्खला हो, जुन ल्होत्से हिमालमुनिबाट साउथ समिटको तलसम्म फैलिएको छ । हाते जिपिएसबाट उचाइ हेर्दा यसको अवस्थिति समुद्री सतहबाट लगभग सात हजार पाँच सयदेखि सात हजार छ सय मिटरसम्म रहेको पाएँ । त्यो निकै सुन्दर चट्टानी शृङ्खलालाई कतिले त भगवान् शिवको ललाट रेखाका रूपमा लिँदा रहेछन् ।

मैले भने त्यो चट्टानी शृङ्खलालाई *मत्स्यपुराण*मा उल्लिखित कथासँग जोडेर हेरें । कथाअनुसार भारी वर्षाका कारण सम्पूर्ण पृथ्वी जलमग्न हुँदा पनि केवल पृथ्वीको सबैभन्दा अग्लो स्थान यही व्योमकूट पर्वत (सगरमाथा) भने डुबेको थिएन । समस्त जीवको सूक्ष्म स्वरूप, सप्तर्षि र वैवश्वत मनुलाई एक डुङ्गामा राखी मत्स्यरूप भगवान् विष्णुले शेषनागको डोरीद्वारा डुङ्गालाई तानेर ल्याए । र यसै हिमालमा बाँधेर समस्त प्राणीको रक्षा गरेका थिए । कतै त्यही नागको डोरीले हिमाललाई फेरो मारी बाँधिएको भएर यहाँ हिउँ पनि नबस्ने गरी चट्टानी भाग देखिएको पो हो कि ?

जेनेभा स्पर हुँदै साउथ कोल जाँदा बाटोमा घर छाउन मिल्ने ढुङ्गाका पातला पत्र देखिए । ती पत्रे चट्टान साँच्चिकै सुन्दर र आकर्षक थिए । मलाई त चिनोस्वरूप एउटा ढुङ्गा बोकेर झोलामा हालूँ जस्तो पनि लाग्यो ।

सुनेको थिएँ, अवैधानिक रूपमा यहाँका ढुङ्गा इटालीका म्युजियममा राखिएका छन् । विदेशका कतिपय सहरमा त्यहाँको ढुङ्गा प्रयोग गरेर भित्ते घडी बनाई सगरमाथाको ढुङ्गाबाट बनेको घडी भनेर हजारौं डलरमा बिक्री गरिएको छ ।

दुःखको कुरा, विदेशीहरूले हाम्रा प्राकृतिक सम्पदा लगेर अवैधानिक व्यापार गर्दा पनि हामीले नियमन गर्न सकेका छैनौं । हामीले हाम्रा स्रोतसाधनलाई चिन्न सकेनौं । हाम्रो सम्पत्तिलाई जोगाउन सकेनौं ।

दिउँसो साढे चारदेखि पाँच बजेभित्र हामी साउथ कोल पुग्यौं । त्यहाँ पानी र सुप टन्न खायौं अनि थर्मसमा पनि भरेर उकालो लाग्यौं । साँझ सात बजेसम्म पनि साउथ कोलमा झलमल्ल घाम लागेको थियो । होचो ठाउँमा भन्दा अग्लो ठाउँमा घाम ढिलो अस्ताउँदो रहेछ । तर चिसो बतासले घामलाई चिस्याउँदो रहेछ । चिसो घामले प्रकाश होइन, उज्यालो मात्र दिइरहेको थियो । तर चिसो हावा नचल्दा भने त्यहाँको घामले चरक्क पोल्दो रहेछ ।

मुख्य पथप्रदर्शक टासी लाक्पाले मलाई भनेका थिए, "तपाईं गाइडलाई नकुर्नुहोला । अरू आरोहीका गाइडको पछिपछि लागेर जाँदै गर्नुहोला । किनभने, तपाईंको अवस्था ठीकै छ । तर तपाईंका गाइड कामी दाइको अवस्था ठीक छैन । उनी माथि जान सक्ने छाँट छैन ।"

हाम्रो टोलीका साथीहरू अगाडि नै हिँडेका थिए । मेरा पथप्रदर्शक कामी दाइ बिरामी भएकाले पछिपछि थिए । मेरा लागि थप अक्सिजन सिलिन्डर, स्लिपिङ ब्याग उनैसँग थियो । उनलाई कुर्दा ढिलो होला भनेर हिँड्न लाग्दा उनी टुप्लुक्क आइपुगे । तर उनी तुरून्तै जान सक्ने स्थितिमा छैनन् जस्तो लाग्यो ।

रात परिसकेको थियो । आरोहीहरूको हेडल्याम्प टाढा देखिएकाले उनीहरूलाई भेटाउन एक्लै पछिपछि दगुरें । त्यति बेला, बेलुका आठ बजिसकेको थियो ।

***

२०६८ जेठ ३ । बुद्ध पूर्णिमा ।

भोलिपल्ट सूर्यको झुल्कोसँगै सगरमाथाको चुलीमा पाइला टेक्ने सपना देखेर यात्रा सुरू भएको थियो । बाल्कोनीसम्म पुग्दा तल हिउँको पाखामा सन्तले गरेको मद्दत अत्यन्तै अविस्मरणीय थियो । उनले मलाई सेफ्टी

चेन्ज गरिदिएका थिए । आरोहण गर्दा सेफ्टी सेक्युरिटीको महत्त्वपूर्ण भूमिका हुन्छ । ठाउँठाउँमा हिमकिला (आइसबार) गाडेर डोरी जोडिएको हुन्छ । ती डोरी सुरक्षाका लागि कम्मरमा बाँधिएको हुकमा अड्काइएको हुन्छ । कथंकदाचित आरोही चिप्लिएर लडिहालेमा हार्नेस (खुट्टासहित कम्मरमा बाँधिएको पेटी)मा डोरीद्वारा जोडिएको क्याराबिनरले भीरबाट खस्न दिँदैन । हिमकिला गाडिएको ठाउँबाट क्याराबिनर निकालेर माथिल्लो डोरीमा लगाउनुपर्छ । मेरा पथप्रदर्शक शेर्पा पछाडि भएकाले त्यस काममा सन्तले मलाई सघाएका थिए । शेर्पाले जस्तै गरेर उनले कतिपय ठाउँमा सेफ्टी परिवर्तन गर्न मलाई मद्दत गरे ।

आठ हजार चार सय ५० मिटर उचाइमा रहेको करालो हिमधारलाई बाल्कोनी भनिन्छ । त्यहाँ पुग्दा बाटोमा केही समस्या देखियो । केही समयअघि परेको भारी हिमपातले गर्दा बाटोमा टाँगिएका डोरी छोपिएका थिए । सरदार र शेर्पाहरूले साह्रै मिहिनेत गरेर ती डोरी उधिन्नका लागि हिउँ खन्न लागे र सबै मिलेर पुरिएको डोरी बिस्तारै पत्ता लगायौं । शेर्पा साथीहरूले कतिपय डोरी नयाँ टाँगे; कतिपय पुरानालाई नै व्यवस्थित गरे ।

बाटो खोल्ने काममा शेर्पाहरूलाई सघाउन हिमबन्चरो लिएर अगाडि बाल्कोनीमा म पनि उत्रिएको थिएँ । शेर्पाहरूलाई पनि सघाउने म एक्लो कर्मचारी थिएँ । त्यहाँदेखि साथीहरूले कहिले रमाइलो पारामा, कहिले प्रशंसाको शैलीमा मलाई 'निजामती शेर्पा' भन्न थाले ।

एक घण्टाभन्दा बढी त्यहाँ अलमलिनुपरेको थियो । कर्मा, मिङ्मा, ङा तेन्जी, कान्छा लाक्पा, दोर्जी, मिङ दोर्जीले हिमबन्चरोले हिउँ सफा गरे । बाल्कोनीमा मलाई मिङ्मा ठेन्डुक शेर्पाले नयाँ अक्सिजन परिवर्तन गरिदिए ।

शेर्पाहरूले हिउँ पन्छाएर बाटो तयार गरे । हिउँले पुरिएको बाटो निकै कठिनसँग खोलियो । अगाडि हुनेलाई निकै दुःख भयो । डोरी नयाँ हो कि पुरानो भनेर अलमलियो भने समस्या हुन्छ । कदाचित् पुरानो डोरीमा समाइयो भने सोझै परमधाम हुन पनि सकिन्छ । हामी नयाँ डोरी मिलाउँदै अगाडि बढ्यौं ।

बाल्कोनीबाट हिउँको धारैधार हामी उकालो लाग्यौं । ठाउँठाउँमा हिमबन्चरोले हिउँका धारहरूलाई काटेर खुट्टा राख्ने ठाउँ बनाउँदै थियौं । पूर्णिमा भएकाले चन्द्रमाको आकार पूर्ण र ठूलो देखिएको थियो । त्यति ठूलो

र सेतो चन्द्रमा मैले कहिल्यै देखेको थिइनँ, जो हामीबाट निकै नजिकै छ जस्तो लागिरहेथ्यो । अलि लामो हात भए त हिमालबाट उफ्रेर छुन सकिएला जस्तो । चन्द्रमाले मन चञ्चल बनाइदियो ।

सुनेको थिएँ, जसरी पूर्णिमाका बेला सुमद्रका लहरहरू चन्द्रमा छुन उफ्रिन्छन्, त्यसैगरी कतिपय आरोही बाल्कोनीको धारबाट पूर्णचन्द्रको रूप देखेर मोहवश सेप्टी लिङ्क खोली उफ्रँदा भीरबाट खसेका छन् । आरोहीहरूको भनाइअनुसार त्यहाँ पुग्दा धेरै आरोहीमा हाई अल्टिच्युड सिकनेस भइसकेको हुन्छ, जसले गर्दा धेरै कुरा बिर्सिसकेका हुन्छन् । कतिपयले त आफैंलाई पनि बिर्सिन्छन् । त्यसैले कहिलकाहीँ चन्द्रमा छुन उड्छु भन्ने भ्रममा हिउँभीरबाट खस्छन् र इहलीला समाप्त पार्छन् ।

बाल्कोनीसम्म आइपुग्दा हामी निकै थाकिसकेका थियौं । हामी नौ जना आरोहीलाई १५ जना शेर्पा सहयोगीले अनेक तरहको सहयोग र मद्दत दिएर उत्साह थपिरहेका थिए । बाल्कोनीमा पुग्दा धेरै हिउँ परेको थियो । यो कुरा समाचार भएर काठमाडौंसम्म पुगेछ । हामीलाई फर्काउनुपर्छ भनेर मन्त्रालयबाट हाम्रा मुख्य गाइड टासी लाक्पा शेर्पालाई वायरलेस रेडियो सेटमार्फत खबर आयो । तर उनले भने, "म तपाईंहरूलाई चुली चढाएरै छाड्छु । किनभने हामीसँग पर्याप्त म्यानपावर छ ।"

मन्त्रालयको कुरा नमानी हामी चुली टेकीछाड्ने अठोट लिएर निरन्तर अगाडि बढ्यौं । टोली गाइड मिङ्मा ठेन्डुक शेर्पाको पछिपछि लागेर बिहान चार बजेतिर म साउथ समिट पुगें । मेरो पछिपछि सन्त र सुवीर थिए ।

साउथ समिटबाट तल हेर्दा कसैले बडेमानको आगाको अगुल्टो कहिले यता, कहिले उता मच्चाइरहे जस्तो देखें । त्यो त आकाशमा बिजुली चम्केको पो रहेछ । सधैं माथि बिजुली चम्केको देखेको थिएँ, त्यहाँबाट तल देखें । आकाश पनि तल खसे जस्तो । यसो माथि फर्केर हेरें, सगरमाथाको शिरमाथिको नीलो आकाश; तल हेरें, सगरमाथाको शिरमुनि चट्याङ परिरहेको मैलो बादले आकाश । कतै सगरमाथा आकाशको बीचमा त छैन जस्तो भान भयो ।

साउथ समिटबाट चुचुरोतर्फ लाग्दा गहिरिएर दक्षिणतर्फ परपरसम्म हेरें । विराटनगर हो कि सप्तरी हो– फराकिलो फाँट देखियो, जहाँ औंसीको रातमा पिलपिल ताराहरू चम्किए झैं कताकती बिजुलीबत्ती चम्किरहे जस्तो देखियो ।

हिलारी स्टेपनिर बाटो अलिक उकालो र अप्ठ्यारो, जहाँ पुग्दा बिहानको साढे चार बजिसकेको थियो । त्यही बेला अकस्मात् ठूलो हिमआँधी आयो । अप्रत्याशित रूपमा आएको त्यो हिमआँधीले हाम्रो सातो लियो । मेरो पछाडि रहेका सुवीरलाई हावाले जुरूक्कै उचालेर तिब्बततिर हुत्याउन खोज्यो । सेफ्टीका कारण कुनै दुर्घटना हुन पाएन । म भने हिउँमा घ्वाप्लाक्कै घोप्टिएर सुतें । हिउँका हाँगाबिगा हुने भए समाउने थिएँ जस्तो भयो । त्यसरी नसुतेको भए मलाई हिमआँधीले पक्कै उडाउने थियो । हिमआँधी बिस्तारै कम भएपछि हामी बिस्तारै उकालो लाग्न थाल्यौं ।

हिलारी स्टेप अत्यन्तै गाह्रो छ, जसले पाइलापाइलामा मृत्यु सम्झाइरहन्छ । बिस्तारै पाइला चाल्दै र आफूलाई जोगाउँदै हामी सचेतपूर्वक उकालो लाग्दै थियौं । हाम्रो अघिअघि पथप्रदर्शक मिङ्मा थिए । उनी एक ठाउँमा उभिएर मेरो फोटो खिच्दै थिए । म पनि उनीसँगै पुगें र इसारा गर्दै सोधें, "अब चुचुरो कति टाढा छ ?"

मिङ्माले उत्साहित हुँदै भने, "यै हो चुचुरो !"

उनको उत्साह जति न्यानो थियो, त्यति नै चिसो पनि । उत्साह पनि उत्तिखेरै बरफ बन्दै थियो । मलाई त अझै पर छ जस्तो लागेको थियो । चुलीमै पुगेर म बोलें, "ए, यै हो... !"

त्यसपछि मैले चुचुरोलाई शिर निहुराएर ढोगें । ढोग्दाढोग्दै भावुक भएँ र एक्कासि रून पुगें । आँखा, परेला र गालामा चुहेको आँसु केहीबेरमै बरफ बन्यो ।

साउथ समिटबाट उकालो लाग्दा सबैभन्दा अघि म थिएँ । त्यसैले सबैभन्दा पहिले चुचुरोमा म नै पुगेको थिएँ । त्यति बेला बिहान ५:२० बजेको रहेछ ।

४ जेठ २०६८ साल मेरो जीवनको एउटा विशेष दिन भयो । मेरो पैताला र प्रेमले सगरमाथाको चुली चुमेको थियो । आफूलाई जोगाईजोगाई चारैतिर हेरें, संसार हिमालै हिमाल र बरफै बरफले बनेको छ जस्तो लाग्यो । सगरमाथाको हिउँ नपग्लिए पनि मभित्रको हिउँ फेरि पग्लियो । सपना साकार भएकोमा चुलीमा म बर्बरी रोएँ ।

लाग्यो, सफलताको आँसु असफलताको हाँसोभन्दा बलवान् हुन्छ ।

आँसु झरिरहे, तिनै आँसु फेरि बरफ भएर मेरा आँखा नै बन्द भए । चारैतिर अँध्यारो देखें । हातले बल गरेर रगडें, भएन; शेर्पाहरूले

कपडालाई तातो बनाएर आँखामा रगडिदिएपछि बिस्तारै मैले आँखा उघार्न सकें । संसारकै चौंथो अग्लो ल्होत्से हिमाल त तलतिर पो देखियो ।

चुचुरोमा पुग्दा मसँगै पछिपछि सुवीर र सन्त थिए । म पुगेको केही छिनमा उनीहरू आइपुगे । त्यसपछि तुलसी आइपुगे । उनको पछिपछि हरि ढकाल आउँदै थिए । चुचुरोमा सुवीर, सन्त, ङा तेन्जी र मैले केही तस्बिर खिच्यौं । क्यामेरामेन थिए– मिङ्मा ठेन्डुप ।

सगरमाथाको चुलीमा मैले नेपाल सर्भेयर्स एसोसिएसनको झन्डा फहराएँ । अनि ह्यान्ड जिपिएस अन गरें । मोटामोटी अक्षांश, देशान्तर र गणितीय उचाइको अवलोकन गरें । ह्यान्ड जिपिएसबाट अवस्थिति हेर्न सकिन्छ, परिशुद्ध मापन भने गर्न सकिँदैन ।

लगत्तै संसारकै सबैभन्दा कान्छी गायिका अतिथि गौतमको गीति एल्बम विमोचन गरें । त्यो बेला उनी साढे दुई वर्षकी थिइन् । त्यस कुराले सञ्चारमाध्यममा खुब महत्त्व पायो । 'गिनिज बुक अफ वर्ल्ड रेकर्ड'मा रेकर्ड राख्नसमेत उनी सफल भइन् ।

चुचुरोबाट फर्किएर हिलारी स्टेपमुनि आइपुग्दा उक्लिँदै गरेका साथीहरू सुरथ दाइ, हरि, पदम, ज्ञानेन्द्रहरू भेटिए । अन्ततः निजामती कर्मचारीको टोलीका सदस्यहरू सुवीर श्रेष्ठ, सन्तकुमार महर्जन, तुलसीराम भण्डारी, हरि ढकाल, सुरथ पोखरेल, हरिप्रसाद गुरागाईं, ज्ञानेन्द्र श्रेष्ठ, पदम भण्डारी र मसहित नौ जनाले विश्वको सर्वोच्च शिखर सगरमाथा आरोहण गरी नयाँ रेकर्ड राख्यौं ।

संयोगवश, त्यो टोलीमा सबैभन्दा कान्छो आरोही म रहेछु । सगरमाथा आरोहण गर्न सफल पहिलो निजामती कर्मचारी र सर्भेयर हुन पुगें ।

# तीन आयाम

*सबै प्राप्ति र उपलब्धि निजी हुँदैनन्, सामूहिक मात्र पनि हुँदैनन् ।*

सगरमाथा चुलीलाई ढोगेर फर्किएपछि गर्वले मेरो शिर ठाडो भयो । आफ्नै देशमा रहेको सर्वोच्च शिखरमा पुगेर फर्कंदा पनि मलाई अर्कै संसारमा पुगेर आए जस्तो भयो । हिमालै हिमालको संसार, जहाँ कोही मानिस पुग्न सक्छ । तर त्यहाँ बसिरहन सक्दैन ।

आरोहण पूरा गरेर नाम्चेतिर फर्कंदै गर्दा बाटोमा बैतडी घर भएका मेरा सर्भेयर साथी भक्तराज भट्टले फोन गरेर भने, "तमले नापी अधिकृतमा नाम निकालिछौ । तमलाई झिक्कै झिक्कै डबल बधाई छ, बड्डा !"

साँच्चै म दोब्बर खुसी भएँ । मलाई दोस्रो सगरमाथा चढे जस्तै भयो । अलिअलि बाँकी रहेको थकाइ र दुखाइ पनि सन्चो भयो ।

२०६८ जेठ १० गते निजामती कर्मचारीको आरोही टोलीसहित म दिउँसो एक बजेतिर त्रिभुवन अन्तर्राष्ट्रिय विमानस्थलमा अवतरण गरें । त्यो दिन माओवादी मातृका समूहको नेपाल बन्द रहेछ । बन्दका बाबजुद पनि मन्त्रालय तथा नापी विभागबाट उच्चपदस्थ अधिकारीहरूसहित शुभचिन्तक, पत्रकार तथा साथीहरू हाम्रो स्वागतका लागि आएका थिए । घरबाट बाआमा तथा काका पनि आएका थिए । सबैभन्दा पहिले जहाजबाट म ओर्लिएँ । पातलो र अग्लो कदको मलाई परैबाट सबैले देखे । मानिसहरूको ठूलो भीड हाम्रो स्वागतका लागि फूलमाला लिएर बाहिर उभिइरहेको थियो । सुरक्षाकर्मीहरूले हामीलाई सुरक्षा दिँदै विमानस्थलबाहिर ल्याए । सबै मानिस लाइनमा उभिइरहेका थिए । मलाई कुनै शारीरिक अप्ठ्यारो पनि थिएन । हिउँले खाएको मेरो अनुहारको कालो प्रायः गइसकेको

थियो । नाक र गालामा कतैकतै छिटपुट दाग मात्र थिए । तर पनि म चिटिक्क परेर आएको थिएँ । मानौं, म सगरमाथा गएर आएको होइन, कुनै विकसित देश घुमेर आएको हुँ । लाइनमा उभिएकाहरूले हामीलाई छक्क परेर हेर्दै थिए । मलाई लाग्यो, सबैले मेरा आँखा र बोलीमा सगरमाथा खोजिरहेछन् । नेपाल सर्भेयर्स एसोसिएसनको झन्डा लिएर विभागका साथीहरू हात उठाइरहेका थिए ।

केही कर्मचारी साथीहरू विमानस्थलको भित्रैसम्म आएका थिए । मेरो गलामा माला र खादाहरूको चाङ लाग्न थालिसकेको थियो । धेरैजसो मानिसका आँखाले मलाई नै खोजिरहे जस्तो लाग्यो । सगरमाथाको हिउँले मेरो अनुहार कस्तो बनायो भनेर हेर्नेहरूका लागि अबिरले धोका दिएको थियो । धेरैजसो साथीहरूले अँगालो हालेर स्वागत गरे । बाआमाले अँगालो हाल्दा भने म स्नेहले पग्लिएँ । भक्कानो छुटेर एकछिन वाक्य बन्द भयो । बाआमाका आँखा पनि रसाएका थिए । हामी शब्दमा भन्दा भावमा बोलिरहेका थियौं । त्यही बेलामा पत्रकारहरूले अनेक प्रश्न सोध्न थाले । त्यो बेलामा भने मेरो गलाबाट वाक्यहरू एकाएक फुट्न थाले । एक जना पत्रकारले सोधेका थिए, "सगरमाथा आरोहण गरेर आउनुभयो । कस्तो अनुभूति भइरहेछ ? यसलाई कसरी सम्झनुहुन्छ ?"

मैले भनें, "सगरमाथा आरोहण गर्नु भनेको संसारकै कठिन काम हो भन्ने लाग्यो ।"

यसरी म मानिसहरूको भीडमा हुँदा र पत्रकारहरूले प्रश्न सोधिरहँदा कलेजी रङको कुर्ता लगाएर एउटी युवती लजाउँदै लुकीलुकी मेरो फोटो खिचिरहेकी थिइन् । उनीसँग राष्ट्रिय भूउपयोग आयोजनाका प्रमुख वामदेव अधिकारीसहितका कर्मचारी पनि थिए । मेरा आँखाले भने बेलाबेलामा उनलाई हेर्दै थिए ।

त्यहाँ मैले नचिताएका र नचिनेका मानिस पनि मेरो स्वागतका लागि आएको देख्दा आफूलाई माया गर्नेहरू धेरै रहेछन् भन्ने लाग्यो । त्यसपछि हामी नौ जना आरोहीसहित सहयोगी शेर्पाहरूलाई नेपाली सेनाको ट्रकमा पछाडि राखेर काठमाडौं परिक्रमा गराइयो र औपचारिक स्वागतका लागि नेपाल पर्यटन बोर्डको सभाहलमा लगियो ।

बाभन्दा धेरै आमा भावुक भएकी थिइन् । बोलिरहने आमा बोल्न सकिरहेकी थिइनन् । काठमाडौंबाट फर्कने बेलामा मलाई लगाइएका माला

र खादाको समेत माया लागेर धिताल घर लगिछन् । घरमा आउँदा सुकेका फूलका माला पालीका खामामा झुन्ड्याएर राखेकी रहिछन् । मैले सोधें, "उहाँदेखि किन बोकेर ल्याकी हौ त नि, आमा ?"

"तेत्रो मान गरेर देको चीज काँ फाल्नु बाटाँ; तेई भर मैले त बोकेर आकी ।"

***

म सगरमाथा आरोहण गर्दै थिएँ, वामदेव सरले घरमा बासँग मेरो बिहेबारे एक चरणको कुरा गरिसकेका रहेछन् । उनले भने, "हेर कान्छा, मैले बासँग कुरा गरिसक्या छु । बाले हजुरले खोजेको केटी नहुने कुरै छैन, ऊ फर्किंयोस् अनि कुरा गरम्ला भन्नुभएको छ । त्यही भएर अब तिमी घरमा गएर कुरा गर । केटीका घरमा पनि मैले कुरा गरिसक्या छु ।"

मैले सामान्य रूपमा भनें, "हुन्छ सर, म घरमा गएर कुरा गर्छु ।"

घरमा आएर कुरा गरें । बाले कडा आवाजमा भने, "मलाई धेरैचोटि वामदेव सरले भन्नुभयो । तँसँग कुरा भएरै भन्नुभएको होला । तँलाई मन परेको हो भने हुन्छ । आउन त धेरै ठामबाट केटी दिन आका छन् । तलाईं मन पर्छ भने मलाई छाता काँधमा हालेर केटी खोज्न हिंन्नु पनि परेन ।"

त्यसपछि वामदेव सरले खोजेको र विमानस्थलमा बारम्बार आँखा जुधेको कलेजी कुर्तावाली केटी (हेमा)सँग मेरो विवाह हुने निधो भयो ।

असार २५ मा बिहे गर्ने गरी असार १५ गते टीकाटालो भयो ।

२०६८ सालले मेरो जीवनमा तीन आयाम थपिदियो । सगरमाथा आरोहण, पदोन्नति र बिहे ।

सोचें, यो वर्ष त मेरो राम्रोराम्रो हुन मात्र लेखेको रहेछ । बिहेको पनि कुरा चलिरहेको छ । यही शुभ वर्षमा राम्रो होला ।

# दोस्रो आरोहण

# सगरमाथा मापनको तयारी

नेपाल सरकारका तत्कालीन सचिव लीलामणि पौड्यालको नेतृत्वमा नेपाल निजामती कर्मचारी प्रथम सगरमाथा आरोहण अभियान-२०११ अन्तर्गत नौ जना निजामती कर्मचारीले २०६८ जेठ ४ गते बुधबार सगरमाथाको शिर चुमेका थियौं । तीमध्ये एक म पनि थिएँ । त्यो सफलता निजामती कर्मचारीको मात्र होइन, देशको पनि थियो । यसरी निजामती कर्मचारीको टोलीले सगरमाथा आरोहण गरेपछि नेपालका तर्फबाट पहिलो पटक सगरमाथाको उचाइ नाप्ने चर्चा सुरू भयो ।

उक्त आरोहण अभियानमै ग्लोबल नेभिगेसन स्याटलाइट सिस्टम (जिएनएसएस) डिभाइस लिएर सगरमाथाबारे थप नयाँ तथ्य सङ्कलन गर्ने विषयमा नापी विभागमा चर्चा चलेको थियो । त्यो गजब मौका पनि थियो । तर केही प्राविधिक कठिनाइ थिए । सगरमाथाको नयाँ उचाइ, आकार, स्थिति र स्वरूपबारे अध्ययन गर्न छोटो समयमा सानो तयारीले सम्भव हुने देखिएन । त्यहाँ सर्वेक्षण गर्न धेरै जनशक्ति र अनेकौं प्रविधि चाहिन्थ्यो । ती सबै तुरून्त व्यवस्थापन गरी सगरमाथा क्षेत्रमा लैजान सहज थिएन । सानो बजेटबाट यो कार्य सम्भव पनि थिएन ।

यो उच्चाकाङ्क्षी लक्ष्य र सपनाबारे पटकपटक नापी विभागमा छलफल भइरहेको थियो । सगरमाथालाई नयाँ दृष्टिसाथ अध्ययन गरिनुपर्छ भनेर विभागमा धेरै पटक विमर्श भइरहँदा यसको पूर्वतयारीका धेरै काम आरोहणअगाडि नै सम्पन्न गरिसक्नुपर्ने भएकाले तत्क्षण सो सम्भव नहुने निष्कर्षमा पुगियो ।

२०६८ सालमा हामीले सगरमाथा आरोहण गरेर फर्किएपछि यसको उचाइ मापन र वर्तमान स्थितिमाथि अलिक बढी नै चर्चा र चासो भयो ।

विभागका तत्कालीन उपमहानिर्देशक कृष्णराज बिसीले भनेका थिए, "सगरमाथा हामीले नाप्न सक्छौं । सरकारका सबै सम्बद्ध निकायबाट समन्वय हुनुपर्छ ।"

उनले सरकारसामु लगभग एक करोड रूपियाँको बजेट प्रस्ताव गरी सगरमाथाबारे अध्ययन, अनुसन्धान र मापनको कारण खुलाई योजना प्रस्तुत गरे । सबै तथ्य र यथार्थलाई प्रस्टसँग राख्दाराख्दै पनि अर्थ मन्त्रालयबाट स्वीकृत हुन सकेन ।

सरकारका विभिन्न निकायलाई यस विषयको महत्त्व बुझाउन सकिएन । र विभागको त्यो प्रस्ताव त्यत्तिकै हराएर गयो । नेपाल आफैंले सगरमाथाको वर्तमान उचाइ र वस्तुस्थिति अध्ययन गर्ने सपना त्यत्तिकै रोकियो ।

सगरमाथाको उचाइ मापन कार्यक्रम स्वीकृत नभए पनि नापी विभागले उचाइ नियन्त्रण बिन्दु (बेन्चमार्क) स्थापना गर्न 'मनुमेन्टेसन'लगायत केही आधारभूत काम गरिरहेको थियो ।

नाम्चे बजारसम्म उचाइ नियन्त्रण बिन्दुहरूको सञ्जाल फैलाउने प्रयास पनि भएको थियो । तर यसलाई निरन्तरता दिने र अनुगमन गर्ने काम भने हुन सकेको थिएन ।

***

२०७२ सालमा विनाशकारी भुइँचालो आएपछि सगरमाथाको अवस्थाबारे सर्वत्र चासो भयो । साथै भुइँचालोपछि काठमाडौंलगायत केही ठाउँको जमिनको धरातल उठेको, भासिएको र यताउता सरेको हुन सक्छ भन्ने अनुमानले सगरमाथाको उचाइ पुनः मापन गर्नुपर्ने विषयमा निरन्तर छलफल हुन थाल्यो ।

भुइँचालोमा परेर धेरै घर भत्किए, मान्छे मरे, जमिन चर्कियो । कतिपय ठाउँमा जमिन चिराचिरा पऱ्यो । पहाडका चुचुराहरूमा पहिरो गयो । कतिपय बस्ती हिमपहिरोमा परेर स्वाहा भए । जनजीवन नराम्ररी प्रभावित भयो ।

यसको ज्वलन्त उदाहरण लाङटाङ उपत्यकालाई लिन सकिन्छ । सुन्दर र भव्य लाङटाङ गाउँ भुइँचालोका कारण आएको हिमपहिरोले उजाड बनाइदियो । सयौं मानिसको ज्यान गयो ।

भुइँचालोका कारण सगरमाथाको उचाइ परिवर्तन भएको हुन सक्ने वैज्ञानिक बहस सुरू भयो । अन्तर्राष्ट्रिय सञ्चारमाध्यममार्फत विशेषज्ञहरूले सगरमाथामाथि अनेक बहस र टिप्पणी गरे । कसैले उचाइ बढेको छ भने, कसैले घटेको ।

नापी विभागका तत्कालीन महानिर्देशक मधुसूदन अधिकारीको अगुवाइमा विभागले काठमाडौंको नगरकोट, फूलचोकी, स्वयम्भू, बुङ्मतीको लाखेडाँडा र नुवाकोटको कुमोरी गरी पाँच ठाउँबाट भुइँचालोको असरसम्बन्धी अध्ययन गऱ्यो । अध्ययनअनुसार काठमाडौं उपत्यका औसतमा पश्चिम-दक्षिणतर्फ १.४२ मिटर सर्केको र ९२ सेन्टिमिटर माथि उठेको पत्ता लाग्यो ।

यो तथ्याङ्क बाहिर आएपछि नेपालको समग्र भूबनोटबारे बहस हुन थाल्यो । सगरमाथाको उचाइबारे पनि पुनः मापन गर्नुपर्ने विषय उठ्यो ।

***

२०७३ साल असारको कुरा हो । काठमाडौंको र्‍याडिसन होटलमा नेपाल-भारत सीमा बैठक भइरहेको थियो । बैठक सकिएपछि भारतका सर्भेयर जनरल डा. सुवर्ण सुब्बा रावका तर्फबाट रात्रिभोज आयोजना गरिएको थियो । त्यो बेला म मुस्ताङमा कार्यरत थिएँ । मलाई पनि निम्तो आयो । र रात्रिभोजमा भाग लिन काठमाडौं गएँ ।

सर्भे अफ इन्डियाले सगरमाथा नाप्ने प्रस्ताव सोही बैठकमा राखेको रहेछ, जुन पछि थाहा पाएँ । त्यो भोजमा विभागका पूर्वमहानिर्देशकहरू पुण्यप्रसाद ओली, बुद्धिनारायण श्रेष्ठलगायत सहभागी थिए ।

भारतले गर्ने सगरमाथा मापनमा सघाउन मलाई त्यहाँका उच्चपदस्थ अधिकारीहरूले अनौपचारिक रूपमा प्रस्ताव गरेका थिए । मैले भनें, "म आफैं जान मिल्दैन । नापी विभागबाट संस्थागत हिसाबले अनुमति दिए जान सक्छु ।"

एक पटक सगरमाथा आरोहण गरिसकेको सर्भेयर भएकाले मलाई प्रस्ताव राख्नु स्वाभाविक थियो । लामो समयदेखि हामीले मानिआएको सगरमाथाको उचाइ भारतले नापेको थियो । सन् १९५० देखि १९५३ सम्म फिल्ड सर्भेको कार्यसम्पादन गरेर १९५४/५५ मा नतिजा सार्वजनिक भएको थियो ।

सगरमाथाको उचाइ नेपाली जनशक्ति र वैज्ञानिकबाट नापिनुपर्छ भन्ने विभागको सोच र सपना थियो । पहिलो पटक सगरमाथा आरोहण गर्दा नै अब सगरमाथाको उचाइ नेपाली सर्भेयरले नाप्नुपर्छ भन्ने मलाई लागेको थियो ।

सर्भेयरका नाताले औपचारिक, अनौपचारिक रूपमा मैले सबैमाझ भन्दै आएको थिएँ, "सगरमाथाको उचाइ मापन गर्न ठूलो टिम चाहिन्छ । ग्राउन्ड वर्क र समिट अब्जर्भेसनको तालमेलबिना समग्र प्रोजेक्ट सम्भव हुन सक्दैन ।"

मैले केही चुनौती उल्लेख गर्दै अगाडि भनें, "सबै पक्षसँग समन्वय नगरी विभाग एक्लैले त्यत्तिकै सगरमाथाको नाप लिन सक्दैन । एक त त्यहाँ पुग्न भौगोलिक कारणले कठिन छ । अर्को कुरा, निरन्तर हावा चल्ने हुनाले इन्स्ट्रुमेन्ट सेटअप गर्न गाह्रो छ ।"

सबै सर्भेयर हिमाल चढ्न सक्दैनन् । नेसनल जियोग्राफिक सोसाइटी अमेरिकाले सन् १९९९ मा आफ्ना सर्भेयरहरू चुचुरोमा पठाउन प्रयास गरे पनि साउथ कोलसम्म मात्र पुग्न सकेका थिए । आधुनिक प्रविधि प्रयोग गर्ने हो भने सर्भेयर चुचुरोमा नपुगी मापन कार्य अपूर्ण हुन्छ । सर्भेयरले नगरेको काम अन्तर्राष्ट्रिय स्तरमा आधिकारिक र विश्वसनीय नहुन पनि सक्छ । शेर्पाहरू हिमाल चढ्न सक्छन् । तर सर्भेयर झैं नापनक्सासम्बन्धी ज्ञान र सीप उनीहरूमा हुँदैन ।

सगरमाथाको तल्लो भेगमा काम गर्दा जस्तो सजिलो माथिल्लो भेगमा हुँदैन । छिनछिनमा परिवर्तन भइरहने मौसम, वातानुकूलित हुन कठिनाइ, अप्ठ्यारो भूगोल र वातावरणका कारण यससँग जुध्न सक्ने जनशक्तिबाट मात्र सगरमाथाको चुचुरोमा काम गर्न सकिन्छ ।

आरोहण गर्नु र चुचुरोमा पुगेर काम गर्नु सगरमाथा मापनका दुई प्रमुख र चुनौतीपूर्ण काम हुन् । त्यसका लागि आरोहण गर्न सक्ने सबल, सक्षम र विज्ञ सर्भेयर हुनु जरूरी छ ।

मैले व्यावहारिकतासँगै प्राविधिक कुराहरू राखेपछि छलफल अलिक गम्भीर र गहनतातिर उन्मुख भयो । तत्कालीन उपमहानिर्देशक नीरज मानन्धरले भने, "तपाईंको कुरामा म सहमत छु !" यो कुरा २०७५ साउनको हो ।

मेरो कुरामा सबै सहमत थिए । केही विभागीय पदाधिकारी भने शेर्पालाई यन्त्र उपकरण सञ्चालनको तालिम दिने र उनीहरूलाई प्रयोग

गरी तथ्याङ्क लिने सोचमा थिए । तर विभाग र मन्त्रालयमा पटकपटक भएका छलफलमा सर्भेयर नै पठाउनुपर्छ भन्ने निष्कर्षमा मन्त्रालयका सहसचिव जनकराज जोशीले अडान लिए ।

त्यसपछि समिट अब्जर्भेसनको तयारीका लागि छलफल सुरू भयो । तर काम अघि बढ्न सकेन । जति सहज र सरल रूपमा आरोहण गरी अब्जर्भेसन गर्नेबारे सोचिएको थियो, त्यो त्यति सामान्य थिएन । धेरै छलफलपछि पनि सर्भेयरद्वारा नै सगरमाथाको उचाइ मापन गर्ने योजना बहसमा मात्र सीमित भयो ।

***

अन्ततः नापी विभागले आर्थिक वर्ष २०७४/७५ मा आफ्नै जनशक्ति र स्रोतसाधनबाट उचाइ मापन गर्ने योजना बनायो । नापी विभागका तत्कालीन प्रमुख नापी अधिकृत सुशील डङ्गोलको नेतृत्वमा सगरमाथा उचाइ मापन सचिवालय गठन गरियो ।

२०७५ वैशाखमा मैले एक अन्तर्राष्ट्रिय आरोही समूहको सम्पर्क अधिकृत भएर आधारशिविर जाने अवसर पाएँ । जानुअघि सुशील सरलाई प्रस्ताव गरें, "सगरमाथाको उचाइ मापन कार्यक्रम प्रमुख भएकाले एक पटक तपाईं पनि आधारशिविर अवलोकन गर्न जानुहुन्छ कि ? तपाईंको समय मिले म तपाईंलाई सँगै लिएर जाने विचारमा छु ।"

सगरमाथाको असली अवस्था केकस्तो छ ? किन त्यहाँ सहयोगीका रूपमा शेर्पाहरूको आवश्यकता पर्छ ? कसरी जनशक्ति परिचालन गर्ने ? जनशक्ति के कसरी तयारी गर्ने ? पैदल जाने रूट कुनकुन हुन सक्छन् ? खानपानको व्यवस्था कसरी हुन सक्छ ? समग्र योजना बनाउन यसप्रकारका विषयमा विस्तृत जानकारी हुन जरूरी थियो ।

त्यसपछि सुशील सर जान तयार भए । र हामी सगरमाथा आधारशिविरतर्फ लाग्यौं । बाटाभरि मैले भरिया र शेर्पाहरूको काम, टेन्ट र होटलको बसाइ, बाटोघाटो र मौसमको अवस्था, चुचुरोसम्म पुग्दाका जटिलता र बजेटबारे उनलाई बताएँ ।

काठमाडौंबाट हिँडेको पाँच दिनमै हामी आधारशिविर पुग्यौं । त्यहाँ पुग्दासम्म सुशील सरले सगरमाथा अध्ययन गर्दा हुने प्रतिकूलता, असहजता र विघ्नबाधाबारे छोटोमोटो आँकडा पाए ।

आधारशिविरमा बसेर हामीले थप अध्ययन गऱ्यौं । त्यहाँ सुशील सरसँग सगरमाथा प्रदूषण नियन्त्रण समितिका छिरिङ तेन्जिङ शेर्पा र हिमालय उद्धार सङ्घका लाक्पा नोर्बु शेर्पाको चिनाजानी गराएँ । सरसफाइ र उपचार गर्न यी दुई संस्थाको महत्त्वपूर्ण भूमिका हुन्छ ।

एउटै टेन्टमा बसेका हामी साँझ साढे सात बजेतिर स्लिपिङ ब्यागभित्र पसिसकेका थियौं । राति उनी आफ्नै तालमा बोलेको सुनें, "चिकुल्ल, चिकुल्ल !"

मैले उनको बोलीको अर्थ बुझिनँ । त्यसैले उनलाई घचघच्याएर सोधें । तन्द्रामा भएका उनी जऱ्याकजुरूक आत्तिँदै उठे । एक्कासि त्यो उचाइमा पुग्दा निकै जाडो भएछ । सायद उनले पूरै होस पाएका थिएनन् । त्यो लेक लागेको लक्षण थियो । कतिलाई आधारशिविरमा लेक लाग्छ । त्यसैले उनी राम्रोसँग निदाउन सकेनछन् । हामी तातो पानी खाँदै अबेरसम्म बस्यौं । उनलाई चिसो भयो होला भनेर व्यवस्थापकसँग थप स्लिपिङ ब्याग मागें । उनलाई अलि न्यानो भयो । ननिदाए पनि पल्टिएर पूर्ण होसमा बसेका थिए । त्यही बेला मैले सोधें, "अघि तपाईंले बर्बराउँदै के कुरा भन्नुभको हो, सर ?"

"के भनेको थिएँ र ? मलाई त थाहै छैन ।"

"चिकुल्ल, चिकुल्ल भन्नुभएको थियो नि ।"

"चिकुल्ल भनेको नेवारीमा जाडो भयो भनेको हो ।"

त्यो रात उनी पटक्कै निदाउन सकेनन् । उचाइका कारण उनलाई त्यहाँ राखिराख्न त्यति सुरक्षित नदेखेर मैले सेभेन समिटका टासी लाक्पा शेर्पासँग रेक्स्यू हेलिकप्टरको व्यवस्था गरिदिन भनें । त्यही दिन उनी लुक्लासम्म हेलिकप्टरमा गएर त्यसपछि हवाईजहाजमा काठमाडौं फर्किए ।

आधारशिविरमा एकै रात बस्दा पनि उनले धेरै कुरा अनुभव गरे । सगरमाथा आरोहणसँगै यसको मापन गर्दा आइपर्ने अवस्थाबारे उनले धेरै कुरा नजिकबाट अनुभव गरे ।

उनी टेन्टमा बसे । टेन्टकै भान्सामा खाए । जोप्क्योहरू देखे । आधारशिविरमा फोहोर सङ्कलन गर्ने स्थितिसँग परिचित भए । ड्रममा दिसा गर्दाको नौलो अनुभव सँगाले । त्यो ड्रमको दिसा भारी बोकाएर तल फाल्न लगेको देखे । उनले नजिकैबाट आधारशिविरको जीवनशैली

आत्मसात् गरे । आरोहणसँग गाँसिएका अभिन्न पक्ष तथा आरोहीहरूको दैनिकी, अप्ठ्यारा अनुभवहरूबारे जाने । उनले सगरमाथा मापनका लागि गर्नुपर्ने व्यावहारिक, आर्थिक, सैद्धान्तिक र वैज्ञानिक पक्षलाई सूक्ष्म रूपमा अनुभव गरे । यी सबै कुराले उनलाई राम्रैसँग प्रभावित बनायो ।

योजनाकारहरूले स्थलगत अवलोकन गरेर मात्र सही योजना बनाउन सक्छन् भन्ने मेरो मान्यता थियो । यसमा उनी सहभागी हुँदा वस्तुगत योजना बन्छ भन्नेमा म विश्वस्त भएँ ।

नेपालमा फिल्ड हेर्दै नहेरी अनुमान र अन्दाजका भरमा धेरै निर्णय हुन्छन् । त्यसैले यहाँ यस्तो हुनुहुन्न भनेर नै मैले उनलाई आधारशिविरसम्म लगेको थिएँ । काठमाडौं फर्किएपछि पृष्ठभूमिमा बसेर उनले सगरमाथा मापनबारे धेरै काम गरे ।

डाँडाकाँडामा हेलिकप्टरमार्फत सर्भे गर्नु वा मान्छे लैजाँदाको सहजता, जटिलता र बजेट इत्यादिबारे उनले राम्रोसँग अध्ययन गरे । विभागमा एकथरीको मत थियो– हिमाली क्षेत्रको स्थलगत सर्वेक्षणमा नापी कामदारहरूको सहयोगबाट कार्यसम्पादन गर्न सकिन्छ । अर्काथरीको मत थियो– हेलिकप्टर प्रयोग गरेर सर्वेक्षण गर्दा महँगो हुन जान्छ ।

ती दुवैको महत्त्व र आवश्यकता केकस्तो रहेछ भन्ने उनले गहिरोसँग बुझे ।

***

२०७५ मङ्सिरमा सगरमाथा मापनका लागि आरोही भएर काम गर्न नापी विभागबाट दरखास्त आह्वान गरियो । मैले दरखास्त दिइनँ ।

पहिला नै सगरमाथा आरोहण गर्ने म एक मात्र सर्भेयर भएकाले पुनः मलाई दरखास्त हाल्न लगाउने कुराले मलाई कताकता नमीठो लाग्यो । पहिले नै सगरमाथा आरोहण गरेर आइसकेको आरोहीले फेरि छनोटमा सहभागी हुने कुरै आउँदैनथ्यो । त्यो मेरो स्वाभिमानमा चोट पुग्ने कुरा थियो ।

सुशील सरले निकै अनुरोध गरेपछि मैले भनें, "म एकचोटि सगरमाथा चढिसकेको छु; अब चढ्दिनँ । यस पटक म दरखास्त दिन्नँ ।"

आरोहणसहित उचाइ मापनको तालिममा सहभागी १८/१९ जनाले दरखास्त दिएको सूचना पाएँ । तर पनि म मौन रहें ।

आरोही छनोट र तालिमको जिम्मा नेपाल पर्वतीय प्रशिक्षण प्रतिष्ठानले पाएको थियो । एकेडेमीले छनोट गर्ने खबर आउँदा पनि म जान्नँ भनेर बसेको थिएँ । आफू बिरामी भएको जानकारी विभागलाई दिएँ ।

म ओछ्यानमा यसै पल्टिरहेको थिएँ । छनोट गरिने दिनको बिहानै सुशील सर मेरो कोठामै आए र मलाई धेरै पक्षबाट सम्झाए । अन्ततः उनको अनुरोधलाई नकार्न सकिनँ । धेरैको अनुरोधपछि अपमानित महसुस गर्दै भए पनि दरखास्त हाल्न विवश भएँ ।

मलगायत सुरेन्द्र थापा, रविन कार्की, युवराज धिताल र सुरजसिंह भण्डारी तालिमका लागि छनोटमा परेका रहेछौं ।

हामी तालिमका लागि लाङटाङ जानुपर्ने भयो ।

# सन्तान र सङ्घर्ष

*मानिसलाई आफ्नो रगतको अन्त्य नहोस् भन्ने चाहना हुने रहेछ ।*

दुई जीवन भएपछि तेस्रो जीवनको खोजी स्वाभाविक हुँदो रहेछ । बिहे भएको एक वर्षपछि हामीले सन्तानबारे योजना बनाउन थाल्यौं ।

तीनचार वर्षसम्म लगातार प्रयास गर्‍यौं । तर हाम्रा प्रयास असफल भए । कहिलेकाहीँ हेमा रजस्वला हुन ढिलो हुँदा पनि हामी खुसी हुन्थ्यौं । आशाको घाम मनबाट उदाउँथ्यो । तर ती खुसी दुईचार दिनका हुन्थे । कुनैकुनै खुसी एकदुई महिनाका पनि हुन्थे । तर ती खुसी रजस्वलाका खुन भएर जान्थे ।

तीन वर्षमा हामी थाक्यौं । हाम्रा खुसी थाके । तर हामी चुपचाप बस्न सकेनौं । फेरि ऊर्जा भरेर डाक्टरसँग सल्लाह लिन थाल्यौं । मेरो र उनको स्वास्थ्य जाँच गर्दा कुनै परिभाषित समस्या देखिएन । डाक्टरले हामीले सम्झाए, "यो 'अनडिफाइन्ड प्रोब्लम' हो । तपाईंहरूमा केही समस्या देखिँदैन । महिलामा कहिलेकाहीँ हर्मोन गडबढ हुँदा पनि यस्तो हुन्छ । जुनसुकै बेला गर्भ रहन सक्छ ।"

डाक्टरले हर्मोन सन्तुलित बनाउने औषधि लेखिदिए । तर समस्या समाधान भएन । मूल कुरा, समस्या नै पहिचान हुन सकेन भन्ने लाग्यो । त्यसपछि अन्य डाक्टरहरूको पनि सुझावसल्लाह लिन थाल्यौं । यसरी अनेक डाक्टरसँग परीक्षण गराउँदैमा सात वर्ष बित्यो ।

यसैबीचमा २०७३ सालमा मेरो जागिर मुस्ताङमा थियो । उनलाई पनि त्यही सरूवा मिलाएको थिएँ । म जुन जिल्लामा सरूवा हुन्थें, उनको पनि त्यही मिलाउँथें । एउटै विभाग भएकाले यसो गर्न सजिलो पनि थियो ।

प्रायः २८ दिनमा हुने रजस्वला साढे दुई महिनासम्म भएन । प्रारम्भिक परीक्षण मुस्ताङ जिल्ला अस्पतालमा गरियो । डाक्टर पनि अलमलमा परे र काठमाडौं गएर राम्रो डाक्टरलाई देखाउन सल्लाह दिए ।

साउन महिना थियो । मौसमका कारण जोमसोम-पोखरा जहाज उड्न सकेको थिएन । त्यसैले उनलाई बसबाट पोखरा हुँदै काठमाडौं पठाएँ । काठमाडौं महाराजगन्ज अस्पतालमा परीक्षण गर्दा थाहा लाग्यो, बच्चा बसेको दुई महिना भइसकेको रहेछ । तर सेल डेथ भइसकेको रहेछ । डाक्टरले सोधेछन्, "बसमा यात्रा गरेर आउनुभएको हो ?"

थाहा छैन, बसकै कारणले हो या अरू कारणले भएको हो ?

तुरून्तै क्युरेट गर्नुपर्ने भयो । सुत्केरी भए जस्तो पीडा हुने तर बच्चा छैन । छेउमा बच्चा भए पो पीडा पनि सन्चो हुन्थ्यो । यस्तो अवस्थामा पीडामाथि पीडा हुँदो रहेछ । एउटा शारीरिक पीडा, अर्को भावनात्मक । पीडा दोब्बर, माया आधा पनि नपाइने ।

बेलाबलामा रूँदै आफैँसँग भन्थें, "मलाई भाग्यले ठगेको हो कि नियतिमा खोट हो कि ? ममा कमजोरी छ कि उनमा ? भए त देखिनुपर्ने । जीवनमा जानाजान मैले त्यस्तो ठूलो पाप गरेको त छैन ।"

बहुविचार र भावनाको चर्को घामले बाहिर जाडो भए पनि खलखली पसिना आउँथ्यो ।

***

नेपालमा परीक्षण गर्दागर्दा थाकेपछि २०७४ पुसतिर हामी दिल्ली गयौं । अन्तर्राष्ट्रिय स्तरको फोर्टिज अस्पतालमा परीक्षण गरायौं । सबै रिपोर्ट हेरेपछि त्यहाँका डाक्टरले भने, "बच्चा हुन्छ । मेजर कज केही पनि देखिँदैन । पटकपटक यस्तो हुनु बाँझोपनको लक्षण र हर्मोनको समस्या हो । कन्सिभ भएपछि पूर्ण बेड रेस्ट गर्नुस् । खानेकुरामा ध्यान दिनुस् । नियमित डाक्टरको सम्पर्कमा बस्नुस् । कुर्सीमा समेत नबस्नुस् । खुट्टा सीधा गरेर बस्नुस् ।"

त्यसपछि हामी यतै डाक्टरको निगरानीमा बस्ने गरी काठमाडौं फर्कियौं । किनभने दिल्लीका डाक्टर र यहाँका डाक्टरको सल्लाह एउटै थियो ।

***

हेर्दाहेर्दै २०७५ सालको कात्तिकतिर सगरमाथा मापनका लागि जाने तय भइसकेको थियो । मङ्सिरमा पोखराको नापी कार्यालयमा सरूवा भयो । माघमा उनी फेरि गर्भवती भइन् । हामी असाध्यै सावधान भयौं । नियमित डाक्टरको निगरानी र पूर्ण आराममा उनी रहिन् । म आफ्नो कामको तयारीमा लाग्नु थियो ।

बच्चा जोगियोस् भनेर चैतको पहिलो साता उनलाई ठूली बहिनीको साथ लगाएर दिल्ली पठाएँ । पहिल्यै गएर मैले दिल्लीमा बस्ने कोठाको व्यवस्था गरिसकेको थिएँ । चैतको अन्तिमतिर म सगरमाथा मापनका लागि जाँदै थिएँ ।

मेरो बिदाइ गर्न धेरै आफन्त, साथीहरू, बाआमा आउँदा उनी आउन पाइनन् । आफ्नो जीवनको सबैभन्दा नजिकको मानिस नहुँदा पनि दुःखी भइनँ । किनभने मेरो अर्को सगरमाथा उनको गर्भमा हुर्किंदै थियो । यता धरतीकै सगरमाथाको चुचुरो सर्वेक्षण गर्न जाँदै थिएँ । कुनै पनि प्राप्तिका लागि अर्को कुरा त्याग गर्नुपर्छ । त्यागबिना प्राप्ति थोरै भाग्यमानी मानिसलाई मात्र हुन्छ । कर्मयोगी मानिसलाई थोरै कुरा प्राप्त गर्न पनि धेरै मिहिनेत गर्नुपर्छ ।

म सकारात्मक थिएँ । किनभने पहिलो पटक आरोहण गरेर फर्किएपछि तीन प्राप्तिले मेरो जीवन नै परिवर्तन गरिदिएको थियो । सगरमाथा मेरो लच्छिन हो । यस पटक पनि आरोहण गरेर फर्केपछि राम्रो हुन्छ । हामीले सोचेको पूरा हुन्छ भन्ने लाग्यो । उनलाई र बाआमालाई यही भनेर सम्झाएँ ।

# नरोकिएको कदम

*मलाई रोक्नेहरूको आशय फरक भए पनि उद्देश्य एउटै थियो ।*

पहिलो पटक सगरमाथा आरोहण गर्न जाँदा म नापी विभागमा सुब्बा तहको सर्भेयर थिएँ । अधिकृतको परीक्षा दिएर सगरमाथा गएको थिएँ । बिहे भएको थिएन । म कसैसँग प्रेम सम्बन्धमा पनि थिइनँ । त्यसैले म फुक्काफाल थिएँ । मनमा कुनै बोझ थिएन । घरव्यवहार बाआमाले धान्ने भएकाले मलाई व्यावहारिक बोझ पनि थिएन । मलाई नजाऊ भनेर कर गर्नेहरू कोही थिएनन् । आरोहण सोचे जति कठिन भएन । आरोहणबाट फर्किएपछि अधिकृतमा नाम निस्कियो । मलाई सगरमाथा आरोहण फापे जस्तो लाग्यो । बिहे भयो, मलाई अझ फापे जस्तो लाग्यो ।

दोस्रो पटक आरोहणमा जाँदा भने परिस्थिति अर्कै भइसकेको थियो । बाआमा, श्रीमतीको अवस्था, जागिरको जिम्मेवारी सबैतिरबाट घेरिएको थिएँ । मेरा कदम पहिले जसरी सहजै अगाडि बढ्न सक्ने स्थितिमा थिएनन् । अनेक प्रयास भए मेरा कदम रोक्न– घरबाट पनि, परबाट पनि । परिस्थिति नै त्यस्तै थियो ।

नजाओस् भन्ने दुईथरी थिए । ज्यान नै तलमाथि पर्ला भनेर परिवारले नगइदिए हुन्थ्यो भन्ने ठानिरहेको थियो भने नापीकै कोहीकोही कर्मचारीले यो सफल भयो भने हामी छायामा पर्छौं, यसको नाम उँचो हुन्छ भनेर रोक्न अनेक प्रयास गरिरहेका थिए । यी दुवै भावनात्मक कुरालाई चिरेर मैले शिखरको सर्वेक्षण गर्न जानुपर्ने थियो । म अलि जिद्दी र अडिग स्वभावको मान्छे नभएको भए यात्रा बीचमै स्थगन गर्थें हुँला ।

वृद्ध बाआमा, दुःखित श्रीमती र जवाफदेही जागिर मेरो दोस्रो सगरमाथा आरोहण पूर्वसन्ध्याका परिदृश्य थिए ।

एउटै उद्देश्यभित्र पनि मान्छेका लक्ष्य फरकफरक हुन्छन् ।

बा आफैँ ज्योतिषी । आफ्नै छोराको चिना हेरेर फलादेश गर्नुहुँदैन भनेर बाले अरू ज्योतिषीलाई मेरो चिना देखाएछन् । आमाले पनि छुट्टै ज्योतिषीलाई देखाइछन् । कहिले ज्योतिषीको फलादेशका आधारमा, कहिले आफन्तलाई भन्न लगाएर मलाई रोक्न खोजेका थिए ।

बाआमा उमेरका हिसाबले पाको भइसक्नुभएको थियो । उहाँहरूलाई आफ्नो उमेरको भन्दा मेरो धेरै चिन्ता थियो । अझ महत्त्वपूर्ण कुरा के भने, मेरी पत्नी गर्भवती थिइन् । लामो समयको प्रयासपछि उनको गर्भ सफल भएको थियो । उनलाई मेरो साथ चाहिन्थ्यो । त्यस्तो बेला म जानु कति उपयुक्त हुन्थ्यो या हुन्थेन भन्ने सोचिरहेको थिएँ । मनभरि अनेकौं छटपटी, आशङ्का र उकुसमुकुसका बादलले म घेरिएको थिएँ । यी सबै भावनात्मक कुरालाई मनको एउटा कुनामा राखेर म अगाडि बढिसकेको थिएँ । उनलाई मैले पहिल्यै सम्झाएको थिएँ, "पहिलो पटक आरोहण गरेर आएपछि हाम्रो बिहे भयो; अब आरोहण गरेर आएपछि हाम्रो सन्तान जन्मिन्छ । त्यसैले आरोहणपछि केही न केही उपलब्धि अवश्य हुन्छ । चिन्ता नगर ।"

मनमनै एउटा प्रतिज्ञा गरें, "म राष्ट्रिय गौरवको काममा जुटेको छु । यो कामबाट पछाडि फर्किनुहुँदैन । मैले त समिट अब्जर्भेसन सफल पार्नुपर्छ । लक्षित काम पूरा गरेर आफूसँग जाने सहयोगी साथीहरूलाई पनि सुरक्षित ल्याउनु मेरो कर्तव्य हो ।"

मलाई मित्रले रोके, शत्रुले पनि रोके; आफन्तले रोके, पराइले पनि रोके; मायाले रोके, घृणाले पनि रोके; डरले रोके, डाहाले पनि रोके; अनेक परिस्थितिले रोके । तर मेरो मनस्थितिले रोकेन; मैले आफूलाई रोकिनँ; मेरो मन रोकिएन; पाइलाहरू रोकिएनन् ।

मलाई रोक्नेहरूको आशय फरक भए पनि उद्देश्य एउटै थियो । तर मेरो उद्देश्य फरक थियो । मेरो उद्देश्य मेरो अनि देशको प्रतिष्ठासँग जोडिएको थियो ।

# त्यो लाङटाङ, यो लाङटाङ

*हिमाल पग्लिएर बगेको खोलाले हिमालकै भाषा बोल्छ;*
*हिउँको भाषा बोल्छ ।*

२०७५ फागुन १९ । दिन चिसोचिसो थियो । नेपाल पर्वतीय प्रशिक्षण प्रतिष्ठान परिसरमा हामी तालिमका लागि भेला भयौं । प्रतिष्ठानका पदाधिकारी र सुशील सरले हामीलाई बिदा गरे । त्यति बेला मेरो मानसपटलमा पहिलो पटक आरोहण गर्दाका सम्झना ताजा भए । जुन संस्थाको संयोजकत्वमा पहिलो पटक सगरमाथा आरोहण गरेको थिएँ, फेरि त्यही प्रतिष्ठानले मलाई आरोहण तालिमका लागि लाङटाङ पठाउँदै थियो । २०६८ जेठ ४ गते चुचुरोमा उभिएर सगरमाथाको हिउँ समाउँदै "हे धरतीको शिर ! फेरि तिमीलाई भेट्न आउन मन छ" भनेर मनमनै भनेको याद आयो । मेरो मनोभाव सुनेर सगरमाथाले फेरि बोलाए जस्तो लाग्यो ।

पथप्रदर्शक छिरिङजीलाई प्रतिष्ठानले मुख्य प्रशिक्षकका रूपमा चुनेको थियो । उनी हामीसँगै थिए । उनी पुराना र अनुभवी पथप्रदर्शक हुन् । बलियो आत्मबल बनाएर हामी बसमा धुन्चेतिर लाग्यौं ।

त्यही दिन हामी स्याफ्रुबेंसी पुग्यौं । त्यहाँ पुग्दा पहिलो पटक पुग्दाका क्षण सरर्र मनभरि चित्र भएर आए । स्याफ्रुबेंसी धेरै परिवर्तन भएको रहेछ । धेरै ठाउँमा बाटो खनिएको, नयाँनयाँ होटल बनेका, मानिसहरू हातहातमा मोबाइल चलाउँदै हिँडेका । हिमालसँग कुरा गर्ने मानिसहरू भर्चुअल संसारसँग कुरा गरिरहेको देखेर छक्क परें । प्रविधिले मानिसको जीवनशैलीमा कति धेरै परिवर्तन ल्याइदिंदो रहेछ ।

पहिलो रात हामी घोडा तबेला भन्ने ठाउँमा बस्यौं । वनभित्रको गाउँ, जुन कोठामा बस्दा पनि लाङटाङ खोला सुसाइरहेको सुनिने । मैले आफैंसँग भनें– यो हिमालकै आवाज हो; हिमाल पग्लिएर बगेको खोलाले हिमालकै भाषा बोल्छ; हिउँको भाषा बोल्छ ।

दोस्रो रात हामी लाङटाङमा बास बस्यौं । २०७२ सालको भुइँचालोले लाङटाङ गाउँ पूरै ध्वस्त पारेको रहेछ । गुलजार उपत्यका उजाड मरूभूमि जस्तो देखिन्थ्यो । घर लडेका, ढुङ्गाहरू छरपस्ट पल्टिएका, ठाउँठाउँमा पहिरो गएका, धाँजा फाटेका र ठुल्ठूला चट्टान भीरबाट पल्टिएर धराप भई अड्किएका । त्यति रमाइलो गाउँ उराठ भएको थियो । पुराना घरसँगै त्यहाँको परम्परा र संस्कृति पनि विस्थापित भएछ । म पहिलो पटक जाँदा 'जर्मन बेकरी' लेखिएको ठाउँमा अहिले पहाड जत्रो ढुङ्गा आएर बसेको रहेछ, जुन जति बेला पनि पहिरो भएर खस्न सक्थ्यो । त्यही एउटा डरलाग्दो दृश्यले नै भुइँचालोको कहालीलाग्दो अवस्था बताएको थियो । भुइँचालोले पारेको असर भूगोलमा मात्र होइन, मान्छेको जीवनशैलीमा पनि देख्न सकिन्थ्यो; ओभाउन नसकेका आँखामा पनि देख्न सकिन्थ्यो ।

भुइँचालोका कारण उत्तरतिरका हिमताल फुटेछन् । त्यसरी पड्किएका हिमताल लाङटाङमाथिबाट खसेर बस्ती त स्वात्तै बगाएछ ।

पर्यटकहरूसहित त्यहाँ झन्डै दुई सय मानिसले ज्यान गुमाएका रहेछन् । कति मानिस मरे भन्ने वास्तविक तथ्याङ्क गाउँलेसँग रहेनछ । शान्त हिमताल भुइँचालोका कारण अशान्त हुँदा भएका अनेक वियोगान्त घटनाले मन चुकचुकाइरह्यो ।

तर मानिसहरू त्यति ठूलो प्राकृतिक विपत्तिलाई बिर्सिएर पनि हाँस्ने र नयाँ तरिकाले बाँच्ने प्रयत्न गरिरहेका थिए । पीडा बिर्सिएर मानिसहरू नवनिर्माणमा लागिरहेका थिए । उनीहरूलाई लाग्दो हो, हामी चिहानमाथि बिहान खोजिरहेछौं । मलाई लाग्यो, भुइँचालोले घर र रहरहरू भत्काए पनि मानिसहरूले फेरि बनाउँदै छन् । निर्माण र विनाश नै सृष्टिको चक्र हो ।

अर्को रात क्यान्जिङ गुम्बा गाउँमा रहेको पासाङ होटलमा हाम्रो बसाइँ भयो । त्यहाँ हामी नौ जनालाई सात दिन तातो पानी दिएको मात्र ८० हजार रूपियाँ लाग्यो । तैपनि हाम्रा व्यवस्थापक छिरिङजी हडबडाएनन् । दिल खोलेर खानेकुरा सोधीसोधी खुवाए ।

उब्रा ग्ल्यासियर र तबेला रकमा हिमाल चढ्न चाहिने आधारभूत तालिम लियौं । मेरा लागि भने त्यो तालिम नयाँ थिएन । २०६७ सालमा पनि याला पिकमा यस्तै तालिम लिएको थिएँ । अहिले लिँदा झन् पुनर्ताजगी भयो ।

हरेक दिन बिहान सात बजे खाजा खाने र दिउँसो दुईदेखि तीन बजेभित्र तालिम सकेर फर्किने समयतालिका बनाएका थियौं ।

ब्याकप्याक बोकेर हिँडिरहँदा हामीसँगै गह्रुङ्गो भारी बोकेर लस्करै हिँडिरहेका जोप्क्योहरू देख्यौं । जोप्क्यो भनेको हिमाली क्षेत्रमा भारी बोक्ने गोरू हो, जो चौंरी र याकको समागमबाट जन्मिन्छ । हिमाली क्षेत्रमा भारी बोक्नमा यिनको अधिकतम प्रयोग हुन्छ । तालिमका बेला त हामी तिनै जोप्क्यो जस्तै भयौं । रमाइलोका लागि साथीसाथीमा हामी एकअर्कालाई जोप्क्यो भनेर हँसीमजाक गर्न थाल्यौं । म अलि बहिर्मुखी मान्छे भएकाले होला, सुरूवात मैले नै गरेको थिएँ र साथीहरूलाई भनेको थिएँ, "के छ जोप्क्योहरू !"

हिमालमा पनि पसिना बगाउँदै साथीहरू भन्थे, "ठीकै छ नि, बरू ठूलो जोप्क्योको के छ ?"

साथीहरू मलाई ठूलो जोप्क्यो भन्थे । पछि त हामीले म्यासेन्जरमा जोप्क्यो ग्रुप नै बनायौं । अहिले पनि त्यो ग्रुपमा कुरा गर्दा त्यति बेलाको समय मनमा ताजा भएर आउँछ ।

***

आरोहणको अभ्यासका क्रममा चेरगोरी पिक पनि चढ्यौं । त्यो दिन मङ्गलबार थियो; मेरो व्रतको दिन । अत्यधिक हिउँ परेका कारण बाटो छोपिएको थियो । सात घण्टा लगातार उक्लिँदा पनि मलाई भोकको महसुस भएन । व्रतले पनि भोक भुलाउँदो रहेछ । व्रत मेरा लागि कमजोरीको होइन, प्रतिबद्धताको प्रतीक बनिदियो । क्षणिक नै सही, भोकलाई जित्न सकियो भने अप्ठ्याराहरूलाई पनि जितिन्छ र अप्ठ्यारालाई जित्दै जाँदा नै सगरमाथाको उचाइमा पुगिन्छ भन्ने पनि लाग्यो ।

नौदिने अभ्यासपछि हामी काठमाडौं फर्कने तयारीमा जुट्यौं । काठमाडौं जान दसौं दिनको बिहानै हामी ओरालो झर्‍यौं । बाटो तेर्पायँ र ओरालै ओरालो थियो ।

सगरमाथाको समिट अब्जर्भेसनका लागि चार जना सर्भेयर छान्ने विभागको निर्णय थियो । हामी पाँच जना तालिमरत थियौं । एक जना कसलाई छाड्ने द्विविधा थियो । सुरेन्द्र चेरगोरी चढ्न नसकेका कारण उनलाई छाड्न अप्ठ्यारो भएन । मैले युवराज, रविन र सुरजको सहयोग लिएर अगाडि बढ्ने प्रतिज्ञा गरें ।

फर्किंदा फेरि भुइँचालोअघिको लाङटाङको याद आयो । पहिलेको त्यो लाङटाङ र अहिलेको यो लाङटाङ मनले पटकपटक दाँजिरह्यो । लाङटाङको तहसनहस दृश्य देखेर भुइँचालोले धाँजा फाटिए झैं मन फाटियो । तर त्यहाँका मानिसको अबोध मुस्कान र प्रेमले धाँजा फाटेको मन जोडियो ।

# सेन्टिमिटरसम्मै नाप्नू !

*मन न हो, घरी हलुङ्गो हुन्छ, घरी गह्रुङ्गो ।*
*सम्झनाको भारीले मन हलुङ्गो बनाउँछ, जिम्मेवारीले गह्रुङ्गो ।*

सगरमाथा आरोहण, आरोहणका लागि मात्र थिएन । यसको उचाइ, स्वरूप र परिवर्तित भौगोलिक अवस्थाको अध्ययन र मापनका लागि चाहिने उपकरण ग्लोबल नेभिगेसन स्याटलाइट सिस्टम (जिएनएसएस), एन्टेना, ब्याट्री, ट्राइपड र ग्राउन्ड पेनिट्रेटिङ राडार (जिपिआर) सहितका आवश्यक सामग्री लैजानु थियो । ती यन्त्र तथा सामग्री चुचुरोसम्म पुर्‍याएर तथ्याङ्क सङ्कलन गर्ने काम सजिलो थिएन । त्यसका लागि सबै खालको तयारी गर्नु थियो । सुरूमा त व्यवस्थापनको तयारी केकसरी गर्ने एकखालको अन्यौल भयो । आफ्नो पूर्वआरोहण अनुभवका आधारमा मैले चारपाँच ओटा मापदण्ड तयार गरेर विभागमा बुझाएको थिएँ–

- सबल आरोहण अभियानका लागि सक्षम कम्पनी छान्ने
- छानिएको कम्पनीसँग सबल सर्तहरू राख्ने
- अनुभवी शेर्पाहरूका साथै सम्भव भएसम्म अन्तर्राष्ट्रिय माउन्टेन गाइडको व्यवस्था गर्ने
- आपत्कालीन उद्धारका लागि उद्धार टोली तथा चिकित्सकहरूको व्यवस्था गर्ने
- आरोहीको व्यवस्थापन गर्ने कम्पनीले कम्तीमा पाँच वर्षदेखि सरकारलाई नियमित रूपमा कर तिरेको हुनुपर्ने ।

सरकारी निकायको आर्थिक अनुगमन महत्त्वपूर्ण हुन्छ । त्यसो नभए पाँचौं नम्बरको मानक दायरालाई हामीले उल्लेख गर्नुपर्ने थिएन । त्यसैले गतिलो कम्पनीको साथ हुनु अनिवार्य हुन्छ । अतः कम्पनी गतिलो नभए

म जान्नँ समेत भनेको थिएँ । किनभने हिमाल चढ्दा आइपर्ने समस्या र जटिलतासँग अघिल्लै आरोहणबाट म परिचित थिएँ । नापी विभागको मात्र नभई राष्ट्रकै गौरवको कार्यक्रम भएको हुँदा कुनै पनि कुरामा सम्झौता गर्नुहुन्न भनेर मैले अनुभवका आधारमा आफ्ना कुरा राखें ।

नियमानुसार पिक प्रमोसन कम्पनीले हामीलाई सगरमाथा चढाउने जिम्मेवारी पायो । कम्पनीसँग पथप्रदर्शकबारे छलफल भयो । कम्पनीले त आफ्नै शेर्पा, सरदार, भरिया, टेन्ट र अन्य सबै भौतिक सरसामानको व्यवस्था गर्ने भनेकै थियो । मैले सचेत गराएँ, "तपाईंहरूको सम्पर्कमा अनुभवी शेर्पा छैनन् भने बाहिरबाट खोजेर भए पनि संलग्न गराउनुहोला । गुणस्तरीय सरसामानको व्यवस्था गर्नुहोला । किनकि हामी आरोहणका लागि मात्र होइन, काम पनि गर्न जान लागेका हौं ।"

चुचुरोमा काम गर्न सहज होला भनेर मैले विशेष किसिमको ट्राइपोडको आवश्यकताबारे सोचिरहेको थिएँ । सगरमाथामा चल्ने तीव्र हावाको बहावलाई थेगेर हाम्रा यन्त्रउपकरण जडान गर्नुपर्ने भएकाले ट्राइपोड अलि होचो खालको डिजाइन गरेको थिएँ । सुशील सरसँग सल्लाह गरी छिरिङजीको सहयोगमा सोहीअनुसारको ट्राइपोड तयार गरें ।

***

२६ चैत, २०७५ । भोलि बिहानै प्रधानमन्त्री निवास बालुवाटारबाट बिदाइ हुनुपर्ने थियो । समिट अब्जर्भेसनका लागि गर्नुपर्ने प्राविधिक तयारी लगभग सबै गरिसकेको थिएँ । प्राविधिक सरसामानदेखि हिमाल आरोहणका गियरहरूसम्म । तर आफ्नो ब्याग र लुगाको तयारी भएको थिएन । किनकि उनले मलाई अघिपछि कहींकतै टाढा जाँदा मैले लैजानुपर्ने सरसामान मिलाइदिन्थिन्, मेरो मन अस्थिर भएको छ भने आफैं बुझेर त्यसलाई स्थिर बनाइदिन्थिन् । तर आज साथमा उनी थिइनन् । गर्भावस्थाका कारण स्वास्थ्य परीक्षणका लागि दिल्ली थिइन् ।

मलाई सगरमाथा आरोहणका लागि बिदाइ गर्न शङ्खमूलस्थित मेरो डेरामा बा, आमा र बहिनी आइसकेका थिए । भोलिका लागि जाने सबै तयारी भए पनि मेरा आँखाले उनलाई खोजिरहेका हुन्थे । बहिनी पद्माले उनले राखेका सामानहरूको ठाउँ मेलोमेसो नपाएपछि भन्थी, "भाउजूलाई फोन लगाइदिनू न, दाइ ।"

उनलाई र उनको स्थिति सम्झनासाथ मन हुरूक्क भएर आउँथ्यो । आफ्नो मनलाई आफैंले थिचेर बहिनीले भन्नेबित्तिकै म्यासेन्जरमा फोन लगाइदिन्थें ।

एक दिनको कुरा, मैले बोल्न नपाउँदै उनले बोल्न सुरू गरिन्, "हजुर नगई सगरमाथा नापिन्न र ? एक पटक जानुभयो, त्यतिखेर हजुर एक्लो हुनुहुन्थ्यो । अहिले हेर्नुस् त त्यो एक्लोमा म थपिन पुगेकी छु । अहिले त झन् म दुई जीउकी छु । मलाई लागेको थियो, मेरो कोखको मान्छेको मुटुको धड्कनको आवाज तपाईंको कानसम्म पुग्छ र हजुर रोकिनुहुन्छ ।"

उनी मलिन स्वरमा एकोहोरो बोलिरहेकी थिइन् । उनले बिनासम्बोधन बोलेका सबै प्रश्नको जवाफ त मसँग थिएन । प्रसङ्ग बदलेर मैले भनें, "त्यो पोहोर साल म हिमालतिर जाँदा लगेको पन्जा कहाँ राखेकी छौ, भन त ? कहाँकहाँ कुन सामान छन्, ल बहिनीसँग कुरा गर ।" बहिनीलाई फोन दिनुभन्दा पहिले मैले भनें, "यहाँ सबैले तिमीलाई हेर्न खोजिरहेका छन्, तिमी पनि भिडियो अन गर न, हेमा ।"

उनले अझै भिडियो अन गरेकी थिइनन् । मैले सम्झाउँदै भनें, "हेर हेमा, पहिलो पटक सगरमाथा आरोहण गरेर आएपछि अधिकृत भएँ; हाम्रो बिहे पनि भयो । सगरमाथाको आशीर्वाद लागे जस्तो लाग्छ । हिमाल देवस्थल हो । तिमीले खुसी खुसी भएर बिदाइ गर, यस पटक पनि सगरमाथाको आशीर्वाद लाग्छ । हामीलाई सगरमाथा फाप्छ ।"

मैले यति भनेपछि बल्ल उनले भिडियो अन गरिन् । उनका आँखा आँसुले भरिएका थिए । बोल्दाबोल्दै उनका आँखा रसाए । आँसुका बुँद उनका गालामा खसे । गालाका आँसु पुछ्दै भनिन्, "हजुर सफल हुनू, शुभकामना !"

त्यसपछि जति बोल्न खोज्दा पनि वाक्यहरू गलामै अड्किए सायद । एकछिन चुपचाप भइन् र फेरि बोल्न थालिन्, "मलाई आत्मविश्वास छ, अहिले गर्भमा रहेको हाम्रो बच्चाले पनि ठूलो भएपछि सगरमाथा नाप्ने मेरो बाबा हो भनेर गर्व गर्नेछ । हजुरको यात्रा शुभ रहोस् ।" फेरि केहीबेर रोकिएर भनिन्, "आज मङ्गलबार, गणेश भगवान्को राम्रोसँग पूजा गर्नुभयो होला । श्रीगणेशलाई चढाएको दूबो ब्यागमा राख्नू; एउटा सेफ्टीपिन पनि सँगै राख्नू ।"

उनको कुरा सुन्नासाथ बहिनीले हतपत दूबोका केही मुन्टा मेरो झोलामा राखिदिईं । उनले भन्दै गइन्, "हजुरलाई कसैको नजर नलागोस् । जुन उद्देश्यले जानुभएको छ, त्यो काम सफल पारेर आउनुस् ।"

मैले भनें, "यसरी नै सकारात्मक सोच, सबै राम्रो हुने क्रममा छ ।"

उनले भनिन्, "पहिलोचोटि जाँदा हजुरको रिस गर्ने धेरै थिएनन्; अहिले धेरै छन् । बाहिरबाट राम्रोसँग जानू भन्नेहरूले पनि सबैले तपाईंलाई भित्रबाट तपाईं गएको मन पराएका छैनन् ।"

"हेर, फल लागेको बोटमा झटारो हान्छन्; रूख ठूलो हुँदै गएपछि हावाले धेरै हान्छ र त्यो रूखले हावाहुरी सहनुपर्छ । अहिलेसम्म मैले गरेका कुनै पनि काम कसैको दयामायाले भएको हैन, अहिलेसम्म जे छ, मेरो मिहिनेतले भएको हो । यसलाई पनि जीवनको एउटा परीक्षा सम्झ । म सफल भएर आउनेछु । तिमी केवल ढुक्क भएर बस, बरू आफ्नो कोखको बच्चाका लागि, आफ्नै लागि र मेरो मिसनका लागि भगवान्को पाठ गर । यसले सकारात्मक ऊर्जा दिन्छ ।"

मेरो कुराले उनी भावुक बनिन् । मलाई भने यति गहिराइमा पुगेर नभनेको भए हुन्थ्यो जस्तो पनि लाग्यो । तर उनले बलियो भएर भनिन्, "मैले मेरो गर्भमा रहेको बच्चालाई भन्दा हजुरलाई धेरै सम्झिने भएँ । अझ पनि भन्दै छु, तपाईं नगएर पनि हुन्छ भने बेसक्याम्पसम्म गएर माथि चढ्न नजानुस् । तर तपाईं मान्नुहुन्न । किनकि हजुरलाई रोक्न धेरै जनालाई मैले म्यासेज र फोन गरें । बाआमाले पनि रोक्न खोज्नुभयो, सक्नुभएन । अब जे हुन्छ राम्रो हुन्छ, हजुर ढुक्क भएर जानुस् । हामी यहाँ सुरक्षित भएर बस्छौं ।"

कुरा गर्दागर्दै रातको १२ बजिसकेछ । उनलाई भनें, "अब सुत, म भोलि लुक्ला पुगेपछि फोन गर्छु । अब म पनि सुत्छु ।"

एकैछिनमा म्यासेन्जरको घण्टी बज्यो । उनले लेखेकी थिइन्, "आई लभ यू, हज्बेन्ड । मिस यू अ लट, माई हर्ट ।"

मलाई थाहा थियो, मुखले जानू भने पनि उनको मनले मलाई नजा भनिरहेछ । बाआमाको मनले पनि नजा भनिरहेछ । मलाई माया गर्ने र घृणा गर्ने धेरैको मनले नजा भनिरहेछ । यस्तो बेला आफूले आफैंलाई सतीसाल झैं उभ्याउनु थियो ।

ठूलो लक्ष्य राखेर यात्रा गर्दा जतिसुकै आत्मविश्वास भए पनि मनको कुनामा डर लाग्दो रहेछ– सधैं भाग्यले साथ दिन्छ कि दिंदैन भनेर मनमा

सकारात्मक र नकारात्मक दुवै कुरा खेल्न थाले । मन एकदम रोएको थियो । मलाई सम्झाउने कोही थिएन । सम्झाउनेहरू नजा भनिरहेका थिए । जब मैले आफैंलाई सम्झाएँ, त्यसपछि थाहा पाएँ– अरूले सम्झाएको त बेलुनमा हावा भर्नु जस्तै हो, आफैंले आफूलाई सम्झाउनु भनेको टायरमा हावा भर्नु जस्तै हो ।

***

२७ चैत, २०७५ अर्थात् १० अप्रिल, २०१९ । छ्याङ्ङ उज्यालो दिन ।

संयोग कस्तो परेछ भने संसारको सबैभन्दा अग्लो चुली सगरमाथा हो भनी पत्ता लगाउने बेलायती साम्राज्यको वैज्ञानिक आयोजना ग्रेट ट्रिगोनोमेट्रिक सर्भे अफ इन्डियाले पनि १० अप्रिल १८०२ का दिन सर्भे सुरू गरेको थियो । यो १९औं शताब्दीको संसारको सबैभन्दा ठूलो वैज्ञानिक महाअभियान थियो, जसको उद्देश्य शुद्ध तवरले पृथ्वीको परिधि पत्ता लगाउनु थियो ।

अभियान आरम्भ गर्नुअघि बालुवाटारमा भेला हुन सुशील डङ्गोलले जानकारी गराए । बिहानै नापी विभागमा भेला भएर बालुवाटार जाने भयौं । त्यसैअनुसार बा, आमा, बहिनीसहित हामी उपमहानिर्देशक करूणा केसीको गाडीमा बालुवाटारतर्फ लाग्यौं ।

सामान्य भेटघाट र शुभकामना कार्यक्रम होला भन्ने लागेको थियो । तर प्रधानमन्त्री कार्यालयमा त विभिन्न मन्त्रालयका सचिव र उच्चपदस्थ अधिकारी आएका रहेछन् । तत्कालीन प्रधानमन्त्री केपी शर्मा ओलीले हामीलाई यस अभियानमा सफलताको कामनासहित बधाई एवम् हौसला प्रदान गरे । हाम्रो तयारी, स्वास्थ्य, खानपान आदिबारे चासो दिए ।

त्यो बेला उनले भनेको सम्झिरहेछु, "हिमाल फेरि पनि चढ्न सकिन्छ । तर मौसम बिग्रियो भने जबर्जस्ती नचढ्नुहोला । एकछिन पनि गाइडको साथ नछाड्नुहोला । गाइडका कुरा मान्नुहोला ।" उनले निर्देशनात्मक तरिकाले भने, "सगरमाथाको उचाइ मिटर मात्र होइन, सेन्टिमिटरसम्मको शुद्धतामा मापन गर्नुहोला ! शेर्पा गाइडहरूलाई गुरू मानेर यात्रा अगाडि बढाउनू, राष्ट्रको इज्जत राख्नू ।"

प्रधानमन्त्रीको भनाइले हामीलाई आत्मबल थपिदियो । यो राष्ट्रिय गौरवको कामलाई सिङ्गो देश, समाज र संसारले नियालिरहेको थियो । यस कुराले मलाई थप जिम्मेवार बनाएको थियो ।

हामी बाहिर आउँदासम्म बधाई र शुभकामना निरन्तर बर्सिरह्यो । फोनको घण्टी लगातार बज्न थाल्यो । सबैको प्रेम र सद्भावले मलाई भावनात्मक र संवेगात्मक रूपमा बलियो बनायो ।

प्रधानमन्त्रीबाट बिदाइ गर्ने कार्यक्रम विभागको थिएन; भूमि व्यवस्था, सहकारी तथा गरिबी निवारणमन्त्री पद्माकुमारी अर्यालको सोचअनुसार भएको रहेछ ।

बालुवाटारबाट बाहिर आउन्जेलसम्ममा त संसारले हाम्रो टोली सगरमाथा जाँदै छ भन्ने खबर थाहा पाइसकेको रहेछ । संसारले हाम्रो आरोहणलाई चासोका साथ हेरिरहेको थियो; हामीले मापन गर्ने उचाइको परिणामलाई पर्खिरहेको थियो ।

एक पटक आरोहण गरिसकेकाले मेरा बा, आमा, हेमा तथा आफन्तले फेरि चुनौती र जोखिम नउठाए हुन्थ्यो भन्ने कामना गरिरहेका थिए । फेरि फर्केर आउने हो कि होइन भन्ने चिन्ता उनीहरूका आँखामा देखिरहेको थिएँ । तर मेरा आँखाले सगरमाथाको शिर मात्र देखिएको थियो । प्रियजनको आँखाको आँसुले म कमजोर बन्नुहुँदैन भनेर आफैंलाई सम्झाउँदै थिएँ । भित्रबाट असाध्यै कोमल भए पनि त्यति बेला म कठोर भएको थिएँ ।

आमाका आँखामा हेरें; आँसुले भरिएका थिए । ती आँसुले मेरो बाटो नछेकून् भनेर भगवान्सँग कामना गरें । बा भने केही बोल्न सकेका थिएनन् । उनको मौनताले भनिरहे जस्तो लाग्यो– आँसु र पसिना पनि जम्ने ठाउँमा नजा कान्छा । त्यो मान्छे जाने ठाउँ होइन ।

पछाडि फर्केर हेर्दा आमाको आँसुले मलाई कमजोर बनाउँछ भनेर डराएँ । त्यसैले हिँड्ने बेलामा पछाडि फर्केर हेर्न सकिनँ ।

केही दिनअघिसम्म पनि कतिपयले भनेका थिए, "यो अरूले ल्याएको कार्यक्रम सफल बनाउन किन रिस्क लिन्छौ ? अझै पुनर्विचार गर ।"

मैले बुझेको थिएँ, उनीहरूले मलाई निरूत्साहित गर्न खोजिरहेका छन् । मैले यो कार्यक्रम सफल बनाएरै छाड्नुपर्छ ।

तैपनि 'बेड रेस्ट'मा रहेकी हेमालाई सम्झिएर बेलाबेला "म यो के गर्दै छु" भन्ने छटपटी भइरहेको थियो । कम से कम उनले त मलाई निरूत्साहित पार्न खोजकी होइनन् । तर मैले आफूलाई बलियो पारें– जस्तै परिस्थितिमा पनि मैले यो काम पूर्ण गर्नुपर्छ; यो लक्ष्यलाई पूरा गर्न म अघि बढ्नुपर्छ ।

परिवार, आफन्त र साथीहरूको प्रेम सम्झिएँ; विभागका थुप्रै अग्रज र साथीहरूको प्रेरणा सम्झिएँ । तत्कालीन मन्त्री पद्माकुमारी अर्याललगायत सरकारका उच्चपदस्थ पदाधिकारीहरूको उत्प्रेरणा सम्झिएँ । सम्झनाको भारीले मन हलुका भयो; जिम्मेवारीको भारीले मन गह्रौं भयो ।

***

विमानस्थल पुग्दासम्म आफन्त, शुभचिन्तक र साथीहरूको फोन निरन्तर आइरह्यो । मैले सबै फोन उठाउन सकिरहेको थिइनँ । शुभेच्छा दिन निरन्तर बजेको फोनले बेग्लै खालको साहस थपिदिएको थियो । प्रेम र हौसलाले मन अझ बलियो हुँदै थियो ।

आँखाअगाडिको संसारभन्दा मनको संसार ठूलो हुन्छ । मेरो मनको संसारमा बेलाबेला वामनका पैताला झैं संसारै ढाक्ने गरी हेमा आइरहेकी थिइन् । उनको बढ्दै गरेको गर्भ आइरहेको थियो । तर मैले मनलाई थिचेर अगाडि बढ्नु थियो; बढें ।

मैले नै वैशाख २७ गते साइत निकालेको थिएँ । ज्योतिषशास्त्रबारे केही ज्ञान र विश्वास भएकाले आफैंले साइत हेरेको थिएँ । काठमाडौंबाट लुक्लातर्फ जाँदा पूर्व हुन्छ । २७ गते वृष राशिको चन्द्रमा दक्षिणपट्टि हुने, जसले गर्दा पूर्व दिशाको यात्रामा चन्द्रमा दाहिने हुने भएकाले शुभ साइत हुन्छ भन्ने निष्कर्ष निकालेको थिएँ ।

# लुक्लादेखि नाम्चे बजारसम्म

*मानिससँग गरिएको प्रेममा प्राप्तिको लालसा हुन सक्छ ।*
*तर प्रकृतिसँगको प्रेममा हुँदैन ।*

कतिपयले सगरमाथाको उचाइ नाप्न गएको हाम्रो टोलीप्रति शङ्का गर्दै थिए । त्यो स्वाभाविकै थियो । धेरैलाई शेर्पाहरूले मात्र हिमाल चढ्छन् भन्ने लाग्छ । तर मैले आफूमाथि शङ्का गरिनँ । एक पटक आरोहण गरिसकेकाले पनि ममा आत्मबल थियो ।

दिउँसो एक बजेतिर हामी लुक्ला पुग्यौं । सम्पर्क अधिकृत भएर बर्सेनि आइरहेको ठाउँ । त्यहाँका हरेक बाटा र हिमालहरूसँग मेरो चिनजान भइसकेको थियो । धेरै पटक आएको भए पनि कुनै न कुनै रूपमा ती नयाँ लागे । ती हिमाल पुराना भए पनि त्यहाँ परेको हिउँ नयाँ भएर होला ।

मेरा सहयोगी साथीहरू, जसले पहिलो पटक यहाँ पाइला टेकेका थिए, उनीहरू निकै रमाइलो मानिरहेका थिए । उनीहरू भन्दै थिए, "अहो, स्वर्ग यस्तै हुन्छ होला । कस्तो मनमोहक !"

ती दृश्यहरूलाई उनीहरूले आँखामा मात्र होइन, क्यामेरामा पनि कैद गर्दै थिए । म पनि फोटो खिच्दै थिएँ । त्यही बेला मोबाइलमा वाइफाईको टावर देखें र हेमालाई फोन गरें, दिल्लीमा । फोन लागेपछि सोधें, "के गर्दै छौ ? हामी त लुक्ला आइपुग्यौं नि ! तिमी त्यहाँ गर्मीले आत्तिएकी होउली । यहाँ हिउँमा ठोकिएर आएको बतास सरर चलिरहेको छ । चिसो भए पनि रमाइलो खालको चिसो छ । के गर्नु, यहाँको हिउँको शीतल हावा त्यहाँ पठाउन नमिल्ने । मिल्ने भए पठाइदिने थिएँ ।" हिमालतिर क्यामेराको आँखा फर्काएर भनें, "हेर त, हिमालहरू कस्ता उज्याला र सेता छन् ।"

उनले आफ्नो हालखबर सुनाइन्, "यहाँ म ठीक छु । मेरो स्वास्थ्य राम्रो छ । फलोअपका लागि १५ दिनपछि बोलाएकी छन्, डाक्टर सुनिताले । डाक्टरलाई मैले मेरो हज्बेन्ड एभरेस्ट चढ्न जान लाग्नुभएको छ भनेर सुनाएको फोनमा, एकदम खुसी हुँदै थिइन् ।"

"अनि के भनिन् उनले ?"

"भन्दै थिइन्– तिम्रो हज्बेन्डले यही समय पाएछन् एभरेस्ट चढ्न ? अरू बेला जान सक्थेनन् र ?"

"बिचरी डाक्टरलाई के थाहा, हजुर सगरमाथा चढ्न मात्र होइन, सगरमाथा सर्भे गर्न जान लाग्नुभएको हो । मैले पनि सबै डिटेल्स भन्न चाहिनँ । यहाँ सरकारी जागिरेको कस्तो इज्जत, महत्त्व र सम्मान हुने रहेछ । यहाँका मान्छेलाई गभर्मेन्टबाट जान लागेको भन्ने हो भने त हामीलाई धनी सम्झिन्छन् र हस्पिटलको बिल पनि धेरै लगाइदिन्छन् होला भनेर मैले केही भनिनँ ।"

यति भनेपछि उनले मेरो शारीरिक तथा मानसिक अवस्थाबारे सोधिन् । मैले भनें, "लुक्ला म सधैं आइरहेको ठाउँ भएकाले शारीरिक थकानभन्दा पनि कामको बोझले मानसिक थकान अलि बढी भएको छ ।"

यति भनेपछि मैले उनका बारेका सोधें, "खाना रूचेको छ नि, तिम्लाई ? मन परेको कुरा समयसमयमा मिलाएर खाएकी छौ कि छैनौ ?"

उल्टै उनले मलाई सम्झाउँदै भनिन्, "मेरो चिन्ता नगर्नू । म त डाक्टरको निगरानीमा छु । तपाईंले त आफ्नो निगरानी आफैंले गर्नुपर्छ । जोगिएर हिँड्नुहोला । तपाईं त जे गर्दा पनि यत्तिकै आत्तिनुहुन्छ ।"

मैले उनलाई आश्वस्त बनाउन भनें, "तिमी ढुक्क हौ, म गणेश भगवान्को भक्त । मलाई उनैले निगरानी गरिरहेका छन् । भगवान् साथमा र आँतमा भएपछि मलाई केही हुँदैन ।"

"माछापुच्छ्रेको काखमा जन्मेको भएर पनि होला, मलाई हिमालको चिसो हावा र लपक्कै हिउँले ढाकिएको हिमालका टाकुरा साह्रै मन पर्छन् । त्यही भएर होला, मेरो मनको चाहना पूरा गर्न बेलाबेला हिमालहरूले बोलाइराख्छन् मलाई । म त हिमालहरूको पाहुना हुँ । हिमालहरू मलाई हिउँको कार्पेट ओछ्याएर स्वागत गरिरहेछन्," मैले जिस्किँदै भनें, "कहिले त तिमीलाई लाग्दो होला, ज्योतिषीको छोरासँग बिहे गरें कि शेर्पाको !"

"हो त नि है, मलाई पनि त्यस्तै लाग्छ भन्या !"

उनी केके बोल्दै थिइन् । यत्तिकैमा होटलवाली साहुनीले खाना तयार भयो भनेर कराइन् अनि फोन काटेर खाना खान गएँ ।

जति माथि गयो उति मोबाइलको नेटवर्क र इन्टरनेट लाग्दैन । त्यसैले मौका मिल्नासाथ उनीसँग कुरा गरिहाल्थें ।

***

दिउँसोको लुक्ला न्यानो र उज्यालो थियो । रविन कार्की, सुरजसिंह भण्डारी, युवराज धिताल, छिरिङ जाङ्बु शेर्पा र मैले दिउँसो खुम्बु रिसोर्टमा खाजा खायौं र तेर्सोतेर्सो भएर बाटो लाग्यौं । सामान अलिक बढी भएकाले लुक्लामा भरिया खोज्न हामी अघिअघि गयौं । अचेल हेलिकप्टरले सामान लैजाने भएकाले भरियाको अभाव हुँदो रहेछ । भरिया पाउन हम्मेहम्मे पऱ्यो ।

मलाई बोलिरहनुपर्ने । त्यसैले गोडासँगसँगै मेरो मुख पनि चलिरहेको थियो । कहिले पहिलो पटक आरोहण गर्दाका घटना र अनुभव सुनाउँथें, कहिले अनेक रमाइला किस्सा र संस्कृतका दार्शनिक श्लोक भन्थें । हाम्रा गोडा र कुरा सँगसँगै चलिरहेका थिए । साथीहरू हँसिला र रसिला भएकाले यात्रा रमाइलो हुँदै थियो ।

लुक्लाबाट फाक्दिङ जाने बाटो धेरैजसो ओरालो र कतैकतै तेर्पायँ तेर्पायँ छ । लुक्लाबाट केही ओरालो लागेपछि चौंरीखर्क गाउँ तल देखिन्छ । हिमाल आरोहणका हिसाबले यो गाउँ निकै महत्त्वपूर्ण छ । किनभने २१ पटक सगरमाथा आरोहण गरेका आपा शेर्पादेखि नेपालको पहिलो महिला सगरमाथा आरोही पासाङ ल्हामु शेर्पाको घर त्यहीं पर्छ । त्यो दिन हामी दूधकोसीको किनारमै रहेको फाक्दिङमै बास बस्यौं ।

***

चैत २८ गते हामी सबेरै यात्राका लागि तयार भयौं । सजिलो बाटो, सफा मौसम र उत्कट आकाङ्क्षाले यात्रा सहज लागिरहेको थियो । त्यति सफा आकाश र कपास जस्ता सेता बादलका झुन्ड अन्त कहाँ देख्न पाइन्छ र !

अघिल्लो दिन आराम गरेकाले जीउ चङ्गा भएको थियो । प्राकृतिक सौन्दर्यले मोहित भएर उड्डूँउड्डूँ लागिरहेको थियो । साथीहरूतिर हेरें, उनीहरू पनि चङ्गा भएका थिए । हाम्रा कुरा र हाँसोठट्टा पनि रोमाञ्चक र स्वच्छन्द भइरहेका थिए ।

फाक्दिङबाट बेङ्कर जाने बाटो तेर्पायँ तेर्पायँ छ । मौसमका कारण होइन, हिँडाइ र उकालोका कारण हल्का गर्मी भयो । तर त्यो गर्मीलाई हिमालबाट आउने चिसो हावाले उत्तिखेरै चट बनाइदियो ।

बायाँतर्फ दूधकोशी छङछङी बगेको, माथि धुपी र सल्लाको वन, त्यहीँ बीचबाट हिँड्दै थियौं । सुरिला सल्लाहरूको छाया ओढेर बगेका दूधकोसीका सेता छालहरूले मन शीतल बनायो ।

बीच बाटोमा एउटा गजबको ठाउँ रहेछ । बाटोमाथि रूखका जराहरूले च्यापेर मज्जाले अँगालेको एउटा ठूलो ढुङ्गा थियो, जसको आकार योनी जस्तो थियो । र त्यसको वरिपरि घाँसैघाँस उम्रिएको थियो । त्यहाँ लिङ्गाकार लाम्चो ढुङ्गो समागमको शैलीमा योनीरूपी ढुङ्गाभित्र अवस्थित थियो । लिङ्ग ढुङ्गा वरिपरि पनि घाँस उम्रिएको थियो । ती ढुङ्गा कुनै कलाकारले बनाएका प्राचीन मूर्ति जस्ता देखिएका थिए, जसलाई प्रकृतिले ऋतुहरूका माध्यमबाट अनेक लेउका रङ लगाइरहेको थियो । यौनक्रीडाको झल्को दिने त्यो प्राकृतिक लीला हेरेर एकछिन हामी रोमाञ्चित बन्यौं । केटैकेटा भएकाले त्यो अनौठो दृश्यलाई आधार बनाएर केहीबेर हामीले 'ननभेज' कुरा र जोक भन्यौं ।

त्यो बाटो धेरै पटक हिँडेको थिएँ । तर त्यो दृश्य यादै गरेको रहेनछु । मैले साथीहरूलाई भनें, "लौ है जोप्क्योहरू, तिमीहरूलाई राम्री स्त्री र असल सन्तान चाहिएको छ भने यहाँ फूलपाती चढाइहाल्नू अनि ढोग्नू !"

हुन पनि त्यहाँ दर्शन र पूजाआजा गरे सन्तान प्राप्ति हुन्छ भन्ने मान्यतासमेत रहेछ ।

साथीहरू हाँसे । तर कसैले फूलपाती चढाएनन् र ढोगेनन् पनि ।

स्थानीय मानिस ती ढुङ्गालाई शिवको लिङ्ग र पार्वतीको योनी मान्दा रहेछन् । यस्ता आकृतिलाई भगवान्सँग जोडेर पवित्र बनाउने हाम्रो संस्कार नै हो ।

केही समयपछि बेङ्कर पुग्यौं । जीवनमा पहिलो पटक एक दाना सुन्तलालाई ६० रूपियाँ तिरेर खायौं । त्यहीँ चिया खाएर हामी यात्रामा अघि बढ्यौं ।

***

यात्रा बडो रमाइलो हुँदै थियो । पैतालाहरू बाटोमा हिँडिरहेका होइनन्, तिनले बाटोलाई म्वाइँ खाइरहेका हुन् जस्तो लाग्दै थियो । उकालो, ओरालो र अप्ठ्यारो बाटोको यात्राले जीवनबोध पनि गराइरहेको थियो । कतै दायाँ, कतै बायाँ गर्दै सगरमाथाको हिउँ पग्लिएर सङ्लो दूधकोसी छङछङी बगेकी; रूखहरूको छायामुनि छालहरू उठ्दै-बस्दै गरेका; माथि धुपी र सल्लाका रूखहरूको जङ्गल सुसाइरहेको– त्यति सुन्दर प्रकृतिको कला र सङ्गीतलाई बोध गर्दै हिँड्नुको मज्जा छुट्टै थियो । ठाउँठाउँमा भेटिने खर्क र गोठहरूले ठाउँ जति दुर्गम हुन्छ, त्यति नै त्यहाँ सङ्घर्ष धेरै हुन्छ भन्ने कुरा सम्झाइरहेको थियो ।

जोरसल्लेमा खाना खाएर १२ बजेतिर नाम्चेतर्फ उकालो लाग्यौं । दिउँसो तीन बजे नाम्चे बजार पुग्यौं । नाम्चे मलाई अद्भुत लाग्यो । नेपालको एउटा हिमाली ठाउँ, धेरै देशको संस्कृति एकठाउँ मिसिए जस्तो । त्यहाँ त आर्थिक व्यवहार डलरमा गरिन्छ; समय तालिका पनि तारिखमा हेरिन्छ; ग्राहकसँग अङ्ग्रेजीमा बोलिन्छ; होटलमा विदेशी परिकार बनाइन्छ । संसारको सार एकै ठाउँमा खिचिए जस्तो ।

# लजाएको सगरमाथा

*गजधम्म बसेको हिमाल कहिले लजाउने रहेछ,*
*कहिलेकाहीँ बोल्ने पनि रहेछ ।*

नाम्चे बजार पुगेर झोला बिसायौं र केही माथि रहेको सगरमाथा राष्ट्रिय निकुञ्ज कार्यालयतिर लाग्यौं । खासमा उच्च क्षेत्रमा यात्रा गर्दा अलिक माथिसम्म उक्लिएर तल झर्दा निद्रा राम्रो पर्ने भएकाले केहीबेर उकालोओरालो गरेका थियौं ।

त्यहीँबाट इजरायल-नेपालको संयुक्त स्तम्भमा पनि पुग्यौं । त्यहाँ दुवै देशबीचको इतिहास, सम्बन्ध र भूगोलबारे साथीहरूसँग कुरा भयो । दुई देशबीचको मैत्रीपूर्ण सम्बन्धको प्रतीकका रूपमा जमिनको सबैभन्दा अग्लो ठाउँ सगरमाथाको ढुङ्गा र सागरको सबैभन्दा गहिरो स्थल मृतसागरको ढुङ्गा एकअर्कामा साटासाट गरेर त्यहाँ राखिएको रहेछ ।

सगरमाथा राष्ट्रिय निकुञ्जसँगै रहेको नापी विभागको सेकेन्ड अर्डरको कन्ट्रोल प्वाइन्टसम्म मैले साथीहरूलाई लगें र त्यसबारे बताएँ, "यो बिन्दु हाम्रा लागि निकै महत्त्वपूर्ण छ । किनकि यो बिन्दुलाई नापी विभागले सन् १९९२ मा अमेरिकाको बोस्टन म्युजियम अफ साइन्सको रिसर्चका लागि स्थापना गरेको थियो, जुन बिन्दुबाट मानार्थ अध्यक्ष प्रा. ब्राडफोड वासबर्नले नेपालको नापी विभागका सर्भेयर अमीरमान शाक्यलाई संलग्न गराएर सगरमाथाको चुचुरोमा थियोडोलाइटबाट अब्जर्भेसन गरेका हुन् ।"

यो कुरा मैले सन् १९९५ को अमेरिकन *अल्पाइन* जर्नलमा पढेको थिएँ ।

***

अर्को दिन हामी हाइकिङका लागि खुम्जुङतिर उक्लियौं । नाम्चेबाट माथि हल्का उकालो लागेपछि खुम्जुङ विमानस्थल आउँछ । त्यहाँबाट पूर्वतर्फ तेर्सोतेर्सो बाटो हिँडेपछि तल हरियो वस्त्रविहीन नाङ्गो तथा भिरालो जमिन देखापर्छ । मेरा लागि नाम्चे बजार नयाँ थिएन । धेरै पटक पुगेकाले मलाई त पोखराको लेकसाइड जस्तै लाग्छ । पर्यटकको भीडभाड, झिलिमिली पसल र गोरागोरीको घुइँचो हेर्दा ठमेलको झल्को पनि आउँछ ।

खुम्जुङभन्दा तलपट्टि पातलो वन छ । वनमा नाउर र मृगका बथान भेटिन्छन् । बेलाबेला ती जनावर भिरालो पाखामा दौडिरहेका देखिन्छन् । नाउर र मृगहरूलाई मैले धेरै पटक बाटोमा पनि भेटेको थिएँ । यस पटक भने देखिएनन् । केहीबेर कुरेको भए देखिँदा हुन् ।

तेर्सो बाटोबाट हिँड्दाहिँड्दै माथि हेरें । बादलको घुम्टो उघारेर सगरमाथाले दर्शन दियो । आरोहीहरू कहाँसम्म आइपुगे भनेर सगरमाथाले हामीलाई पुलुक्क हेरे जस्तो लाग्यो ।

सगरमाथाको दर्शन पाएर साथीहरूको अनुहार उज्यालो भयो । बोलिरहेका हाम्रा मुख एकछिन मौन भए । कोही फोटो खिच्न थाले, कोही मुग्ध भएर टोलाए । सुरजले हँसीमजाक पारामा भने, "सगरमाथा त त्यहीँ नजिकै पो रैछ !"

मैले भनें, "ठूला हिमालहरू आफ्नो विशालताका कारण टाढा भएर पनि नजिक देखिन्छन् ।"

केही बेरमै सगरमाथाको शिर बादलले छोपिदियो । मैले हाँस्दै भनें, "हेर त केटाहरू, तिमीहरूलाई देखेर सगरमाथा लजाइन् ।"

खासमा सगरमाथाले हामीलाई चुनौती दिँदै थियो; हाम्रो साहस र आँटको परीक्षा लिँदै थियो । मलाई भने जीवनकै परीक्षा दिँदै छु जस्तो लागिरहेको थियो ।

फेरि बादल फाट्यो । नुप्चे हिमालको धारमाथि तेर्सो बाटोबाट सगरमाथा छर्लङ्डै देखियो । लजाए झैं आफ्नो अनुहार कहिले लुकाउँदै, कहिले देखाउँदै गरिरहेको सगरमाथाको सौन्दर्य देखेर हामी मोहित भयौं ।

हामी गइरहँदा बाटैभरि काठ झुन्ड्याएर लगातार उडिरहेका हेलिकप्टरहरू देखिए । छिनछिनमा उडिरहेका हेलिकप्टरका ताँती र तिनीहरूका चर्को आवाजले हिमालको ध्यान भङ्ग गर्ने असफल प्रयास गरिरहेको थियो । तर हिमालको ध्यान कसैले भङ्ग गर्न सक्दैन ।

बरू तिनले हामी आरोहीको ध्यान भङ्ग गरिरहेका थिए । हिमालको ध्यान त पृथ्वीमा प्रलय भयो भने मात्र भङ्ग होला ।

लुक्ला-सल्लेरीबाट सामानको भारी बोकेर हेलिकप्टर अचेल माथि आधारशिविरसम्मै पुग्दा रहेछन् । त्यही भएर भारी बोक्ने धेरै भरियाको खाँचो नभएको रहेछ ।

भेटिएका भरियाले पनि नेपाली पर्यटकको भारी बोक्न गाह्रो मान्दा रहेछन् । एक जना भरियालाई त भनें, "नेपालीकै भारी बोक्न चाहिँ किन गाह्रो मान्नुभएको ?"

उनले दाँत ङिच्च देखाउँदै भने, "नेपाली ग्राहकको भारी बोक्दा ज्याला मात्र पाइन्छ सर, टिप्स पाइँदैन ।"

कतिपय अवस्थामा हामी आर्थिक कारणले गर्दा आफ्नै देशमा उपेक्षित भइरहेका हुन्छौं । देशमा मात्र होइन आफन्त, साथीहरू, परिवारमा समेत उपेक्षित हुनुपर्छ । अर्थको अर्थ अपरम्पपार छ ।

***

नाम्चे बजारको बसाइ निकै व्यवस्थित थियो । खानेबस्ने व्यवस्था राम्रो थियो । दिउँसो देखिएको सगरमाथाको सौन्दर्य व्याख्या गरेर साथीहरू अघाएका थिएनन् । उनीहरूले उचाइ, रङ, आकार र त्यसको भौगोलिक अनुभवको व्याख्या गरिरहेका थिए ।

मलाई त्यो उत्साह देखेर आनन्द लाग्यो । त्यही उत्साहले हामीलाई शिखर चुम्न आँट दिनेछ । त्यो उच्च भौगोलिक संसारमा सबै जना अझै घुलमिल होऊन् भनेर त्यहाँ अलिक दिन बस्ने योजना बनाएँ । किनभने सानोतिनो अभ्यास र आत्मबलले शिखरसम्म पुग्न सकिँदैन ।

***

चैत ३० गते आइतबार नाम्चेबाट आधारशिविरतर्फ पाइला लम्कायौं ।

नाम्चे माथिबाट सुरू हुने तेर्सो बाटोदेखि सानसासम्मको बाटोमा मान्छेका नाममा एक जना बूढा शेर्पा मात्र भेटिए, जो बाटो बनाउँदै थिए । सम्पर्क अधिकृत भएर सगरमाथातिर जाँदा मैले उनलाई धेरै पटक त्यो बाटोमा चन्दा मागीमागी बाटो बनाउँदै गरेको देखेको थिएँ । चन्दा उठाएर त्यो बाटोमा उनले ढुङ्गा छाप्दै थिए ।

***

२०७५ सालको अन्तिम दिन । नाम्चे बजारको तेर्सो बाटो । त्यति रमाइलो ठाउँमा पनि खै किन हो, भित्रैदेखि नमीठो लागिरहेको थियो । धेरै कुरा बिर्साउने हिमालले मलाई घर सम्झाइरहेको थियो । हिमालहरू घरको छानो जस्तै लागेर हो कि घर धेरै सम्झिएको । तर होइन, उनी एक शरीर दुई जीवन लिएर दिल्लीको अस्पतालमा थिइन् । मलाई महसुस भइरहेको थियो, मैले उनलाई जति सम्झिरहेको छु, त्योभन्दा धेरै उनले मलाई सम्झिरहेकी छन् । यस्तो बेलामा उनलाई सबैभन्दा धेरै खाँचो मेरो छ ।

नेपालले पहिलो पटक सगरमाथाको उचाइ नाप्दै थियो । अझ महत्त्वपूर्ण कुरा, सर्भेयर नै चुचुरोमा पुगेर मापन गर्न लागिएको संसारमै पहिलो पटक हो, जुन कार्य मेरो नेतृत्वमा भइरहेको हुँदा यसलाई मैले जीवनभरिकै महत्त्वपूर्ण काम सम्झिएँ ।

कतिपय नितान्त व्यक्तिगत कुरा मैले सहयात्री साथीहरूलाई समेत भन्न सकेको थिइनँ । भित्रभित्रै रोएर पनि यात्रालाई रमाइलो बनाउन हँसीमजाक गरिरहेको थिएँ । र साथीहरूसँग रमाइरहको थिएँ ।

डर पनि लागिरहेको थियो, मन धेरै रोयो भने हिमपहिरोमा भन्दा पहिले म आफ्नै आँसुको पहिरोमा पर्छु कि ! नभए पनि कतै साइत बिग्रिन्छ कि ! लक्ष्यमा असफल भइने पो हो कि ! ठाउँठाउँमा थकाइ मार्दा पनि थकाइ मरेको थिएन । शरीरको थकाइभन्दा मनको थकाइ चर्को भएको थियो ।

***

हिमाल मात्र होइन, घाम पनि बादलले ढाकेको थियो । दिन र मन उस्तै उस्तै भइरहेको थियो । बाटैभरि मनमा जे कुरा चले पनि साथीहरूलाई मेरो मनको आभास नहोस् भनेर जोकभन्दा एकअर्कालाई 'जोप्क्यो' र 'लैबरी' भनेर ठट्टा गर्न छाडेको थिइनँ । मेरो अनुहार हाँसिरहेकै थियो ।

नाम्चे बजार कटेपछि लौसासासम्मको तेर्सो बाटोमा हिँड्दा उदास र उराठ भएको मनलाई थामथुम पार्न सकिनँ । जोक भन्न छाडेर अलिक भावुक भएँ । घरी आकाश हेर्थें, घर हिमाल । आँखाले आकाश र हिमाल हेरे पनि मनले हेमालाई देखिरहेको थियो ।

कानमा दूधकोसीको सुसेली आइपुग्यो । दूधकोसीतिर धेरै बेरसम्म हेरिरहें र सोचें, यो नदी मेरो जीवन जसरी बगिरहेछ र मन जसरी सुसाइरहेछ । किन यस्तो भएको होला ? कतै केही अशुभ भइरहेको त छैन ?

जोखिमको यात्रा छ, ठूलै आपत् आउने पो हो कि ! ठूलै अप्ठ्यारोसँग जुध्नुपर्ने पो हो कि ! काल्पनिक डरले मेरा गोडा काँपिरहेका थिए । तैपनि हिँड्नु नै थियो; लक्ष्यमा पुग्नु नै थियो । आफूलाई आफैंले सम्झाउँदै अगाडि बढ्न थालें ।

***

आमाले भन्नुभयो, "कान्छा, अगाडि जे भयो भयो, भो अब नजा हिमालतिर । केही भैहाल्यो भने हामी कल्लाई हेरी बाँच्ने ?"

"म मर्दिनँ, आमा । कथम् मरिहालें भने पनि मलाई मऱ्यो भन्ने नसम्झिनू ! तिमी पारि घाँसेरामको वनबाट घाँसको भारी बोकेर इँदीको बगरै बगर घरतिर आउँदा तीव्र गतिको सिरेटोसँगै म पनि आइरहेको हुनेछु । तिमी पिँढीमा बसेर डाँडातिर हेर्दै गर्दा ल्वाङ्घलेल र रिभानको डाँडा ढाक्ने गरी आएका बादलका झुप्पामा पनि म आइरहेको हुनेछु । म बिहानीको घाममा टल्किरहने त्यो माछापुच्छ्रेको आभामा सधैं बाँचिरहेको हुनेछु ।

"म मर्दिनँ, आमा ! कतै झस्किएर तिमी मध्यरातमा ब्युँझौली, त्यति बेला चम्किरहेका आकाशका नौलाख तारा हेर्नू, म त्यतै कतै बाँचिरहेको हुनेछु । त्यही हेरेर तिमी बाँचिरहनू ।"

आमासँग वार्तालापमा रहेछु, एक्कासि जोडसँग सिरेटो चल्यो । आमा कता हराइन्, पत्तै पाइनँ । कालो बादलले ढाकिएको आकाश खुला भयो, हिमाल टलक्क देखियो ।

एक्कासि ब्युँझिएँ । घडी हेरें, बिहान चार बज्दै रहेछ । मैले त नमीठो सपना देखेको पो रहेछु ।

सपनाकै बेला बढेको छटपटीले होला, सिरक खाटबाट झरिसकेछ । आङ चिस्सिइसकेछ । भुइँमा झरेको सिरक हतारहतार उठाएँ । र शरीरमा लपेटें र फेरि निदाउन खोजें । अनि कामना गरें, भो नदेखियोस् यस्तो सपना ।

***

नाम्चेमा बिहानपख देखेको सपना र दिउँसोको मौसम हेर्दा के हुने हो भनेर मनमा त्रास बढेको थियो । लौसासाबाट ओरालो लागेपछि आकाश

केही खुल्यो । मलाई मनको बादल फाट्दै गए जस्तो लाग्यो । अनुहारमा पनि मनको घाम लागे जस्तो लाग्यो ।

बादल फाटेर पनि होला, पाइलाको गति बढ्न थाल्यो । तेङ्बोचेको उकालोमा हिँड्न त्यति गाह्रो भएन । शीतल मौसमका कारण यसअघि यही उकालो काट्न जति पसिना आएको थियो, त्यति आएन ।

तेङ्बोचेमा पुगेर खाना खायौं । केहीबेरको आरामपछि त्यहाँबाट हामी पाङ्बोचे गएर बस्ने योजनाका साथ हिँड्यौं । नपत्याउँदो गरी त्यो दिन लामै यात्रा भयो ।

डिबोचेबाट केहीबेर हिँडेपछि दूधकोसीको पुल आयो । त्यसपछि थुप्तेन (गाउँको प्रवेशद्वार)बाट छिरेर पाङ्बोचे प्रवेश गर्‍यौं, जहाँबाट संसारकै सबैभन्दा सुन्दर मानिने, शिवलिङ्ग जस्तो देखिने आमादब्लम हिमाल आँखैअगाडि छर्लङ्ङ देखियो । त्यो हिमालले हामीलाई राम्रोसँग हिँड भनेर भनिरहे जस्तो लाग्यो ।

थुप्तेनसँगै नागको जस्तै आकृति भएको बडेमानको ढुङ्गा देखियो, जहाँ स्पष्टसँग नागको आकृति प्रकृतिले कुँदेको थियो । त्यो आकृतिसँग एउटा किंवदन्ती जोडिएको रहेछ । तलबाट आएको नाग त्यहाँसम्म आएपछि अत्यधिक चिसोका कारण त्यहाँभन्दा माथि जान सकेन रे । त्यसैले त्यो ढुङ्गामा नागको आकृति बनेको रे ।

तल्लो पाङ्बोचेमा रहेको एउटा होटलमा बास बस्यौं । राति अबेरसम्म मनमा अनेक कुरा खेले । कुराहरूको खेलले मन आफैं थाक्यो र निदाएँ । सपनामा पनि मन कहिले हेमासम्म पुगेको थियो, कहिले बाआमासम्म । सगरमाथाको काखमा भएर पनि सपनामा म पोखरा थिएँ ।

हेमा, गर्भको पहाड अग्लिँदै थिइन्; म भूगोलको हिमाल चढ्न हिँडेको थिएँ । उनको अवस्था नाजुक थियो; म बलियो भएर सगरमाथातिर आरोहण गर्न हिँडेको थिएँ । उनी नाजुक भएको अवस्थामा म बलियो हुन बाध्य थिएँ । सगरमाथातिर नआएको भए पनि मैले यसरी नै बलियो हुनुपर्थ्यो ।

पारिवारिक जिम्मेवारी त पछि पनि पूरा गर्छु भनेर देशको जिम्मेवारीलाई प्राथमिकतामा राखी पाइला अगाडि बढाएको थिएँ । तैपनि मन भारी हुँदै गएको थियो । मन भारी हुँदा पाइलाहरू आफैं गह्रौं हुँदा रहेछन् । हेमाका रसिला आँखा मेरा आँखामा आएपछि आफैं रसाइहाल्थे, जसरी मेरो सामुन्नेका हिमाल रसाएका थिए ।

मलाई बिदाइ गर्न प्रधानमन्त्री कार्यालय बालुवाटारमा पनि आउन नसकेकी हेमालाई छुट्टिने बेला देखेको भए मलाई अझ गाह्रो हुन्थ्यो होला । बेलाबेला लागिरह्यो, कतै मैले अन्याय त गरिनँ ? उनको सम्पूर्ण आधार र भविष्यको भरोसा म; आशा र विश्वास ममाथि– समस्या पर्दा त्यही मानिस उनको साथमा थिएन, जो एउटा ठूलो जोखिम र चुनौती खेप्न गइरहेको थियो; मृत्युसँग जुध्न गइरहेको थियो । हिमाल चढ्नु भनेको मृत्युसँग जुध्नु हो र आरोहण सफल गर्नु भनेको मृत्युलाई जित्नु पनि हो । म मृत्युलाई जित्न उद्यत थिएँ; शिखर चुम्न व्यग्र थिएँ ।

आफ्नै नापी विभागमा मानिसहरू अनेक कुरा गर्दा रहेछन्–

– कतै खिमलालले डिभोर्स पो गरेको हो कि ?

त्यस्तो कुरा बोल्नेको मैले मुख थुन्न सक्दिनथें; सुन्नेको कान थुन्न सक्दिनथें; एकएकलाई भेटेर आफ्नो बाध्यता बुझाउन पनि सक्दिनथें । र, यो जरूरी पनि थिएन । नितान्त निजी कुरा सबैलाई भनिराख्ने विषय पनि होइन ।

तर विभागका केही उच्चपदस्थ अधिकारीलाई वास्तविकता र मेरो समस्याबारे थाहा थियो । त्यस्ता हल्ला पानीको फोका झैं उठे र फुटे । तैपनि आफू कमजोर भएका बेला सानै हावाले पनि हल्लाउँछ । तर हेमालाई त्यस्ता हल्लाले हल्लाएनन् ।

मैले आँटका पाइला अगाडि बढाउन थालें ।

***

पाङ्बोचेमा हामी बसेको होटलकी साहुनीको कहानी बेग्लै रहेछ । विधवा महिलाले आफ्नै घरमा होटल चलाएकी रहिछन् । कुरा गर्दै जाँदा थाहा भयो, उनका श्रीमान् त्यही अगाडिको आमादब्लम हिमाल चढ्दा हिमपहिरोमा परेर परलोक भएका रहेछन् । त्यसपछि उनले एक्लै घर र छोराछोरी मात्र होइन, व्यवस्थित तरिकाले होटल सम्हालेर बसेकी रहिछन् । उनको कामप्रति समर्पण देखेर बेग्लै खालको श्रद्धा र आदर जाग्यो ।

उनी दुई सन्तानकी आमा हुन् । खुबै हँसिली र फरासिली । शोकलाई पनि सजिलै पचाउँदै हँसमुख भएर उनले भनिन्, "बूढालाई हिमालले खायो; तर मलाई पिरले खान सकेन । के गर्ने भाइ, गइसकेको मान्छेको सधैं पिर गरेर बस्नु पनि भएन ।"

बैंसले बिदा लिइनसकेका उनका एक जोर आँखामा एकछिनसम्म हेरिरहें । अतृप्ति र तृप्तिका छालहरू उठ्ने र बस्ने गरिरहेका थिए । जसरी हिउँले खाल्डाखुल्डीलाई पुरिदिन्छ, त्यसरी नै उनले पीडाका खाल्डाखुल्डीलाई हिउँ जस्तै सेता कर्म र साहसले पुरेकी रहिछन् ।

उनको मात्र होइन, मैले धेरैजसो हिमाली महिलाहरूको मन बलियो पाएँ । उनीहरूमा आँट, साहस र आशा पाएँ । लोग्ने नभएकाहरूले पनि सङ्घर्ष गर्दै सन्तान र छोराछोरी सम्हालेको पाएँ । हिमालमा दुःख भए जस्तै जीवनमा पनि दुःख हुन्छ । वास्तविक जीवन चाहिँ दुःखी हुनु होइन, दुःखमाथि विजय प्राप्त गर्नु हो ।

# दिङ्बोचेमा नयाँ वर्ष

*जीवनमा समय अनि परिस्थितिले सुखी हुन नदिए पनि विभिन्न बहाना निकालेर खुसी हुने प्रयत्न गरिरहनुपर्छ ।*

२०७५ सालको अन्तिम दिन भएर हो या यात्रा लामो गरेर हो, त्यो दिन मलाई लम्बेतान लाग्यो । खासमा म नयाँ वर्षलाई नयाँ उत्साहका लागि व्यग्रतासाथ कुरिहेको थिएँ । अक्सर पर्खाइ लामै हुन्छ ।

२०७६ सालको पहिलो दिन; हाम्रो नयाँ वर्ष । पोखरामा भएको भए आफन्त र साथीहरूसँग बेग्लै रमाइलो, भेटघाट र जमघटमा हुन्थें हुँला । तर मन खिन्न भएन । किनभने त्यो रसरङभन्दा ठूलो कर्मका लागि हिँडेको थिएँ । मलाई यति मात्र लाग्यो, नयाँ वर्षमा नयाँ सङ्कल्प गर्नुपर्छ । या भनौं, आफ्नो पुरानो सङ्कल्पमा पाइन भर्नुपर्छ; कतै खिया लागेको भए सफा गर्नुपर्छ ।

छिरिङजीले अघिल्लो रात नै पाङ्बोचे र त्यहाँको गुम्बाको ऐतिहासिक महत्त्वबारे बताइसकेका थिए । हामी हाइकिङ गरेर वातानुकूलित हुने र नयाँ ठाउँको अनुभव गर्ने हिसाबले उठ्नेबित्तिकै माथिल्लो पाङ्बोचेतिर लम्कियौं ।

नयाँ वर्षको शुभ साइतमा गुम्बामा गएर पूजाआजा गर्दा आत्मबल बढ्ला र भगवान्को आशीर्वाद लाग्ला भनेर हामी माथिल्लो पाङ्बोचेको गुम्बातिर उक्लियौं । नयाँ वर्षको दिन मन्दिर जाँदा जति सन्तुष्ट हुन्थें, गुम्बा जाँदा पनि त्यति नै सन्तुष्ट भएँ । मन्दिर र गुम्बा भन्नु त हाम्रा मान्यता मात्र हुन् । रूप फरक भए पनि सार एउटै हो । गुम्बामा ढोगेर मैले आरोहण र लक्ष्य सफल होस् भनेर मनमनै कामना गरें । लगभग आठ सय वर्ष पुरानो माथिल्लो पाङ्बोचे गुम्बा पुग्दा बेग्लै आनन्द लाग्यो ।

त्यहाँको गुम्बामा लगभग एक घण्टा पूजाआजा गरेर दिङ्बोचेतर्फ जान तल झऱ्यौं । गुम्बा र त्यहाँका मन्त्रध्वनिले मन शान्त बनाएको थियो ।

वातानुकूलित हुन हिँडडुल गरिरहनुपर्ने थियो । जति धेरै हिँडडुल गर्दै हावापानी पचायौं, उति शरीर तङ्ग्रिँदै गयो । "हामीलाई जति सक्दो यहाँको हावापानी र वातावरणसँग घुलमिल गराउनुहोला । यहाँको प्रकृति जस्तै बनाउनुहोला," छिरिङजीलाई भनें ।

***

बिहानैदेखि एकाएक मौसम बिग्रन थाल्यो । बिहान १०/११ बजे नै रात परे जस्तो भयो । दिन नै नरमाइलो भयो । तल छङछङी बगेको दूधकोसीको आवाजसँगै हाम्रा खुट्टा चलिरहेका थिए ।

डेढ घण्टाको यात्रापछि हामी सोमरे भन्ने ठाउँमा पुग्यौं । त्यहाँ भक्तपुरतिरका व्यवसायीले एउटा रेस्टुरेन्ट खोलेका रहेछन् । त्यहाँ बसेको एकैछिनमा एउटा नमीठो खबर सुन्यौं । लुक्ला विमानस्थलमा पिचबाट चिप्लिएर हेलिप्याडतर्फ गई समिट एयरको जहाजले हेलिकप्टरलाई ठक्कर दिएछ । तीन जनाको मृत्यु र तीन जना घाइते भएछन् । मृत्यु हुनेमा एक जना सहायक पाइलट र दुई जना प्रहरी रहेछन् । मन खङ्ग्रङ्ङै भयो ।

शुभयात्राको कामना गरिरहेका बेला यस्तो खबरले मन विचलित बनाउँदो रहेछ । फेरिफेरि यस्तो सुन्न नपरोस् भनेर कामना गरें ।

***

नयाँ वर्षको पहिलो दिन भएकाले सोमरे कटेपछिको फाँटमा टोलीका सबैलाई मिलेर राष्ट्रिय गान गाउन अनुरोध गरें । र छिरिङजीलाई भनें, "तपाईंले भिडियो लिइदिनुपऱ्यो; हामी राष्ट्रिय गान गाउँछौं है ।"

सबै जनाले बाटोमा रहेको मानेसँगै उभिएर दाहिने हात देब्रे छातीमा राखेर गाउन थाल्यौं– *सयौं थुङ्गा फूलका हामी...* ।

राष्ट्रिय गानले एक किसिमको ऊर्जा दियो । राष्ट्रियता भन्नु पनि एउटा भावनात्मक कुरा रहेछ । सगरमाथाको काखमा राष्ट्रिय गान गाउँदा राष्ट्रियताको भाव अझ गहिरो भएर आउँदो रहेछ ।

रविन, सुरज, युवराजलगायतका साथीहरू रमाइला भएकाले पनि मलाई गाह्रो हुँदा पनि गाह्रो भइरहेको थिएन । प्रकृतिको मनोरम स्वाद लिँदै टोली अगाडि बढिरहेको थियो । बाटोमा हाँसखेल भइरहेकै थियो ।

बेलाबेलामा मैले अनेकौं ठट्यौली गरिरहेकै थिएँ । रमाइलो गर्दागर्दै हाम्रो टोलीको नाम नै जोप्क्यो टोली भयो । हामी सबै पहिले नै जोप्क्यो भइसकेका थियौं ।

दिङ्बोचे पुगेपछि थाहा लाग्यो, नेसनल जियोग्राफिक सोसाइटीका टोली नेता एलेक्ससहितको टोली पनि त्यहीँ रहेछ । उनीहरू बसेको ठाउँमा गएर भेटघाट गऱ्यौं । विदेशी वैज्ञानिकहरूसँग मैले परिचय गरें । मैले पिटरलाई सोधें, "के छ अबको कार्यक्रम ?"

उनीहरू सगरमाथाको चुचुरोमा 'वेदर स्टेसन' स्थापना गर्न आएका रहेछन् । उनले भने, "हामी कालापत्थरको ठीक मुनि अस्थायी जिपिएस स्टेसन पनि स्थापना गर्दै छौं, जुन तिमीहरूलाई पनि चाहिन्छ । आवश्यक तथ्याङ्क उपलब्ध गराउँछौं ।"

मैले हाम्रो आगामी कार्यक्रम पनि उनीहरूलाई बताएँ ।

दिङ्बोचेको होटल एभरेस्ट रिसोर्टमा बास बस्ने कुरा भयो । त्यहाँ पुगेपछि मैले छिरिङजीलाई भनें, "छिरिङजी, केक काटेर नयाँ वर्ष मनाउनुपर्छ है आज । साथीहरूलाई रिफ्रेसमेन्ट हुन्छ ।"

काठमाडौंमा एक हजार पर्ने केकलाई त्यहाँ पाँच हजार पऱ्यो । त्यसपछि होटलतिर गयौं र केक काट्यौं । साँझ खुब नाचगान गऱ्यौं र उत्पात नाच्यौं । एक जना विदेशीले हामीलाई सोधे, "केको सेलिब्रेसन हो यो ?"

मैले भनें, "टुडे इज नेपाली न्यू इयर; वी आर सेलिब्रेटिङ आवर न्यू इयर । यू क्यान ज्वाइन अस ।"

उनीहरू पनि हामीसँगै नाच्न आए र रमाइलो गरे । त्यो टोली लोबुचे पिक चढेर आएको रहेछ । धेरैजसो फ्रेन्च थिए । उनीहरूले खुसी हुँदै भने, "नेपालीको नयाँ वर्ष त अप्रिलमा पर्दो रहेछ !"

जानीनजानी उनीहरूले नेपाली गीत गाए र हामीसँगै उत्सव मनाए । हामीसँगै होटलका कर्मचारी पनि नाचगानमा सहभागी भए । हामी त्यहाँ दुई दिन बस्यौं ।

लगभग चार हजार चार सय मिटर उचाइमा रहेको दिङ्बोचे गाउँ त्यो क्षेत्रमा पर्ने सबैभन्दा अग्लो स्थानमा रहेको पुरानो गाउँ हो । घर बाक्लै रहेछन् । स्थायी रूपमा बस्ने मानिस कम भए पनि पर्यटकको चहलपहल बाक्लो थियो । सगरमाथा पदयात्रामा आउनेहरू त्यहाँको प्रकृति, संस्कृति र वातावरणमा रमाउन आउँछन्; हिमाललाई आँखैअगाडि हेर्न र अनुभव गर्न आउँछन् । पाङ्बोचेबाट उत्तर-पूर्वमा देखिएको आमदब्लम हिमाल

त्यहाँबाट भने पूर्व-दक्षिणमा देखिन्छ । वातानुकूलित हुन दुईचार दिन त्यहीँ बस्छन् । त्यसैले पनि दिङ्बोचे निकै गतिशील देखिएको थियो ।

त्यसभन्दा माथिका छुकुङ, लोबुचे तथा गोरकसेपलगायत ठाउँमा पहिले याक र चौंरी गोठ मात्र थिए । पर्यटकहरूको बढ्दो चापसँगै ती गोठ बिस्तारै चियाघरमा परिणत भए । त्यसपछि होटलमा परिणत भए । अहिले खुम्बु क्षेत्रले आफ्नो रूप बदलेको छ । पर्यटकको चापसँगै त्यहाँको जीवनशैली र आर्थिक अवस्थामा आमूल परिवर्तन आएको छ । ती सबै परिवर्तन सगरमाथाले गराएको हो । सगरमाथा त्यहाँका मानिसहरूको अन्नदाता र अभिभावक भएको छ । पश्चिमा देशमा समुद्रको महत्त्व जति छ, हाम्रो देशमा हिमालको महत्त्व त्यत्ति नै छ ।

***

अलिक बढी नै उचाइमा हाम्रो टोली पुगेकाले शरीरलाई उच्च हिमालसँग वातानुकूलित हुन नागार्जुन पिकमा हाइकिङ गर्ने योजना बनायौं । काठमाडौंको पश्चिमतिर रहेको डाँडाको नाम मात्र नागार्जुन सुनेको थिएँ; त्यहाँ पनि रहेछ ।

लगभग पाँच हजार मिटर उचाइमा पर्ने नागार्जुन पिकमा गयौं । त्यसपछि तल दिङ्बोचेमा आएर सुत्दा निद्रा मज्जाले लाग्ने र हामी वातानुकूलित पनि हुने भएकाले त्यस्तो निर्णय गरेका थियौं । यो जरूरी पनि थियो । किनभने हामीले सगरमाथा पुग्ने मात्र होइन, शरीर र मन दुवै बलियो पारेर शिखरमा कामै गर्नु थियो ।

दिङ्बोचेमा मोबाइल नेटवर्क पनि राम्रो थिएन । नागार्जुन पिकमा जाँदा बीचबीचमा नेटवर्क पनि आउँदो रहेछ । कतिपय पर्यटक त मोबाइल नेटवर्कका लागि पनि नागार्जुन पिकतिर जाँदा रहेछन् । हामी पनि पिकमा गयौं । सामूहिक रूपमा फोटो खिच्यौं । आआफ्ना घरतिर सम्पर्क गरी सबैले गफगाफ गऱ्यौं । सबैले निकै ताजगी अनुभव गरे ।

रमाइलोले यात्रा सहज भइरहेको थियो । प्रसङ्गअनुसार एकअर्कालाई व्यङ्ग्य गर्ने, कहिलेकाहीँ त आफैंलाई पनि व्यङ्ग्य गर्ने गरिरहेका थियौं । व्यङ्ग्य स्वीकार गर्नु अर्को रमाइलो रहेछ । हामी कहिले ससाना घटनालाई पनि किस्सा बनाउँदै थियौं भने कहिले हिमाल, पहाड, रूख, ढुङ्गा, पाखा, चौंरी र रूखका ठुटाठुटी देख्दा पनि विभिन्न बिम्ब बनाएर तिनलाई ठट्टाको विषय बनाएका थियौं ।

# आइल्यान्ड पिक आरोहण

*हिमाल सानो होस् या ठूलो, आरोहण, आरोहण नै हो ।*

२०७६ वैशाख ३, मङ्गलबार ।

मेरो उपवासको दिन । साथीहरूले ब्रेकफास्ट लिए; मैले पानी, जुस र चिया लिएँ । त्यत्तिका भरमा बिहानै छुकुङतर्फ लागेँ ।

जहाँ भए पनि आफ्नो व्यवहार र जीवनशैली सकेसम्म फेर्नुहुन्न भन्ने मेरो मान्यता छ । केही कठिनाइका बाबजुद पनि व्रत तोडिनँ । यसले मलाई गाह्रो भएन, बरू आफ्नो कर्मप्रति प्रतिबद्ध हुन सिकायो ।

बिस्तारै बिस्तारै हिँड्दा दिङ्बोचेबाट छुकुङ पुग्नलाई दुई घण्टा लाग्छ । छुकुङ दिउँसो ११ बजेतिर पुग्यौं र नमस्ते लजमा बस्यौं ।

खानपिन गरेपछि छिरिङजीले छुकुङरीतर्फ जाने भन्ने प्रस्ताव गरे । झटपट खाएर म तयार भइहालेँ । हिमालमा गाइडअनुसार चल्नुपर्छ र समयको व्यवस्थापनमा निकै ध्यान दिनुपर्छ भन्ने कुरालाई मैले अपरिवर्तनीय धारा बनाएको थिएँ ।

प्रकृतिलाई आत्मसात् गर्दै हामी निरन्तर उकालो लाग्यौं । बाटो उकालो होस् या अप्ठ्यारो, सबैले आनन्द लिइरहेका थिए । हामी हिमालसँग घुलमिल हुँदै थियौं; त्यहाँको प्रकृतिअनुकूल बन्दै थियौं ।

डाँडामाथि धारमा पुगेपछि पछाडि फर्केर हेर्दा निकै सुन्दर हिमशृङ्खला देखियो । आहा ! प्रकृति कति महान् कलाकार । यस्तो अनौठो भूबनोट कसरी कहिले बन्यो होला ? मैले पृथ्वी र हिमालयको इतिहास सम्झिएँ । जति सम्झिन सकिनँ, तीबारे अध्ययन गर्नुपर्छ भन्ने सोचेँ । प्रकृतिको त्यही छटालाई साक्षी राखेर हामीले निकै फोटा खिच्यौं र सम्झना साँच्यौं ।

म साथीहरूको पछिपछि बिस्तारै हिँड्दै थिएँ । कहिलेकाहीँ मलाई आफैँसँग निमग्न हुन मन लाग्छ; अरूसँग भन्दा आफैँसँग कुरा गर्न मन लाग्छ । म ढिलो हिँडे पनि चुचुरोमा लगभग सँगसँगै पुगियो । जति माथि पुग्यो, हावाको वेग त्यति धेरै हुन्छ । जहाँ धेरै हावा चल्छ, त्यहाँ धेरै चिसो हुन्छ । त्यो त झन् हिमालको हावा । बेलाबेला हावाले उडाएर लैजाला जस्तो हुन्थ्यो । चुचुरोमा हावाको वेगले हामीलाई यहाँ धेरै बेर नबस भनिरहेको थियो । आँखा र क्यामेरामा हिमाली संसार राखेर हामी ओर्लियौँ ।

हामी ओर्लिंदै जाँदा घाम पनि ओर्लिंदै थियो । साँझले हामीलाई स्वागत गर्ने तयारी गर्दै थियो । हिँड्दा हिँड्दै मोबाइलमा नेटवर्क देखियो । त्यो ठाउँमा नेटवर्क आउनु पनि भगवान् आउनु जस्तै हुँदो रहेछ । आफ्ना प्रियजनहरूसँग कुरा गर्न पाएर हामी सबै खुसी हुँदै फोनमा भुल्न थाल्यौँ । हिमाल हेर्दा हामी जति निमग्न भएका थियौँ, त्यति नै आफन्तसँग फोनमा कुरा गर्दा भएका थियौँ ।

छिरिङजी, सुरज, युवराज र म धेरै तल झरिसकेका थियौँ । रविन भने माथि नै अलि समय भुले । क्षितिजमा डुब्न जाँदै गरेको घामतिर हातले देखाएर उनलाई इसाराले चाँडै आऊ भनेर बोलाएँ ।

हिमालमा यात्रा र काम सामूहिक गर्नुपर्छ । टोली प्रमुखले जे भन्यो, मान्नुपर्छ । तर रविन आफ्नै तालमा बसिराखेको देखेर म चर्कैसँग कराएँ । बोलिसकेपछि आशय सम्झाउने भए पनि बोलीको शैली गाली जस्तो भयो कि भन्ने अनुभूत गरेँ । मेरो बानी कहिलेकाहीँ अलि चर्को र खरो बोल्ने छ । पछि उनलाई सम्झाउँदै भनेँ, "हिमालमा यसरी एक्लाएक्लै हिँड्नुहुँदैन; बस्नु पनि हुँदैन ।"

हामी तल छुकुङको लजमा आयौँ र आराम गऱ्यौँ । भोलिपल्ट इम्जा लेक र पर्सिपल्ट आइल्यान्ड पिक आरोहण गर्ने योजना बनायौँ । हरेक दिनका योजना बनिरहेका थिए र हामी आफ्नो लक्ष्यमा पुग्न हिमालसँग वातानुकूलित हुँदै गएका थियौँ; हिमाली प्रकृतिसँग घुलमिल हुँदै गएका थियौँ ।

***

छुकुङको उचाइ चार हजार सात सय मिटर छ । त्यहाँको बसाइँ महत्त्वपूर्ण रह्यो, जसले हामीलाई उच्च लेकाली हावापानीमा घुलमिल हुन

सिकायो । भोलिपल्ट बिहानको खाजा खाएलगत्तै छुकुङबाट हामी इम्जा लेकतर्फ उकालो लाग्यौँ ।

इम्जा लेकको तलपट्टि युएनडिपीले नेपाल सरकारसँग सहकार्य गरी विभिन्न यन्त्र तथा उपकरण जडान गरेको रहेछ । त्यहाँको हिमताल फुट्न सुरू हुन लाग्दा तल रहेका सूचनाका टावरहरूमा सन्देश प्रवाह गर्ने खालका उपकरण रहेछन् ती ।

कारणवश हिमताल फुटेमा त्यसको पूर्वसूचना प्रणालीबाट तल्लो तटीय क्षेत्रमा रहेका बस्तीहरूमा बेलैमा जानकारी प्राप्त हुने हुँदा ठूलो दुर्घटना हुन नपाई धनजनको क्षति हुनबाट बच्न सकिन्छ । अझ सतर्कताका निम्ति यस्ता सिग्नल ट्रान्सफर यन्त्रको महत्त्व धेरै हुन्छ ।

यी सूचनावाहक यन्त्रउपकरणले तल दिङ्बोचे र छुकुङमा रहेका टावरहरूमा सिग्नल प्रसारण गर्ने रहेछन् । केही आपत्कालीन अवस्थामा साइरन बज्ने रहेछ, जसको मद्दतबाट हिमताल फुटिहालेमा हुन सक्ने भवितव्यबाट जोगिन, जोगाउन र समयमै सुरक्षित स्थानमा जान सघाउने रहेछ ।

इम्जा लेक र छुकुङको बीचमा रहेको बिसौनीबाट सिग्नल ट्रान्सफर यन्त्र निकै राम्रोसँग देखिने रहेछ । बिसौनीबाट पूर्वतर्फ लागेपछि छ हजार मिटर जति उचाइमा अवस्थित नेपालको एउटा चर्चित आम्बुलाप्चा पास जाने बाटो पनि त्यतैबाट जाँदो रहेछ । त्यहाँबाट बरून्चे हिमालको फेदीतिर पनि पुगिन्छ ।

हाम्रो टोली इम्जा लेकको किनारमा रहेको आइल्यान्ड पिक आधारशिविरतर्फ लम्कियो । त्यहाँबाट लगभग एक घण्टाको हिँडाइपछि आइल्यान्ड पिक पुगिन्छ ।

बाटोमा फाटफुट मान्छे भेटिए । ती पनि वातानुकूलित हुन हिँडेका होलान् । हिमाल चढ्न प्रकृतिलाई बुझेर मात्र हुँदैन, प्रकृतिसँग भिज्न सक्नुपर्छ । उनीहरू प्रकृतिसँग भिज्दै थिए ।

त्यो मौसम आरोहण र पदयात्राको उपयुक्त समय भएर होला, आइल्यान्ड पिक आधारशिविरमा टेन्टहरूको बाक्लै झिलिमिली देखियो, जसले गर्दा त्यो ठाउँ कुनै अस्थायी हाटबजार जस्तो देखिएको थियो ।

***

सगरमाथापछि धेरै चढिने हिमालको नाम हो– आइल्यान्ड पिक ।

हामी आइल्यान्ड पिक पुग्नेबित्तिकै भव्य हिमपात सुरू भयो । अघि आएको बाटो सेताम्मे भयो । हाम्रा पाइला हिउँले छोपिदियो । साथीहरू हिउँ खेलेर रमाइलो गर्ने मुडमा थिए । तर हामीले जतिसक्दो चिसोबाट बच्नु र आफूलाई बलियो बनाउनु थियो । चिसोबाट जोगिनु र चिसोलाई सहनु, यी दुवैको बीचमा हामीले आफूलाई सन्तुलनमा राख्न जरूरी थियो ।

यसपालि मौसमले साथ नदिने भयो भनेर म खिन्न भएँ । लगभग छसात सेन्टिमिटर हिउँ परिसकेको थियो । साँझ पाँच बजेसम्ममा त हिउँ अझै बाक्लियो । जतातत‌ै हिउँले छोपेर पूरै सेतो गलैंचा बिछ्याए जस्तो देखियो । साथीहरू बाक्लो हिउँमा कुदौंला जस्तो गरिरहेका थिए ।

केही बेर टहलिन हाम्रो टिम इम्जा लेकको किनारातर्फ लाग्यो । साँझतिर खानपिन गरेर एउटा सानो टेन्टमा रविन र म सुत्ने तरखरमा लाग्यौं ।

भोलिपल्ट ठूलो योजना र लामो यात्रा तय गरिएको थिएन । दिउँसोतिर त्यहाँबाट हिँडेर आइल्यान्ड पिक आरोहण गर्ने योजनाका लागि हाईक्याम्प पुग्ने र त्यहीँ बस्ने योजना थियो ।

हरेक दिन जस्तै नित्यकर्म सकेपछि चियापान र छलफल सुरू भयो । बेलुका स्वास्थ्यमा आएको प्रभाव, भोक, निद्रा वा कसैको शरीरमा आइरहेको रूपान्तरणबारे हरेक दिन जस्तो छलफल गर्दा कति समस्याको समाधान आफैं भइरहेको थियो । त्यसैले त्यस्तो छलफल आवश्यक पनि थियो । त्यस पटक हाम्रो छलफलको विषय थियो– आधारशिविरबाट सीधै समिट गर्ने कि, हाईक्याम्पमा गएर आराम गरेपछि समिट गर्ने ?

दिउँसो १२ बजेतिर हिँड्ने र पाँच हजार आठ सय ५० मिटर उचाइको हाईक्याम्पमा गएर विश्राम गर्ने कुरामा सबै एकमत भए । थर्मसमा तातो पानी र झोलामा प्याकलन्च बोकेर हामी हाईक्याम्पतर्फ लाग्यौं ।

प्रकृतिसँग रमाउँदै उकालो लाग्यौं । मानिसको रूप अनेक भए जस्तै प्रकृतिका रूप पनि अनेक हुन्छन् । अनेक रूपलाई महसुस गर्दै हिँड्दा थकाइ कम लाग्दो रहेछ ।

बाटो पहिलेभन्दा अप्ठ्यारो भएको हो या मलाई अप्ठ्यारो लागेको हो, यसै भन्न सक्तिनँ । तर मलाई छ वर्षपहिलेको जति सजिलो लागेन । हिमाल उस्तै हुन्छ; मान्छे उस्तै हुँदैन । उमेर बढ्दै जाँदा बल कम हुँदै जान्छ; शरीरमा बोसो बढ्दै जाँदा पनि बल कम हुँदै जान्छ र हिमालमा हिँड्न गाह्रो हुन्छ । त्यसो भएको हो कि भनेर पनि विचार गरें ।

साँझतिर हाईक्याम्प पुग्यौं । पूर्णिमा नजिकैको तिथि भएर होला, घाम नअस्ताउँदै जून देखियो । पूर्वतिर जून, पश्चिमतिर घाम, माझमा हिमाल । एउटा पाटोमा जूनको प्रकाश, अर्को पाटोमा घामको प्रकाश परेर चम्किरहेको मकालु हिमालको सौन्दर्य व्याख्या गर्ने शब्दहरू मसँग थिएनन् ।

'पिक प्रमोसन'बाट हाम्रो टोलीलाई समग्र व्यवस्थापन गर्न तथा सर्भे यन्त्र उपकरणसहित सगरमाथा चढ्न भनी खटिएका पथप्रदर्शक पेम डिमा शेर्पालाई हाई अल्टिच्युट सिकनेस भएछ । त्यो निकै चिन्ताको विषय थियो । हाम्रै हेरविचार गर्ने र हामीलाई बाटो देखाउने मान्छे नै बिरामी भएपछि कसरी आरोहण गर्ने ?

म र युवराज राम्रै स्थितिमा थियौं । आइस ल्याउने र टेन्ट मिलाउने जस्ता काम छिरिङजी एक्लैले गर्न थाले । उनलाई सघाउने पेम डिमा उठ्नै नसक्ने भए ।

पेम डिमा पहिलादेखि नै हाम्रो टिमसँग हिँडेका थिएनन् । राम्रोसँग वातानुकूलित नभएपछि शेर्पा भन्दैमा नहुँदो रहेछ । प्रकृतिसँग घुलमिल नभएपछि जतिसुकै बलियो शरीर पनि गतिशील हुन सक्दो रहेनछ ।

म राति तीन बजे उठें । टोली प्रमुखका हैसियतले सबैको स्वास्थ्यदेखि मनस्थितिसम्म मैले ख्याल राख्दै आएको थिएँ । युवराज अलि बढी उत्सुक र फुर्तिलो देखिएका थिए । रविनको हालत त्यति राम्रो देखिएको थिएन । सुरज निकै सकारात्मक सोचका मानिस । उनको स्वभाव सरल र कुनै कुरामा जिद्दी नगर्ने खालको छ । सबैलाई मैले भनें, "हामीलाई यहाँको वातावरणले परीक्षा लिइरहेको छ । नआत्तिईकन राम्रो तयारीका साथ हामी परीक्षामा सहभागी हुनुपर्छ । सहज भयौं र आत्तिएनौं भने हामी परीक्षामा पास हुन्छौं र सजिलै यहाँको प्रकृतिसँग घुलमिल हुन्छौं ।"

मैले साथीहरूलाई मात्र सम्झाइनँ, आफैंलाई पनि सम्झाएँ । सुरजले भने, "म यहीँ बस्छु, माथि जान सक्दिनँ ।"

उनलाई मैले जबर्जस्ती लान पनि सकिनँ । हिमालसँग जोरजुलुम गरेर पनि भएन, प्रकृतिविरूद्ध जानुहुँदैन । प्रकृतिको सबैभन्दा संवेदनशील भूभाग हिमाल हो ।

हाईक्याम्पबाट आइल्यान्ड पिक लगभग ३५० मिटर जति बाँकी थियो । तर बाटो अलि प्राविधिक छ । अलि राम्रो खालको दूरबिन हुने हो भने हाईक्याम्पबाट चुचुरोमा कोको पुगे भन्ने कुरा चिन्न सकिन्छ ।

२०६८ सालको भन्दा आइल्यान्ड पिकमा धेरै परिवर्तन आएको रहेछ । उति बेला चढ्दा यति धेरै हिमदरार (खर्पस) थिएनन् । अहिले त धेरै ठाउँमा भऱ्याङ लगाउनुपर्ने भएछ । सायद भुइँचालोका कारण आइल्यान्ड पिकमा निकै असर पुगेको हुनुपर्छ र यति धेरै हिमदरार भएको हुनुपर्छ ।

हुन त विभिन्न सञ्चारमाध्यमबाट सगरमाथा भेगमा भूकम्पपछि निकै परिवर्तन आएको सुनेकै थिएँ । आफूले देख्दा सुनेको कुरा सही लाग्दै गयो ।

आइल्यान्ड पिक चढ्न पहिला जस्तो सहज रहेनछ । बिहानी घामको झुल्कोसँगै चुचुरोमा पुग्यौं । आइल्यान्ड पिक पुगेर चारैतिर हेरें । हिमालहरू निकै परिवर्तन भएको अनुभव गरें । प्रकृतिमा ठुल्ठूला प्रलयहरू आउने हो भने त झन् कति धेरै परिवर्तन हुन्छ होला । ठुल्ठूला प्रलयहरूले त हिमाललाई मैदान र मैदानलाई हिमाल बनाइदिएको इतिहास पढिएकै हो ।

चुचुरोमा पुगेर हामीले झन्डा उठायौं । सोचें, यो हिमाल सगरमाथाको भाइबहिनी जस्तै हो ।

आइल्यान्ड पिकमा पुग्दा अन्य आरोहीको टोली मास्तिर आइरहेको थियो । केही समयपछि हामी ओर्लियौं । तल ओर्लिंदा ट्राफिक जाम जस्तै भयो । हामीले उकालो आएकालाई बाटो दिन निकै समय कुर्नुपऱ्यो । आइल्यान्ड पिक ठाडै छ । त्यसैले उकालो चढेकालाई तल झर्ने आरोहीले मौका दिनुपर्छ ।

# हिमालका सहिदहरू

*देशका सहिद सिमानाभित्र सीमित हुन्छन् ।*
*तर हिमालका सहिद संसारकै हुन्छन् ।*

आइल्यान्ड पिकको सफल आरोहणपछि होटल समिटबाट बिदा भएर अगाडि बढ्यौं । हेर्दाहेर्दै नयाँ वर्षका सात दिन बितिसकेछन् । फेरिचे माथिको समथर फाँटमा बडो रमाइलो अनुभव भयो । सगरमाथा आधारशिविर जाने बाटोमध्ये मलाई सबैभन्दा रमाइलो लाग्ने बाटो यही हो । हिमालै हिमालको बीचमा शान्त र एकान्त, कतै तपस्या गरेर बसूँ जस्तो लाग्ने आफैंमा निमग्न वातावरण, मौसम पनि मुसुक्क मुस्कुराइरहेको, बाटो सजिलो र दिन घमाइलो । यति विशेषता भएपछि अरू के चाहियो !

हिमालमा चट्टानै चट्टानयुक्त निर्जन पर्वतशृङ्खला मात्र होइनन् याक, नाक, जोप्क्यो र चौंरीका पदचाप पनि थिए । तिनीहरूको घाँटीमा झुन्डिएका घण्टीको टिङटिङ ध्वनिले वातावरण नै सङ्गीतमय बनाएको थियो । ससाना चराहरू बुरूकबुरूक उफ्रँदै चिरबिरचिरबिर लयमा वल्लो ढुङ्गोबाट पल्लो ढुङ्गामा फड्किरहेका थिए ।

हिमालमा के छैन ? आशा र विश्वास छ, उत्साह र उमङ्ग छ, आँट र साहस छ । यस्तै कुराले हामीलाई जीवनमा केही गरौं भन्ने भावना जगाइदिन्छन् ।

बाटोमा स्वदेशी तथा विदेशी पर्यटक बिस्तारै लम्किरहेका थिए; जोप्क्यो र याक आआफ्नै सुरमा आफ्नो तौल जत्रै भारी बोकेर शान्त मुद्रामा हिँडिरहेका थिए । जोप्क्योको गलाको घण्टीको टाङटुङ टाङटुङ ध्वनि मन्दिरको घण्टको आवाज जस्तै लागिरहेको थियो । भारी बोकेका

जोप्क्यो र याकहरूले हामीलाई धैर्यपूर्वक धीर भएर हिँड्न प्रेरणा दिइरहेका थिए ।

लगभग दुई घण्टाको यात्रापछि हामी थुक्ला फेदी पुग्यौं । यो ठाउँ चार हजार सात सय मिटर उचाइमा छ । हामीले थुक्ला फेदीमा खाजानास्ता गर्‍यौं र आआफ्नो थर्मसमा पानी भर्‍यौं । केही बेर थकाइ मारेर जाँगर भर्‍यौं र थुक्लाको उकालोतिर पाइला लम्कायौं । त्यो उकालो निकै पसिना छुटाउने खालको छ । हिमाल नचढ्दै सोच्थें, हिमालमा त पसिना नै आउँदैन होला । तर हाम्रो निधारबाट झरेका पसिनाका थोपाहरू कहिले हिउँमा कहिले बरफमा खस्दै थिए; शरीरभित्र रसाएको पसिना भने हाम्रै बाक्ला लुगाले पिउँदै थिए ।

खुम्बु ग्लेसियरको अन्तिम बिन्दु थुक्ला हो । दूधकोसीको मुहान पनि यही हो । भौगोलिक अध्ययनका हिसाबले पनि यो भूभाग अत्यन्तै महत्त्वपूर्ण मानिन्छ । यसैकारण खुम्बु ग्लेसियरको चालबारे अध्ययन गर्न त्यहाँ विभिन्न यन्त्र उपकरण राखिएका छन् ।

ती उपकरणलाई नेपालको मौसम विज्ञान विभाग र वातावरण मन्त्रालयको सहकार्यमा विभिन्न अन्तर्राष्ट्रिय सङ्घसंस्थाले सञ्चालन गरेका थिए । तिनकै सूचना र जानकारीको विश्लेषणपछि त्यहाँको वर्तमान भौगर्भिक अवस्था र मौसमबारे निष्कर्ष निकालिने गरिन्छ ।

विज्ञान र प्रविधिको क्षेत्रमा नेपालका तर्फबाट आफ्नै पहल र लगानीमा अनुसन्धानात्मक काम गरिएको हालसम्म पाइएको छैन । हाम्रो क्षमता नै नभएको त होइन, हाम्रो तत्परता, चाहना र योजना नभएको हो । आगामी दिनमा सम्बन्धित निकाय तथा सरकारले यसमा ध्यान दिन जरूरी छ ।

***

थुक्लाको उकालो हेर्दा त सामान्य देखियो; नजिकै जस्तो पनि देखियो । तर हिँड्दै जाँदा लामो लाग्यो । नजिक देखिएका हिमालहरू नजिक हुँदैनन्; सामान्य देखिएका उकाला सामान्य हुँदैनन् । छिटोछिटो पाइला चाल्न पनि गाह्रो भयो; लगातार हिँड्न पनि धौधौ भयो । त्यसैले बिस्तारै हिँड्दै थकाइ मार्दै, फेरि हिँड्दै, पसिना पुछ्दै यात्रा गर्दै थियौं । यसरी नै त्यो उकालो छिचोल्यौं । दुई घण्टापछि थुक्लाको शिरमा पुग्यौं ।

थुक्लाको शिरमा पुग्दासम्म सबै थाकिसकेका थियौं । पाउदेखि शिरसम्म पूरै गलिसकेका थियौं । हाम्रो अनुहार रातोपिरो भएको थियो ।

तर शिरमा पुग्नुको आनन्द पनि कम थिएन, जसले थकाइलाई खाँदै थियो । आनन्द र थकाइ सँगै उभिए, थकाइ गयो आनन्दसँगै ।

२०१० सालदेखि हालसम्म विभिन्न मितिमा सगरमाथा र ल्होत्से हिमाल आरोहणका क्रममा आफ्नो ज्यान गुमाएका आरोहीको सम्झनामा स्तम्भहरू बनाइएका रहेछन् । अनेक खालका ती स्तम्भले उनीहरूबारे धेरै जानकारी दिएका थिए । सानाठूला र अनेकौं शैलीमा बनाइएका तस्बिर स्तम्भहरूमा टाँसिएका थिए । ती चित्र कुनै पित्तलको पातामा लेखिएका, कुनै ढुङ्गामा कुँदेर बनाइएका थिए ।

आरोहीहरू कसरी मरेका रहेछन् र ती कुनकुन देशका रहेछन् भनेर मैले सबैका स्तम्भमा लेखिएको पढें । त्यो पढ्दा मन नै अमिलो र धमिलो भयो । त्यो पाखो नै मृत्यु सङ्ग्रहालय जस्तो लाग्यो । सगरमाथा जाने मूल ढोकामै त्यस्तो देख्दा मन शून्य भयो । एकछिन डरलाग्दो कल्पनामा डुबें– कतै मेरो पनि यसरी नै स्तम्भ बन्ने त होइन । मैले जसरी नै अरू कसैले मेराबारे यसरी नै कुनै दिन पढ्नुपर्ने त होइन !

सगरमाथामा प्राणाहुति दिएकाहरूको स्मृतिस्थल हेरेपछि मनमा धेरै कुरा खेले । उत्साहित र तरङ्गित मन क्षणमै सुनसान भयो । मैले आफैंसँग सोधें– त्यस्ता स्तम्भहरूले आरोहीहरूको मनोबल घटाउँछन् कि बढाउँछन्; डर भरिदिन्छन् कि आँट ?

आरोहणका क्रममा आफ्नो ज्यान गुमाएकाहरूको उच्च सम्मान हुनु प्रशंसनीय कार्य हुँदाहुँदै पनि सगरमाथा प्रवेशद्वारमा त्यसरी राखिनु अलि ठीक लागेन । लुक्ला या त्यस्तै हिमाल आरोहीबाहेकका पर्यटक पनि सजिलै आउन सक्ने ठाउँमा ठूलो पार्क बनाएर त्यहाँ राखिएको भए हुन्थ्यो ।

पहिलो पटक सगरमाथा आरोहण गर्न जानेहरू त त्यस्तो देखेपछि झस्किन्छन् । उनीहरूले त्यहाँ आफ्नो पनि प्रतिबिम्ब कल्पना गर्न सक्छन्, जसले उनीहरूका खुट्टालाई कमजोर बनाउन सक्छ । स्तम्भहरू राखिनु ठीक हो । तर राखिने तरिका र ठाउँ ठीक भएन । हिमालका सहिदहरूको सालिक र विस्तृत रूपमा दस्तावेजसहित उनीहरूको सङ्क्षिप्त जीवनी शिला या धातुमा लेखेर राख्न सकिन्छ, जसले अध्ययन तथा अनुसन्धान गर्नेहरूलाई सहयोग पुग्छ । सबैले पढ्न र बुझ्न पाउँछन् ।

***

केहीबेरको विश्रामपछि लोबुचेतर्फ हिँड्यौं । लोबुचे इभिके-२ को पिरामिडमा बस्ने योजना मैले पहिल्यै बनाएको थिएँ । किनभने त्यहाँको हावापानी र वातावरणसँग अनुकूलित हुन त्यहाँ बस्न आवश्यक थियो ।

पहिलादेखि नै मैले सोचेको योजना सार्थक हुँदै थियो । दिङ्बोचेबाट हिँड्दा नै त्यहाँका व्यवस्थापक काजी विष्ट दाइलाई हामी आउँदै छौं भनेर खबर गरिसकेको थिएँ । उनले पनि सकारात्मक सन्देश दिइसकेका थिए ।

उज्यालो छँदै पिरामिड पुग्यौं । एक वर्षपछि काजी दाइसँग पुनः भेटघाटको अवसर मिलेको थियो । उनीसँग अघिल्लो वर्ष भेट्दाका केही कुरा भए । पुरानो सम्झनाले सम्बन्ध अझ प्रगाढ बनायो । उनीसँग यात्राबारे मात्र होइन, सामान्य घरायसी कुरा पनि भए । म उनलाई भेटेर निकै खुसी भएँ । उनले पनि उस्तै हार्दिक व्यवहार गरे ।

चिसो ठाउँ भएर हो या भोक धेरै लागेर, खाना साह्रै मीठो भयो । साथीहरूले पनि खुब मीठो मानेर खाए । खाना खाएपछि सबैको अनुहार उज्यालो भयो । खाना मात्र होइन, बास पनि व्यवस्थित थियो । त्यसैले ढुक्कले खाए झैं हामी मस्तले निदायौं ।

# पिरामिडका एन्टेनाहरू

*हिमालहरू प्रकृतिले बनाएका पिरामिड हुन् ।*

बिहान सबेरै उठेर पिरामिडतिर हेरें । इजिप्टको पिरामिड आकारमा बनेको अन्तर्राष्ट्रिय अनुसन्धान केन्द्र, जुन पुमरी हिमालको स्वरूपसँग मिल्दोजुल्दो गरी बनाइएको छ । पिरामिडको धुरी र पुमरी हिमाल एउटै हरफमा उभिएका छन् ।

इटालियनहरूले राखेको पुरानो कोर्स स्टेसन (जिपिएस स्टेसन)बारे काजी दाइलाई सोधें । उनले भने, "अहिले त यहाँको रिसिभर र एन्टेना दुवै बिग्रिएको छ, सर । पिटर आएपछि मात्र बन्छ ।"

इभिकेटू सिएनआर (हिमाल र वातावरणसम्बन्धी वैज्ञानिक अनुसन्धान गर्ने इटालियन संस्था)का वैज्ञानिक रहेछन्, जाम पिटर भेर्जा । उक्त एन्टेना अमेरिकन कम्पनी लाइकाको रहेछ ।

हामी माथि गयौं । हिंड्दै जाँदा काजी दाइलाई हाम्रो लक्ष्य र योजना सुनाएँ । उनले सघाउने वचन दिए । त्यहाँ हामीलाई सगरमाथाको समिट अब्जर्भेसनका निम्ति आवश्यक सिओआरएस स्टेसन स्थापनाका लागि स्थान छान्नु थियो ।

पिरामिडको माथि डाँडामा विभिन्न प्रकारका रेडियो सिग्नल प्रसारण गर्ने एन्टेना पनि थिए । अन्य प्रकारका रेडियो सिग्नलले जिपिएस सिग्नलहरूलाई असर गर्ने हुँदा अन्य टावरहरूभन्दा सिओआरएस स्टेसन अलिक पर राख्नुपर्थ्यो । आफ्नो योजनामा अरू सिग्नलले बाधा नपार्ने गरी स्थान छनोट गर्न मलाई निकै मिहिनेत गर्नुपर्‍यो ।

कुन ठाउँमा सिओआरएस स्टेसन बनाउने निश्चित थिएन । एकातिर राम्रो नतिजा निस्किन मल्टिपाथ इफेक्ट कम हुने र अन्य प्रयोजनका

टावरहरूको सिग्नल नोइज कम हुने हेक्का राख्नु थियो भने अर्कोतर्फ त्यो कठिन भूगोलमा काम गर्न सहजता होस् भन्ने पनि हेक्का राख्नुपर्ने थियो। नेटको तारलगायत अन्य आवश्यक सामग्री ल्याउन भिडियो कलमार्फत विभागका साथीहरूलाई खबर गरें।

पछि निरीक्षणका लागि जिपिएस इन्स्ट्रुमेन्ट जडान गर्न आउने साथीहरूलाई सामग्री व्यवस्थापन गर्न सजिलो होस् भनी वरिपरिको सबै भिडियो खिचें। तल गएर सबै भिडियो विज्ञान र महेशलाई इन्टरनेटबाट पठाइदिएँ।

नापी विभागमा 'रियल टाइम डेटा ट्रान्समिसन'का लागि त्यो स्टेसनमा इन्टरनेट पनि जडान गर्नुपर्ने थियो।

अवलोकन गरिसकेपछि सिओआरएस स्टेसन राख्ने सम्भाव्य सबै ठाउँका भिडियो लिइसकेपछि तल पिरामिडमा ओर्लिएँ।

त्यहाँ सिओआरएस स्टेसन हुनुका दुई महत्त्व छन्। पहिलो, यो सगरमाथाको चुचुरोबाट अन्य कोर्स स्टेसनभन्दा नजिकको नियन्त्रण बिन्दु हो। फेरि सुरक्षा र पहुँचका दृष्टिले पनि यो स्थान उपयुक्त छ। कथंकदाचित् रिसिभर र एन्टेना वा अन्य कुनै उपकरण बिग्रिहाले मर्मतसम्भार वा वैकल्पिक व्यवस्था गर्न पनि यो ठाउँमा पुग्न सहज छ।

दोस्रो, समुद्री सतहदेखि पाँच हजार ५० मिटर उचाइमा रहेको त्यो प्वाइन्ट सायद संसारभरमै सबैभन्दा अग्लो स्थानमा रहेको सिओआरएस हुन सक्छ। सगरमाथाको उचाइ मापन गर्दा त्यसलाई पनि आधारबिन्दुका रूपमा लिइने भएकाले त्यो स्टेसनको शुद्धतासँग सगरमाथाका उचाइको परिशुद्धता पनि भर पर्दछ।

यी विविध कारण र तथ्यका आधारमा मलाई लोबुचेको प्वाइन्ट निकै महत्त्वपूर्ण लागेको हो।

हामीले 'पिरामिड रेस्ट'मा पूरै आराम गर्‍यौं। बिहान अलिक ढिलो उठियो, खाना खाइयो र दिनभरि नै थकाइ मारियो।

अर्को दिन बिहान आधारशिविरतर्फ जाने तरखर गर्दै थियौं, रविन बिरामी भए। उनलाई ज्वरो आउने, बान्ता हुने, खाना नरूच्ने हुँदै गयो। अचम्मको कुरा त के भने, उनको जिब्रो बिस्तारै छोटो हुँदै गएको थियो। हामी एकदम डरायौं। पिरामिडबाट आधारशिविरसम्म पुग्न सामान्यतया पाँच घण्टा लाग्छ। १० मिनेट जति आधारशिविरतर्फ हिँडेपछि उनी थचक्कै बसे। स्याँस्याँ र फ्याँफ्याँ गर्न थाले। मैले उनलाई पुनः पिरामिडमै फर्काएँ।

मैले रविनलाई सम्झाउँदै भनें, "केही दिन आराम गर्नू । ठीक भएपछि मास्तिर आउनू ।"

सुरजलाई उनको साथमा छाडेर युवराज, छिरिङजी र म आधारशिविरतिर लाग्यौं । दुई जना सँगै बस्दा एकअर्कालाई सहयोग हुन्छ, मन पनि भुल्छ भन्ने सोचाइले त्यसो गरेको थिएँ ।

साथीहरूलाई पिरामिडमै छाड्नुपरेकामा बाटाभरि नमज्जा लागिरह्यो ।

***

दिउँसोतिर आधारशिविर पुग्यौं । त्यहाँ पुग्दा भने छुट्टै आनन्द भयो । धेरै घुलमिल भएर हो वा वातावारण नै उस्तो भएर हो, बेग्लै खालको हार्दिक अनुभव भयो । म त त्यहाँका मानिस मात्र होइन, ढुङ्गा पनि चिन्ने भइसकेको थिएँ ।

पहिला पनि सगरमाथा चढेका कारण पुराना साथीहरूसँग भेटघाट भयो । उनीहरूले हाम्रो टोली आउँदै गरेको थाहा पाएका रहेछन् । म आधारशिविर पुगेको सातौं पटक भएछ ।

विभिन्न सञ्चारमाध्यमबाट प्रकाशित र प्रसारित समाचारबाट धेरैले हाम्रोबारे थाहा पाएका रहेछन् । आधारशिविरमा पनि धेरैलाई थाहा रहेछ । त्यसैले हामीलाई भेट्दा सबै निकै खुसी भए । धेरैले हामीलाई शुभकामना पनि दिए ।

# फिलिली इन्टरनेट

*हाम्रा पैतालाले हिमाललाई जति प्रेम गर्छन्,*
*हिमालले हामीलाई त्यति नै प्रेम गर्छन् ।*

काठमाडौंबाट हिँडेको १७ देखि २८औं दिनसम्म आधारशिविरमा रहेर समिट अब्जर्भेसनका लागि तयारी गऱ्यौं । हामी कालापत्थरतिर दुई दिनसम्म हाइकिङ गयौं । हाम्रा पैतालाले हिमाललाई जति प्रेम गर्छन्, हिमालले हामीलाई त्यति नै प्रेम गर्छन् । हाम्रा पैतालालाई प्रेम गर्नु भनेको हाम्रो जीवनलाई प्रेम गर्नु हो । हिमालसँगको प्रेमले हामीलाई आरोहण गर्न प्रेरणा मिलिरहेको थियो ।

वातानुकूलित नभई सगरमाथा आरोहण गर्न सकिँदैन । सबै आरोहीले वातानुकूलित हुन कम्तीमा एक पटक दोस्रो शिविरमा पुग्ने र बास बस्ने गर्छन् । त्यहीँबाट तेस्रो शिविरसम्म छोएर पुनः दोस्रो शिविरमा बास बसी अर्को दिन आधारशिविरमा आउँछन् । यसलाई हिमालमा वातानुकूलित हुन गरिने रोटेसन भनिन्छ । यसरी कम्तीमा एक रोटेसन गरिसकेपछि मात्र अन्तिम तयारी गरी चुचुरो चुम्न अन्तिम आरोहणमा जाने गरिन्छ । हामी पनि पहिलो रोटेसनका लागि जाने तयारीमा थियौं ।

***

दिल्लीबाट म्यासेन्जरमा हेमाको कल आयो । केही नबोली केहीबेर एकअर्कालाई हेरिरह्यौं । उनले सोधिन्, "के छ खबर ?"

मैले थकित आवाजमा भनें, "हेर न, बेस्सरी थकाइ लागेको छ । राम्रोसँग वातानुकूलित हुन क्याम्प टूमा एक रात बास बस्ने अनि क्याम्प थ्री छोएर पुनः यहाँ बेसक्याम्प आउने योजना छ । त्यसैले माथि जाने

तयारी गरिराछौं । आजको मौसम गडबड हुँदै छ । बिहानै निकै डरलाग्दो हिमपहिरो गयो, नुप्चेको फेदतिर । क्षति त केही भएन, तैपनि डर लाग्ने । बाआमाको नि निकै याद आएको छ । धेरै थकानले होला, मीठो निद्रा लागेको छैन, मलाई । आँखा त चिम्लिन्छु । तर निद्रा लागेको छैन । अनि केके कुरा खेल्छन् खेल्छन्, मनभरि ।"

उनले मलाई भन्ने मौका पाइहालिन् र झोकिँदै भनिन्, "अब मनमा धेरै कुरा नखेलाउनू । मैले भनेको मान्ने होइन तपाईं । के गर्नु त, आफ्नै बुद्धिले दुःख पाइरहनुभएको छ, म के भनूँ !"

भनिसकेपछि आफ्नो दुःख नभनेको भए पनि हुन्थ्यो जस्तो लाग्यो । किनभने म आफ्नै जोडबलले गरेको काम । जति दुःख परे पनि मैले अरूलाई होइन, आफैंलाई सुनाउनुपर्छ । नसम्झेको मनलाई आफैंले सम्झाउनुपर्छ । प्रसङ्ग बदलेर मैले मायालु भावमा भनें, "तिमी राम्रोसँग बस, नियमित स्वास्थ्य जाँच गरिराख, कमजोर मन नबनाऊ है !"

अघि आफूले भनेको कुरा सच्याउँदै आफ्नोबारे भनें, "मेरो बारेमा केही चिन्ता नलिनू । मलाई ख्याल गर्ने त सरकार छ । हामीसँग पोख्त गाइडहरू छन् । सबै सुविधा छ । सबैको माया र सद्भाव छ । सिङ्गो नेपाल र सगरमाथाको आशीर्वाद छ । त्यसैले मेरो चिन्ता नलेऊ यार, तिमी ।"

विशेष कुरा भन्न खोजे झैं गम्भीर भावमा उनले भनिन्, "हजुरलाई एउटा कुरा भनुम् ?"

"भन न ।"

"मेरो यस्तो अवस्था देखेर हजुरलाई कहिलेकाहीँ म हिमालतिर नआउनुपर्ने रहेछ भन्ने लाग्छ कि लाग्दैन ?"

"हेर, सगरमाथासँग म जोडिएको हो या मसँग सगरमाथा, थाहा छैन । तर मलाई सगरमाथाले धेरै माया गरेको छ । मेरो अन्तरआत्माले भनेको छ– काम सफल गरेर म सुरक्षितसाथ फर्किनेछु । पिर नगर, मनमा नकारात्मक कुरा नखेलाऊ ।"

मैले अगाडि भन्दै गएँ, "हिजो बालाई घरमा फोन गर्‍या थें । बाले भन्नुभयो, 'तँ गएपछि आमाले बालेको बत्ती पूजाकोठामा अझै बलिरहेको छ । मैले तेल थपिरहेको छु । राम्रोसँग सफल भएर आउँछस् तँ ।' बाले मलाई आत्मविश्वास दिनुभएको छ । तिमी सकारात्मक मात्र चिताऊ यो अवस्थामा । यहाँसम्म आइपुगेपछि अब पछाडि फर्कनुहुँदैन । लक्ष्यमा नपुग्दै

पछाडि फर्कने र बीचमै कर्म छाडियो भने कर्मको पनि श्राप लाग्छ । तिम्रो श्रीमान् देशको काम गर्न गएको छ; विश्वमै पहिलो पटक सर्भेयर टिमले सगरमाथा नाप्दै छ, जसको नेतृत्व मेरो लोग्नेले गर्दै छ भन्ने सोचेर आफूलाई भाग्यमानी ठान न बरू ।"

अब भने उनी कुरा बटार्न खोज्दै थिइन् । मन नबुझे पनि सायद उनीसँग तत्काल दिन जवाफ शब्दमा नपाएर होला, चुपचाप तर भावुक भइन् । केही बेरपछि दिल्लीको हाल बताइन्, "मलाई सारै अत्याएको छ, दिल्लीको गर्मीले हो कि मनको गर्मीले हो ।"

"ल ल नआत्तिईकन बस । पेम्बा दाइको फ्ल्याटमा एसी पनि छ के रे । गर्मी भए एसी लगाऊ न ।"

ताप्लेजुङ किमाथाङ्कातिर पुर्ख्यौली घर भएका पेम्बा शेर्पा दाइ, जो शेर्पा भएर पनि हिमाल चढ्दैनन्; व्यापार गर्छन् । कामकै प्रसङ्गमा उनीसँग मेरो भेट भएको थियो । भावनात्मक रूपमा नजिक पनि भइयो । प्रसङ्गवश मैले आफ्नो स्थिति र परिस्थिति बताएँ । मेरो समस्या समाधानको सारथि बन्दै उनले दिल्लीमा आफ्नो फ्ल्याट प्रयोग गर्न मलाई चाबी दिएका थिए । दिल्लीको मजनु-का-तिला भन्ने स्थानमा रहेछ उनको फ्ल्याट । त्यो घर एक तिब्बती शरणार्थीको रहेछ । शरणार्थीको घरमा एक प्रकारले शरणार्थी भएर पनि मज्जासँग बस्न पाएकी थिइन् हेमा । उनीसँग कहिले सासूआमा, कहिले बहिनी हुन्थे ।

***

रोटेसन सकिएपछि केही दिन आरामका लागि तल लोबुचे पिरामिडतर्फ लाग्ने योजना बनायौं । त्यहाँ सगरमाथाको उचाइका लागि आधारबिन्दु स्थापना गर्ने काम पनि थियो । आराम पनि हुने, काम पनि हुने सोचेर मैले टोलीलाई तल पिरामिडमा लैजाने तयारी गरें । वैशाख २५ अर्थात् काठमाडौंबाट हिंडेको २९औं दिन पिरामिडतर्फ पुनः गयौं । त्यहाँ जाँदा मलाई आफ्नै घर गए जस्तो लाग्थ्यो । किनभने त्यहाँ काजी दाइ थिए । उनी हाम्रा अभिभावक र साथी दुवै भएका थिए । काजी दाइ हाम्रो परिवार जस्तो भएका थिए । मन लागेको खान र मन लागे जति समय बस्न त्यहाँ केही दुःख थिएन । म अलि बहिर्मुखी भएकाले पनि होला, मानिसहरूसँग छिट्टै घुलमिल भइहाल्छु । आफ्नै घर सम्झिएर पनि होला, काजी दाइको होटलको भान्सादेखि कौसीसम्म जतातते छुनमुनाइरहन्थें ।

काजी दाइको अभिभावकत्व हाम्रा लागि ठूलो भरोसा थियो । आमालाई झैं यस्तो खान मन लाग्यो काजी दाइ भनेपछि उनले कताकताबाट जुटाइहाल्थे । कुनै असुविधा र अप्ठ्यारो हुँदा पनि काजी दाइ छन् जस्तो लाग्थ्यो । भरोसा त्यस्तो आत्मबल हो, जसले कमजोर भएको बेलामा उभ्याउँछ ।

पिरामिडमा साथीहरूले फिलिली इन्टरनेट चलाउन पाएका थिए । त्यति उचाइमा पनि वाइफाईको सुविधा पाउँदा हामी छक्क परेका थियौं । इन्टरनेटका कारण साथीहरू उत्साही भएका थिए । उत्साही नहुने पनि किन ? परिवारसँगै बोल्न, हेराहेर गर्न र आफ्ना अनुभव साट्न पाइरहेका थियौं । मलाई भने इन्टरनेटले भन्दा धेरै खुसी काजी दाइसँगको भेटघाटले दिएको थियो ।

फिलिली इन्टरनेटको सदुपयोग गर्दै मैले पनि म्यासेन्जरका माध्यमबाट दिल्लीमा रहेकी हेमालाई फोन गरें । उनले खुब खुसी हुँदै भनिन्, "आज भिडियो एक्सरे गर्दा मैले बच्चाको धड्कन केही बेरसम्म सुनें नि । ठ्याक्कै हजुरको मुटुको धड्कन जस्तै लाग्यो । एकछिन त मलाई कस्तो अनुभूति भयो भने, हजुर मसँगै हुनुहुन्छ । आखिर, त्यो बच्चा हजुर त हो; हजुरको अंश । भिडियो एक्सरेको रिपोर्ट मैले म्यासेन्जरमा फोटो खिचेर पठाको छु । नियालेर हेर्नू है । लामालामा हातखुट्टा भएको, ठूलो टाउको, ठ्याक्कै हजुर जस्तै हुन्छ होला हाम्रो बच्चा ।"

मैले भनें, "यहाँ पिरामिडमा नेट राम्रो छ । फोटो-भिडियो मज्जासँग हेर्न मिल्छ । म हेरिहाल्छु ।"

उनले फेरि भनिन्, "कसोकसो मैले बच्चाको लिङ्ग सोधेको थिएँ । तर डाक्टरले प्रतिबन्ध छ भने । डाक्टरले नभनेर ठीकै गरे । पछि आफैंलाई बेकारमा सोधेछु जस्तो लाग्यो । हामीलाई छोराछोरी जे भए पनि हुन्छ । एक स्वस्थ सन्तान मात्र चाहिएको हो, जो भगवान्ले हामीलाई प्रसादस्वरूप दिंदै छन् । भगवान्को प्रसाद त जे भए पनि राम्रो हुन्छ । शुभ हुन्छ । मीठो हुन्छ ।"

उनका कुराले मेरो मनको थकाइ शान्त भयो । तर शरीरको थकाइ त उस्तै थियो । त्यसैले भनें, "बेस्सरी थकाइ लागेको छ । आज माथिबाट आएको, यसो फ्रेस हुनुपर्‍यो भनेर । यहाँ काजी दाइले साह्रै माया गर्नुहुन्छ । आफ्नै दाइ भेटे जस्तो भएको छ । म अब रेस्ट गर्छु ल ! तिमी पनि आफ्नो ख्याल गर ।"

***

काजी दाइको प्रेमिल आतिथ्यमा मीठो खाना खाएर केही समय आराम गऱ्यौं । र सुत्ने तरखरमा लाग्यौं । निद्रा पुगेन भने यात्रा कठिन हुन्छ । हामी आधारशिविरको उचाइमा सुतिसकेर आएका थियौं । त्यसैले पिरामिडमा आउँदा कम उचाइ हुने भएकाले सुताइ राम्रो भयो । बढी उचाइ पचाएकाले कम उचाइमा अक्सिजन मज्जाले पुग्छ ।

वैशाख २६ मा सिओआरएस स्टेसन स्थापना गर्न ट्रिम्बल आर-९ मेसिनसहित लुक्लाबाट हेलिकप्टरमा विज्ञानजी आउने कुरा थियो । त्यसको व्यवस्थापन पनि गर्नु थियो । त्यसका लागि टोली लगेर त्यहाँ मैले आवश्यक प्रबन्ध मिलाउनु थियो । सामान बोक्ने व्यवस्थाका लागि मैले काजी दाइसँग अनुरोध गरें । उनले आफैं गएर सघाउने वचन दिए ।

सरासर काम गरियो भने स्टेसन स्थापना गर्न तीन घण्टा लाग्छ । विज्ञानजीलाई उचाइ (अल्टिच्युट) लाग्ने हो कि भन्ने खुबै डर थियो ।

विज्ञानजी र म पहिले पनि जाजरकोटको हिउँचुली हिमालमा नापीको प्वाइन्टमा जिपिएस अब्जर्भेसन गर्न सँगै गएका थियौं । लगभग चार हजार दुई सय मिटरमै उनलाई राम्रैसँग अल्टिच्युट लागेको थियो । त्यहाँ उनी चार घण्टा जति बस्न सक्छन् कि सक्दैनन् भन्ने चिन्ता थियो । एकै पटक हाई अल्टिच्युडमा सीधै हेलिकप्टरमा आएर बस्दा हुन सक्ने समस्यालाई लिएर म निकै चिन्तित थिएँ ।

***

वैशाख २६ गते बिहानै युवराजजी र म दुई थर्मस पानी र जुस बोकेर माथि सिओआरएस स्टेसन स्थापना गर्ने ठाउँतर्फ लाग्यौं । माथि जाँदा त हेलिकप्टर आइसकेको रहेछ ।

विज्ञानजीलगायत सिम्रिक एयरका क्याप्टेन सिद्धार्थ गुरूङ आइसकेका रहेछन् । उनीहरूलाई देखेर अत्यन्तै खुसी लाग्यो । हतारहतार स्टेसन खडा गर्नतर्फ लागियो । जोखिमबाट जोगिन जतिसक्दो चाँडो काम सम्पन्न गर्नु थियो ।

केहीबेरमा विज्ञानजीलाई छाडेर हेलिकप्टर लुक्लातर्फ उड्यो । विज्ञानजीको सहयोगमा हामी स्टेसन खडा गर्न लाग्यौं । ठाउँ र परिस्थितिअनुसार त्यहाँ उपलब्ध सरसामानले ड्रिल गरेर एन्टेना जडान गऱ्यौं ।

हामी सबै विभिन्न काममा लाग्यौं । विज्ञानजीले लिएर आएका सामानले काम गर्न पुगेन । धन्न त्यहाँ काजी दाइ थिए । उनले कताकताबाट खोजखाज गरेर जे मागे पनि पुऱ्याए । सबै प्राविधिक सामानको जोहो गरियो । पिरामिडबाट धेरै सरसामानको व्यवस्था भयो ।

संसारकै सबैभन्दा अग्लो स्थानमा सिओआरएस स्टेसन स्थापना गरेकामा हामी पनि फुरूङ्ङ थियौं ।

सिओआरएस स्टेसन स्थापना गरी परीक्षण पनि गऱ्यौं । जडान गरिएको एन्टेनाले राम्रोसँग डाटा रेकर्ड गरेको थियो । लगभग ३६ ओटा स्याटलाइट त्यहाँबाट देखिनु भनेको राम्रो जियोमेट्री बनेको हो । ठाउँ, अवस्था र भूगोलको स्थितिअनुसार यो स्थानमा ३६ ओटा जति स्याटलाइटको अन्तरछेदन हुनु निकै राम्रो मानिन्छ ।

मैले जे शङ्का गरेको थिएँ, त्यस्तो केही भएन । विज्ञानजीलाई केही भएन । उनलाई पानी र जुस खुवाइराखिएको थियो । हाम्रो काम सकिएपछि दिउँसो २:३० बजेतिर हेलिकप्टर लिन आयो । उनी हेलिकप्टरमा फिर्ता भए ।

***

त्यो स्टेसनलाई नापी विभागको स्थायी बिन्दु बनाउनु उपयुक्त हुन्छ भनेर मैले सल्लाह दिएको थिएँ । पछि थाहा पाएँ, त्यो बिन्दुलाई स्थायी बनाइएनछ । त्यसको पुनः व्यवस्थापन र हेरविचार हुनुपर्थ्यो, भएनछ । वास्तवमा हाम्रो जस्तो भुइँचालो संवेदनशील भूभागमा निरन्तर स्याटलाइट अवलोकन गरी तथ्याङ्क रेकर्ड गर्ने यस्ता नियन्त्रण बिन्दु राख्न सक्दा धेरै हिसाबले राम्रो हुन्थ्यो । हिमाली क्षेत्रमा भइरहने भूचाल र ग्लेसियरको चालको अध्ययन गर्न सजिलो हुन्थ्यो । शुद्धताका साथ भूमापनको काम गर्न सहज हुन्थ्यो । मलाई विश्वास छ, नापी विभागले कुनै दिन पिरामिडमा स्थायी सिओआरएस खडा गर्नेछ । त्यो कार्य धेरै अर्थले सामयिक, आवश्यक र जरूरी छ ।

# सगरमाथाको आँगन

*सगरमाथाकै आँगनबाट सगरमाथा देखिँदैन ।*

पिरामिडबाट पुनः आधारशिविरतिर उक्लियौं । आधारशिविर पाँच हजार दुई सय ५० देखि पाँच हजार तीन सय ६४ मिटरसम्मको उचाइमा पर्छ । यो ठाउँ सगरमाथाको मात्र होइन, ल्होत्से, नुप्से र पुमरीको पनि आँगन हो । अर्थात् आधारशिविर हो । आधारशिविरमा कहिल्यै पानी पर्दैन । चार हजार पाँच सय मिटरसम्म पानी पर्छ । तर आधारशिविर योभन्दा झन्डै आठ सय मिटरभन्दा बढी उचाइमा छ । पानी नपरे पनि त्यहाँ हिउँ पर्छ । त्यही हिउँ घामको स्पर्श पाएपछि पानी बन्छ ।

कैयौं देशका हिमालभन्दा सगरमाथाको आधारशिविर नै उचाइमा छ । धेरै देशका अग्ला टाकुराहरू आधारशिविरभन्दा होचा छन् । जापानको फुजी माउन्टेन हाम्रो नाम्चे बजार जत्तिकै उचाइमा छ– तीन हजार सात सय ७६ मिटर अग्लो ।

***

आधारशिविरमा वातानुकूलित हुने क्रम चल्दै थियो । मौसम राम्रो, हिउँमा सूर्यका किरणहरू ठोकिएर फर्किंदा प्रकाशको परावर्तनका कारण एउटा सूर्य लाग्दा सयौं सूर्य लागे जस्तो । केही दिन आधारशिविरमा समेत गर्मी भयो । पुनः मौसममा गडबढ देखिन थालेको थियो । जे भए पनि एभरेस्ट नेटको इन्टरनेट मज्जासँग चलेको थियो, त्यो दिन ।

म्यासेन्जरमा फोन गरिन्, हेमाले दिल्लीबाट ।

सुरूमै मैले सोधें, "कस्तो छ तिम्रो स्वास्थ्य ?"

"ठीकै छ," सधैं झैं उनले भनिन् र मलाई सोधिन्, "के छ त तपाईंको ?"

मैले प्रेमिल र साहित्यिक जवाफ दिएँ, "आँखामा सगरमाथा र मनमा तिमी छौ, जसरी तिम्रो गर्भमा हाम्रो बच्चा छ ।"

अनि थपें, "कस्तो छ बच्चाको अवस्था ?"

"ठीकै छ । अरू ?"

"अरू त के हुनु, साथमा शेर्पा साथीहरू छन् । जता हेरे पनि हिमाल छन् । हिमालले चिसो भए पनि मन भतभत पोलेको छ । तर मैले सहन सक्ने गरी पोलेको छ । बरू त्यहाँका कुरा सुनाऊ ।"

"पेम्बा दाइले आफ्नो कोठाको भित्ताभरि दलाई लामाका फोटा कति राम्रोसँग राखेका रहेछन् । घरीघरी दलाई लामाको फोटो हेर्छु । बच्चा पेटमा हुँदा जे हेर्‍यो, त्यही अनुहार पेटमा आउँछ भन्छन् । अनि त लाग्छ, तपाईं शेर्पाहरूको सङ्गतमा हुनुहुन्छ, म दलाई लामाको । अनि कहिले आफैंसँग हाँस्छु, कहिले रून्छु । रून्नँ भन्दाभन्दै झरेको आँसुको अनुभव अर्कै हुने रैछ । तपाईं बाहुन भएर पनि शेर्पाले गर्ने काम गर्न रूचाउने । संयोग पनि कस्तो, मलाई यहाँ बस्ने घर पनि तपाईंले शेर्पाकै खोजिदिनुभयो । भित्तामा पनि शेर्पा गुरूको फोटाहरू । बच्चा पनि शेर्पा जस्तो अनुहारको जन्मिने त हैन कतै ? शेर्पा जस्तै बच्चा जन्मियो भने के गर्नुहुन्छ ?"

पछिल्लो वाक्य बोल्दा उनले हाँस्दै जिस्काउने पारामा भनेकी थिइन् । मैले पनि हाँस्दै भनें, "त्यसो भए दलाई लामाको फोटोसँगै तिमीले पनि श्रीकृष्णको फोटो ल्याएर टाँस न भित्तामा ।"

"म आएपछि यही दलाई लामाको फोटो मेरो साथी भएको छ । श्रीकृष्ण त मनमा छन् । कहाँ जाऊँ, श्रीकृष्ण खोज्न ?"

"नेल्सन मन्डेलाले भनेका थिए, 'एउटा पहाड चढेपछि मात्र बल्ल थाहा हुन्छ कि अझै कैयौं पहाड चढ्न बाँकी छन् ।' म पहिलो पटक सगरमाथा आरोहण गर्न जाँदा हामी सामान्य परिचित मात्र थियौं । अहिले हाम्रो परिचय एउटै परिवार भएको छ । तैपनि सगरमाथा जाँदासमेत न तिमीले मलाई दही खुवाएर बिदाइ गर्न पायौ, न मैले सोचे जति साथ दिन पाएको छु । तिमीलाई मेरो साथ सबैभन्दा धेरै चाहिएका बेला दिन पाएको छैन । तिम्रो आँसु दिल्लीमा दलाई लामाका तस्बिरमुनि झरेका होलान्; मेरा आँसु यहाँ हिमालको फेदमा झरेका छन् । त्यही आँसु

पनि जम्छ । यो दुःख मात्र होइन, परीक्षा पनि हो । यो परीक्षा पास गर्नु नै हामी सफल हुनु हो । दुःख क्षमताको परीक्षा हो । यसपछि पनि हामीले धेरै परीक्षा पास गर्नु छ । त्यसैले अग्लाअग्ला आकाङ्क्षा पूरा गर्नु छ हामीले । मीठो सपना देख, आराम गर, ल ।"

***

जसरी बच्चा जन्मिन आमा र बच्चा दुवैले प्रयत्न गर्नुपर्छ, त्यसरी नै हिमाल चढ्न पनि हिमाल र आरोही दुवैले प्रयत्न गर्नुपर्छ । आरोहीले हिमाल जस्तै हुने प्रयत्न गर्नुपर्छ भने हिमालले पनि आरोहीलाई आफू जस्तै बनाउने प्रयत्न गर्छ । हामीले यतिका दिनसम्म गरेको यात्रा त्यहाँको प्रकृति जस्तै हुन हो ।

हिमाल चिसो र शान्त हुने भएकाले होला, त्यहाँका मानिस पनि शान्त र शीतल स्वभावका लाग्छन् । उनीहरू बिस्तारै र थोरै बोल्छन् । त्यसमा पनि सगरमाथा आधारशिविरमा त मानिस एकदमै शान्त र शीतल हुन्छन् । त्यहाँको वातावरणसँग घुलमिल हुँदाहुँदा उनीहरू हिमाल जस्तै भएका थिए ।

सगरमाथाको आँगनबाट ल्होत्से, नुप्चे, पुमरी, च्याङ्से जस्ता हिमाल देखिन्छन् । तर सगरमाथा नै देखिँदैन । अग्लो हुनु र अग्लो देखिनु फरक कुरा हो । परको अग्लो हिमाललाई नजिकका होचा हिमालहरूले छोपिदिन सक्छन् ।

**कपडाका घर**

आधारशिविर हिउँमाथिको अस्थायी बस्ती हो । त्यहाँ आरोहण गर्नेहरूले अस्थायी बस्ती बनाएका हुन्छन् । सामान्यतया उभिन नमिल्ने तर बस्न र सुत्न मिल्ने कपडाका ससाना घर हुन्छन् । ती घरमा हावा र पानी छिर्दैनन्; प्रकाश भने अलिअलि छिर्छ । एउटा घरमा सामन्यतया दुई जना सुत्नबस्न मिल्छ । सजिलै बनाउन र उठाउन सकिने यस्ता घर चराका गुँड जस्तै लाग्छन् । जसरी चराले बचेराहरू हुर्काइसकेपछि गुँड छाड्छ, त्यसरी नै आरोहण पूरा गरेपछि ती घर छाडिन्छन् । ती प्रायः राता र पहेंला रङका छन् । राता र पहेंला टेन्ट हुनुको अर्थ सायद टाढाबाट सजिलै देखियोस् भनेर हो । भान्साघरहरू भने उभिन मिल्ने र अलि धेरै मानिस अट्ने खालका हुन्छन् ।

कम्पनीपिच्छे फरकफरक रङका कपडाका घर, जो हिउँका फाँटमाथि सुकिला र उज्याला देखिन्छन् । सबैको उही र उस्तै जीवनशैली, उही स्तरको खाना, नाना र छाना । अनेक देशका अनेक भाषा भएका मानिस उस्तै र उत्रै कपडाका घरमा बसेको देख्दा त्यो बस्ती विश्व समाजवादी गाउँ जस्तो लाग्यो । कुनै आदर्श कम्युन जस्तो । स्लिपिङ ब्यागभित्र सुत्दा मलाई कुनै कोमल झोलामा सुरक्षित तरिकाले राखिएको सामान हुँ जस्तो लाग्यो ।

हिमालसँग अभ्यस्त हुन सिकाउने आधारभूमि पनि यही आँगन हो । कहिले यो आँगनबाट अलिकति माथि उक्लिएर फर्कियो, कहिले अलिकति तल पुगेर उक्लियो । कहिले यो आँगनलाई फन्को लगायो, कहिले सुस्तायो । यसरी एकाध महिना अभ्यास गरेपछि आरोहीहरू हिमालसँग अभ्यस्त हुन्छन् ।

## सोलार बत्ती

दिउँसो सेतो पृष्ठभूमिमा देखिने रङ्गीन बस्ती, राति अझ रमाइलो देखिन्छ । अलि अग्लो थुम्को या कालापत्थरको कान्लाबाट हेर्दा त जताततै झिलिमिली । आकाश अँध्यारो भए पनि आधारशिविरको एउटा पाटो कहिले फूलभित्र बत्ती भएको फूलबारी जस्तो लाग्छ, कहिले आफैंभित्रको उज्यालोले प्रकाशित रङ्गीन थुम्काथुम्कीहरू जस्तो लाग्छ । त्यो झकिझकाउ सोलारको बत्तीका कारण भएको हो । घामले दिएको अनुदान उज्यालो । आकाश सफा भएका बेला त्यहाँ घाम चर्कै लाग्छ । सोलार प्यानलहरूले घामको प्रकाश सँगालेर राति हामीलाई उज्यालो दिइरहेका हुन्छन् । सौन्दर्य भन्नु उज्यालो रहेछ ।

## आइसको फ्रिज

कुनै खाद्यवस्तु अलि दिन राख्नुपर्‍यो भने नबिग्रियोस् भनेर हामी फ्रिजमा राख्छौं । त्यहाँ भने प्रकृतिले जमिनभरि फ्रिज बनाइदिएको छ । मासु, तरकारी आदि खाद्यवस्तु प्लास्टिकमा प्याक गरेर हिउँमा सानो खाडल बनाई राखिँदो रहेछ । आइसको प्राकृतिक फ्रिजसँग म खुब लोभिएँ ।

## हिउँको पानी

आधारशिविरमा कुनै धारा, कुवा वा जरूवा पाइँदैन । पानी बोकेर ल्याउन गाह्रो छ । त्यहीँ परेको हिउँलाई पगालेर पानी बनाउनुपर्छ र त्यसैले

तिर्खा मेट्नुपर्छ । जमिनमुनिबाट आएको पानी भएको भए पो शरीरलाई आवश्यक खनिज तत्त्व पनि हुने थियो । खनिज तत्त्वविहीन हिउँको पानी खल्लो र गल्लो लाग्यो । तैपनि तिर्खा मेटेर पानीले आफ्नो धर्म निर्वाह गरिरहेको हुन्छ ।

## ड्रमको चर्पी

सबैभन्दा अनौठो लाग्यो, त्यहाँको चर्पी । ती चर्पी लगभग ५० लिटरका प्लास्टिकका ड्रमहरूलाई सेप्टिक ट्याङ्कीका रूपमा बनाइएको हुन्छ । बार भने कपडाकै टेन्टबाट बनाइएको हुन्छ । दुई ओटा ढुङ्गामाथि टुक्रुक्क बसेर दिसा गरिन्छ । टेन्टबाहिर लेखिएको हुन्छ– कृपया ड्रमभित्र पिसाब नफेर्नुहोला । त्यो किन लेखिएको भने, ती ड्रम अस्थायी सेप्टिक ट्याङ्की हुन् । भरिएपछि बोकेर तिनलाई सातआठ किलोमिटर पर रहेको लोबुचे भन्ने ठाउँको खाडलमा फ्याँकिन्छ । त्यो दिसा ड्रमसहित नाम्लो लगाएर मानिसले बोक्छन् । र एक किलो दिसा बोकेको तीन सय ५० रूपियाँ लिन्छन् । छक्क परें, एक ड्रम दिसा ५० किलो रहेछ भने एक भारी दिसा बोक्नेले १७ हजार पाँच सय रूपियाँ पाउने रहेछ । कुनै दिन गरीखान गाह्रो भयो भने यहीँ दिसा भने पनि बोक्न आउनुपर्छ क्या हो भन्ने मनमा आयो । यसको अनुगमन र ढुवानी व्यवस्थापन गर्ने काम सगरमाथा प्रदूषण नियन्त्रण समिति (एसपिसिसी)ले गर्छ । दिसा बोक्ने भरियाहरू हेर्दैमा बडो बलिया देखिन्थे । तिनका पिँडौंला बटारिएका र ठाउँठाउँमा नसाका गाँठा परेका । मानौं, ती गोडा होइनन्, आँख्लैआँख्ला भएका रूखका फेद हुन् ।

ड्रमको आडमा अर्को ड्रम लडाएर राखिएको हुन्छ । प्रयोग गरिँदै गरेको ड्रम भरिएपछि लडाएर राखिएको ड्रम ठड्याइन्छ र प्रयोगमा ल्याइन्छ । प्रयोगमा ल्याउन त्यसमा भित्रपट्टि ठूलो पोलिथिनको झोला राखिन्छ, जसले गर्दा दिसा सोझै ड्रममा लाग्दैन । भरिएको ड्रमलाई बिर्को लगाएर छेउ लगाइन्छ । जसरी सिलिन्डर ग्यास रित्तिएपछि फेरिन्छ, त्यसरी नै त्यहाँ ड्रम फेरिन्छ । फरक यत्ति छ, ती ड्रम भरिएपछि फेरिन्छन्, सिलिन्डर रित्तिएपछि ।

ड्रम भरिएपछि यसको जानकारी एसपिसिसीलाई गराइन्छ । र एसपिसिसीले खटाएका भरियाले ड्रम बोकेर लोबुचे पुऱ्याउँछन् । त्यहाँ त

दिसाको कुन्ड नै बन्छ । त्यसैले होला, कसैसँग रिस उठ्यो भने कोहीकोही भन्ने गर्छन् रे, "धेरै निहुँ नखोज, तँलाई लोबुचेको गुको कुण्डमा लगेर गाड्दिम्ला ।" आरोहण सिजन सकिएपछि ती ट्वाइलेट ड्रम छ्याङ राख्ने प्रयोजनार्थ सस्तोमा बिक्री हुने रहेछन् ।

यसै त छ्याङ मन नपराउने म, त्यो कुरा सुनेपछि एकदम सिकसिको लाग्यो । एक पटक नेपाल टेलिभिजनले एउटा रिपोर्ट प्रस्तुत गरेको थियो– आर्यघाटमा लास जलाएपछि बाँकी रहेका कोइला सडकपेटीमा मकै पोल्नेहरूले प्रयोग गर्छन् । त्यसपछि मलाई जहाँ पायो, त्यहाँ पोलेको मकै खान सिकसिक लागेको थियो ।

# आधारशिविरमा मन्त्री

*आधारशिविरमा भेटिएका मान्छे कोही ताजा हिउँ जस्ता कोमल भने कोही ब्ल्यू आइस जस्ता कठोर ।*

मलाई वैशाख २८ कै अलिक चिन्ता थियो । त्यो दिन तत्कालीन भूमिसुधारमन्त्री पद्मा अर्याल, सचिव गोपीनाथ मैनाली, मन्त्रालयका सहसचिव जनकराज जोशी, सहसचिव चन्द्रकला पौडेल, नापी विभागका महानिर्देशक प्रकाश जोशी, निर्देशकहरू कमल घिमिरे, दामोदर ढकालगायत १७ जना आउँदै थिए ।

धेरै सङ्ख्यामा विशिष्ट पदाधिकारीहरू आउने भएकाले त्यसैअनुसार कार्यक्रमको तयारीमा लागें । उनीहरू हेलिकप्टरबाट सीधै आउने भएकाले 'अल्टिच्युड सिकनेस' हुन सक्नेतर्फ ध्यान पुऱ्याउनुपर्छ भन्नेमा म सचेत थिएँ ।

सगरमाथा मापन आरोहण अभियान चुचुरो अवलोकन टिमको टोली प्रमुख भएका नाताले मलाई चिन्ता र जिम्मेवारीबोध थियो । काठमाडौंको कम उचाइबाट खुम्बुको उच्च भूमिमा हिमाली परिवेश सहज र सामान्य नहुन सक्छ । आइपर्ने अप्ठ्यारातर्फ म संवेदनशील, सचेत र केही पूर्वतयारीमा लागेको थिएँ । आवश्यक सामग्रीको जोहो बेलैमा नगरे त्यति दुर्गम ठाउँमा तत्काल खोजेर वा मागेर पाइने सम्भावना कम थियो । कथंकदाचित् केही भइहाल्यो भने त बर्बाद हुन्छ ।

हाम्रो आरोहण सञ्चालन गर्ने आधारशिविरका म्यानेजरलाई भनें, "भोलि मन्त्रीज्यूलगायत मन्त्रालयका उच्चपदस्थ अधिकारी आउँदै हुनुहुन्छ । अलिअलि फलफूलको व्यवस्था गरिदिनुहोला । हिजो तपाईंहरूले हेलिकप्टरबाट धेरै नै फलफूल ल्याउनुभएको पनि छ ।"

उनले भनिन्, "हैन नि सर, यो फलफूल त पाहुनाहरूका लागि हो; तपाईंहरूलाई होइन ।"

म्यानेजरको गैरजिम्मेवार र संवेदनहीन व्यवहारले खिन्न भएँ । र अचम्म मानेर सोधें, "के हामी पाहुना होइनौं र ? मन्त्री, सचिव, डिजी यहाँका लागि पाहुना होइनन् ?"

उनीहरू विदेशीलाई मात्र पाहुना र पर्यटक ठान्दा रहेछन् । पर्यटक भनेपछि गोरो छाला भएका विदेशी मात्र हुन् भन्ने धारणा रहेछ । लौ ठीकै छ, पाहुना नमाने पनि उपेक्षा त गर्नुभएन नि । त्यसैले मैले भनें, "तपाईंको कम्पनीलाई नेपाल सरकारले हाम्रो व्यवस्थापनका लागि पैसा तिरेको छ । यसरी तपाईंहरूले उपेक्षा गर्न मिल्छ ?"

तर म्यानेजरले सुनेको नसुन्यै गरिन् । उनले नेपाल सरकारका मन्त्री र धेरै उच्च कर्मचारीलाई पनि उपेक्षा गरिन् । म अप्ठ्यारोमा मात्र परिनँ; खिन्न पनि भएँ ।

त्यसपछि तत्काल लुक्लामा रहेका सुशील सरलाई फोन गरेर भनें, "यहाँ स्टोरमा भएर पनि हामीलाई कम्पनीले फलफूल नदिने भयो, सर । त्यहाँबाट यता हेलिकप्टर आउँदै छ रे । भोलिको कार्यक्रमका लागि फलफूल पठाइदिनुपर्‍यो ।"

सुशील सरले सहज रूपमा भने, "ओके छ त ।"

मलाई ठूलै भारी बिसाए जस्तो भयो । नभन्दै चार बजेतिर हेलिकप्टर आइपुग्यो । हेलिप्याडबाट फलफूल ल्याउने व्यवस्था मिलाएँ । पानी र जुसको व्यवस्थाका लागि भान्साका साथीहरूलाई अगाडि नै गएर भनें, "भोलि सबेरैका लागि तयारी गरिदिनुहोला है, भाइहरू ।"

सोहीअनुरूप खानेपिउने प्रबन्ध त भयो । मुख्य चिन्ता अक्सिजनको थियो । त्यसको व्यवस्था गर्न सहज थिएन । पुनः कम्पनी म्यानेजरलाई अनुरोध गरें, "भोलि केही समस्या त नपर्ला । तैपनि दुई ओटा माक्स र अक्सिजनको व्यवस्था गरिदिन सक्नुहुन्छ कि ?"

यसमा कम्पनीले नाईं भन्न पाउँदैन्थ्यो । जसरी पनि व्यवस्था गर्नु कम्पनीको कर्तव्य हो । सम्भावित दुर्घटनालाई बोध गरेर मैले यी सब गरिरहेको थिएँ । म्यानेजरले भनिन्, "माक्स त तपाईंहरूको नै प्रयोग गर्नुहोला । हामीसँग अतिरिक्त अक्सिजन बोतल पनि छैन !"

उनका जिम्मेवारहीन कुराले म रिसाएँ; खिन्न पनि भएँ । कस्तो झुर कम्पनीमा परिएछ भन्ने लाग्यो । अब फलफूल पो लुक्लामा फोन गरेका भरमा सुशील सरले पठाइदिए; अक्सिजन कसले कसरी पठाइदेला ?

समाधान खोज्न नसकेर म भौंतारिएँ ।

***

सेभेन समिटमा गएर टासीलाई भेटें र कार्यक्रमको निम्तो दिएँ । सहयोग माग्न पनि आएको भनेर उनलाई त्यति ठूलो सङ्ख्यामा आउने उच्च पदाधिकारीहरूको सम्भाव्य स्वास्थ्य प्रतिकूलता जोगाउन अनुरोध पनि गरें ।

टासी सहयोगी छन् । उनले सम्झाउँदै भने, "चिन्ता नगर्नू, सर । भोलि बिहानै म पठाइदिन्छु ।"

म ढुक्क भएँ । लाग्यो, संसारमा असहयोगीभन्दा धेरै सहयोगी छन् ।

पायोनियर कम्पनीको क्याम्प पनि हाम्रो नजिकै थियो । त्यहाँ सन् २०११ मा सगरमाथा आरोहण गर्दाका सहयोगी शेर्पा साथीहरू थिए । अनि थिए ङा तेन्जी, मिङ्मा दोर्ची, कान्छा लाक्पाहरू । उनीहरूको सहयोग, मद्दत र हार्दिकता पाइरहेको थिएँ । कान्छा लाक्पालाई मैले अनुरोध गरें, "अक्सिजन माक्स पनि सहयोगको अपेक्षा गरेको छु ।"

उनीहरूले सहयोग गर्ने प्रतिबद्धता जनाए । हिमालय उद्धार सङ्घका पुराना मित्र लाक्पा नोर्बुसँग भेटेर अक्सिजनलगायत केही सहयोगका लागि अनुरोध गरें । उनले प्रतिबद्धता जनाए, "सगरमाथा उचाइ नाप्न आउनुभएको तपाईंको टोलीलाई सम्भव भएसम्म सबै प्रकारको सहयोग गर्नेछु ।"

हाम्रो आरोहण व्यवस्थापनको जिम्मा लिने कम्पनीका प्रमुख त्यहाँ भएको भए त्यस्तो अव्यवस्था हुने थिएन कि भन्ने लाग्यो । कम्पनीका प्रमुख बाबु शेर्पा, त्यो बेला आफैं संसारको तेस्रो अग्लो हिमाल कञ्चनजङ्घा आरोहणका लागि गएका थिए ।

जसोतसो भोलिपल्ट आउने पाहुनाका लागि अत्यावश्यक सरसामानको जुगाड हुने भयो । केही परिहालेका खण्डमा आवश्यक पूर्वतयारीसहितको अन्य व्यवस्थापनतिर पनि जुटें । सबैको सहयोग पाएर मन हलुको भयो ।

आधारशिविरमा भेटिएका मान्छेहरू कोही भर्खर परेको ताजा हिउँ जस्ता कोमल र सजिलै पग्लिने थिए भने कोही ब्ल्यू आइस जस्ता झट्ट नपग्लिने र कठोर ।

***

वैशााख २८ गते आधारशिविरमा बेग्लै चहलपहल थियो । राज्यका तर्फबाट केही उत्साह र विश्वास, केही संरक्षण र सुरक्षाको आशा थियो ।

आधारशिविरमा जताततै बुद्धमन्त्र लेखिएका लुङ्दर फर्फराइरहेका थिए, जसले अध्यात्म र शान्तिको भाव दिइरहेका थिए । आफैंमा ध्यानमग्न बुद्ध जस्ता हिमालले पनि शान्तिको सन्देश दिइरहका थिए । नेपालको

राष्ट्रिय झन्डा पनि ठाउँठाउँमा फहराइएका थिए । त्यो दृश्य अत्यन्तै मनमोहक थियो ।

हाम्रा अतिथि आउने खबर आयो । साथीहरूलाई लिएर मन्त्री र सचिवहरूलाई लिन म हेलिप्याडमा गएँ । दुई ओटा हेलिकप्टरले सात खेप गरेर १७ जना अतिथिलाई ल्यायो । सानो औपचारिक कार्यक्रम भयो । मैले तालिम दिएका शेर्पाहरूलाई प्रमाणपत्र प्रदान गर्ने कार्यक्रम पनि थियो ।

सगरमाथाको टुप्पोमा राखिने जिएनएसएस एन्टेना, रिसिभर तथा जिपिआर सामान्य रूपमा ह्यान्डलिङ गर्ने तथा ट्राइपडमाथि एन्टेना कसरी मिलाउने, लेभल कसरी जाँच्ने, हिउँमाथि स्क्रू कसरी कस्नेलगायत विषयमा मैले शेर्पा साथीहरूलाई तालिम दिएको थिएँ ।

सामान्य अवस्थामा सर्भेका यन्त्र उपकरण जसरी चलाउँछौं, त्यसरी सगरमाथाको शिखरमा चलाउन सकिँदैन । माथि अत्यधिक चिसो हुने भएकाले पन्जा लगाएर स्क्रू कस्ने, ट्राइपड मिलाउने, लेभल हेर्ने काम गर्नुपर्छ । अत्याधिक हावा चल्ने भएकाले उपकरणहरूलाई हावाबाट जोगाउनुपर्छ । अलिकति मात्र उपकरण हल्लिए तथ्याङ्क सही आउँदैन । बोल्न गाह्रो हुने भएकाले शिखरमा इसाराको भाषा बुझेर काम गर्नुपर्छ । रूकस्याकबाट सामान कसरी झिक्नेलगायत कुरामा पनि समूहका सबै जना स्पष्ट हुनुपर्छ । यस्तै काम र प्रक्रियासँग तालिमबाट अभ्यस्त नभई माथि गएर काम गर्न सकिँदैन । त्यसैले शिखरमा पुगेर छिटो, छरितो र सहज रूपमा काम गर्न यस्ता तालिम दिएर पूर्वतयारी गरिएको थियो ।

मन्त्रालयका सचिव गोपीनाथ मैनालीले शुभकामना दिने क्रममा भने, "तपाईंहरूले अदम्य साहस लिएर नेपाल सरकारको राष्ट्रिय महत्त्वको कार्यक्रमलाई जुन सहयोग गरिरहनुभएको छ, त्यसका लागि हामी नेपाल सरकारका तर्फबाट मुक्तकण्ठले प्रशंसा गर्छौं ।"

त्यसैगरी मन्त्री पद्मा अर्यालले पनि हामीलाई हौसला दिँदै भनिन्, "इतिहासले तपाईंहरूलाई सुम्पिएको ऐतिहासिक तथा गौरवपूर्ण काम सम्पन्न गरेर सकुशल फर्कनुहुनेछ भन्नेमा म पूर्ण विश्वस्त छु । नेपालले मात्र होइन, संसारले चासो लिइरहेको काममा जाँदै हुनुहुन्छ । तपाईंहरूलाई सफलता मिलोस् !"

नापी विभागका महानिर्देशकलगायत सबै विशिष्ट पदाधिकारीले हामीलाई खानेबस्ने तथा स्वास्थ्यको राम्रोसँग ख्याल गरेर अगाडि बढ्न सुझाए ।

काठमाडौंबाट आएका धेरैजसोका लागि सगरमाथा आधारशिविरको यात्रा पहिलो थियो । पहिलो पटक देखेका हरेक कुराहरूको विशेष अर्थ र प्रभाव हुन्छ । त्यसमा पनि सगरमाथाको आँगन, हिमालै हिमालको संसार, फरक जीवनशैली र मौसम । कल्पनाभन्दा बाहिरको संसार देखे झैं सबै छक्क परे ।

गोपीनाथ सरलाई श्वासप्रश्वासमा हल्का समस्या भएको थाहा पाएँ । उनको लर्बरिएको बोली सुनेर धेरैबेर उनलाई यहाँ राख्नुहुँदैन भन्ने लाग्यो । हुन त केही भइहाले अक्सिजन तयारी अवस्थामा राखिएको थियो । तर यतिले मात्र पुग्दैन, हिमालमा थप सचेत हुनुपर्छ ।

परिस्थिति बिग्रिएला कि भनेर सबैलाई सचेत गराएँ, "अब धेरै समय यहाँ रोकिनु राम्रो हुँदैन । तपाईंहरू सीधै हेलिकप्टरबाट यो उचाइमा आउनुभएकाले लेक लाग्न सक्छ । त्यसैले जति सक्यो, चाँडो तल झर्नु बेस होला ।"

मेरो अनुरोधलाई उनीहरूले हार्दिकतापूर्वक लिए र हेलिकप्टरमा चरा झैं भुर्र उडेर गए । कुनै सिनेमाको सुटिङ जस्तै एकछिनको तामझाम धेरैबेरको सुनसान भयो । तर मेरो भित्री वातावरण सुनसान भएन । अब हाम्रो खास जिम्मेवारी सुरू भयो भन्ने बोधले मलाई गम्भीर बनायो ।

त्योभन्दा गम्भीर अर्को कुराले बनायो । हुन त राष्ट्र र राष्ट्रियता भन्ने कुरा मानिसले बनाएको हो, हिमाल मानिसले बनाएको होइन । तर पनि नेपाली नागरिक भएका नाताले हामी बस्ने टेन्टदेखि लुगासम्म, पन्जादेखि जुत्तासम्म, चकलेटदेखि अरू खानासम्म सबै अरूको प्रयोग गरेपछि मलाई कस्तो कस्तो नमज्जा महसुस भयो ।

हिमाल हाम्रो, डोरी उनको
खुट्टा हाम्रो, जुत्ता उनको
हात हाम्रो, पन्जा उनको
शिविर हाम्रो, टेन्ट उनको
हिउँ हाम्रो, हिमबन्चरो उनको
पेट हाम्रो, खाना उनको
पसिना हाम्रो, पाना उनको
शरीर हाम्रो, नाना उनको
यस्तै यस्तै... ।

# आधारशिविरबाट

*शिखरमा पुग्न गरिनेभन्दा धेरै मिहिनेत त्यसको तयारीमा गर्नुपर्छ ।*

एउटा आरोहीले हिमाललाई आँखाले मात्र चिनेर हुँदैन, खुट्टाले पनि चिन्नुपर्छ । मुटु, कलेजो र फोक्सोले पनि चिन्नुपर्छ । प्रत्येक सास र मुटुको धड्कनले चिन्नुपर्छ । हिमाल बलले मात्र चढ्न सकिँदैन, हिमालसँगको प्रेम पनि चाहिन्छ । त्यसपछि मात्र चुचुरो चुम्न सकिन्छ । यसकै लागि हामीले वातानुकूलित हुन एक महिनाभन्दा धेरै समय आधारशिविर र वरपरका हिमालसँग पाइलाले कुरा गर्दै बितायौं ।

कुनै पनि कामको तयारी गर्नु भनेको आधा काम गर्नु हो । हामीले यात्राको अन्तिम तयारी गर्दै थियौं । हाम्रो कामका लागि वास्तविक यात्रा सुरू हुँदै थियो ।

हाम्रा पथप्रदर्शक सहयोगी शेर्पा र साथीहरूसँग आधारशिविरमा रहँदा पटकपटक छलफल भयो– समिट सर्भे कसरी सफल पार्ने ? हामीले आरोहण गरेर मात्र हुँदैन, चुचुरोमा बसेर उचाइ मापनका लागि सर्वेक्षण कार्य सफल गर्नु छ ।

चुलीसम्म यन्त्र मेसिनहरू कसरी सुरक्षित तरिकाले लैजाने, मेसिन कसरी फिट गर्ने, सामान्य रूपमा सामान माथि लैजाँदा केके कुरामा ख्याल गर्ने आदि विषयमा गहन छलफल गर्‍यौं ।

चुचुरोमा पुगेपछि अपनाउनुपर्ने सजगताबारे एकअर्कालाई सतर्क गरायौं । किनभने गल्ती जान अन्जान जसरी होस्, हिमालले माफ गर्दैन । हिमालमा गल्ती गर्नु भनेको मृत्यु प्राप्त गर्नु हो ।

समिट प्लानका लागि मौसम प्रतिवेदन बुझ्दा जेठ ६ देखि ८ सम्म राम्रो छ भन्ने आयो । त्यो बेला हावाको गति कम र हिमआँधी नआउने

देखियो । हावाको गति जति कम भयो, उति सहज हुने भएकाले धेरैले त्यही बेला समिट प्लान गरेका रहेछन् । हामीले पनि जेठ ७ मा 'समिट अब्जर्भेसन' गर्ने तयारीसाथ जेठ ४ गते आधारशिविरबाट चुचुरोतर्फ लाग्ने तयारी गऱ्यौं । अक्सर हिमालमा दुर्घटना चिसोले होइन, हावाको तीव्र गतिले हुने गर्छ ।

सगरमाथा आरोहण गर्न धेरैले 'सेकेन्ड वेदर विन्डो' रोज्छन् । सामान्यतया 'फस्ट वेदर विन्डो' मे १० बाट सुरू हुन्छ । यो मौसममा आरोहण गर्नु त्यति उपयुक्त मानिँदैन । किनभने यो समयमा मौसम पूर्वानुमानहरू नमिल्न पनि सक्छन् । मौसम प्रतिवेदनअनुसार मे २१ देखि 'सेकेन्ड वेदर विन्डो' सुरू हुँदै थियो । यस्तो मौसम कहिले केही घण्टा मात्र, कहिले एक सातासम्म रहन्छ । 'वेदर विन्डो' विशेषतः हावाको गति, हिमपातको अवस्था र तापक्रमको अवस्थाका आधारमा निर्धारण हुन्छ । आरोहणका लागि उपयुक्त मौसमको अवस्थालाई 'वेदर विन्डो' भनिन्छ । यसलाई असल मौसम भन्न सकिन्छ ।

***

जेठ ३ को बिहानै उठेर टेन्टभित्र बस्दै पात्रो हेरें । भोलिपल्ट जेठ ४ गते राति २:३६ बजेपछि मात्र साइत राम्रो रहेछ । त्योभन्दा अगाडि शुभ लग्न र शुभ समय थिएन । तर एउटै कम्पनीअन्तर्गतका भारतीय आरोही २७ वर्षे निहाल र उनको समूह १:३० बजे नै हिँड्यो । कुरैकुरामा मैले उनीहरूलाई भनेको थिएँ, "२:३० अगाडिको साइत ठीक छैन । त्यसअघि उद्वेग बेला र त्यसपछि चर बेला अर्थात् यात्राका लागि राम्रो साइत मानिन्छ ।"

भोलिपल्ट समिटका लागि यात्रा तय गर्ने भनेपछि आँखामा निद्रा थिएन । तर निदाउनु थियो । त्यसैले बेलुका सात बजे नै सुतियो । सपनामा पनि मैले सगरमाथा नै देखिरहेको थिएँ । त्योभन्दा धेरै हेमालाई देखिरहेको थिएँ । उनी दिल्लीमा नयाँ जीवन जन्माउने पीडामा थिइन्, म शिविरमा नयाँ उचाइको तयारीमा थिएँ । आँखाअगाडि सगरमाथा थियो, मनअगाडि हेमा । उनले चार पुगेर भर्खर पाँच महिना लागेको गर्भको शिशुलाई जोगाउनु थियो । उनलाई स्वास्थ्यले साथ दिइरहेको थिएन ।

१:३० बजे नै मेरो निद्रा खुल्यो । टेन्टमा म एक्लै थिएँ । केही बेरपछि सहयात्री साथीहरू मेरो टेन्टमा आए । मैले फेरि पात्रो हेरें र साइतबारे बताएँ । हिँड्ने बेला शिविरमा मैले सरसर्ती नजर डुलाएँ । सबैका टेन्टमा

सोलार बत्ती बलिरहेका थिए । विभिन्न रङका टेन्ट भएकाले शिविर झिलिमिली देखिएको थियो । कसैले यात्रा तय गरिसकेका थिए भने कोही तयारीमा थिए ।

आधारशिविरबाट हामी राति २:४० बजेको साइतमा हिँड्यौं । हिँड्ने बेला शेर्पाहरूले बनाएको पूजाथानमा मैले सिन्के धूप र धुपीको धूलो धूप बालें ।

साइतका बेला आफ्नो व्यक्तिगत परिस्थिति केही दिनका लागि बिर्सन खोजें । लक्ष्य पूरा नभइन्जेल जीवनका यावत् उतारचढाव बिर्सनुपर्छ, नत्र चुचुरो चुम्न र लक्ष्य पूरा गर्न सकिँदैन भनेर आफूलाई सम्झाएँ ।

जेठ ७ को उज्यालो नहुँदै चुचुरो चुम्ने लक्ष्यसाथ हामी छ जनाको टोली यात्रामा निस्कियो । हाम्रो यात्राका सरदार छिरिङजी तथा शेर्पा सहयोगीहरू छेवाङ, पेमङिमा र लाक्पासहित हामी छ जना हिँड्यौं । मेरा पछि छिरिङजी थिए ।

आठ वर्षअगाडि जुन दिन चुचुरो चुमेको थिएँ, त्यही दिन आधारशिविरबाट चुचुरो चुम्न जाँदै थिएँ । यसरी हिँड्दा पुराना अनुभूति ताजा हुँदै थिए । त्यो दिन आरोहीहरू धेरै थिए । पहिलेको यात्रामा यति धेरै आरोही थिएनन् । राति पनि देखिने सेतो हिउँको धरातलमा कमिलाको ताँती जस्तै देखिने आरोहीहरूको लामो लस्कर हेर्दा मन पुलकित भएको थियो । सबैका शिरमा बलिरहेका हेडल्याम्पले गर्दा आरोहीहरू कहिले हिँडिरहेका ल्याम्पपोस्ट जस्ता, कहिले जुनकिरीका हरफ जस्ता देखिएका थिए । हेडल्याम्पको उज्यालोले सेतो हिउँमा छाया गाढा बनेका थिए । ती छाया पनि आरोहीहरू सँगै हिँडे जस्तो देखिएका थिए ।

आधारशिविरबाट दोस्रो शिविरसम्म अलि धेरै नै घुइँचो हुन्छ । किनभने अधारशिविरबाट दोस्रो शिविरसम्म नेपाली शेर्पाहरूले मालसामान तथा खाद्यान्न ओसारिरहेका हुन्छन् । राति नै हिँड्ने उनीहरू दोस्रो शिविरमा पुगेर उही दिन, रात नपर्दै आधारशिविर फर्किन्छन् ।

मौसम चिसो त हुने नै भयो । तर चिसोलाई छेक्ने हाम्रा बाक्ला वस्त्रका कारण त्यति धेरै चिसो अनुभव भएको थिएन । शिखर चुम्न जाने भएर होला, राति उति निद्रा लागेको थिएन । निद्रा पुग्दा गोडा बलिया हुन्छन् । शरीर फुर्तिलो हुन्छ । राति नै उठेर हिँड्नुपरेकाले दिसा भएको थिएन । पिसाब मात्र फेरेको थिएँ । केही बेर हिँडेपछि पेट खाली हुन खोजे जस्तो अनुभूति गरें । तर दिसा लागिहालेको थिएन ।

बुद्ध पूर्णिमाको दिन भएकाले पूर्णचन्द्रले हामीलाई हेरिरहेका थिए । यति चम्किलो र प्रकाशमान चन्द्रमा मैले यसअघि देखेको थिइनँ । प्रदूषणरहित सफा र स्वच्छ आकाशमा चन्द्रमाको वास्तविक रूप देखिँदो रहेछ । जति जति उचाइमा गयो, चन्द्रमा उति नजिक र प्रकाशित देखिन्छन् सायद । सेतो हिउँमा हिउँ जस्तै सेतो प्रकाश पर्दा देखिने उज्यालोले मन रोमाञ्चित हुने रहेछ ।

आधा घण्टा हिँडेपछि क्र्याम्पन पोइन्ट आयो, जहाँबाट क्र्याम्पन नलगाई हिँड्न पाइँदैन । गाइडले नै क्र्याम्पन लगाउन अनिवार्य गरेका हुन्छन् । गाइडले भन्दा पनि हामी हिँड्ने बाटोले अनिवार्य गर्छ । किनभने त्यहाँबाट नीला बरफहरूले बनेको बाटैबाटो हिँड्नुपर्छ । क्र्याम्पनबिनाको जुत्ताले नीला बरफलाई समाउन सक्दैन र चिप्लिने डर हुन्छ ।

हामीले हातमा लिएका क्र्याम्पन जुत्तामा कसिलो तरिकाले लगायौं । क्र्याम्पन लगाउने तालिम लिएका हामीले जुत्तामा सजिलै फिट गर्‍यौं । छिरिङजीले भने, "राम्रोसँग लगाउनुहोला है, सर, नत्र अड्िँदैन ।"

फलामका बलिया दाँत भएको क्र्याम्पन हिउँ या बरफमा क्याप्प गाडिन्छ र आरोहीलाई लड्न दिँदैन । यसले नै आरोहीहरूलाई धानेर हिँड्न सघाउँछ । क्र्याम्पन लगाएपछि चुचुरो चुम्न जाँदै छु भन्ने अनुभूति अझ गहिरो भयो ।

क्र्याम्पन पोइन्टबाट हिँड्न लाग्दा मलाई दिसा लाग्यो । यसो छेउ लागें; डाङ्ग्रीको पछाडिको लामो जिपर स्वार्र खोलें र हिउँको सानो खोल्सामा हिउँकै ढिक्कामा टेकेर टुक्रुक्क बसें । दिसा त्यति राम्रो थिएन । पातलो दिसा सुलुल्ल गयो र पेट हलुका भयो । पुछेर ट्वाइलेट पेपर हिउँमै फ्याँकें । हिउँ र ट्वाइलेट पेपर उस्तै देखियो । सानो छँदा गाउँमा गोठालो जाँदा यसरी नै खोल्सातिर आची गरेर झारले पुछेको सम्झिएँ । प्रक्रिया उही, परिवेश फरक । म आफैंसँग मुस्कुराएँ । सामान्यतया अरूले पिसाब फेर्ने समयावधिमा मैले दिसा गरेर भ्याउँछु । त्यहाँ पनि त्यस्तै भयो ।

# खुम्बु आइसफल

*पूर्णिमाको रातमा आइसफलका हिमढिक्कामाथि खुट्टा राख्दै*
*सगरको यात्रा– स्वर्गको यात्रा जस्तो लाग्छ ।*

ऋयाम्पन पोइन्टबाट हिँडेपछि केही समयमै खुम्बु आइसफलको जोखिमपूर्ण भागमा आइपुगियो । यो ठाउँ अत्यन्त जोखिमयुक्त छ, जसले अत्यन्त कठोर तरिकाले जीवनको परीक्षा लिन्छ । हामी वातानुकूलित हुने क्रममा धेरै पटक त्यहाँ पुगे पनि फेरि एकअर्कालाई सचेत गरायौं । कमजोर बरफहरूले बनेको नागबेली र ठाडो बाटो हिमपहिरोका कारण प्रत्येक वर्ष बदलिइरहन्छ । अघिल्लो पटक आरोहण गर्दा यो बाटो यो ठाउँमा थिएन र यस्तो पनि थिएन । यो ठाउँले एकै दिनमा पनि बाटो बदलिदिन सक्छ । आठ वर्षमा त कति पटक बाटो बदलियो होला ? आफैँसँग प्रश्न गरेर म अनुत्तरित भएँ ।

एक पटक आरोहण गरिसकेकाले म पनि अर्धगाइड त भइसकेको थिएँ । त्यसैले बेलाबेलामा गाइडले झैं साथीहरूलाई भन्थें, "घाम नउदाउँदै खुम्बु आइसफल पार गर्नुपर्छ है, साथी हो ।"

त्यहाँ अनगन्ती हिमदरार छन् । समथर देखिएको ठाउँमा पनि तल खोक्रो हुन सक्छ र फस्न सकिन्छ । त्यसैले एकै ठाउँमा धेरै बेर उभिन पनि हुँदैन । त्यहाँ भित्रभित्रै पानी बगेको हुन्छ । मानौं, माथि बाक्लो नौनी छ र तल मोही छ । खुम्बु आइसफल दूधकोसीको मुहान पनि हो ।

दोस्रो शिविरसम्म पुग्दा हामीले पार गर्नुपर्ने दरार ५० भन्दा धेरै हुँदा हुन् । ती कुनै 'ए' आकारका हुन्छन् भने कुनै 'भी' आकारका । 'ए' आकारका भन्दा 'भी' आकारका दरार कम खतरनाक हुन्छन् । किनभने मुख साना र

पेट ठूला भएका दरारहरूले आरोहीलाई झुक्याउँछन् । बरफ होला भनेर टेक्यो, भित्र खोक्रो भएकाले फसिने सम्भावना हुन्छ । 'भी' र 'एच' आकारका दरार भने त्यति झेली हुँदैनन् । किनभने यिनीहरूको ठूलो मुख बाहिरबाटै देखिन्छ र आरोहीहरू सेचत हुन्छन् । 'भी' आकारका दरारको मुख ठूलो र पिँध सानो हुन्छ भने 'एच' आकारका दरारको मुख र पिँध बराबर हुन्छ ।

'भी' र 'एच' आकारका दरारहरूमा रेस्क्यू गर्न सजिलो हुन्छ । तर 'ए' आकारका दरारहरूमा परियो भने बाँचौंला भन्न पर्दैन । उत्तिखेरै दरारका मुख जोडिन सक्छन् । त्यस्तो भयो भने त लासको पनि अत्तोपत्तो हुँदैन । 'भी' आकारका दरारमा भने मान्छे खसिहाले पनि धेरै तलसम्म पुगिँदैन । समयमै उद्धार सहयोग पाए बाँच्ने सम्भावना हुन्छ । पहिलो पटक आएका रविनलाई मैले भनें, "खुम्बु आइसफल भनेको खर्पसहरूको घर हो ।"

हिमदरारहरू भोका जस्ता देखिन्छन् । हामी आफैं तिनबाट जोगिएर हिँड्नुपर्छ । पानीले डुबाउनु पानीको गल्ती होइन, पौडिन नजान्नु मानिसको गल्ती हो । त्यस्तै दरारहरूमा पर्नु दरारको गल्ती होइन, आरोहीहरूको बेहोसी हो । तर कहिलेकाहीँ प्रकृति बौलाएका बेला जति सचेत भए पनि मानिसको केही लाग्दैन ।

हामी बिस्तारै उकालो लाग्यौं । अलि ठाडो र अप्ठ्यारो ठाउँमा अथवा कतै दरार छ कि जस्तो ठाउँमा केही पाइला हिँड्दै, अडिँदै फेरि हिँड्दै थियौं । मसँगसँगै छिरिङजी थिए । बेलाबेलामा हामी कहिले हिमालबारे, कहिले चुचुरोमा पुगेपछि गर्नुपर्ने कामबारे, कहिले यसै रमाइला कुरा गर्दै थियौं ।

खुट्टाले भन्दा पहिला हिमबन्चरोले टेक्दै हिँड्दै थिएँ । हिमबन्चरो अघिअघि, खुट्टाहरू पछिपछि । कतै हिमबन्चरोले बल गरेर टेक्दै थिएँ, कतै बिस्तारै । बरफ ओढेर बसेका हिमदरार कडा रहेछन् भने तिनले आरोहीको तौल धान्छन्; कमजोर रहेछन् भने धान्दैनन् ।

अभियान दलका नाइकेहरूले बाटो सज्दै हिँड्छन् । हिउँ आयो भने हटाउँछन्, हिमकिला उप्किएका छन् भने ठोक्छन् । त्यहाँ प्रत्येक वर्ष फरकफरक बाटो बनाउनुपर्छ । किनभने अघिल्लो वर्ष बनाएको बाटो हिउँ र बरफहरूले मेटिसकेका हुन्छन् । खुम्बु आइसफलमा बरफले छिनछिनमा आफ्नो आकार, स्वरूप बदलिरहन्छन्, जसरी हिमालमा छिनछिनमा मौसम परिवर्तन भइरहन्छ । ती बरफले आरोहीलाई पनि बदल्न खोज्छन् ।

आफूलाई धानेको धरतीलाई प्रेम गर्दै बिस्तारै हिँड्नुपर्छ । एकै ठाउँमा धेरैबेर उभिइरहनुहुँदैन । हो, त्यहाँ खान मन हुँदैन । तर खानुपर्छ । शरीरलाई न्यानो लुगाले बाँधे झैं मनलाई आत्मबलले बाँध्नुपर्छ ।

शरीरको रगत थर्मसको तातो पानी जस्तै हो । थर्मसले आफूभित्रको पानी तातो राखिरहे झैं आरोहीले पनि रगतको तातोलाई जोगाइरहनुपर्छ ।

बाटो अलि बिग्रिएको रहेछ । वातानुकूलित हुन आउँदा यति बिग्रेको थिएन । त्यस्ता बाटा फर्कंदा ठीकठाक पनि हुन सक्छन् । हिमपहिरोको कारण बन्ने र भत्कने क्रम चलिरहन्छ ।

म आफ्नो जीउलाई समेत हलुका जस्तो बनाएर बरफको धरातलमा अलक्क टेक्दै पाइला सार्दै थिएँ । गर्भभरि पानी बोकेको बरफ भासिएला कि भनेर भारी पनि कम बोकेको थिएँ । कचक्क टेक्न डराउँदै टेकिरहेको थिएँ । त्यहाँको बरफलाई त मानिसको शरीर पनि गह्रौं लाग्छ । बरफहरू बोल्ने भए म सोध्ने थिएँ, "ए बरफका धरातल ! तिमीलाई मेरो तौल गह्रौं भएको त छैन ? भए पनि धानिदेऊ । मेरा पैताला मुनि नभासिदेऊ । किनभने मलाई चुचुरोमा पुग्नु छ । पुगेर काम गर्नु छ अनि सकुशल फर्किएर दुई जीवन एक ज्यान भएकी हेमालाई भेट्नु छ । भेटेर बलियो साथ दिनु छ ।"

सूर्यको प्रकाश पर्नेबित्तिकै खुम्बु आइसफलका बरफका ढिस्का पड्किने र पहिरो जाने भएकाले त्यसलाई छल्न आधारशिविरबाट राति नै यात्रा गर्नुपर्छ । र घाम नउदाउँदै खुम्बु आइसफल पार गर्नुपर्छ । यसलाई सर एडमन्ड हिलारीले 'एटम बम क्षेत्र' भनेर आफ्नो आत्मकथा *भ्यू फ्रम समिट*मा उल्लेख गरेका छन् । त्यस्तै साउथ समिटबाट चुचुरो चुम्न पनि राति नै हिँड्नुपर्छ । किनभने घाम लागेपछि चुचुरोमा बेस्सरी हिमआँधी चल्छ ।

कस्तो अचम्म ! सूर्यको प्रकाशले पनि पड्किने बरफहरू, जसलाई मानिसको चर्को आवाजले पनि कम्पन गराउँछ भन्दा रहेछन् । मानिसको आवाजले त यसै भन्न सक्तिनँ । तर बरफको ढिस्कोमाथि नजिकैबाट नजिक भएर उड्ने हेलिकप्टरको चर्को आवाजले भने कम्पन गराउन सक्छ । र हिमपहिरो जान सक्छ । शेर्पाहरू भन्दै थिए, "खुम्बु आइसफल चाँडैचाँडै भत्कनुको कारण त्यहाँमाथि उड्ने हेलिकप्टर पनि हो ।"

वास्तवमा आधारशिविरसम्म मात्र हेलिकप्टर आउन पाउँछ । त्यसभन्दा माथि दोस्रो शिविरसम्म त आरोहीहरूलाई उद्धार गर्न मात्र आउने हो ।

तर केही विदेशी, धनी मानिस र हिमाल हेर्न जाने सौखिनहरू थप पैसा तिरी उद्धार गर्ने अनुमति लिएर खुम्बु आइसफल हुँदै दोस्रो शिविरमाथिसम्म हेलिकप्टरबाट घुम्छन् । राति नै भएकाले होला, हामीले भने कुनै हेलिकप्टर देखेनौं । त्यति बेला पनि हेलिकप्टर उड्ने भएको भए हाम्रो सातो जाने थियो होला ।

अघि नै शेर्पाहरूले बाटो बनाउँदै हिमकिला गाडेर ठाउँठाउँमा डोरी फिट गरिसकेका थिए; हिमदराहरूमा भर्‍याङ लगाइसकेका थिए । आवश्यक ठाउँमा हिमकिला गाडेर डोरी पनि टाँगिसकेका थिए । यो काम अप्ठ्यारा ठाउँ हेरी दोस्रो शिविरसम्म सगरमाथा प्रदूषण नियन्त्रण समिति (एसपिसिसी)का शेर्पाहरूले गर्छन्, जसका लागि प्रत्येक आरोहीसँग छ सय डलर लिइएको हुन्छ । यसअन्तर्गत सगरमाथा सरसफाइ, अनुगमन र नियन्त्रण पनि हेरिन्छ ।

यसरी बनाएको बाटोमा हेडल्याम्पको प्रकाशका सहायताले हिँड्दै थियौं । बुद्ध पूर्णिमाको पूर्णचन्द्रले पनि हामीलाई साथ दिइरहेको थियो । धेरै आरोहीले प्रयोग गरेर हो या कमजोर बरफ भएर हो, ठाउँठाउँमा हिमकिला उप्किएका र डोरी बिग्रिएका थिए । यस्तो हुनु एकदम खतरा हो ।

सिसा जस्तै टल्किने बरफ जति पुरानो हुँदै गयो, उति कडा हुँदै जाने रहेछन् । नीरव परिवेशमा कहिले नीलो बरफतिर, कहिले नीलो आकाशतिर हेर्दै म हिँडिरहेको थिएँ ।

करिब तीन घण्टा हिँडेपछि बिहानको छ बज्नै लाग्दा हामी दम भन्ने ठाउँमा पुग्यौं, जुन ठाउँ आधारशिविर र पहिलो शिविरको बीच भागतिर पर्छ । यो ठाउँ नुप्चे हिमाल र लोलापासको मध्यबिन्दु पनि हो । दम पनि दराहरूकै घर हो । अलि बलिया बरफहरूको सतहमा उभिएर हामी केही बेर सुस्तायौं । यहाँ धेरैजसो आरोहीले थकाइ मार्छन् र शक्ति सञ्चय गर्छन् ।

पूर्वतिर उषाको लालीले घामलाई निम्ता गरिसकेको थियो । हिमालहरूमा सुनौलो प्रकाश छरिइसकेको थियो । तर घामले अनुहार देखाइसकेको थिएन । घामले आफू आउनुभन्दा पहिले उज्यालो पठाइसकेको थियो । साथीहरू दिसा गर्न छेउछाउतिर लागे । मैले भने पिसाब मात्र फेरें ।

पेट हलुका बनाएपछि साथीहरू कोही नीलो बरफमाथि थचक्क बसे, कोही हिमबन्चरो क्याप्प गाडेर त्यहीँमाथि टुक्रुक्क बसे, म भने उभिइरहें ।

त्यहाँ हामीले अन्डा, चकलेट, पाउरोटी र तातो पानी खायौं । पेटमा खानेकुरा पसेपछि लखतरान शरीरमा बल पस्यो । मैले भनें, "ल है साथी हो, यति खाएपछि अब तीन घण्टामा क्याम्प वान पुग्नुपर्छ; त्यसपछि चार घण्टामा क्याम्प टू ।"

छिरिङजीले थपे, "क्याम्प वानबाट टूमा पुग्न त सजिलो छ; बाटो पनि छोटो छ ।"

हामी हिँड्ने बेलामा पायोनियर समूहका आरोही आइपुगे । त्यहाँ मैले चिनेका शेर्पा पनि थिए । मिङ्मा दोर्ची शेर्पा त मेरा मिल्ने साथी नै थिए । एकछिन भलाकुसारी गर्‍यौं । हिमाल र मापनबारे एकछिन गफियौं । अरू चिनेका शेर्पा साथीहरूलाई हात उठाउँदै सोधें, "अहो साथी हो ! कहिले हो, तिमीहरूको समिट प्लान ?"

"हामी त २२ तारिख हो, तिमीहरू कहिले हो यार ?"

"हामी २१ तारिख नै गर्ने हो ।"

"किन हो यति चाँडै ।"

"क्याम्प टूमा एक रात मात्र बस्ने हो ।"

त्यहाँ आधा घण्टा जति भुलेर उकालो लाग्यौं । दम कट्नासाथ हामी हिँडेको बाटोको देब्रेतिर बादल उडे झैं हिउँ उडिरहेको थियो । त्यहाँ त भर्खर सानोतिनो हिमपहिरो गएको रहेछ । पहिरोले बगाएर ल्याएका नमिलेका ढुङ्गा थुप्रिए झैं लाग्ने बरफका असमेल ढिस्काहरूतिर हेरें । अर्को पहिरो जान ठिक्क झैं देखिएको थियो । यस्ता पहिरा जाने र हिमदरारहरू बन्ने प्रक्रिया त्यहाँ भइरहन्छन् ।

ठाउँठाउँमा बरफका ठुल्ठूला धाँजा कतै भुइँचालो आउँदा धरती चिरिए जस्ता देखिए भने कतै सेती नदी भासिए जस्तो । मानौं, तिनले हामीलाई मुख बाएर खान्छु भनेका हुन् । फेरि सोचें, खान्छु भनेका होइनन्, जोगिएर हिँड्नू भनेका हुन् । जीवनका जोखिम त यसरी बाहिरी आँखाले देखिँदैनन् । भित्री आँखा र विचारले जीवनका दरारबाट जोगिनुपर्छ ।

बरफका डरलाग्दा ती मुखलाई पार गर्न आल्मुनियमको भर्‍याङ धेरै ठाउँमा लगाइएको थियो । ती भर्‍याङ हाम्रा लागि अस्थायी पुल बनेका थिए । त्यो दिन आरोहीहरूको लर्को धेरै रहेछ । त्यसैले त्यहाँ ट्राफिक जाम भयो । दरार पार गर्न निकैबेर कुर्नुपर्‍यो । हामीलाई छिरिङजीले

सचेत गराए, "खुब जोगिएर हिँड्नू है, सरहरू । आफ्नो जीउलाई हलुका बनाएर हिँड्नू ।"

रविनको जीउ त बरू हलुकै छ । मेरो भने ठूलो र अग्लो शरीर भएकाले जति हलुको बनाए पनि बरफका ढिक्कालाई गह्रौं भयो होला भनेर डर लागिरह्यो । ती दरारमा उक्लिनेका लागि देब्रेतिर र ओर्लनेका लागि दाहिनेतिर भऱ्याङ थिए । त्यस्ता धेरै भऱ्याङ थिए । पालो कुर्दै गर्दा हिसाब गर्न थालें, अहिलेसम्म ३०/३५ दरार त भऱ्याङबाट पार गरिसकियो होला, अझै कति आउने हुन् ?

भऱ्याङमा अत्यन्त सचेत भएर हातले डोरी पनि समाउँदै हिँड्नुपर्ने भएकाले धेरै बेर लाग्यो । धेरै बेर लागेको चिन्ताभन्दा प्रत्येक दरारमा ज्यान जोगिएकोमा खुसी थिएँ म । त्यसरी जोखिमयुक्त दरार पार गर्दा प्रत्येक पटक धन्न बाँचें जस्तो लागिरह्यो । पहिले आरोहण गरे पनि त्यहाँ बाटो परिवर्तन भइरहने हुँदा म ढुक्क थिइनँ ।

बाटो भन्नु धेरै ठाउँमा डोरी समातेर हिँड्नु हो; भऱ्याङमा हिँड्नु हो । त्यसैले हात र खुट्टाले सँगसँगै हिँडाउनु हो ।

यसरी पश्चिमी फाँट (वेस्ट कुम)को तल्लो छेउबाट केही समथर भाग हिँडेपछि हामी बिहानको नौ बजेतिर पहिलो शिविर पुग्यौं ।

# पहिलो शिविरबाट

*सगरमाथाको यात्रामा कसैले दिएको एक गिलास तातोपानी,*
*पानी होइन, अमृत हो ।*

आधारशिविरबाट पहिलो शिविर आइपुग्न छ घण्टा लाग्यो । आधारशिविरबाट दोस्रो शिविरसम्म मालसामान र खाद्यान्न बोक्ने शेर्पाहरू तीनचार घण्टामै पुग्छन् । हामीलाई अलि धेरै बेर लागेको ट्राफिक जामले पनि हो । नत्र पाँच घण्टामै पुगिन्थ्यो होला ।

पहिलो शिविर भन्नु हिउँ नै हिउँको संसार हो । कुनै छेउकुनामा पनि ढुङ्गा, माटो या गेगर नभएको । हामी त्यहाँ पुग्दा बिहानको कलिलो घाम लागे पनि ल्होत्से र सगरमाथाले घाम छेकिदिएका थिए । नुप्से हिमालको चुचुरोमुनिको शृङ्खलाबाट प्रकाश तलतल सर्दै पहिलो शिविरतिर आउँदै थियो । त्यहाँ सूर्यको प्रकाश परेको भए कालो हिमचस्मा लगाएर पनि हेर्न गाह्रो पर्ने थियो । त्यति विशाल सेतो संसार मैले त्यसअघि देखेको थिइनँ ।

त्यो यस्तो ठाउँ हो, दुर्भाग्यवश चस्मा खस्यो र घाम लागेको बेला एकैछिन मात्र खाली आँखाले हेरियो या कस्तो देखिँदो रहेछ भनेर विचार गरियो भने आँखाको रेटिना नै जान्छ र सधैंका लागि अन्धो भइन्छ । तीनचार सेकेन्डभित्र आँखा चिम्लिन या चस्मा लगाइहाल्न सके पनि दुईतीन दिनसम्म आँखा पूरै बन्द हुन सक्छन् । अमिलो या खुर्सानी परे झैं आँखा पोल्छ । यसरी यो ठाउँमा कतिपयले दृष्टि गुमाएका छन् । त्यसैले बास बस्नका लागि यो ठाउँ त्यति उचित होइन । हिउँ र बरफको साम्राज्यले गर्दा यहाँ त खाना पकाउने र टेन्ट हालेर बस्ने ठाउँ पनि पाइँदैन । तैपनि

कोहीकोही आपत्कालीन रूपमा टेन्ट हालेर बस्छन् । धेरैजसो केहीबेर आराम र खानपान गरेर दोस्रो शिविरतिर उकालो लाग्छन् । कमजोर आरोहीहरू भने त्यहाँ बस्न बाध्य हुन्छन् । त्यसैले आरोहण गराउने सबै कम्पनीले आआफ्नो टेन्ट बनाएका हुन्छन् । विदेशी आरोहीहरू भने धेरैजसो त्यहाँ बास बस्छन् ।

हामी पश्चिमबाट पूर्व गइरहेका थियौं । त्यहाँबाट आधारशिविर त देखिएन । तर आधारशिविर पारिका पुमरी, लिङ्ट्रिङ र खुम्बुत्से हिमाल निकै मनमोहक र आकर्षक देखिए । सगरमाथा आरोहण गरेपछि ती हिमाल पनि समय मिलाएर चढूँ जस्तो भयो ।

जाँदाजाँदै बाटोको छेउमै रहेको सेभेन समिटको शिविरअगाडि पुग्यौं । सेभेन समिटका सहयोगीहरूले आफ्ना आरोहीहरूलाई आउँदाआउँदै बाटैमा चिया र तातो जुस थमाउँदै थिए । चिनजान भएकाले उनीहरूले मलाई पनि चिया दिए । त्यो चिसो ठाउँमा चिया पिउँदा मलाई अमृत पिए जस्तो लाग्यो । चिसो आन्द्रामा तातो चिया हिँडेको थाहा पाउँदै थिएँ ।

त्यहाँ हाम्रा लागि एउटा मात्र टेन्ट टाँगिएको थियो । जब कि हामीलाई कम्तीमा तीन ओटा टेन्ट चाहिन्थ्यो । तैपनि बास नबस्ने हुनाले खासै ठूलो समस्या भएन । त्यहाँ हामी ४५ मिनेट जति बस्यौं । बस्दा एकअर्कासँग धेरै कुरा गरेनौं । मनमनै कुरा गरेर आफूलाई प्रतिबद्ध बनाइरह्यौं । तातो पानी र आफूसँग भएको चकलेट, सातु, मह र पाउरोटी खायौं अनि फेरि शक्ति सञ्चय गर्‍यौं र पश्चिमी भन्ज्याङ (वेस्ट कुम)को मध्य फाँट हुँदै १० बजेतिर दोस्रो शिविरतर्फ उकालो लाग्यौं ।

दाहिनेतिर नुप्से हिमाल र देब्रेतिर सगरमाथा पारेर माझको हिमालले घाम छेकिने गल्छी हुँदै अगाडि बढ्दा मैले त्यहाँ पहिले जस्तो ठुल्ठूला हिमदरार देखिनँ । दरारहरू बन्ने र पुरिने क्रम चलिरहने भएकाले होला, कम देखिएको । हामी चुचुरोबाट फर्कंदा त्यहाँ ठुल्ठूला दरार पर्न सक्छन् । ससाना दरारमा त साना भर्‍याङले पनि काम चलेको थियो । धेरै फाटेका दरारहरूमा भने भर्‍याङ नराखी उकालोओरालो गरेर गल्छेडाहरू पार गर्‍यौं । धेरै फाटेका दरारमा भर्‍याङले नै पुग्दैन ।

एक ठाउँमा ठूलो मुख भएको दरार उक्लिँदै गर्दा टाउकोमाथि हात्ती जत्रो बरफको ढिस्को देखें, जुन खस्नका लागि ठिक्क परेको थियो । कतै मलाई यसले थिच्ने पो हो कि भनेर आफूलाई हलुको बनाएर

उकालोमा पनि दौडाएँ र पछिपछि आएका छिरिङजीलाई भनें, "जोगिएर आउनू है, छिरिङजी; हिमपहिरो जान सक्छ ।"

सुरक्षित ठाउँमा पुगेपछि एकछिनसम्म त्यो बरफको ढिस्को खस्छ कि भनेर हेरिरहें । तर खसेन । मैले छिरिङजीलाई भनें, "यसले कसको जीवन खाने हो ! तर भगवान्, कोही नभएको बेला यो खसोस् ।"

पहिलो शिविरबाट दोस्रो शिविरसम्म जाने यात्रा सगरमाथा आरोहणको सबैभन्दा सजिलो बाटो हो । त्यहाँ असाध्यै कम दुर्घटना भएका छन् । त्यो ठाउँले त्यति धेरै मानिसको ज्यान लिएको छैन । बरू गाह्रो त पहिलो शिविरसम्म आउन नै हो । खुम्बु आइसफलले धेरैको ज्यान लिएको छ । त्यो असाध्यै जोखिमयुक्त ठाउँ हो ।

वेस्ट कुममा करिब चार घण्टाको हिँडाइपछि दिउँसो दुई बजेतिर हामी दोस्रो शिविर पुग्यौं ।

# दोस्रो शिविरबाट

*जति जति उचाइमा पुगिन्छ, उति उति हावाको वेग बढ्दै जान्छ र मनको वेग घट्दै जान्छ ।*

अदृश्य हिमदरारहरू भएको दोस्रो शिविर समुद्री सतहदेखि छ हजार चार सयदेखि छ हजार पाँच सय मिटरसम्मको उचाइमा छ । सामान्य ठाउँमा एक पटक सास फेर्दा पाइने अक्सिजन पाउन त्यहाँ चार पटक सास फेर्नुपर्छ । तैपनि सामान्यतया वातानुकूलित भइसकेका हामी जस्ता आरोहीलाई त्यहाँ अक्सिजन मास्क लगाउनुपर्दैन ।

दोस्रो शिविर यस्तो ठाउँ हो, जहाँबाट लुकेर बसेको सगरमाथाको शिरले सहजै दर्शन दिन्छ । म धेरैबेर सगरमाथाको शिर हेरेर टोलाएँ । र आफ्नो शिर झुकाएँ । अब दुई दिनमा त्यो चुचुरोलाई चुम्नु छ भन्ने कल्पनाले रोमाञ्चित भएँ ।

दोस्रो शिविर, आधारशिविरपछिको बासस्थान हो । पहिलो शिविरमा जस्तो दोस्रो शिविरमा हिउँको संसार छैन । र समथर भूभाग पनि छैन । ठाउँठाउँमा ढुङ्गा, माटो र गेगरहरू फैलिएका छन् । करालो र उबडखाबड भए पनि दोस्रो शिविर बास बस्न सुरक्षित ठाउँ हो । यसलाई 'एडभान्स बेसक्याम्प' पनि भनिन्छ ।

सबै आरोही त्यहाँ बास बस्छन् । त्यहाँ हामी जाँदा जताततै अस्थायी कपडाका रङ्गीन टेन्ट देखिएका थिए, जसले हावाको प्रहारमा एक किसिमको मीठो सङ्गीत दिइरहेका थिए । टेन्टहरूको गाउँ जस्तो, छुट्टै संसार जस्तो ।

शेर्पाहरूले आधारशिविरबाट मालसामान र खाद्यान्न बोकेर ल्याउँदै थिए । दोस्रो शिविरसम्म चाहिँ तलबाट खाद्यान्न र सामान बोकेर ल्याइन्छ ।

त्यसैले त्यहाँ भात खान पाइन्छ । आरोहणमा जाँदा भात खान पाइने यो अन्तिम शिविर हो ।

शिविरका भान्सेहरूले खाजा र खाना बनाउँदै थिए । त्यहाँ भात पकाएर खान पाइन्छ भन्ने कुराले म फुरूङ्ङ भएको थिएँ । भात सम्झिँदैमा थकाइभन्दा धेरै भोक लाग्यो । १०/११ घण्टाको लामो यात्रा, चुनौतीपूर्ण र गर्विलो कामको जिम्मेवारीले थकान थपिएको थियो ।

हामी त्यहाँ पुग्दा हाम्रो कम्पनीले पर्याप्त टेन्टहरूको व्यवस्था गरेको थियो । म भने पुग्नेबित्तिकै टेन्टमा छिरिनँ । किचन टेन्टबाहिर ठूलो ढुङ्गामा थचक्क बसें । अलि पर रविन पनि झोक्राएर बसेका थिए । तर बोलेका थिएनन् ।

तीन बजेतिर किचनका एक जना कुक भाइले प्लास्टिकको कचौरामा सब्जीको सुप दिए । नुन चर्को भए पनि सुपको स्वाद मीठो थियो । चिसो पेटमा तातो सुपले राहत दियो । त्यसपछि पानी र चकलेटहरू खाएँ ।

थकाइ लागेका बेला जुत्ता फुकाल्दा आधा थकाइ यसै मर्छ । टेन्टभित्र छिरेर जुत्ता फुकालें । एक दिन लगाउँदैमा गन्हाउने मेरा गोडा त्यति लामो यात्रामा असाध्यै गन्हाएका थिए । तातो पानीले खुट्टा धोएँ र नयाँ मोजा लगाएँ । पसिनाले भिजेका भित्री लुगा पनि फेरें । पसिनाले भिजेका लुगा, गन्हाएका मोजा र अनावश्यक कपडा पोको पारेर दोस्रो शिविरको टेन्टघरमै राखें । साथीहरूले पनि त्यसै गरे ।

दुई घण्टा जति आराम गरेर साँझ छ बजेतिर किचनमा गएँ । त्यहाँ उभिन मिल्ने किचन टेन्ट र डाइनिङ टेबल पनि थियो । किचन कुक भाइले प्लास्टिकको प्लेटमा खाना दिए । साथमा सोयाबिन र आलुको तरकारी, दाल र साग पनि थियो । एकदमै भोक लागे पनि भात मीठो नभएर हो वा मुख नमीठो भएर हो, त्यति रूचेन । भोजनको स्वादभन्दा भोकको स्वाद ख्याल गर्ने स्वभाव भएको म जस्तो मानिसलाई पनि नरूचेपछि खानामा पक्कै केही खराबी छ भन्ने लाग्यो । अरू साथीहरूले पनि मीठो मानेर खाएनन् ।

खानेबित्तिकै म र रविन आफ्नो टेन्टमा छिरिहाल्यौं । बाहिर हिमहुरीको गति बढ्दै थियो । त्यसकारण पनि टेन्टभित्र छिरिहालेका थियौं । तत्काल निद्रा लागेन । यसै गफ गऱ्यौं र नौ बजेतिर निदायौं ।

बिहान छ बजे उठे पनि बाहिर निस्कन मन लागेन । बाहिर जति हावा चल्दै थियो, मनमा त्योभन्दा कम वेगमा कुरा कुद्दै थियो । जति जति उचाइमा पुगिन्छ, उति उति हावाको वेग बढ्दै जान्छ र मनको वेग घट्दै जान्छ । यो अनुभव मैले पहिलो पटक आरोहण गर्दा नै गरेको थिएँ । महसुस गर्दै थिएँ, हावा र अक्सिजनमा कति धेरै फरक छ । अक्सिजन कम भएको हावाले मृत्युलाई निम्ता दिन्छ । यस्तो हावाको वेग बढेर हुरी भइदियो भने त्यो जीवनका लागि सबैभन्दा खतरनाक दुस्मन भइदिन्छ । जति उचाइमा गयो, यस्तै हुरीको वेग बढ्दै जान्छ ।

बिहानको खाना पनि गतिलो थिएन । ह्वास्स मट्टीतेल गन्हाएको थियो । खाना त खाएँ । तर बान्ता आउला जस्तो भयो । त्यति उचाइमा बल्लबल्ल भात खान पाएको त्यही पनि मट्टीतेल गन्हाएको । अलि पर बरफको ढिस्कामा टुक्रुक्क बसेर निहाल त्यहीँको भात खाएर बान्ता गर्दै थिए । अघिल्लो दिन बेलुका पनि भात मीठो नलाग्नुको कारण बल्ल बुझें । त्यहाँ स्टोभमा खाना पकाउने हुँदा चामलको बोरासँग मट्टीतेल पनि बोकेर ल्याउँदा मट्टीतेल चामलमा मिसिएको रहेछ र भात त्यस्तो भएको रहेछ ।

सुताइ राम्रो भए पनि त्यहाँको खान्की राम्रो भएन ।

आधारशिविरबाट हिँड्दा लगाएका लुगा फेरेपछि मैले रविनलाई भनें, "अब त झन् स्वास्थ्यको ख्याल गर्नुपर्छ है, रविन । यहाँसम्म त धेरै मानिस आउन सक्छन् । अब वास्तविक यात्रा सुरू हुँदै छ । यो ऊर्जा आर्जन गर्ने ठाउँ पनि हो । यहाँ गरेको आँटले नै हामीलाई चुचुरोमा पुऱ्याउँछ ।"

एघारौं पटक शिखरमा पुग्दै गर्दा यस्तै झुक्याउने अदृश्य हिमदरारमा परेर २९ अप्रिल २००१ मा प्रख्यात आरोही बाबुछिरी शेर्पाले ज्यान गुमाएका थिए । आफूले फोटो खिच्न पछाडि सर्दै गर्दा उनी हिमदरारमा फसे । पछि उनको लास हिमदरार उधिनेर निकालिएको थियो । यसअघि उनले बिनाअक्सिजन २१ घण्टा चुचुरोमा बसेर विश्व रेकर्ड राखेका थिए । त्यति शक्तिशाली मानिसले दोस्रो शिविर पुग्दा हिमदरारमा परी ३५ वर्षकै उमेरमा ज्यान गुमाउनुपरेको थियो ।

हिमालमा हिमदरारका जोखिमहरूले आरोहीलाई पाइला पाइलामा परीक्षा लिइरहन्छन् ।

जेठ ५ गते बिहान हल्का नास्ता गरेर माथि उक्लिने तरखर गरियो ।

***

दोस्रो शिविरबाट तेस्रो शिविरमा जान तेर्सो उकालो हिँड्दै थियौं । दुई घण्टा जति हिँडेपछि ल्होत्से फेस अर्थात् ल्होत्से मोहडा देखियो, जो उचाइका आधारमा संसारकै चौंथो हिमाल हो । ल्होत्से र सगरमाथाको तेस्रो शिविर एउटै हो । तेस्रो शिविर पुग्न लगभग ७५ डिग्रीमा उकालिएको नीलो बरफको उकालो चढ्नुपर्छ । नीला बरफहरू सामान्य तापक्रमले पग्लिँदैनन् । तर त्यहाँ सामान्य तापक्रम मात्र हुन्छ । त्यसैले ती पत्थर सरह भएर ध्यानमग्न हुन्छन् ।

बाटोभरि मलाई चिन्ताले सतायो । नीलो बरफको उकालो र चिन्ताको उकालो उस्तै उस्तै लाग्दै थियो । लाखौं पर्ने यन्त्र उपकरण साथमा थिए । तिनको सुरक्षा र व्यवस्थापनको पीर छँदै थियो; शिखरसम्म हामी सकुशल पुगेर फर्किन सक्छौं कि सक्दैनौं; पुगेपछि काम सम्पन्न गर्न सक्छौं कि सक्दैनौं भन्ने चिन्ता थियो । आत्मविश्वासको कुनामा सन्देहले बास गरेको हुँदो रहेछ । कहिले आफूमाथि, कहिले साथीहरूमाथि, कहिले हामीले बोकेका यन्त्र-मेसिनहरूमाथि सन्देशको क्षणिक हिउँ पर्दै थियो । त्यस्तो बेला भारी दोब्बर गह्रौं हुन्थ्यो ।

ल्होत्से फेसमा पुग्दा एक्कासि मौसम बिग्रियो । नसोचेको मौसमसँग जुध्नुपर्‍यो । मुटु छेड्ला जस्तो चिसो हुरी बेस्सरी चल्दै थियो र आकाश मैलिँदै थियो । हिउँ पर्लापर्ला झैं भयो । मौसम जस्तै मन पनि सन्त्रास, अत्यास र चिन्ताले अँध्यारै भयो । मौसमले हामीलाई के भनिरहेछ ? मैले मौसमको भाषा बुझ्ने प्रयत्न गरें । मैले के बुझें भने, मौसमले हाम्रो आत्मबल जाँचेको मात्र हो, ऊ बिग्रिएको होइन ।

वातानुकूलित हुन यात्रा गर्दा प्रायः म अगाडिअगाडि हिँड्थें । त्यो बेला रविनले भनेका थिए, "म अगाडि हिँड्न पाए अलि हिँड्ने थिएँ, सर; मलाई अगाडि हिँडाउनुपर्‍यो ।"

उनको आत्मबल बलियो होस् भनेर उनलाई अगाडि पारिहाल्थें । रविनलाई जसरी पनि चढाउनु थियो । उनको आत्मबल र स्वास्थ्य बलियो बनाउनु थियो । कम्तीमा दुई जना प्राविधिक टुप्पोमा नपुग्ने हो भने सबै काम गर्न त गाह्रो थियो । दुई ओटा मेसिन मैले मात्र चलाउन गाह्रो थियो । माथि समिट गरी मेसिन जडान गरेर त्यसको डाटा लिनु थियो । त्यो डाटा लिउन्जेल सुरक्षित हुनु थियो । माथि पुग्नका लागि को पहिला पुग्यो भन्ने तथ्य, तर्क र तेज देखाउनु थिएन हामीलाई । केवल देशले

दिएको कामको जिम्मा पूरा गरेर संसारलाई आफ्नो देशका तर्फबाट नयाँ सन्देश दिनु थियो । त्यसैले जसरी हुन्छ, मिसन सफल बनाउनेबाहेक मेरो कुनै सपना थिएन । जजसले जेजे सपना राखे पनि मेरो भने उही लक्ष्य थियो– समिटमा पुगेर डाटा लिने । त्यसका लागि मैले आफ्नो होइन, देशको उद्देश्य र साथीहरूको भावनालाई सर्वोपरि महत्त्व दिइरहें ।

दोस्रो शिविर वरपरि पनि अदृश्य हिमदरार छन्, जो पासो थापेर बसेका एम्बुस जस्ता लाग्छन् । मौसमसँग मात्र होइन, ती अदृश्य हिमदरारहरूसँग पनि डराइरहेको थिएँ । लगभग दिनको तीन बजेतिर हामी तेस्रो शिविरमा पुग्यौं ।

# तेस्रो शिविरबाट

*उचाइमा हावा र हिउँ अशान्त भए पनि हिमाल शान्त देखिन्छन् ।*

म निकै खुसी थिएँ । अघिको चिन्ताको बादल खुसीको बतासले उडाइदिएको थियो । रविनको अनुहार पनि पहिलाको भन्दा चमकदार र उत्साही भएको थियो । उनको अनुहारको चमकले पनि मलाई थप ऊर्जा थपिदियो ।

तेस्रो शिविर समुद्री सतहदेखि सात हजार एक सयदेखि सात हजार तीन सय मिटरसम्म फैलिएको छ । यसको भौगोलिक स्वरूप अन्यत्रको भन्दा फरक छ । करालो परेको भूसतह दिउँसो पहारिलो हुन्छ । थोरै प्रकाशमा पनि धेरै उज्यालो हुन्छ । प्रकाशलाई हिउँले दोब्बर बनाएर फर्काउँछ । त्यहाँबाट चौथो शिविरसम्मको दूरी तीन किलोमिटर जति छ । यति यात्रा गर्न नेपाली शेर्पाहरूलाई चारपाँच घण्टा लाग्छ भने विदेशी आरोहीहरूलाई सातआठ घण्टा ।

केही समय आराम र खाजापान गरेर तेस्रो शिविरबाट चौथो शिविर (साउथ कोल)तर्फ लाग्यौं । नीला बरफहरूमा क्र्याम्पनका दाँतहरूले धरती र हातले स्थावर डोरीहरूमा हातको जुमर माथि सार्दै निरन्तर समाउँदै सुस्तसुस्त हिँड्न थाल्यौं । एउटै धरतीमा भौगोलिक विविधताका कारण उही खुट्टाले पनि फरकफरक तरिकाले हिँड्नुपर्छ, जसरी एउटै जीवनले पनि उमेरअनुसार फरकफरक तरिकाले हिँड्नुपर्छ ।

यसरी कठिन यात्रा गर्दा सानादेखि ठूला विषयमा हामी गहिरिएर छोटो छलफल गर्थ्यौं । र समस्या समाधानका उपायमा तुरुन्तै एकमत हुन्थ्यौं । हिमालले हतारमा निर्णय माग्छ । अर्थात् हिमालयको यात्रामा तुरुन्त निर्णय गर्न सक्नुपर्छ । परिस्थिति जटिल भएको खण्डमा अन्तिम निर्णय चाहिँ मैले नै लिने गरेको थिएँ । त्यो मेरो कर्तव्य पनि थियो ।

लगभग सात हजार पाँच सय मिटर उचाइमा सगरमाथाको चुचुरो मुनिबाट यता ल्होत्से र नुप्चेको चुचुरोको बीच भागसम्म फैलिएको सय मिटर जति चौडा पहेंलो ढुङ्गाको लामो शृङ्खला छ । त्यसलाई 'एलो ब्यान्ड' भनिन्छ । त्यो अत्यन्तै मनमोहक खालको चट्टानी भूभाग हो । त्यसलाई सनातनवादीले भगवान् महादेवको ललाटको रेखा पनि भन्ने गर्छन् । कैलाशपति भगवान् शिवको बासस्थान यही हो भन्ने हिन्दू धर्मशास्त्रहरूको मान्यता छ । अझ शैव सम्प्रदायले त मानसरोवर कैलाशलाई यो भूभागकै शृङ्खलाका रूपमा जोडेका छन् ।

हुन पनि टाढाबाट हेर्दा महादेवको निधारको लामो पहेंलो रेखा जस्तो देखिन्छ । कतिपयले पृथ्वीको आठ हजार मिटरभन्दा माथिको भूभागलाई मृत्यु क्षेत्र (डेथ जोन) भन्छन् । खासमा धेरैले 'एलो ब्यान्ड'भन्दा माथिको भाग अर्थात् सात हजार पाँच सय मिटरभन्दा माथिको भागलाई मृत्यु क्षेत्र भन्छन् । किनभने यो क्षेत्रभन्दा माथिको भागमा पृथ्वीमा उत्पत्ति भएका कुनै पनि सजीव प्राणी बाँच्ने कुनै आधार नभएकाले यसलाई मृत्यु क्षेत्र भनिएको हो, जहाँ सकेसम्म बास बस्नुहुँदैन । तैपनि अक्सिजन र पर्याप्त तयारीसाथ कहिलेकाहीँ बास बस्नुपर्ने बाध्यता हुँदा बस्न सकिन्छ ।

'एलो ब्यान्ड' कटेपछि ल्होत्से र सगरमाथा जाने बाटो छुट्टिन्छ । त्यहाँबाट दायाँतिर ल्होत्से र बायाँतिर सगरमाथा पर्छन् । त्यसैले यहाँसम्मको बाटो ल्होत्से र सगरमाथाको एउटै हो । पहिलो र दोस्रो शिविरमा जस्तो यहाँ हिमदरारहरू खासै हुँदैनन् ।

एलो ब्यान्डदेखि जेनेभा स्परसम्मको बाटो ठाडै छ । त्यसपछि तेर्सो बाटो हिँडेपछि साउथ कोल पुगिन्छ । यो उचाइसम्म पहिलो पटक पुग्न सफल स्विस आरोही दल हो । सन् १९५२ को स्विस सगरमाथा आरोहण अभियानमा तेन्जिङ नोर्गे शेर्पा पनि सरदारको भूमिकामा संलग्न थिए । सो दलले यस ठाउँको नाम आफ्नो देशको राजधानीका नामबाट राखेको थियो– जेनेभा स्पर ।

जेनेभा स्परपछि केही तेर्पायँ तेर्पायँ हुँदै पत्रे चट्टानमाथि क्र्याम्पन पाइला अघि सार्दै हामी चौथो शिविर पुग्यौं ।

# चौंथो शिविरबाट

*मौन हिउँहरू हुरी चलेपछि वाचाल बन्छन् ।*

दोस्रो शिविरमै हाम्रा सहयोगी शेर्पा छेवाङ र पेमडिमाले भनेका थिए, "तपाईंहरू जाँदै गर्नुस्, हामीलाई क्याम्प थ्रीमा बस्नुपर्दैन । तपाईंहरूलाई भोलि बिहान सोझै क्याम्प थ्रीमा भेटेर सँगै क्याम्प फोरमा जाउँला ।"

अपराह्न ३:३० बजे हामी चौंथो शिविर अर्थात् साउथ कोल पुग्यौं । शरीर गलेर लोथ भएको थियो, मन गलेको थिएन । शिखर चुम्ने प्रबल उत्कण्ठाले मन उत्साहित थियो । सात हजार नौ सयदेखि आठ हजार मिटरसम्मको उचाइमा रहेको यो ठाउँमा आइपुग्दा नीला बरफहरूले वर्षौं पुरानो आफ्नो इतिहास बरफिलो भाषामा भनिरहेका थिए, जसलाई बुझ्ने प्रयत्न गर्दै थिएँ । वर्षौं पुरानो नीलो बरफलाई छुन र तीसँग खेल्न मन लागेको थियो । तर सम्भव थिएन । मलाई थाहा थियो, नीला बरफहरूसँग खेल्नु भनेको मृत्युसँग खेल्नु हो । सास फेर्न फोक्सोलाई पुग्ने पर्याप्त अक्सिजनसमेत नभएको ठाउँमा आफ्नै पिठ्युँमा बोकेको अक्सिजनले जीवन जोगाउनुपरिरहेको थियो ।

हामी थकाइ मार्न बसे पनि छिरिङजीलाई थकाइ मार्ने फुर्सदसमेत थिएन । उनी हिमबन्चरो लिएर अलि पर गए र बरफका केही टुक्रा काटेर प्लास्टिकको झोलामा लिएर आए । उनले सहयोगी भाइहरूलाई भने, "तिमीहरूले टेन्टभित्र गएर पानी बनाओ ।"

दुई जना शेर्पा भाइ टेन्टभित्र छिरे र इपी ग्यास सल्काएर फोल्डिङ दिउरीमा बरफ पगाल्न थाले । हामी तिर्खाले प्याकप्याक परेका थियौं । विदेशी आरोहण दलको तुलनामा हामीसँग अत्यन्त कम सुविधा थिए ।

पानी तात्दै थियो; मन पनि तात्दै थियो । तर हिमउकालो उक्लिँदा बाक्लो वस्त्रभित्र आएको आफ्नै पसिनाले शरीर चिर्सिँदै थियो । मौसम पनि चिर्सिँदै थियो । किनभने घामको राप घट्दै थियो । हिमहावाको चिसो वेग बढ्दै थियो । अलिअलि आएको सूर्यको प्रकाशलाई पनि हिमहावाले उडाउँदै थियो ।

मैले योजना बनाएँ– यो मृत्यु क्षेत्र भएकाले दुईतीन घण्टा जति विश्राम गरेर शक्तिसञ्चय गरेपछि जतिसक्दो चाँडो शिखरको यात्रा तय गर्नुपर्छ । सामान्यतया छदेखि आठ बजेभित्र हामी समिटका लागि हिँड्नुपर्छ । त्यसो भयो भने मिर्मिरे उज्यालो हुँदा शिखरमा पुगिन्छ । काम सक्दा घाम अलिकति माथि आएको हुन्छ । त्यो बेला हावाको वेग अति तीव्र हुन्छ । हावाको वेग नबढ्दै हामी काम सकेर ओर्लिनुपर्छ ।

रेडियो सेट अन गरेर छिरिङजीले छेवाङलाई सम्पर्क गर्ने प्रयास गरे । तर सम्पर्क हुन सकेन । त्यसपछि उनले आधारशिविरमा सम्पर्क गरे । कुरा गर्दागर्दै उनको बोली हतासियो । फोन राखेर उनले मसँग भने, "छेवाङ बिरामी भएर आउन नसक्ने भयो रे, सर । अब हामीलाई सिलिन्डर पुग्दैन ।"

यसअघि जिपिआर मेसिन छेवाङले बोकेर माथि ल्याउने कुरा थियो । धन्न ब्याट्री चाहिँ हामीले नै बोकेका थियौं । जिपिआर मेसिन भने दोस्रो शिविरबाट बोकेर आउनुपर्ने थियो । अघिल्लो दिनसम्म त उनी ठीकै थिए । एक रातमै के भएछ ?

साँझपखको समय । घाम मन्द थियो, हावा मन्द थिएन । साउथ कोल ठूलो छ । तर हामीसँग साँघुरो एउटा टेन्ट थियो । त्यो पनि अरूले बनाएर छाडेको । अमेरिकन आरोही टोनीका शेर्पाले टाँगेको । हामीलाई कम्तीमा दुइटा टेन्ट चाहिन्थ्यो । अहो ! हाम्रो अव्यवस्था । मलाई हाम्रो कमजोर तयारी उचाइ मापन मिसनमाथि मात्र होइन, जीवनमाथिकै खेलबाड लाग्यो । त्यसपछि आफैंप्रति दया लाग्यो । अलिअलि रिस पनि उठ्यो । तर मेरो रिस त्यहाँको चिसोले बरफ बनाइदिँदै थियो ।

साथीहरू टेन्टभित्र कोचिएर बसेका थिए । मलाई त बस्न पनि मन लागेन । टेन्टको जिपर खोलेर बाहिर निस्किएँ । नीलो बरफमा हिमबन्चरो क्वाप्प गाडें र लामो सुस्केरा छाडेर टुक्रुक्क बसें । लामो सास तान्दा पनि डर लाग्यो, कतै अक्सिजन सकिने त होइन ?

लाक्पा भाइले टेन्टभित्रबाट भने, "पानी तात्यो ।"

पानीभन्दा धेरै मभित्र कुरा तात्दै थियो । ती कुरा डढे भने के होला ? छिरिङजी हाम्रो आरोही दलको मुख्य शेर्पा भएकाले मैले प्रश्न गरें, "छिरिङजी, हामीसँग कति अक्सिजन छन्, देखाउनुस् ।"

उनले पेमडिमातिर सङ्केत गरे । उनी पाँच पटक सगरमाथा चढिसकेका बलिया शेर्पा थिए । मैले उनलाई सोधें, "खोई कति छन् हामीसँग सिलिन्डर ?"

उनी अँध्यारो अनुहार बनाएर टकटकिए, "अक्सिजन त छेवाङसँग सोध्नुपर्छ । ऊ समिट गिभअप गरेर क्याम्प टूबाट फर्कियो ।"

म जङ्गिएँ, "क्याम्प टूबाट एकैचोटि क्याम्प फोरमा आउँछु भनेको मान्छेले यस्तो गरेर सुख पाउँछ ? उसको कुरा छाडिदिनुस् । तपाईंले ल्याएको अक्सिजन कहाँ छ ? सोधेको त्यो हो मैले ।"

मैले अलि खारेपछि पेमडिमाले भने, "मैले त अक्सिजन बोकेर साउथ कोल आउने बेलामा बेस्सरी हावा चलेकाले जुनीबरको पाखामा छोडेको छु ।"

"अनि कुन ठाँउमा राखेको, तिम्लाई याद छ त ?" मैले सोधें ।

"ठ्याक्कै याद त छैन । तर नजिकै पुगें भने याद आउला कि !" पेमडिमाले भने ।

"जेनेभा स्परको रकमुनि स्टोरेज गरेर राखेको ठाउँ पनि थाहा छैन ?" मैले कडा भएर भनें । उनी केही बोलेनन् ।

लौ बरबाद भयो । म अत्यन्त खिन्न भएर एकछिन त बोल्नै नसक्ने भएँ । अब कसरी अगाडिको यात्रा सम्पन्न गर्ने भनेर छटपटिन थालें । समिट मात्र होइन, हामीले पिकमा गएर काम पो गर्नु छ । अनि डाटा सङ्कलन गरेर फर्कनु छ । एकदुई घण्टा चुचुरोमै बसेर देशको गहन जिम्मेवारी पूरा गर्नु छ । यत्रो महत्त्वपूर्ण कार्यको अन्तिम घडीमा जटिलता आयो । मेरो मुटु रोकिएला जस्तो भयो ।

यता फेरि छेवाङले राखेको अक्सिजनको कुनै अत्तोपत्तो लागेन । पत्तो लाग्न कि उनी हामीसँग हुन जरूरी थियो, कि हामीलाई उनले राखेको ठाउँ थाहा हुन जरूरी थियो । मैले शङ्का गरे, कतै उनले ल्याएकै थिएनन् कि ?

एकाएक परिस्थिति जटिल हुँदै गयो । सबैतिरबाट काममा बाधा हुँदै जान थाल्यो । अन्तिम अवस्थामा समिट गरी सर्भे गर्ने हाम्रो उद्देश्यमा विघ्न परिस्थिति आइलाग्यो । म साह्रै उकुसमुकुस भएँ ।

हामीलाई कम्तीमा १२ देखि १५ सिलिन्डर अक्सिजन चाहिन्थ्यो । उनी हामीलाई आरोहण गराउने जिम्मा लिएको कम्पनीले खटाएका शेर्पा

थिएनन् । उनी त नापी विभागले वैशाख २८ मा मेरो सिफारिसमा थपेका शेर्पा थिए । उनका आरोहीले आरोहण परित्याग गरेपछि अनुरोध गरेर उनलाई हाम्रो दलमा समावेश गरिएको थियो । हामी आफैंले बोकेकासहित हामीसँग नौ ओटा सिलिन्डर मात्र थिए ।

मैले सबैलाई सुनाएँ, "यति सिलिन्डरले त भोलि बिहान एक बजेसम्म मात्र पुग्छ । हामीलाई त थप चारपाँच सिलिन्डर चाहिन्छ । माथि धेरै अक्सिजन लिनुपर्छ । चुचुरोमा पुगेर मात्र फर्कने होइन । काम गर्नु छ । हामीलाई त अरूलाई भन्दा धेरै अक्सिजन चाहिन्छ ।"

पेमङिमा र लाक्पा केही बोलेनन् । छेवाङले दोस्रो शिविरबाट नै धोका दिए । छिरिङजी सोचमग्न थिए । रविनले त हाम्रो छलफलमा भाग नै लिएका थिएनन् । उनी टेन्टभित्र सुतिरहेका थिए ।

अरूले तातो पानीसँग मह र चम्पा मिसेर खाँदै थिए । मलाई त खान पनि मन लागेन । भोक र प्यास नभएर होइन, विचलित मानसिकताले मलाई थिचेको थियो । मुख मात्र होइन, आँत पनि सुक्दै थियो । सबैले पानी पिएपछि मैले पनि एक गिलास लिएँ । त्यहाँ मह र चम्पा हालें । मौसम चिसिँदै थियो । हावाको वेग बढ्दै थियो । कुराको वेग पनि बढ्दै थियो । मैले हुरी झैं सुसाउँदै सहयोगी शेर्पाहरूतिर फर्केर भनें, "के गर्न खोज्या तिमीहरूले ? यस्तो जोखिम ठाउँमा पनि यस्तो लापरवाही गर्न हुन्छ ? खै हाम्रो तयारी ?"

छिरिङजी पनि बडो हतास मानसकितामा थिए । उनले अरू सहयोगी शेर्पाहरूलाई गाली गरेर म नजिकै आएर कपाल कन्याउँदै भने, "सर, धोका दियो यिनीहरूले । अक्सिजन ल्याको रैनछ । अहिले आएर पेमङिमाले भन्छ, जुनिभर (जेनेभा स्पर)को पाखामा झुन्ड्याएर राखेको छ रे । छ कि छैन, था पनि छैन ।"

अलि शान्त भएर मैले भनें, "त्यहाँ झुन्ड्याएर राखेको छ भने पठाइहालम् न पेमङ्मिा र लाक्पालाई । यहाँबाट जान दुई घण्टा लाग्छ; चार घण्टामा ल्याइहाल्छन् ।"

रिस उठे पनि मैले आफूलाई नियन्त्रण गरें । त्यति संवेदनशील ठाउँमा चर्को कुरा गर्नुहुँदैन र धेरै कुरा गर्न पनि सकिँदैन । अक्सिजनको कमी र उचाइका कारण धेरैले त्यहाँ अलिअलि होस गुमाएका हुन्छन् । यस्तो अवस्थामा रिसाउँदा कुनै अप्रिय घटना घट्न सक्छ भन्ने पूर्वाभास पनि भयो । मैले आफूलाई सम्हालें ।

# साउथ कोलमा सङ्कल्प

*सुतेर त केवल निद्रा पूरा होला, सपना पूरा हुँदैन । तर कहिलेकाहीँ सपना पूरा गर्न पनि राम्रोसँग सुत्नुपर्छ ।*

हामी सबै मुखमा अक्सिजन मास्क लगाएर बसेका थियौं । बोल्दाखेरी भने मास्क थोरै खोलेर बोल्थ्यौं । कतिपयले त्यहाँ अलिअलि होस गुमाउँछन् । म भने पूरै सुरमा थिएँ । प्रत्येक वाक्य होसहवासमा बोलिरहेको थिएँ । त्यति संवदेनशील ठाउँमा जे निर्णय लिए पनि तुरून्त लिनुपर्छ भनेर सामूहिक निर्णय लिन सोधें, "के गर्ने त त्यसो भए ?"

त्यही बेला पायोनियर समूह आरोहणका लागि चौंथो शिविरमा आइपुग्यो । उनीहरू दुई घण्टा आराम गरेर त्यही रात चुचुरोमा पुग्ने योजनामा थिए । उनीहरू हामीभन्दा धेरै व्यवस्थित तरिकाले आएका थिए । उनीहरूसँग टेन्ट र अक्सिजन पनि पर्याप्त थियो । त्यहाँ मैले चिनेका आरोही मिङ्मा दोर्ची शेर्पा पनि थिए । २०६८ सालमा पहिलो पटक आरोहण गर्दा उनी हाम्रै आरोहण समूहमा थिए । उनले सगरमाथा र ल्होत्से हिमाल एकै दिन सबैभन्दा छोटो समयावधि छ घण्टा एक मिनेटमा आरोहण गरी विश्व कीर्तिमान राखेका थिए । चिनजानका साथी भएकाले सहयोगका लागि अनुरोध गरें, "हामीलाई अक्सिजन सापटी दिनुपर्‍यो । हामीलाई जसरी पनि समिट गर्नु छ । पछि पैंचो तिरम्ला ।"

उनले भने, "एकदुई सिलिन्डर सहयोग गरौंला । अन्त पनि बुझ्नुस्, सर ।"

न हामीसँग पर्याप्त अक्सिजन छ, न छेवाङले जिपिआर मेसिनलाई चाहिने ब्याट्री ल्याएका छन् । त्यस्तो अवस्थामा मृत्यु क्षेत्रमा बस्न खतरा थियो । यी सबै कुरा विचार गरेर छिरिङजी गम्भीर भए । मैले केही

बोलिदिए हुन्थ्यो भन्ने सोचिरहेको थिएँ । तर उनी बोलेनन् । हामी सबै निराश भएको देखेपछि गह्रौं मन लिएर छिरिङजी मेरो नजिकै आए र भने, "सर, धोका भयो हामीलाई । हामी यो रात यहाँ बस्नु खतरा हुन्छ; हाम्रा लागि पनि र हाम्रो मिसनका लागि पनि । यो डेथ जोन हो । यसरी साउथ कोलमा बस्नुहुँदैन । मिसन अनसक्सेस, गो ब्याक टू क्याम्प टू ।"

मनमा सन्नाटा छायो ।

उनले यी कुरा पवित्र र जीवनवादी धारणासहित भनेका थिए । तर मैले स्वीकार गर्न सकिरहेको थिइनँ । यत्रो दुःख गरेर यहाँ आइसकेपछि मिसन सक्सेस नगरी फर्कनुहुँदैन भन्ने लाग्यो । उनको भनाइअनुसार, हामी फर्केर दोस्रो शिविरमा जाने र पूर्ण तयारीका साथ फेरि यात्रा गर्ने ।

तर दोस्रो शिविरमा फर्केर फेरि हामी उक्लन सक्छौं जस्तो पटक्कै लागेन । बाफरे ! त्यत्रो लामो यति धेरै दुःख गरेको बाटो फेरि हिँड्नुपर्‍यो भने गलिसकेको शरीरको हालत के होला ? म भावुक, उद्वेलित र विक्षिप्त एकसाथ भएँ... । फेरि गर्नुपर्ने यात्रा सम्झेरै फतक्क गलें र नीलो भुइँमा थचक्क बसें । त्यसपछि हामी दुवै रोयौं ।

हामी त्यहाँ बसेर शेर्पा भाइहरूलाई अक्सिजन लिन पठाऊँ भने पनि त्यो अभावमा हामी त्यहाँ बस्नु जोखिम थियो । न पर्याप्त अक्सिजन, न टेन्ट, न खानेकुरा । त्यसरी बस्नु भनेको मृत्युलाई गिज्याउनु थियो ।

एउटै मानिसभित्र धेरै मन हुँदा रहेछन् । एकाएक मेरो एउटै मन तीनचार ओटा भए । ती आपसमा बाझ्न थाले । तिनको झगडालाई आफैंले सम्हाल्न सकिनँ र चर्को आवाजसमेत बोल्न अप्ठ्यारो हुने त्यो उच्च उचाइमा चिच्याएछु । म चिच्याएको अर्को टेन्टमा बसेकाहरूले पनि सुनेछन् । पायोनियर समूहका मिङ्मा दोर्चीले हतारिँदै आएर सोधे, "के भो, खिम सर ! किन कराउनुभको यसरी ?"

उनले मलाई सम्हाले, ढाडस दिए । म केही सम्हालिएँ । विभाजित मेरा मनहरू अब अलि शान्त भएर एकआपसमा कुरा गर्न लागे ।

एकएक मैले ती मानिसहरूलाई सम्झिएँ, जसले मलाई आरोहणका लागि रोकेका थिए । माया र मित्रताले रोक्नेहरूलाई पनि सम्झिएँ, रिस र ईर्ष्याले रोक्नेहरूलाई पनि सम्झिएँ । कल्पना गरें, लक्ष्य पूरा नगरी यहीँबाट फर्कियौं भने टिम लिडर भएकाले मेरो पुत्ला जलाउनेछन् । मेरो विरूद्धमा पत्रपत्रिकामा समाचार छपाइनेछ । र उनीहरूले खिसिट्युरी गर्नेछन् । अनि भन्नेछन्–

– हामीले त पहिल्यै भनेका थियौं नि, देखियो !
– सगरमाथा नापेर आएको रे खिमे !
– मलाई त पहिल्यै था थियो, यो मान्छेले पार लाउँदैन भनेर !

माया गर्नेहरूले पनि भन्नेछन्, "पहिल्यै नजाऊ भनेको होइन तिमीलाई ! त्यो मान्छे जाने ठाउँ होइन ।"

बाआमाको अनुहार झलझली आयो । बाआमासँगै हेमा र उनको बढ्दै गरेको पेटको याद गाढा भयो । आफन्त, छिमेकी र साथीहरूको अनुहार याद आयो । माया, ईर्ष्या र रिस गर्ने सबैको याद आयो ।

सोचें, यहीँबाट फर्किएँ भने यी सबैलाई दिने जवाफ मसँग हुनेछैन । जवाफ कामले दिनुपर्छ । मेरो अन्तस्करणले भन्यो– आरोहण बीचमै नछोड् । चुलीमा पुगेर काम सम्पन्न गरेर मात्र फर्की, खिमलाल ।

एकोहोरो एउटै ध्वनि सुनिरहें– नफर्की खिम, नफर्की !

***

हामी सगरमाथा मापनमा गएका थियौं । हेमा दिल्लीको अस्पतालमा ओछ्यान परेकी थिइन् । बाआमाको आँसु टिलपिल भइरहेका थिए । सारा संसारले नयाँ उचाइको आशा गरेर हामीतिर हेरिरहेको थियो । अन्तिम घडीमा आएर उचाइ मापनका सामान तलै रोकिए । व्यवस्थापनको कमजोरीले धोका भयो ।

शारीरिक र मानसिक थकानले त्यसै कमजोर भइसकेको म छिरिङजीले फर्किऔं भनेपछि त खङ्ग्रङ्ङै भएँ । मेरा सारा अङ्गप्रत्यङ्ग गले र मुटुदेखि नै निचोरिएँ ।

लगभग आठ हजार मिटरको उचाइबाट आकाशतर्फ हेर्दै मैले भने, "हे पृथ्वी, हे आकाश, हे वायु, हे तेज, हे जल ! मेरो कुनै व्यक्तिगत स्वार्थका लागि यो मिसनमा आएको होइन । यो कार्यसँग मेरो देशको प्रतिष्ठा र इतिहास जोडिएको छ । मेरो भूमिको गौरवको सवाल छ । राष्ट्र र विभागको स्वार्थ छ, मेरो केही स्वार्थ छैन । तसर्थ हामीलाई यो सङ्कटमा नपार । हामीलाई सफल बनाइदेऊ !"

सुस्केरामा यति बोल्दाबोल्दै मेरा आँखा कतिखेर रसाइसकेछन्, थाहै पाइनँ । मेरो अन्तस्करण पग्लिसकेछ । एक्कासि म डाँको छाडेर रून थालें । सबै कुरा बिर्सेर, केवल आरोहण र मापन सम्झँदै म अविराम रोइरहें ।

व्यक्तिगत समस्याभन्दा राष्ट्रको आवश्यकता ठूलो ठानी चुचुरो नजिकै पुगेर पनि लक्ष्य पूरा गर्न नसक्दा बरफमा उभिँदा उभिँदै बरफ नै भइदिऊँ जस्तो लाग्यो ।

म रोएको देखेर छिरिङजी पनि निकै भावुक बने । उनको भावुकताले पनि मलाई एकखालको आत्मबल दियो । सोचेँ, छिरिङजीले पनि खुसी भएर लक्ष्य छाड्ने कुरा गरेका होइनन्; परिस्थितिले गर्दा त्यसो भनेका हुन् ।

एक पटक पुनः घोरिएर सम्झिएँ, म कमजोर भएँ भने अरू साथीहरू पनि कमजोर हुन्छन्, टोली नै कमजोर हुन्छ । त्यसैले म कमजोर हुनुहुँदैन; आफ्नो क्षमतालाई दुर्बल बनाउनुहुँदैन; आफ्नो सपनालाई असफल बन्न दिनुहुँदैन । एउटा बलियो चेतनाले मनलाई चपक्क बाँधेर आफैँसँग भनेँ, "जस्तो परिस्थिति आइपरे पनि मैले मिसन छाड्नुहुँदैन । ममा निर्मल निष्ठा र बलियो अठोट छ; पेसागत जिम्मेवारी र देशप्रतिको कर्तव्य छ !"

आँसु पुछेपछि एउटा साहस, प्रतिज्ञा र समर्पणको भावले घ्वाप्पै छोप्यो । एकाएक जमिनदेखि नै बलियो भएर उठेँ र छिरिङजीलाई भनेँ, "नो, आई क्यान नट गिभअप दी मिसन इन दिस स्टेज !"

मेरो अठोट देखेर छिरिङजीमा केही हिम्मत आयो होला । उनले पेमडिमालाई भने, "अरू अक्सिजन कहाँ छ, खोज्नू ।"

जब आँसु सकिए जस्तो भयो, एक्कासि हृदयको कुनाबाट साहस पलायो– यहाँसम्म आएर म उद्देश्य त्याग गर्न सक्तिनँ । बरफ नै हुनुपरे पनि लक्ष्य पूरा गरेर मात्र हुन परोस् ! बरू बरफ हुन परोस्; बदनाम हुन नपरोस् !

मनैदेखि प्रतिबद्ध भएपछि म चुचुरोतिर फर्किएँ र जसरी पनि लक्ष्य पूरा गर्ने भीष्मप्रतिज्ञा गरेँ । त्यसपछि मुखको अक्सिजन मास्क हातले हटाउँदै छिरिङजीलाई भनेँ, "अब हामी दोस्रो शिविरमा झरिसकेपछि माथि उक्लिने सम्भावना हुनै सक्दैन । किनकि हामी धेरै नै थाकिसकेका छौँ । बरू दुई जनाका लागि अक्सिजन नहुने भए म यहीँ बस्छु । एक जना मात्र प्राविधिक माथि पठाम् । मलाई यहाँ बस्न अक्सिजन पनि चाहिँदैन । म त पहिला नै चुचुरो चुमिसकेको मान्छे । त्यसैले रविन जान्छन् । एक जना मात्र जाने भएपछि अब जिपिआर (ग्राउन्ड पेनिट्रेटिङ राडार) त यस्तै हुने भयो । किनकि दोस्रो शिविरबाट अझै आउने-नआउने कुनै

पत्तो छैन । उनलाई लिएर तपाईं ग्लोबल न्याभिगेसन स्याटलाइट सिस्टम (जिएनएसएस) मात्र भए पनि लिएर जानुहोला ।"

सगरमाथाको चुचुरोमा पुग्नेभन्दा पनि लक्ष्य पूरा हुनुपर्छ भन्ने कुरामा म दृढ थिएँ । वस्तुस्थिति र उपलब्ध स्रोतसाधनअनुसार काम सम्पन्न गर्ने उद्देश्यले मैले त्यसो भनेको थिएँ । एक जना प्राविधिकबाटै भए पनि जिएनएसएसको काम हुन सक्छ । त्यसैअनुसार मिसन पूर्णताका लागि सानै रूपमा पनि गर्न सकियोस् भन्ने धारणा छिरिङजीलाई सुनाएँ ।

तर छिरिङजीले भने, "एक जना मात्र जाने हो भने तपाईं नै जानुपर्छ । किनकि पहिलेदेखि नै रविनको स्थिति निकै नाजुक छ । अहिले फ्रेस भए पनि यहाँभन्दा माथि जुनसुकै बेला जे पनि हुन सक्छ । एक्कासि फ्रेस हुनु पनि त्यति राम्रो होइन । अनुभव र क्षमताका हिसाबले पनि तपाईंमा समस्या छैन ।"

कडा रूपमा बोले पनि सकभर कसैको मन दुखाउने गरी निर्णय नगर्ने मेरो बानी छ । जसरी पनि काम सम्पन्न होस् । म वा ऊभन्दा पनि समिटमा पुगेर डाटा ल्याउने जनशक्तिको महत्त्व बढ्ता भएकैले यो धारणा राखेको थिएँ । मैले समय, स्रोत र अवस्थाको मूल्याङ्कन गर्नैपर्थ्यो ।

हामीलाई जिएनएसएस सर्भे र जिपिआर स्क्यानिङ दुवै काम गर्नु थियो । मैले पराजयसँग सम्झौता नगर्ने भावनाले यो कुरा भनेको थिएँ । यो मेरो निर्णयमा व्यावहारिकता पनि थियो ।

छिरिङजी बाहिरतिर हेर्दै र अरू आरोहीहरूसँग मौसमबारे बुझ्दै थिए । मौसम पनि खराब हुँदै थियो । तर मलाई भने मौसमभन्दा मिसन ठूलो लागिरहेको थियो ।

साउथ कोल दुईतीन घण्टा आराम गर्न हुने तर रात बस्न नहुने ठाउँ भए पनि जोखिम लिएर कुनैकुनै समूह बस्छन् । कोही राम्रो मौसमको पर्खाइमा बस्छन्, कोही शक्तिसञ्चय होला कि भनेर बस्छन् । धेरैले समिट त्याग्ने ठाउँ पनि हो । जसले त्यहाँ समिट त्याग्छन्, ती मानिसका लागि सगरमाथाको चुली नै साउथ कोल हो । जहाँसम्म पुगिन्छ, त्यही चुली हो । नसकिने अवस्थामा पनि प्रयास गरियो भने चुलीसँग होइन, मृत्युसँग भेट हुन्छ । मेरो अनुभवमा चाहिँ अधिक उचाइमा जति लामो विश्राम गर्‍यो, उति शक्ति क्षीण हुँदै जान्छ ।

***

छेवाङ नआए त्यो मेसिन अर्को शेर्पालाई बोकाएर कुनै पनि हालतमा माथि पठाइदिनू भनेर मैले म्यासेज गरें । त्यसपछि दोस्रो शिविरबाट कम्पनीले अर्को एक जनालाई पठाइदिने खबर आयो । आठ बजेतिर हाम्रो वैकल्पिक सहयोगी शेर्पा पेमदोर्चीले दोस्रो शिविरबाट जिपिआर ब्याट्री लिएर आए, जसले हाम्रो निराशा आशामा र आशा विश्वासमा परिवर्तन गरायो ।

एक जना भारतीय जान्हवी नामकी महिला आरोही माथि उक्लिन नसक्ने भएपछि उनले आरोहण परित्याग गरेको समाचार सुनिएको हुँदा उनको शेर्पालाई जिपिआर लिएर साउथ कोलतिर पठाउने भन्ने समाचार पनि हामीले सुन्यौं । जान्हवीले अघिल्लो दिन दोस्रो शिविरबाट नै आरोहण परित्याग गरिसकेकी रहिछन् ।

सामान जसरी पनि आइपुगोस् भनेर धेरैतिरबाट कम्पनीमा खबर पुऱ्याएँ । पछि बुझ्दै जाँदा थाहा भयो, छेवाङले साउथ कोलसम्म पुगेर अक्सिजन राखेका थिए । तर कहाँ राखेका थिए, त्यसको कुनै पत्तो थिएन । चोरी भयो या हरायो ? ल्याउँदै ल्याएका थिएनन् या के भयो, भन्न सक्ने आधार थिएन ।

राहत चाहिँ के भएको थियो भने त्यहाँ लाक्पाले ल्याएका चार सिलिन्डर अक्सिजन सजिलै भेटिए ।

मेरो अन्तस्करणले भनेको कुरा अब पूरा हुने भयो । हामी चुलीमा पुगेर काम सम्पन्न गर्ने भयौं । त्यसपछि बल्ल भोकको महसुस भयो । छिरिङजीले खानपानको व्यवस्था गरे ।

मुख्य सरदार छिरिङजी भएकाले उनीतिर फर्केर मैले यात्रा योजना भनें, "भोलि हामी दिउँसो मध्य दिनमै हिँड्नुपर्छ, नत्र भ्याइँदैन । पिकमा कोही नपुग्दै पुग्यौं भने काम गर्न सजिलो हुन्छ ।"

मेरो उद्देश्य थियो– हामी चुचुरोमा पुग्दा अरू कोही आरोही नभेटिऊन्; केवल चुचुरो भेटियोस् र सफलतापूर्वक शिखरको सर्भे गर्न सकियोस् । तर छिरिङजी मानेनन्, "सर, दिउँसो हिँड्नु भनेको त मर्नु हो । दिउँसो त साउथ कोलबाट कोही हिँड्दैनन्; साँझ हिँड्नुपर्छ ।"

साइत र व्यावहारिकता दुवैलाई ध्यानमा राखेर मैले भनें, "हेर्नुस्, छिरिङजी, दिउँसो हावा त्यति चर्को चल्दैन । हामी बिस्तारै जाने हो । बिस्तारै जाँदा हामी मध्यरातमै चुचुरोमा पुग्छौं । अरूको काम चुचुरोमा पुगेपछि टुङ्गिन्छ; हाम्रो काम चुचुरोमा पुगेपछि सुरू हुन्छ । अरूको काम

चढ्नु मात्र हो, हाम्रो काम चढ्नु मात्र होइन; चढ्नुभन्दा महत्त्वपूर्ण काम सगरमाथाको उचाइ मापन गर्ने इक्विपमेन्ट सेटअप गर्नु र तथ्याङ्क लिनु हो । त्यसैले हामी चाँडै जानुपर्छ । नत्र अरू आरोही आएपछि हामीलाई डिस्टर्ब हुन्छ । जिपिएस र जिपिआर मेसिन फिट गरेपछि अरू मानिस त्यहाँ वरिपरि उभिँदा पनि सेटलाइटबाट आउने सिग्नल लिन गाह्रो हुन्छ । कत्रो दुःख गरेर बल्लबल्ल शिखरमा पुगेकाहरूलाई हामी रोक्न सक्दैनौं । केही भन्न पनि सक्दैनौं । साँघुरो ठाउँ भएकाले हामीलाई काम गर्न गाह्रो हुन्छ । त्यसैले राति नै पुग्नुपर्छ र उज्यालो हुनुअघि हामीले काम सक्नुपर्छ ।"

मेरो कुरामा सबै सहमत भए ।

सामान्य खानपिन गरेपछि छिरिङजीले भने, "म सुत्न गयो है, सर । तपाईंहरू पाँच जना सुत्नू, म साथीहरूको टेन्टमा घुस्रिन जान्छु ।"

बढीमा तीन जनासम्म सुत्न सकिने साँघुरो टेन्टमा बाध्यताले पाँच जना कोचिएका थियौं । हात चलाउन, खुट्टा तन्काउन मिल्नेसम्म ठाउँ थिएन । चराहरू गुँडमा गुटुमुटु बसे झैं भएका थियौं । सुत्ने बेलामा मैले थर्मसमा तातो पानी हालेर त्यसलाई कपडाले बेरें र सिरानीमा राखें । हाम्रो बाहिरी जुत्ता र यन्त्र-मेसिनहरू पनि सिरानीमै थिए । जुत्ता बाहिर राख्दा एकैछिनमा हिउँले भरिने भएकाले जुत्ता पनि सिरानीमा राखें ।

आधारशिविरबाट हिँडेको चार दिन भएको थियो । अघाइन्जेल खान पाएको छैन । पानी पनि धीत मरून्जेल पिउन पाएको छैन । बरफ पगालेको पानी, जहाँ खनिज तत्त्व हुँदैन । त्यस्तो पानी खल्लो र गल्लो हुन्छ । के गर्नु तिर्खा मेट्न पिउनैपऱ्यो । खाने कुरा राम्रो नभएपछि पेट राम्रो हुने कुरा भएन । त्यसमा पनि धेरैको पेट हिमाल यात्रामा गडबड हुन्छ । मेरो पनि पेट गडबड भएको थियो । कटक्क काटेर पातलो दिसा भएको थियो ।

साथीहरू अक्सिजन लगाएर सुतेका थिए । म पनि सुत्ने प्रयत्न गर्दै थिएँ । लाक्पा भाइ सानो मान्छे; मेरो छातीमा टाँसिएर गुटुमुटु भएका थिए । म ठूलो ज्यानको मान्छे, बच्चालाई लिएर सुतेको जस्तो भएको थियो ।

सुत्ने बेलामा सबैलाई झकझकाएँ, "ल है भोलि चाँडै यात्रा तय गर्नुपर्छ; दिउँसै हिँड्नुपर्छ ।"

हावा चलिरहेको थियो । हावाले हिउँ उडाइरहेको थियो । बेलाबेलामा टेन्ट नै जुरूक्क पारेर उडाउँला झैं गरिरहेको थियो । मेरो मनभित्र भने

अनलआँधी चलिरहेको थियो। त्यति धेरै मानसिक आँधीको अनुभव कहिल्यै गरेको थिइनँ। बाहिर मौसम खराब थियो। सिरेटो झन्झन् बढिरहेको थियो। त्यति जाडो पनि त्यसअघि अनुभव गरेको थिइनँ।

रात लामो लाग्यो। किनभने निद्रा लागेको थिएन। समुद्रको छालले किनारलाई हाने झैं हावाले टेन्टमा हानिरहेको थियो र हुइँहुइँ गर्दै डरलाग्दो आवाज आइरहेको थियो। हिमहुरीले टेन्ट उडायो भने त हामीलाई पनि उडाउँछ भन्ने डर लागिरहेको थियो। साथीहरू भने निदाए जस्तो देखिएका थिए। म ढल्किएको मात्र थिएँ। निद्रा लागोस् भनेर आँखा चिम्लिने प्रयास गर्दै थिएँ। फेरि सोच्दै थिएँ, यो ठाउँमा गहिरो निद्रामा परियो भने त फेरि ब्युँझिन सकिँदैन। यसै पनि हिमालमा निद्रा लाग्दैन। त्यसमा पनि छटपटीले झकाउनसमेत सकिनँ।

सुतेर त केवल निद्रा पूरा होला, सपना पूरा हुँदैन।

हावा र हिउँ अशान्त भए पनि हिमाल शान्त थिए। चन्द्रमाको प्रकाशमा हिमालहरू दूध जस्तै सेता देखिएका थिए। रात ढल्किँदै थियो, चन्द्रमा चम्किँदै थियो। बुद्ध पूर्णिमापछिको कृष्ण तृतीयाको चन्द्रमा अलिकति मात्र खिइएको थियो। धेरै उचाइमा आएर हो वा आकाश सफा भएर हो, हिमालको टुप्पामा उभिएर उफ्रिने हो भने चन्द्रमा छुनै सकिन्छ कि झैं नजिक लागिरहेको थियो।

बेलाबेलामा सपना हो कि बिपना जस्तो लाग्दै थियो; तन्द्रामा हिँडिरहे जस्तो पनि हुँदै थियो। त्यस्तो अवस्थामा हेमालाई धेरै सम्झिएँ; सपनामा देखेको हुँ कि झैं सम्झिएँ। कस्तो हुँदै होला दिल्लीमा ? गर्भको बच्चाको अवस्था कस्तो छ होला ? उनले पठाएका फोटाहरू मोबाइलमा हेर्न खोजें, जहाँ उनको र अल्ट्रासाउन्डबाट खिचिएका बच्चाका फोटा थिए। तर हेरिनँ। किनभने ती फोटाहरूले मलाई कमजोर र भावुक बनाउन सक्छन्; शिखरमा पुग्नबाट रोक्न सक्छन्।

आधारशिविरबाट उकालो लागेपछि नफर्कंदासम्म बा, आमा, आफन्त, हेमा र उनको अवस्था सबै बिर्सन्छु भनेर प्रतिज्ञा गरेको थिएँ। तर बेलाबेलामा यादका झिल्काहरूले मलाई आक्रमण गरिरहे। मैले आफूलाई नीलो बरफ जस्तै कठोर बनाएँ र यादमा डुब्नबाट बचाएँ। यादमा त हिउँहरू डुब्छन् र हुरीको जहाज चढेर उड्दै हिमालको एउटा थुम्कोबाट अर्को थुम्कोमा सवार हुन्छन्।

यादहरूलाई मैले तगारो लगाएँ । र पनि तिनले मेरो प्रतिज्ञामा ससाना प्वाल पारिरहे । मैले ती प्वाल टाल्ने प्रयास गरिरहें ।

सगरमाथाको त्यो दुर्गम उचाइमा मस्तिष्कको सम्झनाको भण्डार पनि साँघुरो भए झैं लाग्यो । थोरै सम्झनाले पनि मस्तिष्क भरिए जस्तो भयो । निद्रा लागेन । छटपटीमा हेडल्याम्पको उज्यालोमा गोजी पात्रो हेरेर समय बिताउँदै थिएँ । हुन त बाहिर चन्द्रमाको प्रकाश यति सफा र कोमल थियो कि, किताब नै पढ्न सकिन्छ जस्तो । तर त्यो प्रयास गरिनँ ।

भगवान् सम्झिँदै भोलि कतिखेरको साइत राम्रो होला भनेर पात्रो हेर्दै घोत्लिएँ । साथीहरू सब चुपचाप थिए । अलिअलि सासको आवाज आइरहेको थियो । तैपनि मैले यसै सोधें, "के छ, तिमीहरू सुत्या छैनौ ?"

मेरो कुराले रविन, लाक्पा र पेमडिमा चलमलाए । सायद उनीहरू पातलो निद्रामा थिए । बाक्लो निद्रा ननिदाऊन् भनेर पनि मैले बोलीले झकझकाएँ । किनभने त्यति उचाइमा बाक्लो निद्रा निदाउँदा कहिलेकाहीँ निदाएको निदायै भए भने भन्ने डर ममा थियो । हिमालमा धेरै गहिरो निद्रामा परेर सधैं निदाएका धेरै कहानी सुनेको थिएँ ।

पल्टँदा पल्टँदै पिसाब लाग्यो । टेन्टको जिपर खोलेर बाहिर निस्किएँ । माइनस ३०/३५ डिग्री सेल्सियस हुँदो हो । अलिकति परतिर गएर पिसाब फेर्न डाङ्ग्रीको जिपर खोलें । लिङ्ग त कता हो कता भित्र लुकेको थियो । टुप्पामा समातेर बल्लबल्ल बाहिर झिकें र तीनचार पटक तुरूकतुरूक मात्र फेरें । हेडल्याम्पले गर्दा निक्खर सेतो हिउँमा पहेंलो पिसाब देखियो । पिसाब त तेल जस्तै पहेंलो पो थियो । यति पहेंलो हुनुमा एउटा त शरीरमा पानीको मात्रा कम भएर होला, अर्को हिउँमाथि भएर पनि होला ।

चकमन्न रातमा हिमहुरी बेस्सरी चलेको थियो । कतै मान्छेसहित टेन्ट नै उडाउला जस्तो । भित्र छिरेर टेन्टको जिपर लगाएँ र स्लिपिङ ब्यागभित्र छिरेर घडी हेरें, रातको एक बजेको रहेछ । सिरानीमा कपडाले बेरेर राखेको थर्मसको तातो पानी दुई घुट्को जति पिएँ । अब त पातलो भए पनि एक निद्रा निदाउनुपर्छ भनेर आँखा चिम्लिएँ र लामोलामो सास फेरें । सास पनि सिलिन्डरको हावाबाट फेर्नुपर्ने ठाउँमा बस्दै छु भन्ने बोधले सृष्टिको विचित्रता सम्झिएर छक्क परें ।

यसै भन्न सक्तिनँ, साथीहरू कति बाक्लो निदाएका थिए या थिएनन् । तर म आँखा चिम्लिरहेको थिएँ । साथीहरूले सास त फेरिरहेका छन्

भनेर बेलाबेलामा गहिरोसँग हेर्थें । विशेषगरी रविनलाई । किनभने उनी आधारशिविरबाट हिँडेदेखि नै असाध्यै कम बोलिरहेका थिए । पहिलो पटक सगरमाथा आएको युवक । अरू त हिमालसँग अभ्यस्त शेर्पा थिए । मैले पनि एक पटक त आरोहण अनुभव सँगालिसकेको थिएँ । उनी निदाएका छन् कि छैनन् भनेर विचार गर्न यसै बोलाएँ, "रविन !"

उनी निदाएका रहेनछन् । बिस्तारै बोले, "हजुर, सर !"

"तिमी ठीक छौ नि ?"

"ठीक छु, सर ।"

"म अझै विश्वस्त हुन सकेको छैन । फेरि हामीलाई धोका हुन सक्छ । म त एक पटक समिट गरिसकेको मान्छे । फेरि चुचुरो चुम्नुपर्छ भन्ने छैन । मलाई त यस पटक काम पूरा गर्ने आकाङ्क्षा मात्र हो, शिखर चुम्ने होइन । भोलि लिन जाँदा पेमङिमाले जेनभा स्परमा झुन्ड्याइएको अक्सिजन कथंकदाचित् हराएको रहेछ भने हामी दुवै जाँदा अक्सिजन पुग्दैन । अक्सिजन नपुगे या कुनै अप्ठ्यारो परे म चुचुरोमा नजान तयार छु । तर काम पूरा गराउन भने दृढ छु । कम से कम सास फेर्न त पऱ्यो । दुई जना शेर्पा लिएर तिमी एक्लै समिटमा जान्छौ त ?"

उनी केही बोलेनन् । दुई हिसाबले मलाई उनको मन विचार गर्नु थियो । पहिलो कत्तिको आत्मविश्वास छ भनेर, अर्को केही मानिसहरूले मलाई लगाएको आरोप व्यवहारबाट नै गलत सावित गर्न चाहन्थें । विशेषगरी विभागतिरकै कतिपय मानिसले मलाई आरोप लगाएका थिए, "खिमलाल एक्लै चुलीमा जान र रेकर्ड बनाउन चाहन्छ ।"

वास्तवमा रविन र म दुवै जाने अवस्था बनिसकेको थिएन । जिपिएस र जिपिआरका दुवै मेसिन लैजाने अवस्था पनि थिएन । कमजोर तयारी र अस्तव्यस्त व्यवस्थापनले मलाई हिमहुरीले भन्दा धेरै हिर्काइरहेको थियो ।

उचाइको तथ्याङ्क रेकर्ड गर्ने मुख्य मेसिन जिपिएस र एन्टेना हो । लैजान सकिएन भने अन्तिम अवस्थामा बरू जिपिआर नलगे पनि हुन्थ्यो; जिपिएस लैजानैपर्थ्यो । मैले रविनलाई भन्दै गएँ, "मलाई यहाँ उस्तो धेरै अक्सिजन पनि चाहिँदैन । कुनैकुनै अवस्थामा यत्तिकै पनि बस्न सक्छु । म पातलो अक्सिजनबाट पनि सास फेर्न सक्ने भएको छु । गाह्रो पऱ्यो भने साथीहरूसँग सहयोग माग्छु । तिमीहरू नआइन्जेल म यहीँ कुरेर बस्छु ।" मैले फेरि सोधें, "तिमी एक्लै जान्छौ त ?"

यसो भन्लान् भन्ने मलाई विश्वासै लागेको थिएन । उनले सजिलै भने, "हुन्छ सर, म एक्लै जान्छु ।"

उनले यति पनि प्रतिप्रश्न गरेनन्, "सर, यसो किन भन्नुभएको ? सर, तपाईं नगएर कहाँ हुन्छ र ?"

उनका कुरालाई मैले दुई दृष्टिकोणबाट हेरें । पहिलो हो, उनमा आत्मविश्वास छ । यो हाम्रा लागि खुसीको कुरा हो । दोस्रो हो, कतै उनले अलिअलि बेहोसीमै भनेका त होइनन् ?

मैले भनें, "ल ठीक छ, उसो भए त्यसै गर्ने ।"

उनी केही बोलेनन् । मैले अघिल्लो दिन छिरिङजीले भनेको सम्झिएँ, "तपाईं, म र लाक्पा समिट गर्न जाने । तपाईं जानुभएन भने त हाम्रो मिसन सक्सेस नै हुँदैन ।"

आधारशिविरमा अलि बिरामी हुँदा नै रविनलाई उनले भनेका थिए, "रविन सरले समिट गर्न सक्दैन जस्तो छ ।"

तर रविन बिस्तारै बिसेक हुँदै थिए ।

***

फेरि हेडल्याम्पको उज्यालोमा गोजीपात्रो हेरें अनि घडी हरें । तीन बजिसकेको रहेछ । मान्छेको बस्तीमा भएको भए अब कुखुराका भाले, चराचुरूङ्गी चिरबिराउने समय भयो । तर त्यहाँ पन्छीहरूको ध्वनि हुने कुरा भएन । त्यहाँ त केवल हिमहुरी सुसाइरहेको थियो । ध्यान दिएर सुन्दा टेन्टभित्र खै कसको हो, घडी टिकटिक गरिरहेको थियो ।

मैले ध्यानमग्न भएर टेन्टभित्रैबाट हिमहुरीको सुसाइ सुनिरहें । कहिले पूर्वबाट, कहिले पश्चिमबाट हुरी चलिरहेको थियो । उत्तरतिर अग्ला हिमालका चुचुरा र दक्षिणतिर ल्होत्से ठाडो शिर लगाएर उभिँदै हावा छेकिरहेका थिए । हिमहुरी सँगसँगै बादलको आवाज पनि आइरहेको थियो । दुईतिरबाट आउने बादल ठोकिएर कहिले झगडा गरे जस्तो, कहिले बात मारे जस्तो लागिरहेको थियो । त्यो गल्छेडोमा तिब्बत र नेपालतिरबाट आएको हुरी र बादलले टेन्ट जुरूक्कै उठाउला जस्तो पारिरहेका थिए । बाहिर एक प्रकारको हिमभुमरी परिरहेको थियो ।

दुई पाउरोटीको बीचमा रहेको जाम थिचिए झैं हामी दुईतिरको हुरी र बादलको थिचाइमा थियौं । बेलाबेलामा मनमा द्वन्द्व चल्दै थियो ।

कुनै जीव तथा वनस्पति बस्न नसक्ने ठाउँमा म किन आएँ हुँला ?

मैले साहस गरें कि दुस्साहस ?

म को हुँ ?

मैले यत्रो काम गर्न सक्छु र ?

म लक्ष्यमा असफल भएँ भने के होला ?

मेरो जीवन नै असफल भए के होला ?

धेरैले पठाउन नचाहँदा नचाहँदै मैले यो मूर्खता किन गरें हुँला ?

मेरा मित्रले पनि, शत्रुले पनि, आफन्तले पनि, पराईले पनि, सबैले तगारो लगाएका थिए । तर किन तगारो हटाएर म हिँडें हुँला ?

कसैले पनि नचाहेको काम गर्न मैले किन चाहें हुँला ?

अब कतै केही घण्टाको मात्र त हुने होइन मेरो जीवन ?

यसरी मेरो विचारमा हिउँ परिरहेका बेला मनको अर्को कुनाबाट उदाएको घामले सबै हिउँ पगालिदियो– हैट भाइ, यस्तो पनि सोच्ने हो ! जसरी पनि तैंले मिसन सक्सेस गर्नैपर्छ । देशले दिएको जिम्मा पूरा गर्नुपर्छ । यसको महत्त्व र गरिमा तैंले जति बुझ्ने थोरै छन् । लक्ष्य पूरा भयो भने यसको महत्त्व नेपालका लागि मात्र होइन, विश्वकै लागि हुनेछ । यो ऐतिहासिक कामका लागि मुटु काँप्न नदे कान्छा, खुट्टा दह्रो पार् र अगाडि बढ् । म तेरो साथमा छु ।

यसरी आफूलाई बलियो बनाएपछि बिहान चार बजेतिर झुपुक्क झकाएछु । तन्द्रामा हो कि जागामा हो जस्तो गरी कहिले गुराँसका सेता फूलहरूको वन देखें, कहिले हेमालाई देखेको हुँ कि जस्तो भयो । बाको प्रतिबिम्ब त आँखैअगाडि आयो । नाम्चे र आधारशिविरमा आमालाई यसरी नै देखेको थिएँ । अहिले पनि त्यति बेला निदाएका आँखाले देखेका दृश्य र अनुभूतिहरू शब्दमा व्यक्त गर्न सक्तिनँ । सायद कहिल्यै सक्तिनँ ।

आरोहीहरूबाट सुनेको थिएँ, "हिमालमा सुत्दा गहिरो निद्रा लाग्दैन । त्यसैले धेरै सपना देखिन्छ । सपनामा परी जस्ता युवती देखिन्छन् ।"

म यसै भन्न सक्तिनँ, मैले देखें कि देखिनँ । हो जस्तो पनि लाग्ने, होइन जस्तो पनि लाग्ने परीहरूलाई भने देखें । अहिले सम्झना पनि मेरा ती सपना अमूर्त चित्रकला जस्तो लाग्छन् ।

एकलट ठूलो हिमहुरी चलेर टेन्ट नै उठाउँछु जस्तो गऱ्यो । तर सकेन । मलाई मात्र उठायो । हेडल्याम्प बालेर यसो घडी हेरेको साढे

चार बजेको रहेछ । साथीहरू सायद निदाइरहेका थिए । म भने ज्यानलाई जमिनमा लेटाएर पल्टिइरहें ।

यत्तिकैमा टेन्टको जिपरको छिद्राबाट पूर्वतिर उषाको लाली देखियो । उँचो स्थानमा घाम चाँडै उदाउँछ र ढिलो अस्ताउँछ ।

बिस्तारै घामले धरतीलाई छोएपछि हलुका तातो बाफ उठ्यो । घुँडा टेकेर टेन्टको जिपर खोलें र बाहिर निस्किएँ । आङ तानें र खुट्टा तन्काएँ । साथीहरूको टेन्टमा पाहुना लाग्न गएका छिरिङजी हाम्रो टेन्ट नजिकै आए र सुतिरहेका शेर्पा सहयोगीहरूलाई कराए, "ए केटाहरू ! ल उठ, उज्यालो भैसक्यो ।"

शेर्पाहरू उठेनन् । काम सम्झाउँदै छिरिङजी फेरि कराए, "अक्सिजन ल्याउनुपरेन ? उठ !"

उनीहरू सुनेको नसुन्यै गरी सुतिरहे । त्यस किसिमको चालामाला देखेर मलाई चर्कै रिस उठ्यो । मनमा जमिरहेको उकुसमुकुस र आवेग पेमङिमासँग पोखें, "के हो यार, यस्तो चाला ? तिमी अक्सिजन ठाउँमा नल्याई बाटोबाटोमा फालेर हिँड्ने ? अहिले फेरि नल्याउने ? यो त भएन नि ।"

बल्लबल्ल उनीहरू सात बजेतिर उठे र अल्छी लाग्दो गरी आङ तन्काए । छिरिङजीले बरफ पगालेर पानी ताताए र सबैलाई दिए । उनी व्यावहारिक, प्राविधिक र परिस्थिति बुझेर काम गर्ने विवेकी शेर्पा हुन् । छिरिङजीको खटाइ र व्यवहार गराइ विचार गर्दै थिएँ । अरूभन्दा यिनी जिम्मेवार पनि छन् ।

पेमङिमा र लाक्पा आठ बजेतिर जेनेभा स्परको पाखामा चार सिलिन्डर अक्सिजन लिन गए । उनीहरूले सिलिन्डर ल्याउने हुन् कि होइनन्, मन पोलिरहेको थियो ।

बिहान उठ्नेबित्तिकै दिसा लागेको थिएन । १० बजेतिर दिसा लाग्ला जस्तो भयो र खोल्सातिर गएँ । घाम लागेकाले जिपर खोलेर बस्दा उस्तो चिसो भएन । भर्खरको बालकको झैं पित्लिक्क दिसा भयो ।

पेमङिमा र लाक्पा ११ बजेतिर सिलिन्डर लिएर आइपुगे । धन्न हराएको रहेनछ, हामी सबै खुसी भयौं । हामीसँग अब १० सिलिन्डर भए । चाहिने त १२/१५ सिलिन्डर थियो । छिरिङजीले भने, "मलाई समिटसम्म मात्र चाहिने हो, ओर्लने बेलामा चाहिँदैन । त्यसैले पुग्ला, सर । पुगेन भने एउटा, दुइटा सापटी गरम्ला ।"

मैले सोधें, "अब हामी सँगै जान सक्छौ त ?"

"सक्छौं, सर । थोरै भोल्युममा पालतो पातलो अक्सिजन खाम्ला; पुऱ्याउनी हो, सर ।"

मैले अलि सचेत गराएँ, "भरपर्दो योजना गर्नुस् है, छिरिङजी फेरि; बाल्कोनीमा सिलिन्डर फेर्नुपर्छ ।"

तातो पानी, मह र चम्पा खायौं । चकलेटहरू पनि खायौं । यति गर्दा दिनको १२ बजिसकेको थियो । गोजीपात्रो हेरेर मैले सबैलाई साइतबारे सम्झाएँ, "पौने दुई बजेबाट सवा तीन बजेसम्म लाभ बेला छ । हामी दुई बजेभित्र हिँड्नुपर्छ ।"

सबैलाई विश्वस्त पार्न समय लाग्यो । त्यो दिन २०७६ साल जेठ ७ गते थियो ।

एक्कासि पेमडिमाले भने, "सर, म समिट जान सक्तिनँ । बिरामी भएको छु । म यहाँ पनि बस्न गाह्रो छ ।"

"यो त धोका भयो । हामीलाई दिनदिनै धोका हुँदै छ । तिमी त झन् पाँच पटक समिट पुगिसकेको मान्छे, अन्तिम अवस्थामा यस्तो कुरा किन गर्छौ ?"

उनले यति मात्र भने, "सर, मेरो ज्यानले सक्दैन !"

उनी धेरै बोलेनन् । सक्तिनँ भनेपछि अरू केही भन्ने कुरा भएन । छिरिङजी पनि सानो मुख लगाएर चिन्तित मुद्रामा उभिइरहेका थिए । मैले छिरिङजीलाई भनें, "त्यसो भए तपाईंले लाक्पालाई साथमा लिएर रविनलाई लिएर जानोस् र नापेर आउनोस् । हामीसँग पर्याप्त अक्सिजन पनि छैन । धोका पनि भयो पेमडिमाबाट । म यहीँ कुरेर बस्छु । दुई जना सर्भेयर जान सक्ने स्थिति भएन । त्यसकारण रविनलाई लिएर जानू र काम गरेर आउनू, छिरिङजी ।"

मलाई टेन्टको पछाडिपट्टि तानेर छिरिङजीले मेरो कुरामा आपत्ति जनाउँदै भने, "तपाईं चाहिँ जसरी नि जानुपर्छ, सर । तपाईंसँग अलि बढी आइडिया पनि छ । यसरी नजाने कुरा नगर्नुस् अब । जे हुनु भयो, एक जना शेर्पाले बोक्ने अतिरिक्त भारी तपाईं-हामी मिलेर थपथाप गरौं र बोकौं ।"

चौथो शिविर अर्थात् साउथ कोलमा सबै आरोहीले आनन्द लिने गर्छन् । केही समयसम्म आराम गरेर आत्मबल अझै थप्ने गर्छन् । फोटो खिच्ने, पानी भर्ने, रूचेको खाने र समिटका लागि मानसिक रूपमा तयारी

भएर उकालो लाग्ने गर्छन् । मलाई भने तनावै तनाव, मेरो कर्ममा के लेखेको रहेछ भगवान् भन्ने पनि लाग्यो । चौंथो शिविर एक अर्थमा समिटको तयारीका निम्ति शक्ति सञ्चय गर्ने थलो हो । यहाँ केही घण्टा बस्ने र पूर्ण रूपमा तागतदार भएर आरोहीहरू एकै झट्कामा समिट गर्छन् । हाम्रो भने हालत यति खराब भएको थियो ।

छिरिङजीको कुरालाई मैले गहिरिएर विवेचना गरें । अन्तिम घडीमा मैले उनका सबै कुरा नकार्न सकिनँ; सकार्न पनि सकिनँ । रविनलाई रोक्दा बाहिर गलत सन्देश जान सक्छ । उनलाई चुचुरोमा पुग्न र नाम राख्न दिइएन भन्ने हल्ला फैलिन सक्छ । किनभने मप्रति पूर्वाग्रह राख्नेहरू छिद्र खोजेर बसिरहेका छन् भन्ने बुझेको थिएँ । उनीहरूले कुरा काटेको थाहा पाएको थिएँ, "गौतम एक्लै जान चाहन्छ; अरूलाई रेकर्ड बनाउन दिँदैन ।"

मेरो मनमा यस्तो सोच कहिल्यै आएन । अर्को कुरा, मैले यसअघि पनि समिट गरिसकेको थिएँ । म नगई मुख्य शेर्पा नजाने भनेपछि मलाई नैतिक समस्या पर्‍यो ।

एकाएक निराशा पलाएको स्थितिमा हिँड्दाहिँदै मैले फरक निर्णय सुनाएँ, यस्तो अवस्थामा तत्काल एउटा निर्णय लिन जरूरी पनि थियो । तुरुन्तै मैले भनें, "त्यसो भए हामी बाँडेर भारी बोकौं । बाँडेर काम गरौं । तर लक्ष्य जसरी पनि पूरा गरौं ।"

सामान्यतया साँझतिर मात्र समिटका लागि साउथ कोलबाट साइत गरिन्छ । साउथ कोलबाट समिटका लागि दिउँसो हिँड्नु भनेको सामान्यतया आत्मघाती मानिन्छ । मैले पहिले पनि पात्रो हेरेको थिएँ, फेरि हेरें । साइत दिउँसोकै शुभ थियो । ज्योतिषशास्त्रमा मेरो अभिरूचि भएकाले मसँग प्रायः पात्रो साथमा हुन्छ । गाउँतिर पनि निकैको चिनाटिपन हेरेको छु । ज्योतिषशास्त्र ग्रह र नक्षत्रसँग जोडिएको गणित विद्या हो । गणित र इन्जिनियरिङ परस्पर मिल्दा विषय हुन् । मेरा हजुरबा ज्योतिषी हुनुहुन्थ्यो । बा पनि ज्योतिषी । अलिअलि त मेरो रगतमै मिसिएर पनि आए जस्तो लाग्छ । त्यसमाथि आफ्नो रूचिका कारण सानैदेखि ज्योतिषशास्त्रको स्वाध्ययन पनि गरें । दिउँसो साइत गर्ने भन्दा कोही मानेका थिएनन् । हाम्रा मुख्य सरदार छिरिङजीले मान्ने कुरै भएन । मैले आश्वस्त गराउन भनें, "तपाईंलाई था छ नि, म त ज्योतिषी पनि हुँ ।

मैले भनेको मान्नोस् ।" पात्रो देखाउँदै अगाडि भनें, "धनु राशिमा चन्द्रमा सरेकाले अहिले चन्द्रमा पूर्व छन् । हामी साउथ कोलबाट उत्तरतिर जाँदै गर्दा चन्द्रमा दाहिना हुन्छन् । साइत राम्रो छ । मिसन सफल भइसक्यो अब । नसक्ने कुरा हुँदैन ।"

शास्त्रको कुराले सबै विश्वस्त भए । त्यस्तो ठाउँमा जतिसुकै बलियो मानिस पनि ईश्वर र साइतमा विश्वास गर्ने हुन्छ जस्तो लाग्छ ।

साउथ कोलबाट मध्यदिनमा सगरमाथा हिँड्नु बिरलै घटना हो । सोचें, इतिहासमा हुने बिरलै घटना बिरलै समयमा सम्पन्न हुन्छन् । बिरलै घटनालाई विशेष बनाउन हामी हिँड्ने भयौं । ज्योतिषशास्त्र हामी सबैको आशाको दियो भइदियो । छिरिङ अलि उज्यालिए ।

***

मलाई साउथ कोलमा कति रून लेखेको रहेछ कुन्नि; आँसु चुहाई-चुहाई पाइला सार्नुपऱ्यो; मन दुखाई-दुखाई भारी बोक्नुपऱ्यो; आफू धरमराउँदै भए पनि साथीहरूको मन दह्रो बनाउनुपऱ्यो । जाने बेलामा पेमडिमाले सोधे, "म यहीँ बसम् कि तल झरम्, सर ?"

म अलि रिसाएर बोलें, "जेसुकै गर, तिमी यहाँ बसे पनि गए पनि केही अर्थ छैन । सबैभन्दा सक्षम शेर्पा भनेर कम्पनीले छानेको हो, तिमीलाई । धोका दियौ; जेसुकै गर ।"

कुनै पनि हालतमा मिसन असफल हुन नदिने मेरो प्रतिज्ञा पूरा हुने लक्षण देखिँदै थियो । तैपनि मनमा डर थियो । मङ्गलमन्त्र उच्चारण गर्दै मनमनै ईश्वरसँग प्रार्थना गरें । ईश्वरको अनुकम्पा भए जस्तै असम्भव कार्य पनि पूर्ण हुने विश्वास छ ममा । मङ्गलमन्त्र भनेपछि मन अलि बलियो भयो ।

सबै परिघटना सम्झिँदा अहिले पनि जीउ सिरिङ्ङ हुन्छ । कसरी निर्णय लिएँ हुँला जस्तो लाग्छ । सपना जस्तो लाग्छ, त्यो क्षण ।

***

हामी हिँड्ने बेलामा आरोही मित्र आशिष गुरूङ एक जना जापानी महिलाका साथमा देखिए । उनी ती जापानी महिलालाई लिएर चुलीमा जाँदै रहेछन् । हाम्रो योजनाबारे थाहा पाएपछि ती जापानी महिलाले हामीसँग फोटो

खिच्न खोजिन् । हाम्रै क्यामेराले आशिषले फोटो खिचिदिए । कताकता लाग्यो, अब फोटो खिच्न पाइने हो कि होइन ? कतै यो नै अन्तिम फोटो हुने हो कि ?

साइत राम्रो भए पनि मौसम त्यति सफा थिएन । बादलका झुन्डहरू हामीलाई छुन आइरहेका थिए । हावाको वेग तीव्र थियो । तैपनि साइतमै यात्रा सुरू गऱ्यौं । हामी पाँच जना– रविन, छिरिङजी, लाक्पा, पेम दोर्ची र म । सबैले यन्त्र-मेसिन, पानीका थर्मस, केही खानेकुरा, सिलिन्डर र ब्याट्री बाँडेर बोक्यौं । मेरो भारीमा जिपिएस एन्टेना, दुई ओटा ब्याट्री र आफ्ना लागि दुई अक्सिजन सिलिन्डर थिए ।

दुई बजेतिर शुभ मुहूर्तमा यात्रा सुरू भयो । रविन र दुई शेर्पा अगाडि थिए । म बीचमा र छिरिङ मेरो पछि थिए ।

# बाल्कोनी

*शिखरमा पुग्नु भनेको बादलभन्दा माथि पुग्नु हो ।*

साउथ कोलबाट बाल्कोनी जाँदा हामी नीला बरफहरूमा क्र्याम्पन गाड्दै बिस्तारै हिँड्दै थियौं । उकालोमा हिँड्दा अगाडिको क्र्याम्पन पहिले गाड्नुपर्छ, ओर्लिंदा पछाडिको । जुमर डोरी समाउँदै बडो सचेत भएर हाम्रा गोडा अगाडि बढ्दै थिए ।

बादलभन्दा माथि सायद बादल झैं हराइरहेको थिएँ, केवल शून्यता तर शान्त । केवल एकसुर तर आनन्द । केवल हिउँ तर हिमाल । केवल अन्धकार तर चम्किलो जून । केवल मध्यरात तर मध्याह्न जस्तै जागरण । केवल पवनावाज तर सङ्गीतमय ध्वनि । केवल लम्किरहेका पाइलाहरूको चहलपहल तर सुनसान रातको सन्नाटा ।

हो, मलाई यस्तै अनुभूति भइरहेको थियो ।

सुरूमा तेर्सो हिँडेपछि हिउँ थुप्रो आयो । त्यसपछि ठाडो उकालो आइपुग्यो । बाटो कठिन थियो । पाइला चाल्न र सास फेर्न निकै मुस्किल भइरहेको थियो । जताततै बरफै बरफ, जसले कहिल्यै पग्लने ताप पाएका छैनन् । माथि परेको फुसफुस हिउँ भने केही पग्लन्छन्, केही बरफ बन्छन् । एकातिर चट्टानी भाग छ, अर्कोतरि हिउँको पाखो । हामीले हिउँको बाटो रोज्यौं । क्र्याम्पन जडान गरिएको जुत्ता लगाएर हिउँमा हिँड्दा सजिलो हुन्छ । तर चट्टानमा क्र्याम्पन लगाएर हिँड्न प्रलय हुन्छ ।

हामी क्र्याम्पन अड्याउन सजिलो होस् भनेर जताजता हिउँ छ, त्यतै त्यतै पाइला राख्दै हिँड्यौं । त्यसपछि दाहिने मोडिएर बाल्कोनीतर्फ लाग्यौं । बरफ नै बरफको वस्त्र भएको ठाडो उकालो । अत्यधिक चिसोका कारण कुनै जीव जिउन नसक्ने त्यो ठाउँमा आफूलाई जोगाउँदै

जोगाउँदै हामी अगाडि बढ्यौं । हामीले आफूलाई मात्र सुरक्षित तरिकाले हिँडाएर पुग्दैनथ्यो, पिठ्युँमा बोकिएका यन्त्रसामग्री पनि सुरक्षित लैजानु थियो । र तिनलाई पनि चिसोबाट जोगाउनु थियो । नत्र तिनले काम गर्नै सक्दैनन् ।

त्यहाँ बाक्लो हिउँ थियो । उकालो त भन्नैपरेन । त्यसैले बिस्तारै हाम्रा कदम अगाडि बढ्दै गए । ठाउँठाउँमा हिमबन्चरोले बरफमा हान्दै थियौं ।

बाल्कोनीको उकालो, हिउँको पाखो, त्यसमाथि क्र्याम्पन पाइला अगाडि सार्दा खुट्टा त जाँघसम्म भासिने अनि त्यो भासिएको खुट्टा निकालेर पाइला अगाडि सार्नुको कठिनाइ अब कसरी भनूँ, त्यो बयान गर्न सहज छैन ।

हामी बिस्तारै हिँडेको देखेर छिरिङजी अलि रिसाए, "यसरी बिस्तारै हिँडेर त पुगिँदैन, सर । हामी सक्सेस हुँदैनौं ।" उनी हामीलाई अलिक फुर्तिलो हुन भनिरहेका थिए । तर भारी र बाटोका कारण पाइला लम्काउन गाह्रै भइरहेको थियो ।

मैले भनें, "हामी यही गतिमा बिस्तारै जानै हो । छिटो हिँड्न गाह्रो छ । किनभने हामीसँग अलि धेरै भारी छ । यही गतिमा जाँदा हामी दुई बजे चुलीमा पुग्छौं । ढुक्क हुनुस्, छिरिङजी ।"

भन्न त यसो भने पनि मनमा छटपटी त थियो नै । किनभने बेलामा पुगिएन भने हाम्रो लक्ष्य पूरा नहुन सक्थ्यो । म पनि अलि ढिलो नै हिँडेको रहेछु ।

अलि अघि मैले रातको १२ बजे पुग्छौं भनेको थिएँ । यात्रा सजिलो होस् भनेर मैले बोली परिवर्तन गरे जस्तो भए पनि भित्री मनमा दुई बजे नै सोचेको थिएँ । काम हुन्छ भनेर ढुक्क थिएँ ।

हामी बाल्कोनी पुग्दा कति बजेको थियो, म यसै भन्न सक्तिनँ । किनभने हामीले समय पनि हराएका थियौं । बाल्कोनी र त्यहाँभन्दा माथि पुगेपछि मैले समय बिर्सिए जस्तो भयो । तर रात परिसकेको भने महसुस हुँदै थियो । सायद रातको नौ बजेको हुँदो हो ।

त्यहाँ पुगेर पानी खानुपर्‍यो भनेर कम्पनीले दिएको थर्मस हेरेको त पानी सबै आइस भइसकेको रहेछ । व्यवस्थापनले नक्कली सामान दिनुहुँदैनथ्यो । त्यति संवेदनशील ठाउँमा पठाउने सामानमा एक्स्पिडिसन कम्पनीले खेलाँची मात्र होइन, बदमासी नै गरेको थियो । त्यो थर्मस त्यही

हिउँमा गाडिदिएँ । तालिमका बेला नेपाल माउन्टेन एकेडेमीले दिएको थर्मसको पानी भने तातै रहेछ । त्यही पानी पिएर अगाडि हिँडें ।

बाल्कोनीमा हामी झन्डै दुई घण्टा बस्यौं र थकाइ मार्‍यौं । तातो पानी, चकलेट, सातु खायौं । बाल्कोनीबाट रेजर्स एज र साउथ समिट नजिकै देखियो । थाहा थियो, हेर्दा नजिकै देखिए पनि हिमालको यात्रा लामो हुन्छ ।

बाल्कोनीबाट चुचुरोसम्म जाँदा दाहिनेतर्फको हिमभीरलाई सगरमाथाको काङ्सुङ फेस भनिन्छ । हिमालका सेता स्वरूपहरू, जो रातिमा पनि चम्किरहेका थिए, जसले मौनभाषा बोलिरहेका थिए, तीसँग मनमनै कुरा गर्दै थिएँ । कतिपय अवस्थामा त म मनमनै कुरा गर्न पनि सकिरहेको थिइनँ ।

पन्ध्रौं चुली अर्थात् हाम्रो लक्ष्य देखिएको थिएन । चुलीको त्यति नजिक पुग्दा पनि परबाट देखिने चुली देखिएको थिएन । बाहिरी आँखाले त जति प्रयास गर्दा पनि देख्न सकिएन । केवल मनको आँखाले चुली देखिरहेको थियो । र त्यहाँ पुगेर गर्नुपर्ने काम सम्झिरहेको थियो । महत्त्वपूर्ण कुराहरू यसरी नै लुकेर बसेका हुन्छन् जस्तो लाग्यो ।

रेजर्स एजमा बिस्तारै हिँड्दै थिएँ । कुनैकुनै बेला छिरिङजीसँग दुईचार शब्द मात्र बोल्दै थिएँ । त्यहाँ बोल्न पनि सकिँदैन । अघिल्लो रातको सुताइ राम्रो भएको थिएन । सुत्न नहुने ठाउँमा सुतिएको थियो । ठाउँ नै उस्तो भएर हो या अरू नै कारणले हो, हिँड्दाहिँड्दै म निदाए जस्तो भएँ । तन्द्रामा सपना देख्दै छु जस्तो पनि भयो । कुनैकुनै बेला त एक्लै बोलिरहेको हुँदो रहेछु ।

वातावरण चकमन्न थियो । हिँड्दै गरेको हुनाले जीउ तातेको थियो । एकछिन रोकिएँ, फेरि चार पाइला बढाएँ । त्यसरी नै हिँड्दा तन्द्रामा कहिले सेतो घोडा देखे जस्तो, कहिले हात्ती देखे जस्तो भयो । कहिले झिलमिल बत्ती देखे जस्तो, कहिले सुन्दर युवतीहरू देखे जस्तो पनि भयो ।

घरी खुसीको अनुभव भयो, घरी दुःखको । प्रायः दुःखले जित्ने जिन्दगीमा त्यहाँ भने सुखले नै जितिरहेको थियो । एकचोटि त नचिनेका एक जोडी देखें, जो मैले नबुझ्ने भाषामा केके बोलिरहेका थिए ।

यस्तैमा मलाई लुपुक्क सुतौं झैं निद्रा लाग्यो । यतिन्जेल भएका सबै आभास मलाई सपना जस्तो लागे । त्यस्तो बेला आफैंले आफैंलाई झकझकाएँ, आफैंले आफैंलाई ब्युँझाएँ; फेरि तन्द्रामा डुबें । बेलाबेला

क्र्याम्पन पाइलाका आवाज सुनिरहेको थिएँ र आफैंलाई होसियार गराएँ । कुनै सुमधुर सङ्गीत बजे जस्तो पनि सुनें । यस्तो क्रम धेरै बेरसम्म चलिरह्यो ।

अरू आरोहीहरूले पनि भनेका थिए, "बाल्कोनीको तल र माथि हिँड्दा धेरैजसोले सपना देख्छन् ।" मलाई तन्द्रामा हिँडिरहे जस्तो भइरह्यो ।

केही दिनअघिदेखि नै आरोहणको क्रम चलेकाले हामीभन्दा अगाडिका आरोहीहरूले रेजर्स एजका बरफका धार काटिसकेका रहेछन् । त्यसैले हामीलाई हिँड्न उति गाह्रो भएन । रेजर्स एज कटेपछि आउने अर्धहिमाच्छादित ठाडै उकालो भीर पार गर्न हामीलाई हम्मेहम्मे पऱ्यो । हिउँ भएको ठाउँ छान्दै क्र्याम्पन गाडियो, नयाँ टाँगिएको डोरी ठम्याउँदै समाएर जुमरका माध्यमबाट आफूलाई माथि खिच्दै लगियो । सबैभन्दा डरलाग्दो कुरा के भने, कहिलेकाहीँ पुराना डोरी समाइयो भने ती हिउँले खाएर कमजोर भएका हुन सक्छन् र चुँडिने डर हुन्छ । र डोरीसँगै जीवन पनि । हिमालमा ज्यान धान्न नसक्ने डोरीले जीवन धान्न सक्दैनन्, तिनले आरोहीहरूको मृत्यु कुरेर बसे झैं लाग्यो ।

अगाडि पुगेका शेर्पाहरूले माथिबाट डोरी हल्लाउँदै हामीले समाउनुपर्ने डोरी देखाउँदै थिए । ती डोरी समाउँदै सुस्तरी हामी उक्लिँदै थियौं ।

रविनसँग दुई शेर्पा सँगै थिए । मैले छिरिङजीलाई पहिले नै भनेको थिएँ, "मलाई नछाड्नुहोला ।" उनले मलाई छाडेका थिएनन्; मैले पनि उनलाई छाडेको थिइनँ । बेलाबेला उनी सोध्थे, "अक्सिजन त पुगेको छ, सर ? तपाईंलाई कस्तो हुँदै छ, गाह्रो भयो कि ?" म पनि उनलाई सोधखोज गरिरहन्थें ।

# साउथ समिट

*हिमालमा भोक लाग्छ, खान मन लाग्दैन । तिर्खा लाग्छ, पिउन मन लाग्दैन । सुत्न मन लाग्छ, निद्रा लाग्दैन । थकाइ लाग्छ, बस्न मन लाग्दैन । बोल्न मन लाग्छ, बोली फुट्दैन । हिँड्न मन लाग्छ, खुट्टा जाग्दैनन् । मस्तिष्क थाक्छ, मन थाक्दैन ।*

मध्यरात कटिसकेको थियो ।

जेठ ८ लागिसकेको थियो । समय रातको साढे एक बजेको हुँदो हो । म खुसीले चिच्याएँ, "साथी हो, समिट सफल हुने भयो !"

हेडल्याम्पका सहायताले हामीले एकअर्काको अनुहार हेर्‍यौं । छिरिङजीलाई भनें, "मैले भनेको थिएँ नि, आइयो नि, छिरिङजी !"

जूनको प्रकाशमा जूनभन्दा सेता हिमाल चारैतिर टल्किइरहेका थिए । प्रत्येक आरोहीको हेडल्याम्पबाट पोखिएको प्रकाशले हिउँ र बरफ चम्किइरहेका थिए । यस्तैमा हामी साउथ समिटमा पुग्यौं । त्यहाँ पुग्दा धेरैलाई सगरमाथामै पुगे जस्तो लाग्छ । जहाँबाट माथि जाने ठाउँ तत्काल देखिँदैन । संसारको सबैभन्दा अग्लो ठाउँमा आएको अनुभूतिले धेरै मानिसले आफूलाई धान्नै सक्दैनन् । सायद रविनलाई पनि त्यस्तै भएको हुँदो हो । उनलाई धानिन गाह्रो भएको थियो ।

बल्ल आँखैअगाडि सगरमाथाको शिर देखियो, रातमा पनि झलमल्ल देखियो, चन्द्रमाभन्दा चम्किलो । मलाई भगवान्कै प्रत्यक्ष दर्शन गरे जस्तो भयो । हामी चुलीमा पुगे सरह खुसी भयौं । केही बेर हामी त्यहाँ आराम गरेर बस्यौं ।

***

साउथ समिटमा पहिलो पटक पुग्ने आरोहीहरू थिए, बेलायतका चार्ल्स इभान र टम बोर्डिलोन। उनीहरू सन् १९५३ मे २६ का दिन सगरमाथाको चुली चुम्ने लक्ष्यसाथ त्यहाँ पुगेका थिए । दुर्भाग्य भन्नुपर्छ, उनीहरू त्यहाँभन्दा अगाडि जान सकेनन् । सायद इतिहास उनीहरूको नाममा लेखिँदै थिएन, अरू कसैको नाममा लेखिँदै थियो । त्यसको ठीक तीन दिनपछि मे २९ मा सोही आरोही दलका नेपाली नागरिक तेन्जिङ नोर्गे शेर्पा र न्युजिल्यान्डका एडमन्ड हिलारी चुलीमा पुग्न सफल भए। साउथ समिट सगरमाथाको सबैभन्दा नजिक रहेको एउटा चुली हो। तर यो छुट्टै चुली होइन; सगरमाथाकै एउटा भाग हो ।

साउथ समिटबाट चुलीसम्मको आकाशीय दूरी तीन सय ५० मिटर हुँदो हो । बाटोको दूरी भने चार सय ५० मिटर हुँदो हो । त्यहाँ आधा किलोमिटर हिँड्नु भनेको सामान्य ठाउँमा दसौं किलोमटिर हिँडे सरह हुन्छ । साउथ समिटबाट चुलीको उचाइ ९८ मिटर जति छ । पहिले पनि गएको हुनाले मैले भनें, "अब डेढ घण्टामा हामी चुचुरोमा पुग्छौं ।"

धेरै उचाइमा आँखालाई छोटो लाग्ने दूरी खुट्टालाई लामो लाग्छ । छोटो दूरी पनि पार गर्न धेरै समय लाग्यो । मैदानमा यात्रा गर्दा दूरीको हिसाब हुन्छ, हिमालमा उचाइको । त्यसैले त्यहाँ क्षितिजीय दूरी होइन, ऊर्ध्वगामी उचाइ अर्थपूर्ण हुन्छ ।

हाम्रा लागि चुचुरोमा पुग्नु एकतिहाइ सफलता मात्र हो । एकतिहाइ सफलता चुचुरोको सर्वेक्षण कार्य हो भने एकतिहाइ सफलता ओर्लनु हो ।

# हिलारी स्टेप

*पीडासँगै आनन्द पनि उभिएको हुन्छ ।*

हावा यति चर्को थियो, मानौं, पवन हतारमा छ । तर हावालाई के थाहा, उसलाई भन्दा बढी हतार मलाई छ ।

साउथ समिटबाट सवा घण्टा हिँडेपछि हिलारी स्टेप आयो । एक सय ५० मिटर मात्र थियो चुलीमा पुग्न । मलाई एकदमै गाह्रो भइरहेको थियो । अरू ठाउँमा भएको भए यति दूरी पार गर्न पाँच मिनेट पनि लाग्ने थिएन । जति उचाइमा पुग्यो, त्यति हिँड्न गाह्रो हुँदो रहेछ । त्यहीँ थचक्कै बसूँ जस्तो भयो । तर बस्न भएन । बसियो भने सायद उठ्न सक्दिनथें । पाइला पनि चाल्न सकेको थिइनँ । टक्क अडिएर लामो सास फेर्दै अक्सिजनको मात्रा बढाएँ । त्यसपछि पाइला सार्न अलि सजिलो भयो । मलाई हिलारी स्टेपको बाटो पहिलेभन्दा सजिलो लाग्यो । सायद भुइँचालोले त्यहाँका अप्ठ्यारा धारहरूलाई सम्याएको हुनुपर्छ ।

क्रमशः मस्तिष्क खाली हुँदै थियो; विचारहरू कम आउँदै थिए । मन पनि खाली हुँदै थियो; भावनाहरू पनि कम आउँदै थिए । पेट पनि खाली हुँदै थियो; खाली पेटमा पठाउने भोजन पनि कम हुँदै थियो । भोक लागे पनि खान मन लागेको कुरा पाइन्थेन । जति खाए पनि त्यही चकलेट र पानी मात्र हो । जता हेरे पनि सेतैसेतो संसार, म अर्कै लोक या ग्रहमा आएँ जस्तो पनि लाग्दै थियो । यस्तो अवस्थामा एकदमै पीडा महसुस हुँदै थियो । त्यो पीडाको व्याख्या म गर्न सक्तिनँ । पीडासँगै आनन्द पनि उभिएको थियो । त्यो आनन्दको व्याख्या म गर्न सक्तिनँ ।

यस्तो बेला दिल्लीमा एक ज्यान दुई जीवन लिएर अस्पतालमा रहेकी हेमाको याद आयो । उनले पठाएका सन्देश र तस्बिर हेर्न मन लाग्यो,

जसलाई मैले मोबाइलमा सुरक्षित गरेर राखेको थिएँ । तर हेरिनँ । हेरें भने म कमजोर हुन्छु भन्ने लाग्यो । यतिखेर म नीलो बरफ जस्तै कठोर हुनुपर्छ; नत्र चुली चुम्न र सर्भे गर्न सक्तिनँ भन्ने सोचें ।

जसरी एउटी आमालाई सन्तान जन्माउँदा अथाह पीडा हुन्छ र जन्माइसकेपछि अथाह आनन्द हुन्छ, त्यसरी नै एउटा आरोहीलाई पनि हिमाल चढ्दा अथाह पीडा हुन्छ र चुली चुम्दा अथाह आनन्द हुन्छ । सन्तान जन्माउनु र हिमाल आरोहण गर्नु उस्तै उस्तै रहेछ ।

# मिसन सक्सेसफुल

*सगरमाथा आरोहण गर्न नसक्नु सगरमाथाको दोष होइन,*
*जसरी मानिसले पौडन नसक्नु नदीको दोष होइन ।*

माथि पुग्दासम्म मौसम राम्रो रहोस् भनेर मनमनै कामना गरें । सुस्ताउँदै बाटो काट्दै थियौं । हामी कोही अघि, कोही पछि थियौं । बेलाबेला एकअर्कातिर फर्केर पनि हेर्दै थियौं । अनुहार लगभग छोपिएकाले शरीरको उचाइ र लुगाको रङका आधारमा एकअर्कालाई पहिचान गर्दै थियौं । अनेक समस्या र हन्डरका बाबजुद हामी चुली नजिकै पुग्यौं । विश्वास लागिरहेको थिएन, चुली अब हातैले छुन सकिन्छ । यतिन्जेल गरेका सङ्घर्ष र हिमालमा भोगेका दुःख बिर्सेर फ्याट्टै आइपुगियो जस्तो लागिरहेको थियो ।

अन्ततः २०७६ जेठ ८ को बिहान तीन बजे हामी चुलीमा पुग्यौं । सुरुमा लाग्यो, यो चुली होइन होला; राति नै भएको हुँदा चुली यतैकतै हामी पुगेको चुलीले नै छोपेको छ । तर हामी सगरमाथाकै चुलीमा पुगेका थियौं । सगरमाथाको चुलीमा पुग्नु भनेको प्रकृतिको चुलीमा पुग्नु हो; पृथ्वीकै चुलीमा पुग्नु हो । धरतीमा यहाँभन्दा माथि जाने ठाउँ छैन ।

शिखरमा पुग्दा जतिसुकै विचारशून्य भए पनि मेरो मानसपटलमा केही विचार र भावना आए–

– मानिसले प्रकृतिमाथि विजय प्राप्त गर्न सक्दैन; त्यसलाई आत्मसात् गरेर प्रेम मात्र गर्न सक्छ । प्रकृतिसँग खेल्न र त्यसमाथि विचरण गर्न सक्छ । यति बेला म पृथ्वीको सबैभन्दा अग्लो प्रकृतिमा विचरण गरिरहेछु ।
– मानिसले हिजो गर्न सकेको कुरा आज गर्न सक्दैन र आज गर्न सकेको कुरा भोलि गर्न सक्दैन । मलाई पहिलो अनुभवले दोस्रो

पटक सगरमाथा आरोहण गर्न सजिलो भयो । तर अनुभवले पनि उमेरसँग हार्नुपर्छ । मलाई पहिलो पटक जति सजिलो दोस्रो पटक भएन । संसारमै सबैभन्दा पहिले सगरमाथाको शिखर चुमेका एडमन्ड हिलारीले पछि मकालु हिमाल आरोहण गर्न सकेनन् ।

- बलले मात्र सगरमाथा आरोहण गर्न सकिँदैन । आरोहण गर्नु कला पनि हो । तर कलालाई प्रयोग गर्न स्वास्थ्य राम्रो हुन जरूरी छ ।
- सगरमाथा आरोहण गर्न नसक्नु सगरमाथाको दोष होइन, जसरी मानिसले पौडन नसक्नु नदीको दोष होइन ।
- सागरको पानीको रङ र सगर छोएका हिमालमा बरफको रङ उस्तै उस्तै हुँदो रहेछ, नीलो । नीलो बरफ चट्टान जस्तै कडा हुन्छ । तर नीलो पानी प्रेमभन्दा कोमल हुन्छ ।
- सामान्यतया हामीलाई हावाको भोक लागेको यादै गरेका हुँदैनौं । हावाको भोक कति गहिरो र कति चाँडै लाग्छ भन्ने कुराको महसुस गर्न हिमाल चढ्नुपर्ने रहेछ । मलाई हावाको भोक कति गहिरो हुन्छ भन्ने कुरा सगरमाथाले बुझायो । हामी दुईचार दिन खान नखाएर बाँच्न सक्छौं, दुईचार दिन पानी नपिएर बाँच्न सक्छौं । तर दुईचार मिनेट हावा नलिई बाँच्न सक्दैनौं । त्यही हावा पनि अक्सिजन पर्याप्त भएको हावा । हावा त सगरमाथाको चुचुरोमा जति बेगिलो कहाँ होला । तर त्यहाँ अक्सिजनको मात्र कम छ र सास फेर्न गाह्रो हुन्छ ।
- हिमालमा साना कष्टहरूलाई ठूलो बनाउनुहुँदैन । बरू ठूला कष्टलाई सानो बनाउनुपर्छ । हिमालले सिकाएको यो कुरा जीवनमा धेरै काम लाग्छ ।
- चिसो कठिन होइन, अक्सिजन नहुनु कठिन हो । हिमालमा हुने पातलो अक्सिजन र चर्को हावा नै जीवनको हावा खुस्काइदिने मुख्य कारण हो । सबै हावा अक्सिजन होइनन् । तर अक्सिजन हावा हो । उचाइमा हावा धेरै लाग्छ । तर अक्सिजन कम हुन्छ । मानव फोक्सोलाई पुग्ने अक्सिजन पनि हुँदैन । फोक्सोलाई नपुगेको अक्सिजनले जीवनलाई पुग्दैन ।

शिखरमा पुग्दा त्यति अप्ठ्यारोमा पनि यति धेरै आनन्द आयो कि आफैंलाई बिर्सन्छु कि जस्तो भयो । अद्यावधिक उचाइ, त्यहाँ चल्ने वेगमय बतास र चिसोका कारण कतिपय आरोहीले त साँच्चै बिर्सिन्छन् रे । म कहाँ छु भन्ने पनि थाहा पाउँदैनन् रे । सहयोगीहरूले सुरक्षित

ओरालेपछि पनि धेरै दिनसम्म आरोहीहरूको मस्तिष्कका सम्झनाका फाइल खुल्दैनन् रे । धेरै कुरा बिर्सिए जस्तो भएँ म पनि । तर आफ्नो उद्देश्य भने अझ ताजा भएको थियो । म उद्देश्यमा एकोहोरो भएको थिएँ । अरू कुरा बिर्सिएर उद्देश्य मात्र ताजा भएर आउँदा काम सफल हुन्छ भन्ने विश्वास बलियो भयो ।

चुलीमा पुग्दाको खुसी र आनन्द व्याख्या गर्ने शब्दहरू मसँग थिएनन्/छैनन् । गमिरहेछु, प्रतिभावान् कवि या लेखकहरू त्यो उचाइमा पुग्ने हो भने त्यो दृश्य, क्षण र आनन्दलाई कसरी व्याख्या गर्दा हुन् ?

विचारशून्य भएर मेरा आँखा रसाए र ती बरफ भए । सुखदुःख र प्रेमपीडा पनि बरफ भए । मैले आकाशतिर फर्किएर मनमनै कामना गरें– मेरो रगत र शरीर बरफ नबनोस्; मेरो पञ्चतत्त्व बरफ नबनोस् ।

उक्लिँदा र तयारी गर्दा जति विघ्नबाधा परे पनि ती सबै बिर्सिएको थिएँ । रविन त झन् रमाएका थिए । सायद दुःख र सङ्घर्ष बिर्सेरै हुनुपर्छ । उनको भावभङ्गिमा अस्वाभाविक जस्तो पनि देखिएको थियो । छिरिङजीले त चुचुरोको अनुभव यसअघि नै दुई पटक गरिसकेका थिए । सहयोगीहरू लाक्पा र दोर्ची पनि सगरमाथाको चुचुरोसँग मौन संवाद गरिरहेका थिए । उनीहरूका आँखा, बोली र व्यवहारमा व्याख्यातीत भाव थियो ।

चुचुरोमा पुगेलगत्तै लामो सास फेरेर छिरिङजीले ट्राइपड निकाले । मैले पनि यन्त्र-उपकरण व्यवस्थित गर्न सुरू गरें । जिएनएसएस एन्टेना र ब्याट्री निकालेर छिरिङजीलाई दिएँ ।

उपकरण जडान गर्दा त्यसको उपयोगिता झन् प्रस्ट भयो । त्यसमा लाग्ने स्क्रूहरू पनि निकालेर छिरिङ र मैले ट्राइपड सेटअप गर्‍यौं । तर स्क्रूले ड्रिल गरेपछि पनि ट्राइपड लुज भए जस्तो लाग्यो । छिरिङले भने, "सर, हल्का पानी हालिदिऊँ ? प्वालमा तत्काल जमिहाल्छ र हाम्रो ट्राइपड टाइट हुन्छ ।"

त्यसैअनुसार पानी हालेको त तत्काल जमिहाल्ने रहेछ । त्यहाँ त पानी पनि सुपरग्लु जस्तो हुने रहेछ । एक मिनेटमै यसो ट्राइपड चेक गरेको त सिमेन्ट झैं कडा भइसकेको रहेछ । हामीले हालेको पानी चुचुरोको बरफसँग वेल्डिङ गरे जस्तो हुँदो रहेछ ।

एन्टेना सेटअप गर्दा बिहानको तीन बजेर पाँच मिनेट गइसकेको थियो । दायाँबायाँ नगरी एकाग्र भएर हामी एन्टेना फिट गर्नतिर लाग्यौं ।

एन्टेनाले डाटा लिन र रेकर्ड गर्न सुरू गर्दै थियो । मैले मोबाइलबाट डाटा लगइन भए-नभएको परीक्षण गरें । जुन लक्ष्य र सपना लिएर आएका थियौं, त्यसको कार्यप्रगति लिइरहनुपर्थ्यो । म यतातिर अत्यन्तै सचेत थिएँ । सोचें, सङ्कटपूर्ण साउथ कोलमा गरेको सङ्कल्प साकार हुने भयो ।

एक्कासि सम्झिएँ, नापी विभागमा हाम्रो खबर पठाउनुपर्छ । विभागले लोबुचे (पिरामिड), दिङ्बोचे, इम्जा, कालापत्थर, कोङ्देलगायत चुचुरोसहित नौ ठाउँमा उचाइ मापनका लागि रिफरेन्स स्टेसन स्थापना गरेको थियो ।

कम्पनीले हामीलाई एउटा मात्र रेडियो सेट उपलब्ध गराएको थियो, जुन सेटले चुचुरोमा काम गरेन । त्यसका लागि दोस्रो शिविरमा पनि स्टेसन हुनुपर्थ्यो ।

हामीसँग एउटा मात्र स्याटलाइट फोन थियो । चुलीमा पुगेर डायल गर्न सजिलो होला भनेर पहिल्यै मैले केही फोन नम्बर डायल लिस्टमा राखेको थिएँ । किनभने चुलीमा एक सेकेन्डको महत्त्व बाहिरको एक दिन बराबरको हुन्छ । ३:१० भएको हुँदो हो । छिरिङजीलाई स्याटलाइट फोन दिँदै भनें, "सबैभन्दा पहिले विभागमा सुशील डङ्गोल सरलाई हामी चुलीमा पुगेर काम गर्दै छौं भनेर जानकारी दिनोस् ।"

उनले सुशील सरलाई फोन गरे । विभागमा कर्मचारीहरू रातभरि हाम्रो फोन कुरेर जागै बसिरहेका थिए । हामीले चुली चुमेको खबरले सबैलाई उत्साहित बनायो । विभागलाई गर्व गर्ने महत्त्वपूर्ण आधार बन्यो । सुशील सरले मेरा बाआमा र हेमालाई पनि उत्तिखेरै फोन गरिदिएछन् ।

त्यसपछि छिरिङलाई आधारशिविरमा रहेका सुरजसिंह भण्डारीलाई फोन गर्न लगाएँ । छिरिङजीले फोन गरिरहँदा पनि हामी काम गरिरहेका थियौं ।

मलाई चिन्ता ब्याट्रीको थियो । हुन त हामीले छ सेट ब्याट्री लिएर गएका थियौं । तर संयोगवश एउटा ब्याट्री नै काफी भयो ।

अतिरिक्त ब्याट्रीको तौल मात्र लगभग १० किलो थियो । पछि त बेकार बोकेर ल्याए जस्तो लाग्यो । बाटोभरि गह्रौं भारी बोक्नुपर्‍यो ।

मान्छे उडाउला जस्तो हिमहुरी चल्ने भएकाले कथंकदाचित् हुरी आएर जिएनएसएस ट्राइपड उडाइदिन्छ भन्ने डरले छिरिङजीलाई ट्राइपडको एउटा खुट्टो समातेर बस्न आग्रह गरेको थिएँ ।

हिमहुरी चलिरहेको थियो । तर गति त्यति तीव्र भएको थिएन । त्यसैले काम गर्न सजिलो हुँदै थियो । बिस्तारै चुचुरोमा अन्य आरोही पनि आउन थाले, जसले गर्दा हामीलाई काम गर्न अप्ठ्यारो हुन सक्थ्यो । त्यसैले हामीले जतिसक्दो चाँडो काम गर्न थाल्यौं ।

जिएनएसएस एन्टेना सेटअप गरिसकेपछि जिपिआरतिर मेरो ध्यान गयो । रविनलाई पहिलाबाट नै जिपिआर चलाउन भनिसकेको थिएँ । उनी पनि सचेत भएर काम गरिरहेकै थिए ।

रविनले मज्जासँग जिपिआर ट्याब्लेट चलाउने र डाटा सेभ गर्ने काम गरिराखेका थिए । मैले सम्झाउँदै थिएँ, "बेलाबेलामा सेभ त गर्दै छौ नि ?"

यही कामको परिणामका निम्ति संसारले हामीलाई नियालिरहेको थियो । यही कामका निम्ति साउथ कोलमा म धरधरी रोएको थिएँ ।

हामीले आधारशिविरबाटै एउटा डोरीले जिपिआरको स्क्यानरलाई घिसार्न सजिलो हुने गरी बाँधेर लगेका थियौं । त्यसो गर्दा हिउँमा स्क्यानर यताउता लैजान सहज हुन्थ्यो । यो कार्य साह्रै बुद्धिमत्ता भएछ भन्ने समिटमा पुगेर काम गर्दा अनुभूति भयो ।

मैले त्यो डोरी समातेर पहिला चुचुरोमा राखी जिपिआर स्क्यानर घिसारें । त्यसपछि चुचुरोको वरिपरि लगभग १५-२० वर्गमिटर क्षेत्रफल कभर हुने गरी सम्झे जति सबै ठाउँमा घिसारें । यसो गर्दा स्क्यानरले भेटेसम्मका स्थानमुनिको हिउँको सतहको मोटाइ कति छ भन्ने तथ्याङ्क थाहा हुन्छ ।

काम गरिरहँदा बीचैमा यसो सम्झिएँ, हामीलाई त फोटो पनि चाहिन्छ नि । यो ऐतिहासिक कामको चिनो त राख्नुपर्छ । किनभने हामी ओरालो झर्नेबित्तिकै यो कार्य इतिहास हुन्छ । फेरि फर्केर खिच्छु र फोटोमा सम्झना सँगाल्छु भनेर कहाँ पाइन्छ र ! छिरिङजीलाई फोटो खिच्न अनुरोध गरें । उनी फोटाग्राफर पनि हुन् ।

उनले बाक्लो पन्जा फुकाले र पातलो पन्जा लगाए । किनभने त्यहाँ पातलो पन्जा लगाएर मात्र फोटो खिच्न सकिन्छ । तर धेरैबेर पातलो पन्जा लगाउनुहुँदैन । त्यसैले चाँडोचाँडो फोटो खिचेर बाक्ला पन्जा लगाइहाल्नुपर्छ । तर उनी हामीपछि आएका जापानी महिला र उनका सहयोगी आशिष गुरूङको फोटो खिच्नतिर लागेछन् । फोटो खिच्दाखिच्दा क्यामराको ब्याट्री नै सकिएछ । उनी अत्तालिन पुगे । उनको हतास र हडबडी मैले प्रस्टसँग

देखें । एकछिनपछि एक्कासि उनी चिच्याउन थाले, "सर, मेरो हात गयो ! ऐया, आत्था !"

त्यो फ्रस्टबाइटको लक्षण थियो । निकै चिसो हावाका कारण उनका हातका औंला फ्रिज भइसकेका रहेछन् । उनमा हतास र छटपटी झन्झन् बढ्न थाल्यो । अतालिएर हात झट्कार्न थाले र कराउन थाले । जसरी आगोले पोल्छ, त्यसरी नै धेरै चिसोले पनि पोल्छ ।

"लौ जा ! साँच्चै फ्रस्टबाइट नै भएछ क्या हो !" नजिक गएर मैले आत्तिँदै भनें । छिरिङजीको ऐया, आत्था बढिरहेकै थियो । त्यति दुर्गम ठाउँमा कसरी उनलाई बचाउने ? छिरिङजीको छटपटीले म पनि डराएँ ।

हिमालमा जब हातखुट्टामा अत्यन्त चिसो हावा पस्छ, त्यसका कारण फ्रस्टबाइट हुन्छ । यसको असर बढ्दै गए हातखुट्टा गुमाउनुपर्नेसमेत हुन सक्छ । छिरिङजीको हालत पनि त्यस्तै हुँदै थियो । उनका औंला पूरै प्रभावित भइसकेछन् ।

"लौ बरबाद भयो ! खोइ, यता आउनू त, छिरिङजी ।" उनीसँगै उभिएर उनका हात समाउन थालें । उनी औंलाहरू चलाउन नसक्ने भएका थिए । मैले पन्जा लगाएरै उनको हात मेरा दुई हत्केलाका बीचमा राखेर रगडें र ताप सिर्जना गर्न थालें । बेलाबेलामा मन्याकमुरूक पनि पारिदिएँ । यसरी तीनचार मिनेटसम्म मिचिदिएँ । बिस्तारै उनको अनुहार उज्यालो भयो र भने, "अलिअलि ठीक होला जस्तो पो भयो, सर ।"

उनको अनुहार उज्यालिएको देखेर मेरो अनुहार पनि उज्यालियो । हिमहुरीमा अडिएर त्यसरी मन्याकमुरूक पारेर मिच्दामिच्दा मेरा हात गलेछन् क्यारे । त्यसपछि छिरिङजीले हातमा ठूलो पन्जा (बिग मिटन) लगाएर बसे । हिमालमा लगाउने पन्जाका तीन पत्र हुन्छन् । भित्री पन्जालाई फ्लिस भनिन्छ; त्यसभन्दा बाहिरको बाक्लो पन्जालाई मिटन र बाहिरको चिसो हावा छेक्ने पन्जालाई बिग मिटन भनिन्छ ।

फ्लिस पातलो हुने भएकाले त्यस्तो पन्जा लगाएर हिमआँधी नचलेका बेलामा फोटो खिच्ने, मोबाइल चलाउने गर्न सकिन्छ । तर दुईतीन मिनेटमै मिटन र बिग मिटन लगाइहाल्नुपर्छ ।

केही बेर आराम गरेपछि उनले केही फोटा मोबाइलबाट पनि लिए ।

चुचुरोमा हामीलाई माइनस ४३ डिग्री तापक्रममा काम गर्नु थियो । बाक्लो मिटन पन्जा लगाएर नटबोल्ट र आइस स्क्रूहरू कस्न सम्भव नै

थिएन । त्यसका निम्ति पातलो, हलुका र च्याप्प समात्न सकिने खालका फ्लिस पन्जा लगाएर काम गऱ्यौं ।

मेरो मोबाइलबाट ब्ल्युटुथ कनेक्सनद्वारा उचाइ नाप्ने जिएनएसएस रिसिभर र एन्टेनासँग सम्पर्क गरिराखेको थिएँ । एन्टेनाले तापक्रम पनि देखाउँथ्यो । सुरूमा अत्यन्तै चिसो (माइनस ४३ डिग्री) देखिएको तापक्रम काम गर्न थालेको एक घण्टापछि लगभग २० डिग्री बढेर माइनस २३ डिग्री पुगेछ ।

लगभग ४५ मिनेटपछि आरोहीहरू चुचुरोमा आइपुग्ने क्रम सुरू भयो, जसले गर्दा हामीले स्वतन्त्र रूपमा काम गर्न पाएनौं । एक घण्टापछि त आरोहीहरू आउने क्रम झन् बढ्यो । हामीलाई काम गर्न धेरै नै बाधा पुग्न थाल्यो । तैपनि समयमै माथि पुगेकाले आरोहीहरूको भीड हुँदासम्म धेरै काम गरिसकेका थियौं ।

चार बजेपछि आरोहीहरूको ताँती नै देखिन थाल्यो । हावाको वेग पनि बढ्न थाल्यो । दुवैले हामीलाई अप्ठ्यारो पार्न थाले । अचम्म त के भने, जहाँ हावाको वेग तीव्र छ, त्यहाँ सास फेर्न अक्सिजन माक्स लगाउनुपर्छ ।

चुचुरोमा बसेर भूउपग्रहबाट प्राप्त तथ्याङ्क विवरण जति लामो अवधिको लिन सकिन्छ, उति नै परिशुद्ध उचाइ सङ्गणना गर्न सकिन्छ । हामीले काम सुरू गरेको एक घण्टा भइसकेको थियो ।

अब मान्छेबाट कसरी मेसिन जोगाउने भन्नेतर्फ विचार गर्न लागें । आरोहीहरूको क्र्याम्पनले अल्झाएर हामीले सेफ्टीका लागि प्रयोग गरेको डोरी हल्लिन थाल्यो, जसले गर्दा काम गर्न गाह्रो भयो । सहयोगका लागि रविनको अनुहारमा हेरें । यसै त कम बोल्ने उनी चुचुरोमा झन् के बोल्थे । एक त उचाइमा बोल्न सबैलाई गाह्रो हुन्छ; धेरैजसो इसाराले काम गर्नुपर्छ । त्यसमा पनि उनी अलि भावुक भए जस्तो लाग्यो । मौसम र परिवेशले अझै मौन बनाएको हुँदो हो ।

"डाटा रेकर्डिङ स्टार्ट गरेको एक घण्टा भए जस्तो छ," मैले भने, "अब फर्किनुपर्छ ।"

जति लामो समय जिएनएसएस अवलोकन गर्न सक्यो त्यति नै धेरै परिशुद्ध तथ्याङ्क आउने हुँदा मलाई केही समय अझै अवलोकन गर्न मन लागेको थियो । सोहीबमोजिम जिएनएसएस एन्टेना सगरमाथाको चुचुरोमा इन्स्टलेसन गरेको लगभग सवा घण्टा भएको थियो । त्यति बेलासम्म चुचुरोमा चाप अत्यन्त बढिसकेको थियो । आरोहीहरूको मात्र

होइन, हावाको चाप पनि बढेको थियो । त्यसैले रविनलाई भनें, "यहाँ अब भीड बढ्न थाल्यो । तिमीलाई गाह्रो पनि भयो । त्यसैले तिमी सानो लाक्पासँग ओर्लिँदै गर । म र छिरिङजी एकैछिनमा मेसिन प्याक गरेर बिस्तारै आउँछौं ।"

आरोहीहरू हुलका हुल भएर उक्लिरहेका थिए । कसैलाई नआओ, हामी सगरमाथाको उचाइ नाप्दै छौं भन्ने कुरा भएन; हामीलाई विघ्नबाधा नपुऱ्याऊ भन्नु पनि भएन । किनकि सबैका आआफ्ना उद्देश्य थिए । करोडौं लगानी गरी आफ्नो ज्यानको बाजी लगाएर चुचुरो चुम्न पुगेका आरोहीहरूलाई टुप्पोमै नआऊ भन्ने मसँग अधिकार थिएन । तैपनि मैले हाम्रो एन्टेना वरिपरि कसैलाई पुग्न दिएको थिइनँ ।

यसो पूर्वतिर हेरें, तिब्बतका पठार र हिमालहरूको क्षितिज । त्यो क्षितिजबाट सूर्यलाई निम्ता गर्ने उषाको लाली फैलिएर आकाश नै रातो देखिएको थियो । केही समयमै सूर्य सगरमाथालाई हेर्न आउँदै थियो । सूर्यले हामीलाई पनि हेर्नेछ । सगरमाथाको चुचुरोमा हामी उभिएको सूर्यले देखोस् भन्ने भावना थियो । तर धेरैबेर चुलीमा रहनु ठूलो जोखिम हुन्थ्यो । किनभने हामीसँग अक्सिजन पनि सकिँदै थियो । हामीले लिनुपर्ने डाटा पनि लगभग लिइसकेका थियौं । सूर्यको दर्शन हिलारी स्टेपमै गएर गर्नुपर्ला भनेर तल ओर्लन इन्स्ट्रुमेन्ट प्याक गर्नतिर लाग्यौं । छिरिङजीले छिरलिएर रहेका सरसामान भेला पारे र झोलामा हाले । जिएनएसएस रिसिभर खोलेर मैले आफ्नो झोलामा राखें र बोकें, जसमा अमूल्य डाटा थियो । ब्याट्री, एउटा ट्राइपड र अन्य सामग्री छिरिङजीले राखे र बोके । हामीले अतिरिक्त ट्राइपड पनि लगेका थियौं । तर ती सबै बोकेर तल झर्न भारी हुने देखियो । छिरिङजीले सोधे, "के गरौं यी एक्स्ट्रा ट्राइपड ?" मैले भनें, "यतै कतै व्यवस्थापन गर्नू ।" उनले ती ट्राइपड चुचुरोको पूर्व-उत्तरपट्टि काङसुङ फेसतिर फ्याँकिदिए । हामी दुई भाइ पनि लगभग पौने पाँच बजे पुनः एक पटक चुचुरोलाई ढोगेर तल ओर्लिन सुरू गऱ्यौं ।

लेखक सरूभक्तले आफ्नो उपन्यास चुलीमा लेखेका छन्, "हिमाल चढ्नु भनेको ओर्लनु पनि हो ।" त्यसैले चढ्दैमा सफल भएको मानिँदैन । ओर्लन पनि सक्नुपर्छ ।

ओर्लंदै गर्दा एकाएक मलाई झोला एकदमै गह्रुङ्गो भयो । केही बेरसम्म त किन केले गह्रुङ्गो भयो, थाहै पाइनँ । चुलीमा जाँदा डिभाइस मात्र थियो । त्यो भारी थिएन । जब चुलीमा बसेर डिभाइसमा डाटा भरियो,

त्यो भारी मलाई आफ्नो तौलभन्दा गह्रौं लाग्यो । बल्ल पो थाहा पाएँ, मलाई त डाटा रिसिभर डिभाइस पो गह्रुङ्गो भएको रहेछ । रिसिभर त पहिले जति तौलको थियो, उही तौलको थियो । पहिले खाली थियो, पछि डाटा रेकर्ड भएको थियो, तौल भने बढेको थिएन । तर मलाई क्विन्टल जत्तिकै भारी हुँदै थियो । किनभने त्यहाँ हामीले सगरमाथा मापन गरेको डाटा सुरक्षित थियो । बल्ल महसुस भयो, मलाई त सगरमाथाको डाटा गह्रौ भएको रहेछ; जिम्मेवारी पो भारी भएको रहेछ । आफ्नोभन्दा त्यो महत्त्वपूर्ण डाटाको माया लागिरहेको थियो । कथंकदाचित् मलाई केही भइहाल्यो भने मसँगसँगै त्यति दुःख गरेर सङ्कलन गरेको डाटा पनि नष्ट हुन सक्थ्यो । मलाई कतिखेर आधारशिविर पुगौं र मापन डाटा जिम्मा लगाऊँ भयो ।

ओर्लिने बेला फेरि एक पटक चारैतिर नजर घुमाएँ, सेतो टोपी लगाएका हिमालै हिमालबाहेक केही देखिएन । संसारमा हिमाल र हिउँबाहेक केही छैन जस्तो । धेरै कुरा बिर्सिएर मुग्ध भएका बेला एक्कासि अमर न्यौपानेको प्रख्यात उपन्यास *सेतो धरती* सम्झिएँ । उनले बालविधवाको जीवनमा सेतो धरती देखे; मैले सगरमाथाको चुलीबाट सेतो धरती देखें; मैले देखेको सेतो धरती भौतिक, उनले देखेको अभौतिक; मैले देखेको भूगोल, उनले देखेको भावना; मैले देखेको वस्तुगत, उनले देखेको आत्मगत । हामीले देखेका दुई सेतो धरतीमा कति धेरै फरक !

त्यसपछि मस्तिष्कका केही फाइल खुल्दै गए । सोचें, यहाँको हिउँमा धेरै आरोहीका खुट्टाले धेरै कथा लेखेका छन् र ती कथा हिउँले छोपिएका छन् । तर छोपिएको हिउँ उठाएर हेर्दा त्यहाँ आरोहीहरूको कथा हुँदैन । त्यसैले हिउँ, हिउँ मात्र होइन, नदेखिने कथाहरूको हिमाल हो । साहस र दुःखको शिखर हो ।

हिउँमा हाम्रा पैतालाले कथा लेख्छन्, जसलाई उत्तिखेरै हिउँले छोपिदिन्छ । जीवनका कथा भने छोप्दाछोप्दै पनि देखिन्छन् । हिमाल र मानव जीवनबीच तुलना गर्दा हिमाल हेर्दा जीवन जस्तो र जीवन हेर्दा हिमाल जस्तो लाग्यो ।

ओर्लंदै गर्दा पनि कतै कुनै स्टेप बिर्सिएँ कि अथवा केही महत्त्वपूर्ण काम गर्न भुलें कि भन्ने चिन्ता लागिरह्यो । किनकि मलाई राम्रोसँग थाहा थियो, अक्सिजन प्रेसर एकदम कम हुने हुँदा धेरैजसो आरोहीले डेथ जोनमा पुगेपछि धेरै कुरा बिर्सिन्छन् । गहिरो पीडा होस् या प्रेम, परिवार होऊन् या आफन्त, साथीहरू होऊन् या शत्रुहरू; कुण्ठा होऊन् या खुसी ।

त्यसैले धेरैजसो आरोहीहरूले सगरमाथा चुली चुम्दाको अनुभव र खुसी शब्दमा भन्न सक्दैनन् । उनीहरूले चुलीमा धेरै कुरा बिर्सिन्छन् । सायद आफूलाई मात्र सम्झिएर ओर्लिन्छन् । चुली चुम्दा कतिले त आफूलाई पनि बिर्सिन्छन् ।

पहिले मलाई कहिल्यै लागेको थिएन, म कुनै दिन सगरमाथा आरोहण गर्नेछु । लाग्थ्यो, म त हिमाल हेर्न मात्र जन्मेको मान्छे हुँ । परिस्थितिले दुई पटकसम्म सगरमाथाको चुचुरोसम्म पुऱ्याइदियो । नेपालको कर्मचारी इतिहासमा दुई पटक सगरमाथाको चुचुरो चुम्ने पहिलो कर्मचारी बन्न पाउँदा आफैँसँग धन्य भएँ । संसारमै पहिलो पटक सर्भेयरद्वारा सगरमाथा मापन हुँदा र त्यसमा आफूसमेत संलग्न हुन पाउँदा म आफैँसँग दोब्बर धन्य भएँ । यस अभियानलाई संयोजन र सहयोग गर्ने सबैलाई सगरमाथामै उभिएर पटकपटक सरसर्ती सम्झिएँ र उनीहरूप्रति कृतज्ञ भएँ । जन्म दिने आमा, कर्म दिने बा, आफ्नो जन्मभूमि, जीवनयात्रामा साथ दिने जीवनसाथी, आफन्त, साथीहरू, सुशील सरलगायत विभागका कर्मचारीहरू, आरोहण सहयोगीहरू सबैलाई सम्झेर शिर झुकाएँ ।

***

धेरै आरोही भन्छन्, "चुचुरोमा पुगेपछि म विचार र भावनाशून्य भएँ ।"

अचम्म त के भने, म दुवै पटक न विचारशून्य भएँ न भावनाशून्य । बरू जति उचाइमा पुग्यो, उति ताजा र आनन्दानुभूति गरें । जति अप्ठ्यारो भयो, उति आनन्द आयो । यस्तो भएको मेरो मात्र कारणले होइन, कुनै अन्तर्शक्तिले काम गरेको हो भन्ने लाग्यो । यति भने भएको थियो, चुचुरो र चुचुरो वरिपरि ममा एकदमै कम विचार र भावना आए । थोरै विचार मस्तिष्क र थोरै भावना मनले बोक्दा जीवन नै हलुका महसुस हुँदो रहेछ । त्यसैले पनि मलाई चुलीमा धेरै आनन्द आयो ।

आफ्नो हृदय चेतना देखेर आफैँसँग छक्क परें । चुचुरोमा पनि मैले सबै काम सचेततापूर्वक गरेको थिएँ । हिमालप्रतिको विश्वास बढ्दै गएको थियो । आत्मविश्वास कत्ति कम भएको थिएन । त्यसैले लगभग पौने दुई घण्टासम्म चुचुरोमा बसेको पनि एकएक याद भइरहेको छ ।

रविनलाई चुचुरोमा हुँदाको संस्मरण सोध्दा याद खासै छैन भने । अरू पनि धेरै आरोहीले यसै भनेका थिए । तर मेरो मानसपटलमा एकएक पल सुरक्षित छन् ।

# साउथ कोलमा चमत्कार

*शिखर, जीवनको होस् या हिमालको; धेरैबेर टिक्न कठिन हुन्छ ।*

हामी ओर्लंदै गर्दा पनि आरोहीहरूको ताँती बढेको बढ्यै थियो । त्यति साँघुरो चुलीमा त्यति धेरै आरोही कसरी उभिएलान् भन्ने लाग्यो । चुलीमा न धेरै आरोही अटिन्छ, न त्यहाँ धेरैबेर टिक्न सकिन्छ । सगरमाथाको चुचुरो फराकिलो र आयामिक छैन । जीवनको होस् या हिमालको, शिखरमा धेरैबेर टिक्न कठिन हुन्छ ।

खादा, झन्डा र अन्य कतिपय सामानको थुप्रोले साँघुरो चुचुरो झन् अस्तव्यस्त भएको थियो । चुचुरो वरपरको भूभाग बढीमा १५-२० वर्गमिटर जति क्षेत्रफल होला; त्यो पनि छड्के, करालो परेको । आरोही अडिने ठाउँ भनेको त्यतिमै हो । चुचुरोमा नपुगेकालाई अनुमान गर्नै मुस्किल हुन्छ, त्यहाँको भीडभाडको अवस्था ।

तल झर्दै गर्दा हामी हिलारी स्टेपमा लगभग दुई घण्टा जति मानव ट्राफिक जाममा फस्यौं । त्यो भीड देख्दा यति धेरै आरोहीहरू एकसाथ चुचुरोमा कहिल्यै आएका थिएनन् जस्तो लाग्यो । मैले छिरिङजीलाई भनें, "मर्निङ सोज द डे भनिन्छ; हामी खुम्बु आइसफलमै ट्राफिक जाममा परेका थियौं । अहिले यहाँ पनि पऱ्यौं ।"

सन् २०१९ मे २२ अर्थात् २०७६ जेठ ८ मा एकै दिन दुई सय २३ जना आरोहीले सफलतापूर्वक आरोहण गरेको कुरा पर्यटन विभागले पुष्टि गऱ्यो । सगरमाथा आरोहणको इतिहासमा एकै दिनमा सबैभन्दा धेरै आरोहीले सगरमाथा आरोहण गरेको दिन हुन पुगेछ, त्यो दिन ।

उकालो चढ्नेलाई बाटो दिएर कुर्दाकुर्दा हामी साह्रै डरायौं । एकातिर आरोहीको हुल, अर्कातिर अत्यन्तै डरलाग्दो हिमाली भीर । हामी सबै त्रासले अतालियौं र मुटुलाई थमथमाएर बस्यौं । १५ मिनेटको बाटो छिचोल्न दुई घण्टा लाग्यो । त्यति धेरै उचाइमा त्यति धेरै बेर अडिनु जोखिम हो ।

पछि काठमाडौं आउँदा मैले गरेको अनुमान सही ठहरियो ।

म हेर्दै थिएँ, आरोहीहरूको ताँती । झर्नेभन्दा चढ्ने धेरै । कमिला झैं लस्करै उक्लिरहेका । दुईचार पाइला चाल्दै, अडिँदै चुलीतिर टाउको उठाइरहेका । आपसमा गुजुल्टिँदै जाम भएर बसेको हुल हेर्दा म अतालिएँ ।

आरोहीको हुलले भन्दा एउटा दृश्यले अतालिएँ म । साउथ समिटमुनि लगभग आठ हजार छ सय मिटर उचाइ नजिकै मेरो जस्तै झोला बोकेको मान्छे पहरो तलतिर लडिरहेको देखें । अलिक गहिरिएर हेरें र त्यो मानिस नै हुनुपर्छ भनेर ठम्याएँ । अझै नजिक गएर हेरें । अनि एक्कासि झस्किएँ, "हैन, मेरो जस्तै झोला बोकेको यो मान्छे को हो ?"

"पक्कै पनि रविन हुनुपर्छ !" आफैलाई उत्तर दिएँ ।

चिसोबाट बँच्न हामीले शिरदेखि पाउसम्म यति धेरै र बाक्ला लुगा लगाएका हुन्छौं कि सुतेका बेला त हामी कपडाको ठूलो थुप्रो जस्तो देखिन्छौं । रविन कपडाको थुप्रो जस्तै देखिएका थिए । मैले उनलाई कपडाले नै चिनिहालें । मेरो सातो गयो । रविन त अचेत अवस्थामा लडिरहेका रहेछन् । छिरिङजी त मभन्दा अघि थिए । उनलाई बोलाएँ । उनी आत्तिँदै आए । मैले भन्ठानेको थिएँ, रविन त साउथ कोल नजिकै पुगे होलान् । त्यहाँ पो लडेका रहेछन् । मैले उनलाई घचघच्याउँदै बोलाएँ, "रविन !"

उनी न बोल्न सके, न चलमलाउन । डर लाग्यो, यो के दशा आइलाग्यो ! छिरिङजीले उनको अक्सिजन परीक्षण गरे । अतिरिक्त अक्सिजन सिलिन्डर नभएकाले मैले पनि एकदम कम भोल्युममा अक्सिजन खाइरहेको थिएँ ।

तैपनि जागिहाल्छन् कि भनेर मेरो अक्सिजन मास्क खोलेर रविनलाई फटाफट लगाइदिएँ । त्यसपछि उनी बिस्तारै चलमलाएँ । आत्तिएको मन केही शान्त भयो । तर उनमा शारीरिक सक्रियता देखिएन । फेरि चलमलाउन छाडे । बाटोपट्टि आएर छिरिङजी कराए, "कसैले अक्सिजन बोतल सहयोग गर्नू न प्लिज ! सहयोग प्लिज !"

उनी त्यसरी आर्त्तिँदै कराउँदा पनि भीडले नसुने झैं गऱ्यो । त्यहाँ सबैलाई आफ्नो जीवन कसरी जोगाउने भन्ने मात्र चिन्ता थियो । अरूलाई आफ्नो अक्सिजन दिनु त धेरै परको कुरा हो । भीडमा एक जना शेर्पाले उनलाई चिनेका रहेछन् र परिस्थिति बुझेर ती मान्छेले फ्याट्ट भने, "ए छिरिङ सर पो ! म दिन्छु नि त । मसँग एक बोतल थप अक्सिजन छ ।"

ती मान्छेले हामीलाई फोक्सो नै दान दिए जस्तो लाग्यो । उनी हातमा अक्सिजन बोतल लिएर आए र रविनलाई अक्सिजनको तीन प्रेसरमा लगाइदिए । एकछिनमै रविन जुरुक्क उठे । हामीमा खुसीको सीमा रहेन । छिरिङलाई भनें, "तपाईंले त रविनको आयु थपिदिनुभयो; गुमिसकेको उनको जीवन ब्युँताइदिनुभयो । सँगै मेरो नाक पनि जोगाइदिनुभयो ।"

अक्सिजन नभएर पो उनी ढलेका रहेछन् । छिरिङजी कराउनु र उनलाई चिनेका दिलदार शेर्पा भेटिनु गजबको संयोग भयो । त्यही संयोगका कारण रविनले नयाँ जीवन पाए । त्यो दुर्गम ठाउँमा पलपलमा मृत्युसँग जम्काभेट भइरहन्छ र हामीले नयाँ जीवन पाइरहेका हुन्छौं । सास फ्याँकेपछि फेरि सास लिन पाउनु नै नयाँ जीवन पाउनु हो । हिमालले हामीलाई जीवनको महत्त्व सिकाउँछ, अक्सिजन र सासको महत्त्व बुझाउँछ ।

लगभग कोमामा गएका रविनलाई बचाउन सफल भयौं । पुनर्जीवन पाएका रविन भर्खरै निदाएर हठात् ब्युँझिए जस्ता देखिए । उनले राम्रोसँग खुट्टा टेक्न सकिरहेका थिएनन् । उनको अवस्था हेर्दा लाग्यो, उनलाई कहाँ छु भन्ने पनि थाहा छैन; आफू अचेत भएर लडेको र उठेको पनि थाहा छैन; कसले कसरी उठायो भन्ने पनि थाहा छैन ।

मसँग थर्मसमा भएको पानी छिरिङजीले रविनलाई खुवाइदिए । त्यसपछि हामी चुपचाप बिस्तारै ओरालो लाग्यौं । धेरै बोल्न त छिरिङजी र म पनि सकिरहेका थिएनौं । हामीले रविनलाई बाल्कोनीसम्म सेफ्टी लिङ्क गराएर झाऱ्यौं । उनले बिस्तारै भने, "रिमरिम भयो !"

मन धेरै हल्का भयो । तर त्यो बेलासम्म म पनि यति शक्तिहीन भइसकेको रहेछु कि आफूलाई धान्न सकिरहेको थिइनँ । आफ्नो शरीरमा कतै ठूलै समस्या परिरहेछ भन्ने बोध भएको थियो । तर कहाँ के समस्या परेको छ, थाहा पाएको थिइनँ । तैपनि आफूलाई जबर्जस्ती घिसारिरहेको थिएँ । चुलीमा समेत केही नभएको चेतना एकाएक हराउँदै गइरहेको थियो ।

अर्धचेत अवस्थामा म घिच्चिइरहेको थिएँ । मेरो शरीरको सक्रियता कम हुँदै गएको थियो र चेतना थला परेको थियो । यस्तो क्रम बढ्दै गएर म हिँड्नै नसक्ने अवस्थामा पुगें । दुई पाइला हिँड्नेबित्तिकै थचक्कै बस्न थालें । रविनलाई जोगाउने कि आफूलाई ? हामी दुवैको हालत नाजुक भएको थियो ।

जति तल ओर्लंदै गयो उति चङ्गा हुँदै जाने हिमाली यात्राको विशेषता हो । रविन बिस्तारै चङ्गा हुँदै थिए । उनलाई चाँडो हिँड भन्दै छिरिङजी र मैले दुईतिर समाएर कतै उचाल्दै, कतै घिसार्दै लगभग पाँच ठाउँमा बिसाएर बल्लबल्ल बाल्कोनीको हिउँपाखासम्म झर्न सक्यौं ।

मेरो शरीरको शक्ति क्षीण भएको थियो । हालत झन्झन् खराब भइरहेको थियो । छिरिङजी पनि लखतरान भएका थिए । छिरिङजी सबैभन्दा अगाडि, रविन पछाडिपछाडि थिए । मैले रविनलाई चाँडो झर्न प्रेरित गर्दै थिएँ । जति चाँडो तल पुगियो, उति हामी सुरक्षित हुन्थ्यौं । मैले हरेक मोडमा उनलाई पर्खेर सँगै तल झारेको थिएँ ।

लगभग आठ हजार दुई सय मिटरमा झर्दा दिनको एक बजिसकेको थियो । छिरिङजी अगाडि अगाडि गएर हामीलाई पर्खिंदै थिए । भित्रभित्रै मेरो स्थिति बिग्रिइसकेको थियो । कसैलाई केही भन्न सकेको थिइनँ । मधुरो सम्झन्छु, रविन मभन्दा अगाडि हिँड्दै छन् र मबाट पर हुँदै छन् ।

मृत्यु क्षेत्रलाई समेत जितेर चुचुरोमा पुगेपछि सोचेको थिएँ, मैले डेथ जोनलाई जितें अथवा डेथ जोन मेरो जीवनले पचाउन सक्यो । त्यहाँ भएको अद्भुत अनुभूति शब्दमा व्यक्त गर्ने सामर्थ्य भने मसँग छैन । तर फर्कंदै गर्दा भने मलाई मृत्यु क्षेत्रसँग हार्छु कि जस्तो भयो ।

एक्कासि कुनै अदृश्य चीजले झ्याप्प छोपे जस्तो भयो । धेरै कुरा बिर्सिंदै गएँ । बिर्सिंदा कति आनन्द हुन्छ भन्ने कुरा महसुस भयो । त्यति धेरै आनन्द कहिल्यै पाएको थिइनँ । त्यो आनन्द किन आयो, अझै त्यसको उत्तर पाउन सकेको छैन । भर्खर चुलीमा पुगेर आएको पनि बिर्सदै गए जस्तो भयो । घर, परिवार, आफन्त, पद, प्रतिष्ठा, सम्पत्ति पनि बिर्सदै गए जस्तो भयो । आफैंलाई बिर्संदै गएपछि सबैलाई बिर्सिंदो रहेछ ।

मलाई अलिअलि सम्झना छ, म धरमराएको, मेरा गोडा मलाई बोकेर उभिन नमानेको र हिउँको ओछ्यानमा डङ्ग्रङ्ङ लडेको । त्यसरी पल्टिँदा म एक्लै थिएँ या मेरा आँखा धमिला भएर कोही देखिनँ, म यसै भन्न

सक्तिनँ । म लड्न लागें भनेर साथीहरूलाई बोलाउन या चिच्याउन पनि सक्ने अवस्थामा थिइनँ । बोल्न खोज्दा आफैंले मात्र सुन्ने गरी बोलें या बोलिनँ, त्यो पनि थाहा छैन । त्यसपछि त आफैंले बोलेको पनि आफैंले सुन्न सकिनँ ।

लडिसकेपछि मैले केही पनि थाहा पाइनँ । यति मात्र थाहा थियो, म संसारको सबैभन्दा आरामदायी ओछ्यानमा सबैभन्दा न्यानो घामको सिरक ओढेर सुतिरहेको छु र मीठो सपना देखिरहेछु । अहिले त्यो सपना सम्झिन त सक्दिनँ । तर त्यो सपना चुलीमा पुग्दाको बिपनाभन्दा आनन्ददायी थियो । यस्तो आनन्द त सायद निर्वाण प्राप्त गर्दा कुनै सन्तले मात्र प्राप्त गर्छ होला । हिउँको ओछ्यानमा घामको सिरक, सामान्य जीवनमा अकल्पनीय आनन्द ।

***

कसैले मलाई एक्कासि घचघच्याइरहेको भान भयो । लामो समयपछि ब्युँझिए जस्तो भएछु । यति मीठो सपना देख्दादेख्दै कसले मलाई ब्युँझायो ? ब्युँझाउनेसँग मनमनै रिसाएँ । बिस्तारै आँखा खोल्दा नीलो आकाश देखें; सुस्तरी टाउको घुमाएर दायाँबायाँ हेर्दा जताततै सेतो धरती देखें । आफ्नो नजिकै दुई जना विदेशी आरोही पनि देखें, सायद चुचुरो चुमेर फर्किंदै थिए । एउटाले चिच्याउँदै भन्यो, "स्टिल एलाइभ !"

उनले मलाई जिउँदो छ कि मरेको छ भनेर मेरा खुट्टामा आफ्ना क्र्याम्पनले हानेका रहेछन् र म ब्युँझिएको रहेछु । म त बेहोस भएको रहेछु भन्ने बल्ल थाहा पाएँ ।

अचानक ममा शक्ति आयो । जर्‍याकजुरूक उठें र मलाई ब्युँझाउने विदेशी आरोहीतिर हेरें । उनले मलाई तेजिला आँखाले हेरिरहेका थिए । म बाँचेको देखेर अचम्मित हुँदै हेरेका होलान् । तर उनी अडिएनन्, आफ्नो लक्ष्यतिर हिँडिहाले ।

शक्तिहीन भएर लडेको, ब्युँझदा त अचानक शरीरमा नयाँ ऊर्जा भरिएको रहेछ । हठात् आएको ऊर्जाबारे अहिले पनि म बयान गर्न सक्तिनँ । सायद त्यति बेला म शून्य भएको थिएँ । त्यसैले त्यो अनुभवको व्याख्या गर्न सकिनँ । म बेहोस हुनु र ब्युँझिनु मलाई संसारकै अद्‌भुत चमत्कार लाग्यो । नत्र त्यतिका बेर हिउँमा सुतेको र हिउँले ढाकिएको मानिस कसरी एक्कासि ब्युँझिन सक्थें ? ब्युँझिएपछि निद्रा पुगेको मान्छेमा

जस्तो स्फूर्ति कसरी आउन सक्छ ? मलाई त्यो क्षणमा पुनः भगवान् छन् जस्तो लाग्यो ।

डेथ जोनमा बेहोस भएको मान्छे हतपत ब्युँझिन सक्दैन । सामान्यतया त्यस्तो अवस्थामा उद्धारबिना आफैं उठेर हिँड्नु भनेको आफैंमा एक प्रकारको चामत्कारिक घटना हो ।

*मिराकल अन एभरेस्ट* नामक डकुमेन्ट्रीमा सगरमाथा चढेका विदेशी आरोही मर्‍यो भनेर शेर्पाहरूले छाडेर हिँडेको २४ घण्टापछि उनी आफैं ब्युँझिएर चलमलाएको थाहा पाएपछि उनलाई मानिसहरूले उद्धार गरी बचाएको कहानी सम्झिएँ । म पनि सायद त्यस्तै समयखण्डबाट गुज्रनुपर्‍यो ।

***

साथीहरूले मलाई छाडेर गइसकेका रहेछन् । उनीहरूले सोचेका हुँदा हुन्, खिमलाल अलि बलिया छन् । चुलीमा पुग्दा पनि उनलाई केही भएन । उनी हाम्रो पछिपछि अभिभावक बनेर हामीलाई अघि लगाउँदै आउँदै छन् । छिरिङजीले त भनेकै थिए, "तपाईं बलियो हुनुहुन्छ । चुचुरोमा पनि त्यति सचेत भएर काम गर्ने मान्छे सजिलै ओर्लन सक्नुहुन्छ ।"

हिमालको सन्तान छिरिङजीले त्यसो भन्दा आत्मबल बढेको थियो । तर त्यो बढेको आत्मबल कता हरायो, थाहै पाइनँ । फेरि कहाँबाट आफैं उठेर आयो, त्यो पनि थाहा पाइनँ ।

साउथ कोल नजिकै थियो । ईश्वर, हिमाल र आफैंसँग छक्क पर्दै म लखरलखर चौंथो क्याम्पमा पुगें । त्यहाँ पुग्दासम्म मलाई धेरै कुरा सम्झनामा आइसकेका थिए । ती सम्झनाले सताएका थिएनन्; अत्याएका पनि थिएनन् । बिस्तारै मेरो दिमागका फाइल खुल्दै थिए ।

"ए सर पो आइपुग्नुभएछ !" थर्मसको बिर्कोमा पानी खाँदै छिरिङजीले भने । उनले त्यसो भन्दा मलाई उत्पात झोक चल्यो । तर रिसाउन मन लागेर पनि म रिसाउन सकिनँ; नरिसाईकन केही बोल्न पनि सकिनँ । हृदयले बोलेर ऊर्जा नष्ट नगर भनिरहे जस्तो लाग्यो ।

टेन्टको बाहिरपट्टि ढुङ्गामा लत्रक्क परेर बसें र केहीबेर सुस्ताएँ । त्यसपछि चाहिँ रिसाएको भावमा छिरिङजीलाई भनें, "किन मलाई छाडेर आउनुभको ? म ढलेको ठाउँबाट नउठेको भए के हुन्थ्यो ? किन यति ढिलो भयो भनेर खोज्न जानुपर्दैन ? यो त तरिका भएन नि यार !"

मेरो कुरालाई अलि हल्का रूपमै लिएर सामान्य शैलीमा उनले भने, "यसो चियापानी लिएर खोज्न जानुपर्ला भनेर सोचिराथें, सर, तपाईं आइहाल्नुभो ।"

जे भए पनि मलाई एक क्विन्टलभन्दा गह्रुङ्गो लागेको जिएनएनएस रिसिभर एक्कासि हलुङ्गो लाग्यो । अब त मलाई केही भइहाले पनि साथीहरू भेटिए; डाटा सुरक्षित हुने भयो भन्ने लाग्यो । हामीले गरेको काम साथीहरूले सुरक्षित राख्नेछन् ।

***

साउथ कोलमा म बाहिरै बसिराखेको थिएँ । भारतीय आरोही राहुल र उनको गाइड किपा शेर्पा नजिकै थिए । उनीहरू तेस्रो शिविरबाट आएका रहेछन् । त्यो रात समिट गर्ने योजना रहेछ । किपा एकदम खुसी हुँदै प्लास्टिकको कपमा कफी लिएर मेरो नजिकै आए र भने, "सर, कफी खानुस् ।"

बाहिरै बसेर तातो कफी पिउँदै साउथ कोलतिर आफू आएको बाटो हेरेर निकै बेर टोलाएँ । हिमहुरी चलिरहेको थियो । मेरा जुत्ताले हिउँमा बनाएका पाइलाहरू हिउँले पुरिसकेछन् । यतिन्जेलसम्म नब्युँझिएको भए हिउँले मलाई पनि पुरिसक्थ्यो होला भन्ने कल्पना गरेर म धेरैबेरसम्म गम खाइरहें ।

आकाशमा हिउँका थुङ्गा कपास झैं उडिरहेका थिए । हेर्दा आनन्द, भोग्दा कठिन लाग्ने त्यो ठाउँमा अलि बेर बाहिरै बसेर आफू आएको बाटोतिर हेरिरहन मन थियो । तर एकाएक अत्यधिक हावा चल्न थाल्यो । म घिस्रिँदै टेन्टभित्र छिरें ।

भारी मनले छिरिङजीलाई भनें, "मेरो हालत पूरै खराब भइसकेको छ, छिरिङजी । मभित्र केके खराबी भएको छ, मलाई नै था छैन । म केही गर्न सक्ने स्थितिमा छैन !"

"नआत्तिनू सर, अब तपाईंलाई ठीक हुन्छ; हामी छौं," उनले मलाई आड दिए ।

आरोहण गर्दा लगाउने समिट सुजका दुई लेयर हुन्छन् । भित्रको जुत्तालाई नानी भनिन्छ । हिमालको धेरै उचाइमा टेन्टभित्र बस्दा बाहिरी जुत्ता खोलिन्छ र जुत्ताको नानीसँगै टेन्टभित्र बस्ने सुत्ने गरिन्छ । बाहिरी

जुत्ता पनि नखोली म त्यत्तिकै सुतेछु । फेरि अर्धचेत अवस्थामा जाँदै थिएँ । त्यस्तो अवस्थामा मैले आफैंलाई जगाउन खोज्दै थिएँ ।

छिरिङजीले खै केके बनाएर खान दिए; अलिअलि याद छ मलाई । तर उनले मलाई के खान दिएका थिए र त्यसको स्वाद कस्तो थियो, अहिले पनि याद छैन ।

सुतेपछि केही थाहा पाइनँ । ब्युँझिएपछि छिरिङजीले मेरा बारेमा सुनाए, "राति तपाईंको कन्डिसन एकदमै नाजुक अवस्थामा पुगेको थियो । मूढो झैं पल्टिनुभएको थियो । मैले अक्सिजनको भोल्युम बढाइदिएको थिएँ ।"

मैले आफूलाई ख्याल गर्न नसकेपछि सायद छिरिङजीले ख्याल गरिरहेका थिए । मलाई बाल्कोनीको पाखामुनि छाडेर आए पनि उनी जिम्मेवार र अनुभवी शेर्पा हुन् ।

# जिम्मेवारी पूरा भएको दिन

*एउटा हिमाल चढेपछि अरू हिमाल चढ्न बाँकी रहे जस्तै*
*एउटा जिम्मेवारी पूरा भएपछि अरू जिम्मेवारीहरू आइरहन्छन् ।*

२३ मे, २०१९ अर्थात् ९ जेठ, २०७६ । बिहान ७ बजे ब्युँझिँदा मन चङ्गा भएको थियो । तर शरीर चङ्गा भएको थिएन । शरीरका ठाउँठाउँमा पीडा र अप्ठ्यारो महसुस भइरहेको थियो । त्यस्तो अवस्थामा पनि धन्न कसरी बाँचेर आएँ भन्ने खुसीले बारबार भगवान्लाई धन्यवाद दिएँ ।

***

साथीहरूलाई हतारो लगाउँदै भनें, "अब हिँड्ने तरखर गर्नुपर्छ है, साथी हो । भरेसम्म बेसक्याम्प पुग्नुपर्छ ।"

मेरो भनाइमा सबैले सहमति जनाएँ । हामीले आआफ्ना सामान प्याक गऱ्यौं र ओरालो लाग्यौं । करिब आधा घण्टा हिँडेपछि जेनेभा स्पर पुग्यौं । मलाई हिँड्न अझ गाह्रो भयो र छिरिङजीलाई भनें, "मलाई निकै गाह्रो भको छ । किन होला, छिरिङजी !"

उनले भने, "अक्सिजन कमी भयो होला, भोल्युम बढाइदिऊँ त, सर ?"

मैले भनें, "मलाई अक्सिजन नपुगेको होइन, अरू नै केही भए जस्तो छ ।"

तर उनले अक्सिजन नै नपुगेको कुरामा जिद्दी गरे । मैले पनि आफ्नो कुरामा जिद्दी गरिरहें । तैपनि उनले अक्सिजन बढाइदिए । म घिच्चिइरहें ।

जेनेभा स्परबाट थोरै तल एउटा अप्ठ्यारो खुट्किलो आउँछ । त्यो पार गर्न एकदमै गाह्रो भयो । त्यहाँबाट अलि तल झरेपछि ल्होत्से हिमालको

चौथो शिविर आउँछ । यो स्थान साउथ कोल र एलो ब्यान्डको बीचमा पर्छ । त्यहाँ पुगेपछि मलाई लाग्यो, यो उचाइमा केही बोल्नुपर्छ, केही रेकर्ड गर्नुपर्छ । किनभने यस्तो अवसर जीवनमा सधैं आउँदैन । छिरिङजीले केही फोटो र भिडियो खिचिदिए । अक्सिजन मास्कसहित मैले सकी-नसकी दसआठ वाक्य बोलें, "हाम्रो मिसन लगभग सफलतापूर्वक सम्पन्न गरी फर्कने क्रममा छौं । अत्यन्त नाजुक स्वास्थ्य अवस्थाका बाबजुद पनि यहाँसम्म आइपुगेका छौं । हामीलाई प्रत्यक्षअप्रत्यक्ष रूपमा सहयोग गर्नुहुने सबैलाई ल्होत्से हिमालको क्याम्प फोरबाट विशेष सम्झनासहित धन्यवाद व्यक्त गर्छु ।"

मैले यति बोलिसक्दा बाटैमुनि स्लिपिङ ब्यागमा प्याक गरिएको लास सेफ्टी डोरीमा झुन्डिरहेको देखियो । कतै सास छ कि भनेर नजिकै गएर हेऱ्यौं । रविनले भने, "छिरिङ सरले अक्सिजन व्यवस्था नगरेको भए अहिलेसम्म मेरो हाल पनि यस्तै हुन्थ्यो होला !"

मैले पनि भनें, "साउथ कोलमा त्यो विदेशी आरोहीले नब्युँझाइदिएको भए अहिलेसम्म मेरो हाल पनि यस्तै हुन्थ्यो होला !"

चुचुरो चुम्न हिँडेका थुप्रै जीवनमध्ये कतिले चुम्न जाँदा, कतिले चुमेर फर्कंदा यसरी नै आफूलाई गुमाउनुपरेको छ । ठाउँठाउँमा यस्ता लास देखिन्थे; यस्ता अनेक समाचार सुनिन्थे ।

***

तेस्रो शिविरमा हाम्रो टेन्ट थिएन । आफ्नो टेन्ट भएको भए त्यहाँ गएर खाने-पिउने व्यवस्था हुन्थ्यो । हाम्रो व्यवस्थापन कमजोर थियो । बाटो नजिकै सेभेन समिटको टेन्ट थियो । भोकले आत्तिँदै त्यहाँ छिरें । त्यहाँका भाइहरूले सुरूमा जुस र चकलेट दिए । मलाई अमृत खाए जस्तो भयो । त्यसपछि तातो चिया दिए । त्यो त झन् महाअमृत बराबर भयो । रविन र छिरिङजीलाई पनि भाइहरूले खान दिए । हाम्रो गति नै अर्कै भयो । त्यसपछि निकै छिटो दोस्रो शिविरमा पुगियो ।

दोस्रो शिविरमा त हाम्रो आफ्नै टेन्ट थियो । त्यहाँ एक लिटर जति पानी र जुस पिएँ ।

तेस्रो शिविरमा खाएको जुस र चियाले शक्ति दिए पनि हिँड्न गाह्रो भइरहेको थियो । शरीर त मेरो ठीक छ; खुट्टामा नै केही समस्या छ भन्ने लाग्यो ।

दिउँसोको एक बजेको हुँदो हो । मन्दमन्द घाम लागेको थियो । आठ हजार मिटर उचाइबाट आधा दिनमै छ हजार पाँच सय मिटरको उचाइमा आइपुग्दा अब त बाँचिन्छ भन्ने लाग्यो ।

दोस्रो शिविरमा आएर जुत्ता खोलेपछि पो थाहा पाएँ; मेरो खुट्टामा ठूलै समस्या आएको रहेछ । मेरा दुवै खुट्टाका औंला त अँगार जस्तै काला भइसकेका रहेछन् । मेरा औंला हेर्दै छिरिङजीले आत्तिँदै भने, "ला, खत्तम भयो त, सर । तपाईंको खुट्टा हिउँले खाएछ !"

मोजा र भित्रको ट्राउजर यति धेरै डुङ्डुङ्ती गन्हाएको थियो कि त्यो गन्धले आफैंलाई गाह्रो भयो । त्यसपछि पो म डराएँ । यतिन्जेल त म बेहोसीमै हिँडेको रहेछु । थाहा नपाउनु पनि आनन्दकै कुरा रहेछ । यस्तो भएको छ भन्ने थाहा पाएको भए म साउथ कोलमै थला पर्ने थिएँ । एक मन त लाग्यो, बेकारमा जुत्ता खोलेर हेरेछु । नहेरेको भए थाहा त हुने थिएन । तर यस्तो कसरी भयो ?

मेरा दुवै खुट्टामा फ्रस्टबाइट भइसकेको रहेछ ।

त्यति बाक्लो खालको मोजा र दुई लेयर जुत्ता लगाउँदा पनि कसरी हिउँले खान सक्छ खुट्टा ? केही समय गम खाएपछि चुरो कुरा आफैंले पत्ता लगाएँ । साउथ कोलमा बेहोस भएर लड्दा थाहै नपाई मैले पिसाब फेरेको रहेछु । त्यो पिसाब भित्रभित्रै चुहिँदै खुट्टाका औंलासम्म पुगेछ र बरफ बनेछ । आँसु, पसिना र थुक त बरफ बन्ने ठाउँमा पिसाब किन बरफ नबनोस् । आफ्नै पिसाब आफ्नै लुगा र जुत्ताभित्र बरफ बनेर हिउँले औंला खाएको रहेछ । काछ पनि लागेको रहेछ । हो कि होइन झैं धमिलो सम्झिएँ, बाल्कोनीबाट झर्दै गर्दा साथीहरूलाई भनेको रहेछु, "मलाई पिसाब लागिराछ; म जिपर खोल्न पनि सक्ने अवस्थामा छैन । कसैले खोलिदेओ न !"

आफ्नै लुगाको जिपरसमेत खोल्न नसक्ने भएको रहेछु । मैले त्यसो भन्दा मेरो अघिपछि साथीहरू थिए या थिएनन्, थाहा छैन । भए पनि सुने या सुनेनन्, त्यो पनि थाहा छैन । जसरी मैले त्यो अवस्था राम्ररी भन्न सक्तिनँ, त्यसरी नै राम्ररी सम्झन पनि सक्तिनँ ।

मेरो खुट्टाको हालत देखेर छिरिङजीले भने, "सर, तपाईं यहाँबाट हिँडेर जानुभयो भने तपाईंको खुट्टा काट्नुपर्ने हुन सक्छ । त्यसैले रेस्क्यू हेलिकप्टर तत्काल मगाउनुस् !"

मेरो स्याटलाइट फोनको चार्ज सकिएको रहेछ । नजिकै रहेका कान्छा लाक्पाहरूको क्याम्पमा गएर मोबाइल चार्ज गरें र सुरूमा हेलिकप्टरका लागि सुशील सरलाई फोन गरें, लागेन । त्यसपछि बालाई फोन गरें, "बा, म दोस्रो क्याम्पमा झरिसकें । अप्ठ्यारो बाटो सकियो । हामी सबै सुरक्षित छौं । केही पीर गर्नुपर्दैन । केही दिनमै म काठमान्डू आइपुग्छु । यो स्याटलाइट फोन हो, बा । धेरै बोल्न मिल्दैन, राखें है ।"

लगभग एकोहोरो बोलेरै फोन काँटें । एक मिनेट बोलेकै तीन डलर लाग्ने स्याटलाइट फोनमा धेरैबेर बोल्ने कुरा पनि भएन । त्यसपछि हेमालाई फोन गरें । उनीसँग ३० सेकेन्ड जति बोलें हुँला । म सकुशल फर्केको कुराले उनी खुसी भइन् । तर उनले आफ्नो हाल भनिनन् ।

त्यसपछि सुशील सरलाई फोन लाग्यो । मैले आफ्नो हालत र छिरिङजीले भनेको कुरा सबै बताएँ । खुसी र दुःखको सम्मिश्रितको भावमा मैले हेलिकप्टर पठाइदिन अनुरोध गरें । उनले भने, "म तपाईंलाई एकैछिनमा खबर गर्छु है ।"

एकछिनपछि उनले खबर गरे, "त्यति हाइटबाट हेलीले एक खेपमा दुई जनाभन्दा ल्याउन नसक्ने रहेछ । त्यसैले तपाईं र रविनजीलाई हेलीले बेसक्याम्प ल्याउँछ । शेर्पाहरूलाई हिँडेर आउन भन्नुहोला ।"

मैले अडान लिएँ, "अरू शेर्पाहरूको कुरा तेस्तै हो, सर । छिरिङजीलाई चाहिँ हामीसँगै ल्याउनुपर्छ । हाम्रो सामान पनि धेरै नै छ । बरू दुई खेप भए पनि गर्नुपर्छ, सर ।"

"यसका लागि त मैले थप सल्लाह गर्नुपर्छ । किनभने धेरै ठूलो बजेटको कुरा छ ।"

"दुई खेप नगर्ने भए हामी हिँडेरै आउँछौं । छिरिङजीलाई छाडेर आउन सक्दैनौं । खुबै भए मेरो खुट्टो काटिने त हो सर, केही छैन !" मैले सुशील सरलाई घुर्क्याएँ । आखिर अभिभावकलाई त हो घुर्क्याउने ।

मेरो घुर्क्याइँ माथिसम्म पुगेछ । यो राष्ट्रिय मात्र होइन, अन्तर्राष्ट्रिय इज्जतको कुरा थियो । माथिको आदेशमा त्यही दिन जसरी पनि हामीलाई काठमाडौं उतार्ने निर्देशन भएछ । हामीलाई त्यही दिन दोस्रो शिविरबाट आधारशिविर दुई खेप, आधारशिविरबाट झोला र अरू दुई सहयोगी साथीलाई लिएर फेरिचे दुई खेप, फेरिचेबाट लुक्ला, लुक्लाबाट काठमाडौं ल्याइपुऱ्याउने योजना बनेछ ।

***

हामी दोस्रो शिविरको अस्थायी हेलिप्याड नजिक बसिरहेका थियौं । यसअघि वातानुकूलित हुने क्रममा २०७६ वैशाख १५ मा हेलिप्याडमुनि एक वर्षअगाडि नै मरिसकेको एक रसियन आरोहीको लास देखेका थियौं । अचम्म त के भने, उनी मरिसकेको एक वर्षपछि पनि उनको हातको घडी भने चलिरहेको रहेछ । त्यस्तो चिसो वातावरणमा नाडी बन्द भएको एक वर्षसम्म पनि चलिरहने त्यो घडी कति सक्कली होला भनेर आजसम्म पनि मैले गम खाइरहेको छु ।

हेलिकप्टर कुर्दै गर्दा एक घण्टासम्म के गरेर कुर्ने भनेर त्यो लास हेर्न जाँदा उठाइसकिएको रहेछ ।

***

खबर गरेको झन्डै एक घण्टापछि सिम्रिक एयरको हेलिकप्टर आयो । पाइलट थिए, स्विस नागरिक मुलर, असाध्यै कुशल पाइलट । उनी बोइङका पनि पाइलट रहेछन् । जोकोहीले दोस्रो शिविरबाट उडान भर्न सक्दैनन् । त्यहाँ धेरैबेर हेलिकप्टर राखिरहनुहुँदैन । किनभने जुनसुकै बेला मौसम परिवर्तन हुन सक्छ । आउनेबित्तिकै उनले मलाई अँगालो हाल्दै बधाई दिए र भने, "सगरमाथा आरोहण गरेको मान्छेलाई अँगाल्दा सगरमाथालाई नै अँगाले जस्तो हुन्छ !"

साढे दुई बजेतिर हेलिकप्टर दोस्रो शिविरबाट आधारशिविरतर्फ उड्यो । पैतालाले हिँडेर गएका बाटा मैले हेलिकप्टरबाट नियालें– खुम्बु आइसफलमा कैयौं हिमदरार थपिएका रहेछन् भने कैयौं पुरिएका । हामीले बाटो बनाएर हिँडेका कैयौं ठाउँमा हिमखोला बगेका रहेछन् । एक सातामै खुम्बु आइसफलले आफ्नो अनुहार कति छिटोछिटो परिवर्तन गरिसकेछ । एक सातामै यति परिवर्तन हुने खुम्बु आइसफल उहिल्यैदेखि कति धेरै परिवर्तन भयो होला ! अब केही वर्षपछि कति परिवर्तन होला ! आफूलाई बिर्सिएर म हिमाल चिन्तनमा डुबें ।

आधारशिविर, फेरिचे हुँदै दूधकोसी खोलाको माथिमाथि उडेर तेन्जिङ-हिलारी विमानस्थल लुक्ला आइपुग्दा अपराह्नको साढे चार बजेको हुँदो हो । मौसम खराब भएका कारण मुलरले हेलिकप्टर कम उचाइमा दूधकोसीको खोचैखोच उडाउनुपरेको थियो ।

लुक्लामा पनि नापी विभागको टोली कार्यरत थियो । त्यहाँ रहेका महेश थापा, शङ्कर केसी, प्रभास यादवलगायतका सर्भेयर साथीहरू हाम्रो

स्वागतमा आए । विमानस्थलका कर्मचारी, सुरक्षाकर्मीलगायत हाम्रो यात्राबारे चासो राख्ने अन्य मानिस पनि हामीलाई बधाई दिन आए ।

भोकले लखतरान भएको ज्यान बधाई र शुभकामनाले अघाउने कुरै भएन । विमानस्थलभित्र रहेको सर्भे टोलीको भान्साबाट दाल, भात, तरकारी कसैले ल्याइदिए । एक सातासम्म चकलेट, जुस, चिया, कफी, पानी र सातुले बाँचेको ज्यानलाई भात खान पाउँदा बधाई र शुभकामनाभन्दा मीठो भयो ।

आकस्मिक रूपमा एकै दिन दोस्रो शिविरबाट काठमाडौं आएको हुँदा मेरा पारिवारिक सदस्य खासै कोही थिएनन् । दाइ प्रकाश चौलागाईं मात्र आएका थिए ।

भूमि व्यवस्था मन्त्रालयले सगरमाथा उचाइ मापनमा पाएको सफलताबारे जानकारी दिन त्यही दिन पत्रकार सम्मेलनसमेत राखेको रहेछ । तर हामी आउन ढिलो भएका कारण स्थगन गरिएछ ।

लगभग आठ हजार मिटर उचाइमा अवस्थित सगरमाथाको साउथ कोलबाट एक हजार तीन सय मिटर उचाइको काठमाडौंसम्म एकै दिनको यात्रा भयो । त्यो अनौठो र अचम्मलाग्दो थियो । सायद त्यति धेरै उचाइबाट एकै दिन त्यति लामो यात्रा गर्ने बिरलै मान्छेमध्ये हामी पर्छौं । सामान्यतया आरोहण सकिएपछि आधारशिविरमा एक दिन बसेर लुक्लासम्म आउन नै एक साता लाग्छ ।

साँझ साढे छ बजे त्रिभुवन अन्तर्राष्ट्रिय विमानस्थल, काठमाडौंमा उत्रिँदा हाम्रो स्वागतमा नापी विभाग र मन्त्रालयका पदाधिकारी तथा पत्रकारको उपस्थिति बाक्लै थियो । सगरमाथाको उचाइ तथा हाम्रो आरोहण अनुभूति सुन्ने उत्कण्ठा सबैमा देखिन्थ्यो । तर हामी अनुभूति भन्न सक्ने अवस्थामा थिएनौं । म त झन् बढी थकित थिएँ । मलाई जतिसक्दो चाँडो आफ्नो खुट्टा जोगाउनु थियो ।

धेरै दिनसम्म हिउँहुरीसँग जुधेको हाम्रो अनुहार रूग्ण र भग्न देखिन्थ्यो । दाह्री झुस्स बढेको, हिउँले डामिएको अनुहार आगोले पोले जस्तै रातो डाबरै डाबर भएर पाप्रै पाप्रा उप्किएको थियो । हाम्रो अवस्थालाई ध्यानमा राखेर हामीलाई एम्बुलेन्सबाट सीधै नर्भिक अस्पताल लगियो ।

एम्बुलेन्स चढ्नुअघि सगरमाथा उचाइ मापन सचिवालयका संयोजक सुशील डङ्गोललाई मैले जिएनएसएस रिसिभर र जिपिआर हस्तान्तरण

गरें र भनें, "ल है सर, हामीले सबै डाटा तपाईंलाई बुझाएका छौं । हामीले केही राखेका छैनौं ।"

सुरज भाइलाई भनें, "अरू सबै प्राविधिक सामान गनेर विभागमा बुझाउनू ।"

सगरमाथा उचाइ मापन डाटा आफूले बोकिरहँदा सगरमाथा नै बोके जस्तो भारी भइरहेको थियो । सम्पूर्ण डाटा बुझाएपछि मलाई एकदमै हलुका महसुस भयो । त्यो आनन्द सगरमाथाको चुचुरोमा पुग्दाको भन्दा कम थिएन ।

मलाई सोझै आकस्मिक कक्षमा लगेर डाक्टरहरूले उपचार गर्न लागे । मैले वरपर हेरें । रविनलाई पो अर्धचेत अवस्थामा देखें ।

प्रारम्भिक जाँचपडताल गरेपछि मलाई ४०३ नम्बर कोठामा लगियो । मैले आफ्नै अनुहार छाम्न थालें । हत्केलाभरि अनुहारका पाप्रै पाप्रा टाँसिएको देखेर मलाई एक पटक आफ्नो अनुहार ऐनामा हेर्न मन लाग्यो, म कस्तो भएँ हुँला ? सायद आफैंले आफैंलाई चिन्दिनँ हुँला ।

***

त्यति बेला मैले सबैभन्दा मिस गरेको कुरा थियो, हेमाको खबर । अब त कम्तीमा भिडियोमा भए पनि देख्न-बोल्न सजिलो थियो, अस्पतालमा भए पनि काठमाडौंमा थिएँ, सञ्चारको सुविधा भएको ठाउँ । उनले मसँग विक्षिप्त हुँदै फोनमा भनिन्, "कहिले आफूलाई भाग्यमानी, कहिले अभागी ठान्छु । के गर्नु समयले मलाई न त श्रीमान्को बिदाइमा उपस्थित हुन दियो, न स्वागतमा । तपाईं त्यहाँ अस्पतालमा हुँदा म यो अनजान ठाउँमा बस्नुपरेको छ ।"

म नर्भिक अस्पतालमा उपचार गराउँदै थिएँ, उनीसँग दैनिक गफ भइरहन्थ्यो । उनलाई पनि कहिले मसँग भेटौं जस्तो भइरहेको हुँदो हो भन्ठानेर नै मैले मौका मिल्नासाथ भिडियो कल गरिहाल्थें । तर उनको अवस्थाका कारण सम्भव थिएन । त्यसकारण मैले केही ठीक भएपछि आफैं दिल्ली जाने योजना बनाएँ ।

काठमाडौं आएको दुई दिनपछि एउटा दुःखद खबर सुनें, हामीसँगै आरोहणमा निस्किएका भारतीय निहाल चुचुरोमा पुगेर फर्किंदा साउथ कोलमा उनको ज्यान गएछ । यसपालि मात्र सगरमाथामा ११ जना आरोहीले ज्यान गुमाउन पुगेछन् ।

# फ्रस्टबाइटको पीडा

*पीडाको घाउ सफलताको मल्हमले सन्चो बनाउँछ ।*

नर्भिक अस्पतालका अल्टिच्युड सिकनेससम्बन्धी विशेषज्ञ डा. विप्लव सापकोटाले शीतल बोलीमा भने, "खिमलालजी, तपाईंका दुवै खुट्टाका बूढीऔंला हिउँले नराम्रोसँग खाएका छन् । दाहिने खुट्टाको त रिकभर हुन्छ होला; देब्रे खुट्टाको बूढीऔंला चाहिँ यसै भन्न सकिन्न । तैपनि दुईचार दिन हेरौं ।"

उनका कुरा सुनेर जीउ जिरिङ्ङ र मन सिरिङ्ङ भयो । हे भगवान् ! के मैले औंला गुमाउनु नै पर्ने हो ? आफ्नै शरीरको कुनै अङ्ग काटिएर बाँच्नुपर्ने हो ?

दिनभरि बेचैन भएँ । राति निद्रा गतिलो परेन । सपनामा पनि हिउँले खाएका औंला देखें । उज्यालो भएपछि नयाँ दिनको नयाँ उज्यालो सँगैसँगै मभित्र नयाँ विचार आयो– मैले त खुट्टाकै माया मारेको थिएँ, कस्सो एउटा खुट्टाको एउटा औंला मात्र काटे पुग्ने भयो । त्यो पनि जुत्ताले छोप्ने ठाउँ न हो । आफ्नो शरीरमा भएको कम क्षतिप्रति म भगवान्सँग आभारी भएँ । अझ धेरै आभारी त सगरमाथासँग भएँ । किनभने मैले धेरै आरोहीलाई सगरमाथाले आफू जस्तै चिसो बनाएको आँखैअगाडि देखिसकेको थिएँ । मलाई त सगरमाथाले सकुशल आफ्नो मुकाममा पठाइदिएको थियो ।

***

२०७६ जेठ १० मा भूमि व्यवस्था मन्त्रालयले हामीलाई सम्मान गर्ने र सगरमाथा मापन सम्बन्धमा जानकारी दिन पत्रकार सम्मेलन राखेको रहेछ । त्यहाँ म जसरी पनि जानैपर्ने सूचना पाएँ । यस्तो अवस्थाको

मानिसलाई कार्यक्रममा लैजाने तयारी गरेको देखेर छक्क परेँ । त्यहाँ जान मनमा आँट र शरीरमा बल थिएन; उभिन सक्ने अवस्थामा पनि थिइनँ । दुवै गोडा पट्टीका खातले छोपिएका थिए । आफ्नै खुट्टा मलाई गर्भको शिशु जस्तै लागिरहेको थियो, जो पट्टीभित्र बेलाबेला चलमलाइरहन्छन् । हातमा क्यानुला कोपिएको थियो ।

त्यो दिन बिहानै कार्यक्रमका लागि मलाई लिन अस्पतालमा सुशील डङ्गोल सर आए । मलाई मन्त्रालयको मिटिङ कक्षमा पुऱ्याइयो । पत्रकारहरूले हल खचाखच थियो । मन्त्री, सचिव, सहसचिव तथा महानिर्देशकहरूको उपस्थिति थियो । अरू पदाधिकारीको पनि सहभागिता थियो । मलाई हेर्न, भेट्न र शुभेच्छा दिन विभिन्न मन्त्रालयका कर्मचारी साथी पनि आएका थिए ।

महानिर्देशक प्रकाश जोशीले कार्यक्रम सञ्चालन गरेका थिए । टोली प्रमुखका रूपमा आफ्ना कुरा राख्न म मुस्किलले उभिएँ र भनें, "यो आरोहणले सबैलाई नयाँ सन्देश दिएको छ । विश्वको इतिहासमै पहिलो पटक नेपाली सर्भेयरहरू आफैंले सगरमाथाको चुचुरोमा गई यन्त्र-उपकरणसहित अवलोकन कार्य गर्न सफल भएका छन् । यस अभियानमा नापी विभागको एक सर्भेयरका हैसियतले आफूसमेत सहभागी हुन पाएकोमा गौरवान्वित भएको छु... ... ... ।"

मैले आफ्ना विचार राख्दा मापनसँग जोडिएका केही ऐतिहासिक तथ्य तथा सगरमाथाको इतिहास पनि सुनाएँ । कार्यक्रम सकिएपछि अरू त आआफ्नो घर फर्किए; म भने पुनः अस्पताल फर्किएँ ।

***

जेठ १४ गते नापी विभागको ६२औं स्थापना दिवसका उपलक्ष्यमा विभाग प्राङ्गणमै कार्यक्रम गरिएको थियो । अस्पतालमै भए तापनि मलाई बोलाइएको थियो । म अझै हिँड्न सक्ने स्थितिमा थिइनँ । मेरा पैतालाले अझै राम्रोसँग जमिन टेक्न सकेका थिएनन् । त्यसैले मलाई लिन एक जना ड्राइभर अस्पताल पठाइएको रहेछ । म उनकै सहयोगमा अस्पतालबाट सीधै कार्यक्रममा गएको थिएँ ।

निरन्तर भेट भइरहने साथीहरूलाई नभेटेको धेरै भएको थियो । लामो अन्तरालपछि नापी विभागका प्रायः सबैसँग भेटघाट गर्दा नौलो प्रकारको आनन्द मिल्यो । धेरैले मलाई अनौठो र उत्साही भएर हेर्दै थिए ।

हामीलाई सगरमाथाको दोस्रो शिविर (६५०० मिटर)देखि काठमाडौंसम्म उद्धार गरेर ल्याइदिने सिम्रिक एयरका म्यानेजरदेखि सम्बद्ध सबैलाई स्थापना दिवसमा बोलाइएको रहेछ ।

सगरमाथा मापनलाई आधिकारिकता दिन सर्भेयर नै चुचुरोमा पुग्नुपर्छ भनेर अडान लिने मन्त्रालयका सहसचिव जनकराज जोशीदेखि पूर्वमहानिर्देशकहरू बुद्धिनारायण श्रेष्ठ, पुण्यप्रसाद ओली, तोयनाथ बराल, मधुसूदन अधिकारीलगायत विशेष व्यक्तिहरूको उपस्थिति थियो । उक्त उपस्थितिले मलाई प्रेमिल अनुभव भयो, जसले आफ्नो शारीरिक पीडा भुल्न राम्रैगरी सघायो ।

धेरैका लागि पैतालाले होइन, आँखाले मात्र चुम्न सकिने सगरमाथाको शिरमा पुगेर आएको मलगायतका सहयात्री साथीहरूलाई देखेर सबैका आँखा हर्षित थिए । समयसमयमा म बोल्दाबोल्दै भावुक बन्थें । मलाई त्यतिखेर पैतालाले होइन, शब्दले सगरमाथा उक्लिरहे जस्तो भएको थियो ।

बुद्धिनारायण श्रेष्ठले त आफ्नो मन्तव्यमा मलाई नेपालको राधानाथ सिक्दर भने । मैले अप्ठ्यारो मानेर सुनें ।

राधानाथ सिक्दर बङ्गाली गणितज्ञ हुन् । उनी ब्रिटिस सर्भे अफ इन्डिया कोलकाता फिल्ड अफिसमा तथ्याङ्क प्रशोधन तथा सङ्गणना इकाइ प्रमुखका रूपमा कार्यरत थिए । उनले जीवनभर कहिल्यै आफ्ना आँखाले सगरमाथा देखेनन् । उनले त देहरादुनमा बसेर फिल्ड सर्भे टोलीले ल्याएको त्रिकोणमितीय तथ्याङ्कलाई प्रशोधन गर्न महत्त्वपूर्ण भूमिका निर्वाह गरेका थिए । सन् १८५६ मा त्यो तथ्याङ्कलाई तत्कालीन सर्भेयर जनरल सर एन्ड्र्यु बागले आधिकारिक रूपमा संसारको अग्लो चुलीका रूपमा घोषणा गरेका हुन् । सर्भे अफ इन्डियाको इतिहास केलाउँदा हिमालयन चुचुराहरूको सङ्गणनालगायत सम्पूर्ण कार्य ब्रिटिस सर्भेयर हेनेसीले गरेको पाइन्छ ।

***

सात दिन अस्पताल बस्नुपर्‍यो । त्यसपछि उपचार सकेर नयाँ बानेश्वरस्थित कोठामा फर्किएँ । हरेक दिन दुई पटक क्लिनिक जाने र घाउ ड्रेसिङ गर्नुपर्थ्यो । काठमाडौं बसुन्जेल त सजिलै भयो । तर मेरो कार्यक्षेत्र पोखरा थियो । त्यसकारण चाँडै पोखरा फर्किने निधो गरें । पोखराका डा. झपेन्द्र

पोखरेलसँग नियमित जाँच गर्न र उपचार गर्न नर्भिक अस्पतालका डाक्टरहरूले सिफारिस गरेका थिए ।

१७ जेठ २०७६, शुक्रबार ।

आफ्नो जन्मभूमि पोखरा, पोखराको धिताल, धितालको हँडौले गाउँ, जहाँ मन गइरहेको थियो । मन गएको ठाउँमा सक्दो चाँडो जान मन थियो । मेरा पाखापखेरा, जसलाई हिमालहरूले निगरानी गरिरहेका छन्, ती हिमाललाई सगरमाथाको कथा सुनाउन मन थियो । मेरो शैशवकाल, जहाँका पाखापखेरामा खेल्दै म हुर्किएँ, तिनलाई नौबन्धनको कथा सुनाउन मन थियो ।

नेपाली सेनाबाट २०७० सालमा सगरमाथा आरोहण गरिसकेका किशोर अधिकारी मामा, बहिनी पद्मा, काका टेकनाथ र म भई चार जना बिहानीको उडानमा पोखरा आयौं । जहाजको झ्यालबाट पनि हिमाल हेर्दै थिएँ र मनमनै तीसँग कुरा गर्दै थिएँ । मनास्लु, लमजुङ हिमाल, अन्नपूर्ण शृङ्खला, माछापुच्छ्रे जस्ता हिमाल त चिनें । मैले नचिनेका र नाम नराखिएका हिमाल पनि धेरै छन्, तिनलाई पनि हेर्दै थिएँ । ती सबै हिमाल सगरमाथाका सन्तान जस्तै लागे ।

पोखरा विमानस्थलमा ओर्लिएर बाहिर निस्किँदा पञ्चेबाजाको धुन सुनें । मेरो स्वागतमा मेरो जन्मभूमिले खुसी हुँदै बजाएको रहेछ । अहो ! कति धेरै भेला भएका हाम्रो गाउँका आफन्त, छिमेकी र साथीहरू । पन्चैबाजा बजाउनेमध्ये सहनाई बजाउने हौडे दमाई बा, जसले म जन्मिनेबित्तिकै लगाउने भोटो सिलाइदिएका थिए । थाउना र सिरानी बनाइदिएका थिए । ती ८५ वर्षका वृद्धाले मेरो स्वागतमा सहनाई बजाउँदा म विभोर भएँ । बाआमा मभन्दा विभोर भए ।

बाजा र अबिरजात्रासहित जन्मभूमि पुग्दा पूरै गाउँ मेरो स्वागतमा हात फैलाइरहेको थियो । म शब्दविहीन भएँ । जहाँ जन्मियो, त्यहीँको धरती आफ्नो लाग्दो रहेछ । आफ्नो गाउँ आएपछि म बेग्लै खालको स्नेहले पग्लिएँ, गर्वले अग्लिएँ र प्रेमले सङ्लिएँ ।

माछापुच्छ्रेको काखमा हुर्किएको म सगरमाथाको शिर चुमेर आफ्नो गाउँमा आएँ र माछापुच्छ्रेतिर फर्केर हात हल्लाउँदै मनमनै भनें– प्रिय माछापुच्छ्रे म तिम्रै काखमा आएँ !

# नफत्रुँदै झरेको एक थुङ्गा फूल

*हरेक हृदयभित्र घाउहरू लुकेका हुन्छन् ।*
*कसैले रोएर देखाउलान्, कसैले हाँसेर ।*

पूर्व जाँदै गरेको मानिस त्यही समयमा पश्चिम जान सक्दैन । सगरमाथा उचाइ मापनका लागि हिंडेको म, उनलाई अप्ठ्यारो बेला पनि साथ दिन सकिनँ ।

म सगरमाथा यात्रामा थिएँ । वसन्त ऋतुले कलिला पात हल्लाएर स्वागत गर्दै थियो । चैतमा रूखहरूले आफ्ना कलिला पातहरूको चेपबाट फूल फुलाउँदै थिए । ती फूलको सपना फल हुने थियो । हेमाको गर्भमा पनि एउटा फूल फल हुने सपना बुन्दै हुर्किंदै थियो, जसलाई स्वस्थ रूपमा स्वागत गर्न हामी आतुर थियौं ।

उनको प्रसूति स्वास्थ्यमा केही समस्या आएकाले पूर्वसावधानीका लागि उनलाई आफू आरोहण यात्रामा जानुअघि नै डाक्टरको सल्लाहअनुसार दिल्ली पठाएको थिएँ, जहाँ डाक्टरहरूको प्रत्यक्ष निगरानी र उपचारको व्यवस्था मिलाएको थिएँ ।

देब्रे गोडाको घाउ केही सन्चो भएपछि असार पहिलो साता उनलाई भेट्न दिल्लीतिर हानिएँ । गर्मी उत्पात थियो । मौसमको गर्मीभन्दा मनको गर्मी बढी थियो । त्यसैले जहाजभन्दा चाँडै मेरो मन बारबार उनलाई भेट्न गइरहेको थियो ।

दिउँसो तीन बजेतिर जहाजबाट ओर्लिंदा दिल्लीको आकाशमा पोखराको आकाशमा जस्तो बादल थिएन । विमानस्थलबाट ट्याक्सी लिएर म ३५ किमि पर दिल्लीस्थित मजनु-का-तिलास्थित पेम्बा दाइको फ्ल्याटमा

पुगें, जहाँ उनले मलाई कुरिरहेकी थिइन् । त्यो ठाउँ दिल्लीको विधानसभा नजिकै पर्छ ।

हाफबाहुले चेक सर्ट, कटनको खैरो पाइन्ट, क्याप र चप्पल लगाएर खोच्याउँदै म उनको अगाडि उभिएँ । उनले मलाई यसरी हेरिन्, मानौं म सगरमाथाबाट होइन, चन्द्रमाबाट आएको हुँ । उनले मेरो शिरदेखि पाउसम्म हेरिन् । सेतो पट्टी बाँधिएको मेरा देब्रे गोडामा उनका आँखा केही बेर अडिए । मेरा आँखा भने उनको शिर हुँदै ठूलो पेटमा गएर अडिए, जहाँ एउटा नयाँ मानिसले यो संसारको सानो हाम्रो घरमा बास माग्न खोज्दै छ । केहीबेर त हामी दुवै जनाको वाक्य नै फुटेन । केबाट कुरा सुरू गर्ने ? हिउँले खाएको मेरो अनुहारले भर्खर काँचुली फेर्दै थियो । लुगा पनि मिलाएर लगाएको थिइनँ । मेरो ल्याङफ्याङे बानी उनको अभावमा अझ अस्तव्यस्त भएको थियो । उनले भनिन्, "हेर, के गति बनाउनुभको होला ! आफूलाई त अलि माया गर्नु नि ।"

"आफूलाई माया नगरेको भए चुचुरोबाट म यहाँ आउन सक्ने नै थिइनँ ।"

"त्यो त भगवान्ले माया गरेर हो ।"

***

गर्भको शिशु भर्खर छ महिनाको भएको थियो । हाम्रो मात्र निगरानीले नपुगेर डाक्टरको सूक्ष्म निगरानीमा रहेको शिशु सुरक्षित छ भन्ने विश्वासमा हाम्रो सन्तान सपना हुर्किरहेको थियो । म दिल्ली गएको भोलिपल्ट उनी र म फोर्टिज अस्पताल गयौं । डाक्टरले भिडियो एक्सरे गरे र भने, "बच्चाको अवस्था निकै राम्रो छ । राम्रोसँग बस्नुहोला । अब जुलाई १७/१८ मा आउनुहोला ।"

त्यो भनेको लगभग एक महिनापछिको समय थियो । उनीसँग तीन रात, दुई दिन बिताएर कार्यालयको आकस्मिक कामले गर्दा म फर्किएँ । उनलाई हेर्न ईश्वरी दिदी थिइन् । त्यसैले म ढुक्क भएर असार ९ गते काठमाडौं हुँदै पोखरा फर्किएँ ।

***

साउन २ गते उनी नियमित परीक्षणका लागि बहिनी पद्मालाई लिएर अस्पताल गइन् । त्यो बेला ईश्वरी दिदी नेपाल फर्किएकी थिइन् । डाक्टरले

भिडियो एक्सरे गरे र भने, "सोचेभन्दा राम्रो प्रोग्रेस भएको छ । ढुक्क भएर घर जानुस् ।"

उनीहरू खुसी भएर कोठामा फर्किए । तर राति खाना खाएर सुत्न लाग्दा कताकता पेटमा अप्ठ्यारो भएछ र बहिनीलाई भनिछन्, "नानी, हेर्नू त मेरो पिसाब नै रोकिएनछ ।"

उनले बहिनीलाई भिजेको तन्ना देखाइछन् । रातको तीन बजिसकेको थियो । छटपटी घट्नुको साटो बढ्दै गएछ । उनीहरू आत्तिएछन् र हतारहतार बिहानको चार बजे नै अस्पताल गएछन् । डाक्टरले परीक्षण गरेर हेरेपछि भनेछन्, "तपाईंलाई सुत्केरी व्यथा लागेको हो । बच्चा उल्टो परेर बसेको छ । तपाईंको प्रेसर पनि बढेको छ । तत्काल अपरेसन गर्नुपर्छ ।"

साउन ३, शुक्रबार । एकदमै असन्तुलित तवरबाट प्रेसर घटबढ भएपछि तत्काल अपरेसन गर्ने निधो त गरिएछ । निकै ढिला गरी बिहानको पौने १० बजे अपरेसन गरिएछ । तर यी सबै घटना मैले बहिनी पद्माबाट दिनको १२ बजे थाहा पाएँ, जुन समयमा म पोखराको कार्यालयमा कार्यकक्षमै काम गर्दै थिएँ । खबर थाहा पाएर न म खुसी हुन सकें, न दुःखी । सोचें, उसलाई यो संसार हेर्न एकदम हतार भएको रहेछ र आफू जन्मिने समयभन्दा तीन महिनाअघि नै यस संसारमा आयो ।

हाम्रो सन्तान छोरा थियो । समय नपुगी जन्माउनुपरेकाले उसलाई भेन्टिलेटरमा राखियो । सिसाको बक्सभित्र विशेष सावधानीसहित ।

दिउँसो १२ बजे थाहा पाएपछि उही दिन हतारहतार १२.३० को उडानमा म पोखराबाट काठमाडौं र काठमाडौंबाट ३:३० को उडानमा दिल्ली पुगें । साँझ सात बजे दिल्लीको फोर्टिज अस्पताल पुगें । आत्तिइरहेकी बहिनी पद्माको अनुहार मलाई देखेपछि ठूलो आड पाए झैं उज्यालियो । बहिनीले उनी सुतेको बेडमा लिएर गई । उनको पूर्ण रूपमा होस आइसकेको रहेनछ । त्यसैले चुपचाप त्यहाँबाट म बच्चालाई हेर्न उसलाई राखिएको सघन उपचार कक्षमा गएँ । झट्ट हेर्दा एकछिन भ्रमपूर्ण खुसीमा डुब्न पुगेछु– म पनि अब बच्चाको बाबु भएँ । मेरो जीवनको अंश पाठेघरबाट यतिखेर सिसाको घरमा हुर्किंदै छ । केही दिनपछि ऊ आफ्नी आमाको काख र बाबुको काँधमा खेल्दै हुर्किनेछ ।

प्रायः बच्चा बेलाबेला रून्छन्, चलमलाउँछन् । तर ऊ न रोएको सुन्थें, न चलमलाएको देख्थें । केवल सिसाको बाकसभित्र गर्भको जस्तै

वातावरणमा कैदी भएको थियो । अहो ! पाठेघरबाट स्वतन्त्र हुने हतारमा यस संसारमा आएको ऊ फेरि गर्भ जस्तै वातावरण भएको सिसाको घरमा थुनिइरहेछ ।

केवल नौ सय ग्राम तौल र मानव आकृति मात्र पाएको बालकको हालत देखेर म अवाक् भएँ । अस्पतालको आश्रय र डाक्टरहरूको निगरानीका कारण आशा पनि पलायो । त्यसैले सिसाको बाकसबाट कहिले बाहिर आउला र काख लिन पाउँला जस्तो भयो ।

मेरो छोरा अन्य सामान्य शिशु झैं कहिले ठूलो होला ? आफैंलाई सम्झाएँ– अब ऊ शुक्लपक्षको चन्द्रमा झैं बढ्दै जानेछ । सगरमाथामा आउने शृङ्खलाबद्ध हिमपहिरो जसरी मनमा अनेक तर्कवितर्क आइरहे । खासमा म आशा र निराशाको भुमरीभित्र घुमिरहेको थिएँ ।

स्थिति बडो दर्दनाक थियो । सुत्केरी आमा बेडमा, बच्चा सघन उपचार कक्षको सिसाको बाकसमा । यी सब घटना-परिघटना घरमा बाआमालाई भनौं कि नभनौं भएँ । भनौं, कसरी भनौं ? नभनौं, कसरी नभनौं ?

मलाई लागिरहेको थियो, यो भोलि या पर्सिसम्ममा भेन्टिलेटरले पनि उसलाई जीवन दिन सक्नेछैन । त्यसैले किन घरमा भनिराख्नु ? किन बुहारी सुत्केरी भई र नाति जन्मियो भनेर यो अवस्थामा अहिल्यै हर्षबढाइँ गर्नु भनेर केही भनिनँ । बेलाबेलामा लाग्दै थियो, यो सबै खर्च हो बेकारमा । यो ठीक हुनेवाला छैन ।

भोलिपल्ट बिहानसम्म बच्चा सोही स्थितिमा भएपछि बालाई फोन गरेर छोटकरीमा सबै कुरा भनें र सोधें, "बा ! यस्तै भयो । अब सुत्केरी परेको बार्ने कि नबार्ने ? आफन्त र छिमेकमा केही नभन्नुहोला अहिले नै । केकसो हुने हो, था छैन । छ दिन कटेछ भने भनौंला ।"

अवधि नपुग्दै जन्मिएपछि बच्चाका भित्री र बाहिरी अङ्गहरूको पूर्ण रूपमा विकास भई नसकेको हुनाले अनेक समस्या हुने रहेछन् । सबैभन्दा समस्या, फोक्सो पूर्ण रूपमा विकास नहुनु रहेछ । सास फेर्ने फोक्सोकै हालत अविकसित भएपछि उसको जीवनको विकास कसरी होला भन्ने लाग्यो ।

हेमा ठीक हुँदै गएकी थिइन् । अति चाँडो बच्चा जन्मिएपछि धेरैजसोको दूध नआउने रहेछ । तर उनको दूध राम्रैसँग आयो । सायद बच्चाले मागेर होला भनेर भगवान्प्रति अनुगृहीत भएँ । बच्चालाई पाइपबाट दूध खुवाइन्थ्यो ।

हामी बसेको ठाउँ र अस्पतालको दूरी ३५ किमि थियो । आमा कोठामा, बच्चा अस्पतालमा । सबै पीडा पैतालामुनि राखेर हरेक दिन मेसिनबाट सुत्केरी श्रीमतीको दूध दोएर बट्टामा राख्थें र दिल्लीको एउटा कुनामा रहेको मेरो कोठाबाट मध्यदिल्लीमा रहेको अस्पतालमा जान्थें । फ्रस्टबाइटको घाउ पूर्ण रूपमा निको भएको थिएन । देब्रे खुट्टामा सेतो पट्टी थियो । जुत्ता लगाउन मिल्दैनथ्यो । चप्पल लगाएर म हरेक दिन आउने-जाने गरेर ७० किमि आवतजावत गर्थें । सिसाको बट्टामा राखिएको दूध नर्सलाई दिन्थें अनि सिसाको बाकसभित्रको बच्चा हेर्थें र डाक्टरलाई भेटेर सोध्थें, "डाक्टर साहेब, हमारा बच्चा का हालत कैसा है ?"

डाक्टर मलाई भन्थे, "सब ठीकठाक हो रहा है । थोडा थोडा इम्प्रुभमेन्ट हो रहा है ।"

बच्चा बचाउन मैले आफूलाई भएका दुःख र पीडा बिर्सेर यो सब गरिरहेको थिएँ । यसक्रममा बेलाबेला म कहिले विचारशून्य, कहिले भावनाशून्य भएको थिएँ ।

समयचक्र निरन्तर अगाडि बढिरहेको थियो । बच्चाको स्वास्थ्य कहिले ठीक, कहिले बेठीक छ भन्थे डाक्टरहरू । बच्चालाई ठीक भएका बेला मलाई पनि ठीक हुन्थ्यो । र बेठीक भएका बेला बेठीक हुन्थ्यो । बच्चालाई गाह्रो हुँदा मेरो खुट्टाको घाउ पनि चर्किन्थ्यो । त्यो कस्तो संयोग हो, आजसम्म थाहा पाउन सकेको छैन । कोठामा बस्दा यसै मेरो खुट्टा रन्किएका बेला अस्पतालमा बच्चालाई अक्सिजनको मात्रा बढाउनुपर्थ्यो । जीवन जोडिएको मान्छेसँगको सम्बन्ध कस्तो हुन्छ भन्ने कुरा अपरिपक्व बच्चाले मलाई सिकाइरहेको थियो ।

केही दिन पालो मिलाएर कहिले बहिनी त कहिले दिदी, कहिले हेमाकी ममी त कहिले म आलोपालो गरेर बच्चा र हेमालाई कुरिरहेका थियौं । बच्चाले बिस्तारै अक्सिजन आफैं लिन थाल्यो; क्रमशः ठीक हुँदै गयो; तौल पनि बढ्दै गयो । अब सुधार भयो भनेर खुसीले गद्‌गद भएँ । समय बितेको पत्तै भएनछ । ७२औं दिनमा डाक्टरहरूले भने, "बच्चालाई अब घर लिएर जान सक्नुहुन्छ ।"

डाक्टरले यसो भन्दा म पोखरा आएको थिएँ । हेमा र बच्चालाई लिन म पुनः दिल्ली गएँ । सोचें, दुर्गा भवानीको आशीर्वाद लागेर होला, दसैंको मुखमा उसलाई ठीक भयो र डिस्चार्ज भयो । साँच्चै, यो वर्षको दसैं खुसीपूर्ण हुने भयो ।

सुखदुःख दसैं पनि मनाइयो । बच्चाको न्वारान गरिएको थिएन । तीन महिनापछि भए पनि न्वारान कर्म पनि गरियो । उसको जन्मतिथिअनुसार हेर्दा धनिष्ठा नक्षत्रको पहिलो पाउमा परेछ । बच्चाको राशिको नाम 'गि' अक्षरबाट उठ्यो । मैले पण्डितलाई भनें, "ल, छोराको नाम गिरिराज राख्ने । हिमालसँग सम्बन्धित नाम पनि भयो । भाग्यवश, नामाक्षर पनि यहीबाट आउने देखियो ।"

अब बोलाउने नाम चाहिँ के राख्ने त भन्ने कुरा आयो । त्यो पनि मैले नै भनें, "आशुतोष !"

निकै खुसी हुँदा भगवान् शिवको नाम आशुतोष हुन्छ । पूर्वीय शास्त्रअनुसार शिवजीको बासस्थान हिमालय हो । सोचें, म हिमालसँग जोडिएको मान्छे, मेरो छोरो पनि हिमालसँग नै जोडिएको छ । ऊ गर्भमा आउँदा मेरो मनमस्तिष्कमा सगरमाथा थियो । कसरी शिखरमा पुगेर उचाइ मापन गर्ने भन्ने धुनमा थिएँ । कतै यही प्रभावले छोरा पनि राशिको नामले नै हिमालसँग जोडिएको त होइन ? मसँग सम्बन्धित मान्छे हिमालसँग जोडिनुपर्छ, नभए पनि जोडाउनुपर्छ । हिमालसँग नाता बलियो भयो मेरो छोराको पनि । गिरिराजको अर्थ पनि पर्वतको राजा अर्थात् सर्वोच्च शिखर सगरमाथा भन्ने अप्रत्यक्ष अर्थ जोडियो ।

अहो ! कति खुसी थिएँ, मेरो छोराको न्वारानको दिनमा ।

समय बित्दै थियो । कहिलेकाहीँ बच्चालाई सास फेर्न गाह्रो हुन्थ्यो, कहिले सामान्य । डाक्टरहरू भन्थे, "प्रिम्याचुअर बेबी भएको हुँदा यस्तो हुनु स्वाभाविक हो, आत्तिनुपर्दैन । दिन बित्दै जाँदा आफैं ठीक हुँदै जान्छ ।"

***

तिहारको भाइटीकाको दिन म अस्ट्रेलिया जानुपर्ने थियो । ग्रुप अन अर्थ अब्जर्भेसनले आयोजना गरेको सातदिने अन्तर्राष्ट्रिय सम्मेलनमा मेरो पनि प्रस्तुति थियो । काठमाडौं त्रिभुवन अन्तर्राष्ट्रिय विमानस्थलबाट बेलुका नौ बजे उडान थियो ।

त्यसैअनुसार भाइटीका लगाएर म पोखराबाट दुई बजेको फ्लाइटमा काठमाडौं गएँ र काठमाडौंबाट राति नौ बजे सुदूरपूर्वको देश अस्ट्रेलियातिर उडें ।

सेमिनारसहित म त्यहाँ १५ दिन रहने कार्यक्रम थियो । बेलाबेलामा छोराको याद आउँथ्यो । हेमालाई भिडियो कल गर्थें । ऊ नबोले पनि

यसै बाबु भनेर बोलाउँथें र स्क्रिनमा उसको अनुहार गहिरिएर हेर्थें । उनी भन्थिन्, "जतिखेर पनि रोइरहन्छ, हजुरले भिडियो कल गरेपछि रून कम गर्छ बाबु ।"

यो कुराले मेरो मन यसै फुलेर आउँथ्यो र मौका मिल्नासाथ भिडियो कल गरिहाल्थें ।

***

सबै ठीकठाक चलिरहेको थियो । म उतै हुँदा नै छोरालाई निकै समस्या भएछ । उपचारका लागि हेमाले काठमाडौं लिएर गइछन् । डाक्टरले मुटुमा समस्या छ भनेछन् र त्यसैअनुसार उपचार गरेछन् । मैले फोन गरेर सोध्दा हेमा भन्थिन्, "छोराको जाँच गराएँ । डाक्टरले सबै ठीक हुँदै छ भनेका छन् । अहिले सबै ठीकै छ ।"

मलाई लाग्यो, उनले बच्चालाई काठमाडौं लगेर ठीक गरिन् । म नेपाल पुग्दासम्म उसलाई राम्रो भइसक्नेछ ।

अस्ट्रेलियाको मेरो १३ दिने बसाइ १३ वर्ष जस्तो भयो । सामान्य अवस्थामा भएको भए १३ घण्टा जस्तो लाग्थ्यो होला । १५ दिनका दिन म खुसी हुँदै फर्किएँ काठमाडौं उत्रिएँ र बच्चालाई हेर्न हतारिएँ । तर बच्चाको हालत गम्भीर हुँदै गएको रहेछ । तत्काल काठमाडौं मेडिकल अस्पतालको बच्चा वार्डमा लिएर गयौं । त्यहाँका डाक्टरले झन् डर पो देखाइदिए र तत्काल सहिद गङ्गालाल अस्पतालमा लैजानू भने । मैले ट्याक्सीमा राखेर गङ्गालाल अस्पतालको आकस्मिक कक्षमा लगें । त्यहाँ डाक्टरले पुनः बच्चालाई हात, नाक, छाती गरी धेरै ठाउँमा पाइपै पाइप जोडे र उपचार सुरू गरे । तीखो सिरिन्जले घोचेर कलिलो बच्चाको रगत निकाल्दा मन कटक्क दुख्थ्यो । तर के गर्नु, यसमा हाम्रो केही उपाय चल्दैनथ्यो । महिनौंसम्म दिल्लीको अस्पतालमा पाइपै पाइपको पिंजडाबाट जेलिएर बस्नुपऱ्यो उसले । अब त जेलाइबाट मुक्ति पाउँछ होला मेरो बाबुले भनेको त झन् यस्तो भयो ।

गङ्गालाल अस्पतालले बच्चालाई तत्काल कान्ति बाल अस्पतालमा लैजान सिफारिस गऱ्यो । एम्बुलेन्समा राखेर हामीले तत्काल कान्ति अस्पताल दौडायौं र आकस्मिक कक्षमा भर्ना गऱ्यौं । सघन उपचारका लागि बेड पाउन भनसुन गर्नुपऱ्यो । सघन उपचारका लागि निकै मुस्किलले बेड पाइयो । आलो सुत्केरी भएकाले उनलाई चाबहिलस्थित डेरामै आराम गर्ने

र दिउँसो मात्र अस्पताल जाने प्रबन्ध गरें । लगभग १९ रात म बच्चालाई कुरेर कान्ति बाल अस्पतालको छिँडीमा सुतें । केही दिन त म आफैं बिरामी भएँ । बेलाबेला आत्तिँदै डाक्टरलाई सोध्थें, "कहिले ठीक होला, डाक्टसाहेब हाम्रो बच्चा ?"

उनीहरू भन्थे, "हेर्नुस् सर, यो कुनै ठेगान नभएको रोग हो । तपाईंलाई राम्रोसँग थाहा छ, बच्चाको फोक्सो राम्रोसँग बनिसकेको छैन । मुटुमा प्वाल पनि छ । अपरेसन गरेर बच्चाको मुटुको प्वाल टालिदिन सक्ने हो भने शतप्रतिशत ठीक हुन्छ । तर मुटुका डाक्टरले बच्चाको तौल नौ केजी र उमेर एक वर्ष नभई अपरेसन गर्दैनन् । प्रिम्याचुअर बेबी भएकाले गाह्रो छ । हेर्दै जाने हो, उपचार गर्दै जाने हो । बाँकी भगवान् भरोसा !"

मलाई ती डाक्टरको कुरा चित्त बुझेन । अरू डाक्टरहरूसँग परामर्श पनि लिएँ । एक पटक डा. भगवान कोइरालासँग पनि परामर्श लिन्छु भनेर मनमोहन अस्पतालमा गएँ । उनले यो बच्चाको अपरेसन गर्न नसकिने बाध्यात्मक तीतो जवाफ दिए । मेरो बुझ्ने क्रम जारी थियो । राति त अस्पतालको छिँडीमा सुत्नु नै छ । खुट्टामा जुत्ता लगाउन अझै मिल्दैनथ्यो । चप्पल र सेतो पट्टी खुट्टामा लगाएर अस्पतालको बाहिर सिमेन्टको छिँडीमा सुत्दा कैयौं पटक मेरो खुट्टामा म जस्तै बिरामी कुरूवाहरूले अनजानमै कुल्चिदिएका छन् । लाग्यो, उनीहरू पनि म झैं आफ्ना बिरामीका लागि भौंतारिएका छन् ।

बाहिरका अस्पतालमा लगे उपचार गर्न सकिन्छ कि भनेर अनलाइनमा धेरै पटक सर्च पनि गरें । यसै क्रममा भारतको बैङ्गलोरमा यस्तो अस्पताल छ, जहाँ १० दिनको बच्चाको पनि मुटुको अपरेसन गरेर ठीक पारेको रेकर्ड छ भन्ने थाहा पाएँ । यो थाहाले म निकै खुसी भएँ । ल अब बच्चालाई त्यहाँ लैजानुपर्छ भन्ने सोचें । त्यसपछि त्यहाँ लैजाने प्रबन्ध गरें । डाक्टरहरूको सल्लाहबमोजिम विशेष व्यवस्थासहित बाबुको मुखमा अक्सिजन बोतल र मास्क फिट गरेर हवाईजहाजमा लैजाने तय भयो । डाक्टरसहित जानुपर्छ भन्ने कुरा आएपछि मेरो मामाका छोरा अर्थात् मेरा दाइ डा. कृष्ण मुरारी अधिकारी, जो मनिपाल अस्पतालमा एनेस्थेसिया डाक्टर थिए, उनलाई गुहारें । भाइले भनेपछि म जान्छु भने । जहाजको तारतम्य मिलाएँ । बाबुको स्वास्थ्य ठीक हुने अभिलाषामा खुसी हुँदै दिउँसो तीन बजे नेपाल एयरलाइन्सको जहाजमा चढियो । साँझपख आठ बजेतिर बैङ्गलोरको नारायणा अस्पताल पुगियो ।

अस्पतालको विशालता देखेर सोचें, यो मान्छे उपचार गर्ने फ्याक्ट्री हो । बेडमाथि अक्सिजनका पाइपै पाइपका लहरहरू, निकै सफा कोठा, हाईटेक प्रविधि । यसो हेर्दा अब मेरो बाबु यहाँ ठीक हुन्छ भन्ने आशा पलाएर आयो ।

डाक्टरहरू आए र सबै पक्षबाट परीक्षण गरे अनि भने, "मुटुको अपरेसन गर्न त सकिँदैन ।"

म फेरि निराश भएँ । आशा र निराशा घामछाया जस्तै चलिरहेको थियो । अपरेसन नहुने भएपछि अरू नै विधिबाट डाक्टरले उपचार सुरू गरे । बच्चाको अवस्था झन्झन् जटिल बन्दै गयो । हरेक दिन डेढ लाख भारूसम्म उपचारको बिल आउन थाल्यो । तर हरेक दिन बच्चाको हालत खराब हुँदै गयो ।

बैङ्गलोर गएको १४ दिनपछि बच्चाको हालत झन् खराब हुँदै जानु र आर्थिक हिसाबले पनि सीमा नाघ्नु हाम्रा लागि सुखद कुरा थिएन । त्यसैले भेन्टिलेटरसहितको बच्चालाई नजिकै रहेको इन्दिरा गान्धी चिल्ड्रेन अस्पतालमा सारियो । सरकारी अस्पताल भएकाले आर्थिक रूपमा पनि किफायती थियो त्यो अस्पताल । त्यो अस्पताल पनि राम्रो उपचार हुनेमा गनिने रहेछ । त्यहाँ लगेको दुई दिनसम्म चाहिँ केही सुधार भएको छनक पनि मिल्यो ।

लगभग निराशामा पुगिसकेको म पुनः थोरै भए पनि आशावादी बनें । त्यहाँ पुरूषलाई छिर्न दिइँदो रहेनछ । त्यसैले उनी मात्र बच्चालाई कुर्न जान्थिन् । म अस्पताल बाहिर नै यताउता भौंतारिइरहेको थिएँ ।

त्यो अस्पतालमा सारेको छैटौं दिन, पुस ८ गते मङ्गलबार । उनलाई सोधें, "बाबुलाई कस्तो छ अहिले ?"

उनले खुसी हुँदै भनिन्, "आज त बाबुले मलाई हेऱ्यो नि । कस्तरी टुलुटुलु हेरेको भन्या !" बाबुले त्यसरी हेरेको भिडियो पनि खिचेर ल्याएकी रहिछन् । देखाउँदै भनिन्, "हेर्नोस् त !"

सोचें, जसरी छैंटीमा भावीले भाग्य लेखिदिन्छन् भनिन्छ, त्यसरी नै यो अस्पतालमा ल्याएको छैटौं दिन, बाबुले आँखा पनि हेऱ्यो । कतै चमत्कार हुन्छ कि भन्ने आशाले म पनि खुसी भएँ । जसरी आरोहणबाट फर्किंदा साउथ कोल नजिकै चमत्कार भयो र म बाँच्न सकें, त्यसरी नै चमत्कार हुन सक्छ ।

दिउँसो चार बजेतिर डाक्टरलाई भेटेर बाबुको बारेमा सोधें । डाक्टरले भने, "कुनै चमत्कार भए अर्कै कुरा । नत्र यस्तै हो ।"

फेरि म खिन्न भएँ । त्यही दिन साँझ छ बजेतिर हेमाको ममी र बुहारी आए । मेरो खिन्न मनमा केही आशा पलायो । ढल्न लागेको रूखले आड पाए जस्तो लाग्यो ।

१९ दिन सम्म कान्ति बाल अस्पतालमा राखेको बच्चाले बैङ्गलोर गएको १९ दिनको दिन २०७६ साल पुस ८, मङ्गलबारको राति १२ बजे धरतीबाट बिदा लिएछ । डाक्टरले बाहिर आएर मलाई भने, "सरी सर, ही इज नो मोर । बच्चा बचाउन सकिएन । तपाईं भित्र गएर बच्चा हेर्न सक्नुहुन्छ । तपाईंले आफ्नो परिवारलाई मिलाएर सुनाउनुहोला ।"

मेरो काँधमा दाहिने हातले थपथपाएर डाक्टर गए । सघन उपचार कक्षमा गएर बच्चा हेरें । अनुहार र शरीर सुन्निएको थियो । तैपनि चलमलाउँछ कि भनेर बाबु बाबु... भनेर सासले बोलाएँ ।

ऊ कहिले पो बोल्न सकेको थियो र त्यो दिन बोलोस् । ऊ केवल व्यञ्जनमा परिणत भइसकेको थियो । उसको स्वर त हावाको पखेरूमा उडेर गइसकेको थियो, अर्कै लोकमा ।

मङ्गलबार, निष्पट्ट अन्धकारको त्यो दिन, मेरो घात बार, मकर राशिको पनि घात बार, मेरो बाबुको राशि पनि मकर । घात बारको दिनले मेरो सपनामा घात गरेर गयो । मेरो भरोसामाथि लात हानेर गयो ।

हेमा र ममीसँग त सकीनसकी म दह्रो भएर उभिनु थियो । त्यो बिरानो ठाउँमा मैले विलाप गर्ने मान्छे पनि पाइनँ । त्यसैले आफैंसँग विलाप गर्न लागें ।

*प्राणपखेरू उडेर गयो*
*कलिलो मुना चुँडिई गयो*
*निष्ठुरी कालले मेरो सपना*
*खेलाई-खेलाई लुटेर गयो*
*फक्रन नपाई वर्षाको फूल*
*शिशिर बतासमा झरेर गयो*
*कलकलाउँदो सुन्दर कोपिला*
*फुल्न नपाउँदै झरेर गयो*
*आफ्नै आँसुले भिजेको सपना*

*कुहिएको फल झैं गलेर गयो*
*जूनबिनाको अँधेरी रातमा*
*एउटा तारा झरेर गयो*
*अकस्मात् मेरो आशाको दीप*
*बल्न नपाउँदै निभेर गयो*
*शिखरमा एउटा दियो बाल्दा*
*अर्को दियो निभेर गयो*

एक्कासि म शून्य भएँ । बत्तीको उज्यालोमा पनि अन्धकार देखें । न केही बोल्न सकें, न रून । एकतमासको सन्नाटा छायो ।

जसोतसो रात बित्यो । घाम उदायो । तर अस्ताएको 'मेरो घाम' कहिल्यै उदाउनेवाला थिएन । बिहानै अजय भिनाजुलाई खबर गरें । त्यहाँ रहँदा उनले धेरै सहयोग गरेका थिए । आफ्ना केही स्थानीय साथीसमेत लिएर अस्पताल आए । उनीहरूबाट थाहा पाएँ, त्यहाँ त लास गाड्ने जग्गा पनि किन्नुपर्ने रहेछ । ४५ सय भारूमा किनें र शववाहनमा चिहानघाटतिर लागें ।

तमाम सम्बन्धहरूको बीचमा रहेको म, मेरो छोराको मलामी म एक्लै थिएँ । २०७६ पुस ८ गते मङ्गलबारका दिन मेरो जीवनको एउटा निभेको आशालाई माटोमुनि पुरें ।

***

आफूलाई सम्झाउने संसारको सबैभन्दा ठूलो मान्छे आफैं रहेछ । त्यतिखेर आफैंलाई सम्झाउने प्रयास थिएँ ।

समय बित्दै जाँदा सुनसान भएको मनमा अनेक कुरा खेल्न थाले– म सगरमाथाको शिखरमा नगएको भए हेमालाई त्यति धेरै तनाव हुँदैनथ्यो होला । तनाव नभएको भए अपरिपक्व बच्चा जन्माउनुपर्दैनथ्यो होला । मेरो आड र साथले आमा र बच्चा दुवैको स्वास्थ्य राम्रो हुन्थ्यो होला । कतै मैले गरेको निर्णय गलत त थिएन ? आफ्ना निर्णय र कर्महरूलाई मैले धेरै पटक पुनर्मूल्याङ्कन गरें ।

फेरि सोचें, हुने कुरा भगवान्ले त टार्न सक्दैनन् । म एक साधारण मान्छे, मैले के टार्न सक्छु र ! भगवान्ले पनि जित्न नसक्ने काललाई डाक्टरहरूले पनि कहाँ जित्न सक्छन् र ! बस्, हामी कर्म गर्दागर्दै बाँच्न जन्मेका हौं र यसरी नै बाँच्दाबाँच्दै मर्न जन्मेका हौं ।

जे भए पनि आफू सगरमाथा मापन गर्न विश्वमै पहिलो पटक सर्भेयरहरूको नेतृत्व गरेर गएकामा मलाई कतै पछुतो छैन । बरू गर्व छ । गर्वले मेरो छाती बेलाबेला सगरमाथा जस्तै फराकिलो हुन्छ । जीवनमा एउटा दियो बल्दै गर्दा अर्को बत्ती निभ्यो, जो मेरो हातमा थिएन ।

फेरि कसैले भनेको याद गरें, "तिमीले जे गुमायौ, त्यो सायद तिम्रा लागि काबिल थिएन होला, त्यसैकारण गुमाएका हुन सक्छौ ।" सायद आशुतोष मेरा लागि थिएन । त्यसैले पनि मैले गुमाउन पुगें होला । नभए त मैले धेरै प्रयास गरेको त भगवान्लाई पनि थाहा थियो ।

***

एक दिन मेरो जन्मस्थान हँडौले गाउँको घर गएँ । पिँढीमा बसेर अगाडि पाखुरीको रूख हेर्दै टोलाइरहेको थिएँ । यत्तिकैमा एउटा चरा भुर्र उडेर आँगनमा आयो । त्यहाँ मकै र कोदोको बिस्कुन सुकाइएको थियो । चराले कोदोका दाना टिप्न लाग्यो । तर त्यसलाई धपाइनँ । लाग्यो, पोथी हो, यसका पनि बचेरा होलान् । आफ्ना बचेराका लागि गजेरोमा चारा भर्न आएकी होला ।

केही दाना कोदो टिपेर चरो भुर्र उडेर गयो । सन्तानको माया मान्छेलाई मात्र होइन, चरालाई पनि हुन्छ । चराको माया त अझ निःसर्त हुन्छ ।

घरमुन्तिर इँदीखोलाको बगरमा त्यसै टहलिँदै हिँडेको थिएँ । एउटी गाईको बाच्छी आफ्नो माउ आमाको पछिपछि कुदिरहेको देखें । म आफू गाई र मेरो बाबु त्यही बाच्छी हो भन्ने कल्पनामा डुबें र सोचें, सायद अहिले मेरो बाबु बाँचेको भएको भए त्यही गाईको बाच्छी झैं मलाई पछ्याउँदै हुन्थ्यो होला र भन्थ्यो होला, "बा पख्नू न !"

म उसलाई पर्खिन्थें हुँला । उसले मेरो काँधतिर हेरेर मलाई बोक्नू न भन्थ्यो होला । उसका गोडामा लागेको धूलोमाटो टकटक्याइदिएर म उसलाई काँधमा बोकेर गाउँ, बेंसी, खोला र बगरतिर डुलाउँथें हुँला । मभन्दा अग्लो भएको भानमा ऊ कति धेरै खुसी हुन्थ्यो होला ।

गाई र चराको जीवनलाई हेरेर सोचें– पशुहरूमा मातृसंवेदना भए पनि पितृसंवेदना हुँदैन । म पनि पशुपन्छी भएको भए यो शोक र वेदनाबाट मुक्त हुने थिएँ । ए आशुतोष ! मान्छे भएका कारण नै तिम्रो शोकमा मेरो हृदय यति धेरै संवेदित भएको छ ।

मलाई मात्र थाहा थियो, मैले आशुतोषका लागि सगरमाथामा भन्दा बढी मिहिनेत गरेको थिएँ । प्रिय आशुतोष ! तिमीलाई बचाउने प्रयासमा मेरा सबै मिहिनेत खेर गए । सायद तिम्रो जीवन बालुवा जस्तै थियो र मेरो मिहिनेत पानी जस्तै । तिम्रो मुखबाट 'बा.. !' सम्बोधन सुन्न नपाए पनि कम्तीमा तिमीले मलाई छोराको बा बनाएर त गयौ नि !

तिमी जन्मिँदा म दुई महान् प्राप्तिले पुलकित भएको थिएँ । तर के गर्नु, मलाई हराउन मेरै भाग्य लागेको रहेछ क्यारे । तर पनि तिमीसँग कुनै गुनासो छैन ! सायद मैले यो शोकबाट गुज्रनुपर्थ्यो ।

प्रिय आशुतोष !

तिम्रो प्राप्तिका लागि मभित्र सगरमाथाभन्दा अग्लो आसक्ति थियो । अहिले सम्झिँदा लाग्छ, कुनै पनि विषयमा धेरै आसक्ति देखाउनु पनि ठीक होइन । जहाँ धेरै प्राप्तिको चाहना राखिन्छ, त्यो प्राप्त गर्न कठिन हुन्छ ।

झन्डै चार दशकको जीवनयात्रामा धेरैथोक पाएँ र धेरैथोक गुमाएँ । मेरा लागि सबैभन्दा ठूलो प्राप्ति सगरमाथा चुम्नु हो भने सबैभन्दा ठूलो खती तिमीलाई गुमाउनु हो ।

सानो पदबाट जागिर सुरू गरेको मैले यहाँसम्म आइपुग्दा धेरै मानसम्मान, इज्जत र प्रतिष्ठा प्राप्त गरें । गर्विलो काममा संलग्न हुने अवसर पाएँ । धेरै पाएर पनि केही नपाए जस्तो हुन पुगें । मन त्यसै भाँचिएर आउँछ । दार्शनिक जिन केरीको भनाइ सम्झिएँ– मानिस जीवनभर बाँच्ने तयारीमा मात्र जीवन बिताउँछ । खुसी पाउने चाहना राख्छ । तर चाहना राख्दाराख्दै जीवन सकिन्छ ।

म चाहन्छु, बाँच्ने तयारीमै जिउन नपरोस् । मेरो अन्त्य कहाँ, कसरी हुन्छ, त्यो पहिल्यै थाहा पाउन सकूँ । जीवन छँदा नै मृत्यु स्विकार्न सकूँ । फेरि आफैंलाई भन्छु– यो मेरो भावना मात्र हो । यथार्थमा जीवन केही मात्रामा थाहा पाउन सकिन्छ, मृत्यु थाहा पाउन सकिँदैन ।

हरेक हृदयभित्र घाउहरू लुकेका हुन्छन्– कसैले रोएर देखाउलान्, कसैले हाँसेर । म पनि त दुनियाँसामु आफ्नो आँसु हाँसोको वस्त्रले छोपेर खुसी मात्र देखाउँछु । प्रायः म साथीहरूसँग हाँसोठट्टा गरिरहेको हुन्छु । हाँसोभित्र लुकेको आँसु चाहिँ मेरो हृदयसँग जोडिएका साथीहरूले मात्र देख्छन् ।

प्रिय आशुतोष !

जेजे भए पनि तिमी मेरो हृदयमा उज्यालो सम्झना बनेर सदा रहिरहनेछौ । सुनेको थिएँ, साहसी मान्छेहरू कठिन परिस्थितिमा पनि आशावादी रहन्छन् । अभावमा पनि अवसर खोज्छन् । म पनि सर्वोच्च चुली आरोहण गरेको मान्छे; आफैंलाई सम्झाउँछु– सगरमाथा जस्तै अटल हुनुपर्छ ।

हितोपदेशमा भनिएको छ–

*सुखस्यानन्तरं दुःखं दुखस्यानन्तरं सुखम् ।*

*सुखंदुःखं मनुष्याणां चक्रवत् परिवर्तते ॥*

अर्थात् सुखपछि दुःख र दुःखपछि सुख मानिसमा चक्र जस्तै परिवर्तन भइरहन्छ ।

त्यसैले सुखैसुख र दुःखैदुःखको यो संसार होइन । कसैलाई अलि धेरै सुख, कसैलाई अलि थोरै सुख रहन सक्छ । तर संसारमा सुखको मात्र अनुभव गर्ने व्यक्ति पाउन असम्भव छ । अतः यो संसार सुख र दुःखको चक्र हो । यी दुवै कुराको भोग हामीले गर्नु नै पर्छ ।

संसारमा मैले भोगेका दुःखभन्दा ठूला दुःख पनि छन्; मैले भोगेका सुखभन्दा पनि ठूला सुख छन् । यस्ता कुराले मन बलियो बनाउँदो रहेछ ।

तर पनि कहिलेकाहीँ भावनामा डुब्छु र सोच्छु, म अहिले खुसीबिनाको जीवन जस्तो, सौन्दर्यबिनाको प्रकृति जस्तो, धारबिनाको हतियार जस्तो, बास्नाबिनाको फूल जस्तो भएँ । फेरि सोच्छु, वास्तवमा यसरी जीवन चल्न सक्दैन । त्यसैले अहिले म जबर्जस्ती खुसी खोजिरहेछु, आफ्नै जीवनबाट; जबर्जस्ती बास्ना खोजिरहेछु, आफ्नै फूलबाट ।

१३औं शताब्दीका दार्शनिक एवम् कवि मौलाना जलालुद्दिन रूमीले भनेका छन्– चिन्ता नगर, तिमीले जे गुमायौ, त्यो पुनः अर्को रूपमा तिमीसामु आइपुग्छ ।

रूमीको यो भनाइले लाग्यो, आशुतोष अर्को रूपमा पुनः मसँगै आउनेछ ।

# सगरमाथाको राज्याभिषेक

*मान्छेभित्र कहिल्यै नमेटिने आकाङ्क्षाको भोक छ ।*

म आफैं जीवनका अनेकौं भङ्गालामा गुज्रिरहेको थिएँ । चुली चुमेको उमङ्ग एकातिर थियो भने पुत्रशोकको वेदना अर्कोतिर । त्यसमाथि छ महिनाभित्र सगरमाथाको नयाँ उचाइ घोषणा हुने भनी यसअघि नापी विभागले प्रक्षेपण गरिसकेको थियो । तर घोषणा हुन सकेको थिएन । मुख्य तथ्याङ्क ल्याएको धेरै समय बितिसकेको थियो ।

यसैबीचमा चिनियाँ राष्ट्रपति सी चिनफिङको नेपाल भ्रमण भयो । दुवै देशले संयुक्त रूपमा उचाइ घोषणा गर्ने सम्झौता भयो । नापी विभागले भने लगभग काम सकिसकेको थियो । द्विदेशीय सम्झौता भएका कारण चिनियाँ पक्षलाई पर्खिनुपर्ने बाध्यता थियो । यसले गर्दा उचाइ सार्वजनिक गर्ने मितिमा केही विलम्ब भयो ।

२०७७ जेठमा चिनियाँ टोलीले समिट अब्जर्भेसन सकेपछि आवश्यक समन्वयसहित २०७७ मङ्सिर २३ मा मात्र नेपालको नापी विभाग र चिनियाँ विदेश मन्त्रालयले कोरोना महामारीका कारण भौतिक उपस्थितिमा कार्यक्रम गर्न नसक्दा वेबिनारमार्फत संयुक्त रूपमा उचाइ घोषणा गरियो ।

राष्ट्रिय तथा अन्तर्राष्ट्रिय पत्रपत्रिका तथा विद्युतीय सञ्चारमाध्यममा हाम्रो आरोहण र मापनका खबर र रिपोर्ट छापिएका रहेछन्, जसले नेपालमा मात्र होइन, विश्वमै एउटा सानोतिनो तरङ्ग ल्याएको थियो । यसमा मैले मात्र होइन, नापी विभाग र हाम्रो देशले नै गर्व गरिरहेको थियो ।

सगरमाथाबाट फर्किएपछि म अत्यन्त भावनात्मक भएँ– किन त्यति जोखिमपूर्ण हिमाल आरोहण गरें हुँला र चुलीको चुनौतीमा पौने दुई घण्टा बसेर कसरी सर्वेक्षण गरें हुँला !

सायद मलाई इतिहासका थुप्रै गर्विला, कसिला र आँटिला पैतालाको आवाजले तरङ्गित पारेर डोऱ्याएको हो; मलाई मेरै माछापुच्छ्रे र अन्नपूर्णले आफ्नी ठुल्दिदी भेट्न पठाएका हुन् ।

आधुनिक इतिहासले तेन्जिङ र हिलारीको नाम जुन श्रद्धाले प्रथम आरोहीका रूपमा लिन्छ अथवा जुनको तावेई र पासाङ ल्हामु शेर्पाका साहसिक पाइलाहरूको नाम लिन्छ, त्यसयता थुप्रै देखिने-नदेखिने नाम पनि छन्– यी सबै गौरवपूर्ण साहसी र आँटिला आरोहीको प्रयत्नसँगै म पनि सगरमाथासँग जोडिएँ । नेपालका तर्फबाट पहिलो पटक सगरमाथा मापनमा पनि जोडिएँ ।

यो काम सम्पन्न गर्दाका विभिन्न आधार, मापन विधि, प्रयोग गरिएका माध्यम अत्यन्त आधुनिक र सामयिक थिए । नेपाली सर्भेयरहरू आफैं पनि यस्ता गौरवपूर्ण कार्य सम्पन्न गर्न तत्परता देखाउन सक्छन्; नेपालसँग आफ्नै उच्चस्तरको जनशक्ति छ, जो नवीनतम प्रविधिको प्रयोग गर्न र कठिनतम कार्य सम्पादन गर्न सक्षम छन् भन्ने गहिरो आधार र सन्देश यो कार्यबाट नेपालले विश्वमा प्रवाहित गरेको छ ।

बेलाबेला पृथ्वीमा विभिन्न किसिमका उतारचढाव आइरहन्छन् । समुद्रमा आउने विभिन्न किसिमका ज्वारभाटा, आँधीबेहरी र सुनामी; जमिनमा आउने अनेक प्रकारका भुइँचालो, भूस्खलन र ज्वालामुखी अनि खगोलीय चालबाट व्युत्पन्न उल्कापिण्ड एवम् गुरूत्वाकर्षणका असरहरूले पनि पृथ्वीको सतहमा प्रभाव पार्ने गर्छ । यस्ता प्राकृतिक प्रकोपबाट अरू भूगोलमा जस्तै सगरमाथाको भित्री भूभागमा पनि परिवर्तन ल्याउन सक्छ, जसका कारण उचाइ सधैं उत्रै रहँदैन ।

२०६८ सालमा पहिलो पटक सगरमाथा आरोहण गरेर आएपछि मैले भनेको थिएँ, "जिम्मेवारी प्राप्त भएको खण्डमा म सर्भेयरका रूपमा सगरमाथा मापनका लागि फेरि चुचुरोमा जान सक्छु ।"

नापी विभागको नेतृत्व एवम् कर्मचारीहरूको मेहनत र लगनशीलताले नै यो कार्य सफल गराउन महत्त्वपूर्ण भूमिका खेलेको हो ।

यसको पृष्ठभागमा रहेका योगदानहरूको चर्चा गरिएन भने यो किताब अपूरो हुन्छ ।

२०७२ को भुइँचालोअगाडि नै सगरमाथाको उचाइ मापन नापी विभाग आफैंले गर्नुपर्छ भनेर कुरा उठेको थियो । भुइँचालोपछि काठमाडौं वरिपरिको

धरातलीय स्वरूपमा आएको परिवर्तनलाई तत्कालीन महानिर्देशक मधुसूदन अधिकारीको अगुवाइमा अध्ययन गरी तथ्य बाहिर ल्याएपछि उनले भने, "अब हामी सगरमाथाको उचाइ मापन गरी त्यहाँ आएको परिवर्तनबारे पनि तथ्य बाहिर ल्याउँछौं ।"

वास्तवमा यो अभियानको पहिलो खुट्किलो नै त्यही थियो । त्यसपछि नापी विभागको नेतृत्व सम्हालेका कृष्णराज बिसीले पनि थोरै भूमिका खेले । अन्ततोगत्वा नापी विभागका पूर्वमहानिर्देशक गणेशप्रसाद भट्टले आफ्नो कार्यकालमा नेपाल सरकारबाट पारित गराई यो कार्यक्रमको श्रीगणेश गरेका हुन् । सगरमाथा मापनमा सबैभन्दा धेरै काम भट्टकै पालामा भयो । केही बाँकी काम र घोषणा चाहिँ महानिर्देशक प्रकाश जोशीको कार्यकालमा भयो । यसमा सबैको आआफ्नो भूमिका छ ।

मापन कार्यमा नापी विभागले आधुनिकसँगै परम्परागत पद्धतिसमेत अवलम्बन गरेकाले सगरमाथाको उचाइ परिणाममा कुनै विवाद हुँदैन भन्ने लाग्छ । भलै म तथ्याङ्क प्रशोधन गर्ने टोलीमा थिइनँ । वास्तवमा यो कार्य नेपाल सरकारका तर्फबाट नेपाली सर्भेयरहरूले नै गरेका हुनाले यो सगरमाथाको राज्यारोहण हो ।

राष्ट्रको गौरवगाथाका साथ नेपालीले सगरमाथा शिखरबाट आफ्नै बलबुतामा नयाँ उचाइका लागि तथ्याङ्क लिएर आएको मात्र नभई हामीले सगरमाथाको राज्याभिषेक पनि सम्पन्न गरेर आएका हौं । राज्य र नापी विभागको अथक प्रयासबाट मापन गरी सगरमाथालाई नयाँ रूपमा विश्वसामु चिनाउन सफल भएका छौं । अहिलेसम्म आफ्नै देशको शिरको उचाइसमेत विदेशी तथ्यमा गर्व गर्‍यौं; अब आफ्नै सत्यमा गर्व गर्ने भएका छौं ।

# नौबन्धनसँग आत्मालाप

*मृत्युको नजिक पुग्दा मान्छेले धेरै कुरा बिर्सिन्छ ।*

मान्छेहरू किन आफ्नो जीवनलाई नै जोखिममा राखेर सगरमाथा उक्लिन्छन् ?

दुई पटक शिखरमा पुगेर पनि मलाई यसको उत्तर थाहा छैन । मैले धेरै आरोहीलाई सोधेको छु । उनीहरूसँग पनि यसको उत्तर थिएन ।

म आफैँसँग यसको उत्तर खोजिरहेछु । कुनै दिन पत्ता लगाएँ भने भन्नेछु ।

पर्वतराज, जसलाई पुराणहरूमा नौबन्धन भनिएको छ, जो कुनै बेला टेथिस सागरको पिँधबाट उठेर धरतीको सर्वोच्च शिखर बन्न पुगेको थियो ।

यही सर्वोच्च शिखरलाई दुई पटकसम्म चुम्दा उनीसँग मैले धेरै संवाद गरेको छु ।

– हिमालहरूको हिमाल कुन हो ?
– तिमी जहाँ उक्लिरहेका थियौ ।
– भूगोलको सगरमाथा त तिमी हौ, जीवनको सगरमाथा के हो ?
– तिम्रो कर्म र त्यसको फल ।
– त्यो त अस्थायी हुँदैन र ?
– म पनि त अस्थायी हुँ । कुनै बेला यहाँ सागर थियो, अहिले म छु । कुनै बेला यहाँ सागर पनि हुनेछैन र म पनि हुनेछैन ।
– भूगोलको चुली चुम्न सजिलो हुन्छ कि जीवनको ?
– भूगोलको चुली चुम्नु पनि जीवनको चुली चुम्नु हो । तर जीवनको चुली चुम्नु भूगोलको चुली चुम्नु होइन ।

– भूगोलको चुली अग्लो छ कि जीवनको ?
– जीवनको । किनभने जीवनको चुलीको कुनै अन्तिम बिन्दु छैन । तर भूगोलको चुलीको अन्तिम बिन्दु छ ।
– यो संसारमा तिमीभन्दा अग्लो के छ ?
– मान्छेको आकाङ्क्षा ।
– जीवनको सगरमाथाको उचाइ कति हो ?
– अनन्त ।
– चुलीको नजिक मात्र पुगेर फर्केको भए अहिले म कहाँ हुन्थें ?
– तिमी थप एउटा अतृप्त आकाङ्क्षाको वरिपरि हुन्थ्यौ ।
– तिम्रो चुलीमा पुग्ने आकाङ्क्षा पूरा भएपछि जीवनका अरू चुलीहरू पनि चुम्ने आकाङ्क्षा किन जाग्छ ?
– किनभने मान्छेभित्र कहिल्यै नमेटिने आकाङ्क्षाको भोक छ ।
– तिम्रो काँध या शिरमा पुग्दा किन धेरै कुरा बिर्से जस्तो हुन्छ ?
– मृत्युको नजिक पुग्दा मान्छेले धेरै कुरा बिर्सिन्छ ।
– तिम्रो शिर, काँध र काखमा धेरै आरोहीको ज्यान गएको छ नि, किन तिनीहरूलाई बचाउन सकिनौ ?
– उनीहरू मृत्युसँग जुध्न आएका थिए, हारे । तिमी पनि हार्न सक्थ्यौ; जित्यौ । तर यो जित अस्थायी हो ।
– अस्थायी जितमा पनि मान्छे किन यति धेरै खुसी हुन्छ ?
– किनभने जीवन नै अस्थायी छ ।

जीवनमा धेरै चुलीहरू हुने रहेछन्, बराबर उचाइका । भौतिक संसारमा त एउटा मात्र अग्लो चुली छ, सबैभन्दा अग्लो । सगरमाथाको अन्तिम चुचुरो हुन्छ, अग्लो एउटा बिन्दु हुन्छ । तर मान्छेका आकाङ्क्षाको अन्तिम चुचुरो पत्ता लगाउन सकिँदैन । तसर्थ भौतिक संसारको सगरमाथाभन्दा जीवनको सगरमाथा प्राप्त गर्न कठिन छ । भौतिक संसारको सगरमाथाभन्दा जीवनको सगरमाथा अग्लो छ, कैयौं गुना अग्लो र कठिन ।

# सगरमाथालाई प्रेमपत्र

प्रिय सगरमाथा !

तिम्रो माथामा आफ्नो माथा दुई पटक ढोगिसकें । आजसम्म हजारौं आरोहीका पैतालाले तिमीलाई चुमिसके । तीमध्ये दुई पैताला मेरा पनि थिए । तिम्रो माथामा उभिएर आजसम्म हजारौं हातले तिमीलाई छोइसके । तीमध्ये दुई हात मेरा पनि थिए । तिम्रो चुलीमा उभिएर आजसम्म हजारौं आँखाले हेरे । तीमध्ये दुई आँखा मेरा पनि थिए । तिम्रो माथालाई हरपल स्पर्श गरिरहने हावाले दुई पटक मलाई पनि स्पर्श गरेको थियो ।

तिम्रो माथा चुम्नुअघि कहिल्यै कल्पना गरेको थिइनँ, एक दिन तिमीलाई चुम्नेछु । म माछापुच्छ्रेको काखमा हुर्केको मान्छे । माछापुच्छ्रेले मलाई तिम्रो हालखबर बुझ्न पठाए जस्तो लाग्छ । मभन्दा त माछापुच्छ्रे तिम्रो धेरै नजिकको आफन्त हो । तिमी दुई हिमालको गोत्र पनि एउटै हो; वंश पनि एउटै हो । तर त्यति नजिकको आफन्तले पनि तिमीलाई भेट्न आउन सक्तिनन्; तिमी पनि माछापुच्छ्रेलाई भेट्न जान सक्तिनौ । तिमीहरूले त आजसम्म एकअर्कालाई देखेका पनि छैनौ होला । ल्होत्से हिमाललाई झैं माछापुच्छ्रेलाई पनि देख्न पाए तिमीले त प्रेमप्रस्ताव नै राख्थ्यौ होला । म जे कसम खाएर पनि भन्न सक्छु, माछापुच्छ्रेलाई देख्न पाए त तिमी भुतुक्कै हुनेछ्यौ ।

त्यसैले त मैले भन्ने गरेको तिमीलाई, मेरो हृदयमा सधैं मुस्कुराइरहने माछापुच्छ्रेको त्यही दृश्यले तानेर मलाई तिम्रो माथामा चुम्बन गर्न ऊर्जा मिलेको हो कि ? म यो अज्ञात प्रश्नले बेलाबेला छोइने गर्छु । आफैंले आफैंलाई प्रश्न गर्छु ।

सुन न, मलाई तिम्रो जन्मदिन मनाउन मन छ। तर कहिले मनाऊँ ? तिम्रो जन्म कहिले भयो, वास्तविक तिथिमिति कसैलाई थाहा छैन । भूगर्वविद्हरू भन्छन्– तिम्रो जन्म चार करोड ५० लाख वर्षपहिले भएको थियो । पूर्वीय वाङ्मयका विभिन्न श्लोक अर्थ्याउँदा तिम्रो जन्म १२ करोड पाँच लाख वर्षअघि भएको बुझिन्छ । खास जन्मदिन थाहा छैन ।

अनि थाहा छैन, तिमी शुक्लपक्षमा जन्मियौ कि कृष्णपक्षमा ? मलाई लाग्छ, पक्कै पनि शुक्लपक्षमा जन्मिएको हुनुपर्छ । नत्र अँध्यारोमा पनि तिमी किन यति उजेली देखिन्छ्यौ । तिम्रो उज्यालो त चन्द्रमाको भन्दा चम्किलो छ । तर तिमी त कृष्णपक्षको रातमा पनि चम्किरहेकी हुन्छ्यौ । तिमीले त शुक्लपक्षलाई पनि माथ खुवाइदिएकी छ्यौ ।

नेपालले तिमीलाई सगरमाथा भनेर चिन्छ; चीनले 'चोमोलोङ्मा' भनेर चिन्छ; संसारले तिमीलाई माउन्ट एभरेस्ट भनेर चिन्छ । मलाई लाग्छ, तिम्रो नाम सगरमाथा हुनुहुँदैन । सगरमाथा भनेको त आकाशको शिर हो । तिमी त पृथ्वीको शिर हौ । बरू तिमीलाई 'धरतीमाथा' नाम सुहाउँछ । तिम्रो नाम माउन्ट एभरेस्ट पनि हुनुहुँदैन । एभरेस्ट त एउटा मानिसको नामबाट राखिएको हो; बेलायती सर्भेयर जर्ज एभरेस्टका नामबाट । तिम्रो नामबाट कोही मानिसले आफ्नो नाम राख्न सक्छ, जसरी सूर्य र चन्द्रको नामबाट मानिसहरूले आफ्नो नाम राखेका छन् ।

तिम्रो नाम मानिसले राख्नु-नराख्नुमा तिमीलाई के फरक पर्छ र ! बरू मानिसले आफ्नो र देशको नाम राख्न तिमीमाथि आरोहण गर्छ । तिम्रो नाता त देशसँग होइन पृथ्वी र आकाशसँग छ; घाम र जूनसँग छ; हिउँ र बरफसँग छ; ढुङ्गा र माटोसँग छ ।

***

प्रिय सगरमाथा !

तिमी नेता हिमाल हौ ।

अन्नपूर्णकै कुरा गरौं न, उनी शृङ्खलामा छिन् । तर नेतृत्वदायी लाग्दिनन् । धवलागिरि एक्लै छिन् । उनका वरपर एकदुई साना हिमाल छन् । त्यसकारण उनी टाढैबाट पनि सजिलै देखिन्छिन् । कञ्चनजङ्घा पनि एक्लै एक्लै छिन्, वरपर तिम्रो जस्तो आफू निकट उचाइका हिमाल त्यति छैनन् । थामसेर्कु हेरौं, आमदब्लम हेरौं या माछापुच्छ्रेलाई नै हेरौं । उनीहरू पनि एक्लाएक्लै छन् ।

तिम्रो पूर्वतर्फ निकटमा आठ हजार मिटरभन्दा अग्ला ल्होत्से र मकालु छन् । दक्षिणतर्फ आठ हजार मिटर हाराहारीकै नुप्चे हिमाल छिन् । पश्चिमतर्फ सात हजार मिटरभन्दा अग्ली पुमरी र उतापट्टि आठ हजारभन्दा अग्ली चोयु छिन् । उत्तरतर्फ तिम्रो नजिक नजिक सात हजारभन्दा अग्ला बीसौं हिमाल छन् ।

त्यसैले त तिमीलाई सजिलै देख्न सकिन्न । तिम्रै आँगनबाट तिम्रै शिर देखिन्न । तिमीले त आफू भगिनी हिमालहरूको बीचमा रहेर नेता बनी पलेटी कसेकी छ्यौ । तिमीलाई हेरिरहँदा लाग्छ, तिमी आफन्तहरूलाई वरपर राखी मग्नमस्त छ्यौ ।

त्यसैले त मैले भनें, तिमी नेता हिमाल हौ । हिमालहरूको नेता ।

शिखरहरूको पनि शिर ।

***

प्रिय !

यहाँ सबैले तिम्रो उचाइतर्फ मात्र ध्यान दिएका छन् । र तिमीसँग आकर्षित छन् । मैले पनि त तिम्रो उचाइ नाप्ने सिलसिलामा निकट हुँदा तिम्रो उचाइभन्दा गहिराइ धेरै देखें । तिम्रो गहिराइ इतिहासको होस् या उत्पत्तिको, या तिमीमाथि विजय पाउने लालसामा मानव जातिले राखेको आरोहण लहडको होस् या तिमीलाई चुम्दाचुम्दै विलीन हुन पुगेका आरोहीका परिवारजनका पीडाका पहाडको होस् ।

तिमी त अगम्य छ्यौ । त्यसैले तिम्रो चुलीमा सास फेर्न पनि तलैबाट अक्सिजन लिएर जानुपर्छ । धरतीको सबै ठाउँमा जीवको सृष्टि गर्नुहुँदैन भनेर प्रकृतिमाताले तिम्रो सृष्टि गरेकी होलिन्; सबै ठाउँमा मानिस तथा जीवजन्तु पुग्नुहुँदैन भनेर तिमीलाई दुर्गम बनाएकी होलिन् । त्यसैले त तिम्रो छातीमा कुनै जीवजन्तु र वनस्पतिको सृष्टि हुँदैन । तर मानिसले आफ्नो नाम राख्न तिमीलाई आरोहण गरिछाड्यो । यसरी मानिसले आफ्नो र आफ्नो देशको नाम राख्न यो पुस्तक लेख्दाका मितिसम्म तिमीलाई आरोहण प्रयास गरेको सय वर्ष पुग्यो । आरोहण गरेको भने ६९ वर्ष भयो । करोडौं वर्ष त तिमीलाई कसैले आरोहण गरेको थिएन । तिम्रो चुली चुम्ने त घाम, जून, बतास र बादल मात्र थिए ।

तिमीलाई आरोहण प्रयास गर्दा धेरै मानिस मरे । वसन्त र ग्रीष्म ऋतुमा जब तिम्रो हिउँ पग्लिन्छ, त्यहाँबाट धेरै मानव कङ्काल जन्मिन्छन् ।

मैले पनि तिम्रो चुली दुई पटक चुमें । धन्न तिमीले मलाई आफ्नो हिउँमा नछोपी पठायौ र मैले वसन्त या ग्रीष्म ऋतुमा तिम्रो हिउँबाट जन्मनुपरेन ।

प्रिय पन्ध्रौं चुली !

म तिम्रोबारे लेख्न सक्दिनँ । केवल तिमीलाई अनुभव गर्दा लागेको कुरा मात्र लेख्न सक्छु । यहाँ मलाई लागेको कुरा मात्र लेखेको छु । तिम्रो गहिराइ सागरको पिँधसँग र उचाइ आकाशको शून्यतासम्म जोडिएको छ ।

तिमीले नयाँ जीवन दिएको मानिस

- **खिमलाल गौतम**

# इतिहास खण्ड

# तेस्रो ध्रुव

काठमाडौंदेखि उत्तरपूर्व हिन्दुकुश हिमालय पर्वतशृङ्खलाको मध्यपूर्व र सोलुखुम्बुको उत्तरतर्फ महालङ्गुर हिमशृङ्खलामा पर्ने संसारकै सर्वोच्च हिउँचुलीको नाम हो– सगरमाथा । तिब्बतीहरू यसलाई झोल्मोलुङ्मा वा चोमोलोङ्मा भन्छन् ।

चुचुरोको मोटामोटी अवस्थिति २७° ५९′ १७″ उत्तरी अक्षांश तथा ८६° ५५′ ३१″ पूर्वी देशान्तरमा छ । यो हिउँचुली संसारकै अग्लो भएको ग्रेट ट्रिगोनोमेट्रिक सर्भे अफ इन्डियाको अनुसन्धानबाट सन् १८५० को दशकमा पत्ता लगाइएको हो । सन् २०२१ जुनसम्म छ हजार नौ सय ६४ भन्दा बढी मानिसले नेपालतर्फबाट यो शिखर आरोहण गरिसकेको नेपालको पर्यटन विभागको तथ्याङ्क छ । नेपाल र तिब्बत दुवैतर्फबाट भने १० हजार पाँच सयभन्दा बढीले आरोहण गरिसकेको विभिन्न तथ्याङ्कले देखाउँछन् । यसमध्ये नौ सय ५० जना शेर्पासहित एक हजार चार सय जना आरोहीले दुई वा दुईभन्दा बढी पटक आरोहण गरेको हिमालयन डाटाबेसले देखाउँछ ।

सन् २०२१ सम्म दुई सय १६ जना आरोहीले बिनाअक्सिजन सगरमाथा आरोहण गरेका छन् । ३५ जना आरोही भने सगरमाथाको एउटा साइडबाट चढेर अर्को साइड हुँदै ओर्लन सफल भएका छन् । यसैगरी छ सय २१ जना आरोही नेपाल र तिब्बत दुवैतर्फबाट आरोहण गर्न सफल भएका छन् । हालसम्म सगरमाथा आरोहण प्रयास गर्दैगर्दा एक सय २१ शेर्पा र एक सय ८७ जना स्वदेशी तथा विदेशी आरोही गरी तीन सय १० (१३ जना महिलासहित नेपालतर्फ एक सय ९८ र तिब्बततर्फ एक सय १२) जनाको मृत्यु भएको छ ।

पृथ्वीमा सबैभन्दा ताजा पानीको भण्डार उत्तरी र दक्षिणी ध्रुवमा जमेको छ । त्यसपछि हिन्दुकुश हिमालय शृङ्खलामा छ । त्यसैले हिन्दुकुश हिमालय शृङ्खला, त्यसमा पनि सगरमाथा वरपरको भूभागलाई पृथ्वीको तेस्रो ध्रुवीय क्षेत्र पनि भनिन्छ ।

यसबाट प्रवाहित पानीले संसारकै कुल जनसङ्ख्याको करिब २० प्रतिशत मानिसलाई सिँचाइ सुविधा, पिउने पानी र विद्युत् दिइरहेको छ । उत्तर र दक्षिण ध्रुवीय क्षेत्रपछि हिउँ र बरफको तेस्रो ठूलो भण्डार भएको हिन्दुकुश हिमालय क्षेत्रमा सगरमाथा छ । यसलाई इतिहासमै पहिलो पटक सर माइकल कर्गले तेस्रो ध्रुव भनी नामकरण गरेका हुन् ।

सबैभन्दा अग्लो हिमाल कुन हो भन्नेबारे लामो समयसम्म विज्ञहरूबीच नै अन्योल देखिन्छ । सत्रौं र अठारौं शताब्दीसम्म पेरूको चिम्बोराझो (२० हजार सात सय दुई फिट उचाइ)लाई सबैभन्दा अग्लो हिमाल मानिएको थियो । त्यति बेलासम्म युरोपियन तथा अन्य पश्चिमाहरूले हिन्दुकुश हिमालय क्षेत्र र त्यसमा पनि नेपालतर्फका हिमाल र पहाडबारे अनुसन्धान गरेका थिएनन् । जब ब्रिटिसहरूले इस्ट इन्डिया कम्पनी सरकारमार्फत भारतमा उपनिवेश शासन सुरू गरे, उनीहरूले उत्तरतर्फ सुन्दर र आकर्षक हिमशृङ्खला देखे । त्यसपछि उनीहरूले नापनक्साङ्कन गरी खोजअनुसन्धानमा चासो देखाए । र पछि उनीहरूले थाहा पाए, संसारका अग्ला हिउँचुली यस क्षेत्रमा पर्दा रहेछन् ।

सन् १८०८ अघिसम्म भारतको उत्तराखण्डमा पर्ने नन्दादेवी हिमाल (भारतको सबैभन्दा अग्लो चुली) संसारको सबैभन्दा अग्लो शिखर भएको तथ्य बाहिर आयो । तर जब नेपाल-भारत सीमा नजिकै ग्रेट ट्रिगोनोमेट्रिकल सर्भे (जिटिएस)का बिन्दुबाट ब्रिटिस सर्भेयर क्याप्टेन डब्लुएस वेबले सन् १८०९-१० मा सर्भे गरी धवलागिरिको उचाइ २६ हजार आठ सय ६२ फिट (आठ हजार एक सय ८७ दशमलव ५० मिटर) गणना गरे, तब मात्र नन्दादेवी अग्लो नभएको पुष्टि गऱ्यो । त्यसपछि मात्र धवलागिरिलाई अग्लो मानिएको कुरा सन् १८१८ मा *एसियाटिक रिसर्चे*जमा प्रकाशित हेन्री थोमस कुलब्रुकको 'अन द हाइट अफ द हिमालय माउन्टेन्स'मा उल्लेख छ ।

तर धवलागिरि हिमाल अग्लो हो भन्ने तथ्य धेरै समय रहिरहन सकेन । सर्भेकै क्रममा सन् १८४७ तिर कञ्चनजङ्घा हिमाल धवलागिरिभन्दा

अग्लो रहेको पत्ता लगाइयो । सर्भे गरी आएको हिमचुलीहरूको फिल्डबुक सङ्गणना गर्ने क्रममा कञ्चनजङ्घालाई नवौं चुली भनी उल्लेख गरिएको छ । हिस्टोरिकल रेकर्ड अफ सर्भे अफ इन्डियाको पाँचौं भोल्युममा कञ्चनजङ्घालाई नवौं चुली भनिएको छ ।

तर जिटिएसका विभिन्न त्रिकोणमितीय शृङ्खलाको गणनाबाट सन् १८४९ मा पन्ध्रौं चुली (हाल सगरमाथा) संसारको सबैभन्दा अग्लो हिमाल हो भन्ने देखिएको सर्भे अफ इन्डियाका खगोल तथा तालिम विभाग निर्देशक बिएल गुलाटीले सन् १९५२ मा लेखेको 'माउन्ट एभरेस्ट, इट्स नेम एन्ड हाइट' नामक आलेखमा उल्लेख छ ।

# हिमालयको उत्पत्ति

भूगर्भविद्हरू भन्छन्– करिब चार करोड ५० लाख वर्षअघि भारतीय र एसियन उपमहाद्वीप आपसमा ठोकिएर हिमालय पर्वतशृङ्खलाको उत्पत्ति भएको हो । यी महाद्वीपहरूबीच रहेको टेथिस सागरको विलय र हिमालय पर्वतशृङ्खलाहरूको उत्पत्ति एक निरन्तर तर मन्द प्रक्रियाको परिणाम हो । भूगर्भविद्हरूका अनुसार अहिले पनि भारतीय प्लेट प्रतिवर्ष करिब दुई सेन्टिमिटरका दरले युरेसियन प्लेटमुन्तिर घुस्रिरहेको छ। हिमालयमा हलचल पैदा भई बेलाबेला भुइँचालो जानुमा पनि उनीहरू यही कारण मान्छन् ।

हिमालय पर्वतमा पाइने चट्टान एक करोड ८० लाख वर्षअघिदेखि बन्न थालेका हुन् । त्यसमध्ये सबैभन्दा कम उमेरको चट्टान १० लाख वर्षसम्मको पाइएको छ । हिमालय पर्वतको दक्षिणमा बालुवा तथा प्रस्तरबाट बनेको चुरे पर्वत छ । यस शृङ्खलाभन्दा उत्तरतिर लेसर हिमालय अवस्थित छ । भूगर्भविद्हरू यसको उचाइ पनि बढ्दै गएको बताउँछन् । यो भागमा चुनढुङ्गा, स्लेट, फिलाइट, दर्शनढुङ्गा जस्ता चट्टान पाइन्छन् । यस क्षेत्रलाई महाभारत शृङ्खला पनि भनिन्छ । योभन्दा उत्तरतिर उच्च हिमशृङ्खला पर्छन्, जुन मुख्यतया परिवर्तित चट्टान मिलेर बनेको छ ।

तिब्बतियन टेथिस हिमालय नेपालको सबभन्दा उत्तरमा छ । यो कम चाप र तापमा बनेका चट्टान (फिलाइट, स्यान्डस्टोन, मेटा स्यान्डस्टोन र चुनढुङ्गा) मिलेर बनेको छ । यी भौगर्भिक विभाजनलाई विभिन्न दरारले छुट्याएका छन् । हिमालय शृङ्खला बन्नुअघि जम्मा भएका 'सेडिमेन्ट' (ढुङ्गा, बालुवा आदिको थेग्ग्रान)हरू हिमालयको उत्पत्ति हुने क्रममा सर्दै र चल्दै हिमालयको माथिल्लो भागमा आएर बसेका छन् । सगरमाथाको माथिल्लो भाग पनि यस्तै चट्टानले बनेको छ ।

हिमालयको उचाइ बढ्दै जाँदा सगरमाथा यस रूपमा आएको हो । सगरमाथामा रहेका चट्टान र त्यसमा पाइने जीवाश्महरूले यसलाई प्रमाणित गरेका छन् । सगरमाथाको तल्लो भाग धेरै ताप र चापबाट बनेका परिवर्तित नाइस जस्ता चट्टानबाट बनेको छ । माथिल्लो भाग भने पत्रेदार चट्टानबाट निर्मित छ । साउथ तिब्बतियन डिट्याचमेन्ट दरार (एसटिडिएस)ले यी दुई भौगर्भिक तहलाई छुट्याएको छ । माथिल्लो भागमा रहेका तहलाई क्रमशः नर्थ कोल फर्मेसन, एलो ब्यान्ड फर्मेसन/जोमोलुङ्मा फर्मेसन भनेर नामकरण गरिएको छ, जसमा फिलाइट, नाइस, चुनढुङ्गा र स्यान्डस्टोन जस्ता चट्टान छन् ।

सगरमाथामा एउटा पहेंलो रङको चट्टानको तह छ, जसलाई एलो ब्यान्ड भनिन्छ । यो मार्बल, दर्शनढुङ्गा र फिलाइट मिलेर बनेको छ । यो तह आरोही र भूगर्भविद्का लागि अति महत्त्वपूर्ण छ । सगरमाथाको टुप्पो भने चुनढुङ्गाबाट बनेको छ । यहाँ क्रिनोइड जस्ता जीवाश्म पाइन्छन् (हेर्नुहोस्, *Island Arc* 14.4 (2005): 297-310 मा प्रकाशित हारूताका सकाई आदिको अनुसन्धानमूलक लेख) । सगरमाथामा ट्राइलबाइटका केही जीवाश्म, अस्ट्राकोडा र क्रिनोइड जस्ता जीवाश्म पाइन्छन् । त्यसैले सगरमाथा कुनै समयमा समुद्रमुनि जम्मा भएका 'सेडिमेन्ट'बाट बनेको हो भनेर पनि भूगर्भविद्हरूले व्याख्या गरेका छन् । विभिन्न चट्टानको आयु पत्ता लगाउँदा एलो ब्यान्ड फर्मेसन दुई करोड चार लाखदेखि तीन करोड तीन लाख वर्षमा बनेको देखिन्छ ।

# शिरमा सगरमाथा

ब्रिटिस सर्भे अफ इन्डियाले सन् १८५६ मा सगरमाथाको उचाइ २९ हजार दुई फिट रहेको घोषणा गर्‍यो । संसारकै सर्वोच्च चुली घोषणा भएसँगै यस शिखरको चर्चा संसारभर चुलिएको हो । त्यति बेला यसको नाम सगरमाथा हो भन्नेबारे पूर्वी नेपालका केही स्थानीय जानकार थिए । तिब्बततिर झोल्मोलुङ्मा भनेर चिनिने यस शिखरलाई पछि रोयल जियोग्राफिक सोसाइटीले पूर्वनिर्देशक सर जर्ज एभरेस्टको सम्मानमा माउन्ट एभरेस्ट भनी नामकरण गर्‍यो । पछि इतिहासशिरोमणि बाबुराम आचार्य यस शिखरको नेपाली नाम खोज्नतिर लागे । स्थानीयसँग मिलेर गहन खोज-अनुसन्धान गरेपछि आचार्यले यस शिखरको नेपाली नाम सगरमाथा भएको पुष्टि गरेका हुन् ।

२०१६ सालमा नेपाल-चीनबीच सीमा सम्झौताका क्रममा सगरमाथाबारे दुई देशबीच मतभेद सिर्जना भएको थियो । यद्यपि दुई देशबीचको सीमा सम्झौतामा चीनले नेपालसँगको परम्परागत सीमारेखालाई मान्यता दिने घोषणा गरिएको थियो । यसैबीच तत्कालीन प्रधानमन्त्री बिपी कोइरालाको चीन भ्रमणका क्रममा दुई देशबीच सीमा सम्झौतामा हस्ताक्षर हुने निश्चित भयो, जुन सम्झौतामा परम्परागत सीमारेखामा आधारित नेपाली नक्सामा सगरमाथा पूर्णतः नेपालको सीमाभित्र रहेको उल्लेख थियो ।

चीन भ्रमणमा जाँदा प्रधानमन्त्री कोइरालाले इतिहासशिरोमणि बाबुराम आचार्यसँग रहेको सगरमाथा नेपालभित्र देखिने पुरानो हाते नक्सा साथै लिएर गएका थिए । प्रधानमन्त्री कोइरालाले सोही नक्सा द्विपक्षीय वार्ताका क्रममा पेस गरेको बताइन्छ । पछि सोही नक्साका आधारमा सगरमाथाको चुचुरो नेपालकै भएको तथ्य स्वीकार गरिएको थियो ।

बिपी कोइराला २०१६ जेठ १३ मा प्रधानमन्त्री बने । १८ महिनासम्म चलेको उनको कार्यकाल २०१७ पुस १ सम्म रह्यो । यही समयमा उनले गरेका धेरै कूटनीतिक काममध्ये महत्त्वपूर्ण हो– सगरमाथा नेपालको हो भनेर चीनसँग दाबी गर्नु । पत्रकार सम्मेलन गरेर वा लेख लेखेर अप्रत्यक्ष रूपमा उनले यो दाबी गरेका थिएनन्, चिनियाँ नेता माओ-त्से-तुङलाई भेटेरै भनेका थिए ।

२०१६ चैत ५ मा चीन भ्रमणमा रहेका तत्कालीन प्रधानमन्त्री बिपी कोइरालाले चिनियाँ समकक्षी चाउ एनलाई र माओ-त्से-तुङलाई भेटेर सगरमाथाबारे आफ्ना कुरा राखेका थिए । त्यो यस्तो समय थियो, जति बेला नेपाल र चीनबीच सीमा सम्झौता भएको थिएन । चीनमा चोमालोङ्मा र नेपालमा सगरमाथा भनेर चिनिने शिखरलाई दुवै देशले पूरै भाग आआफ्नो भनी दाबी गरिरहेका थिए । कतिसम्म भने चिनियाँ प्रधानमन्त्री चाउ एनलाईले त सगरमाथा नेपालको होइन भनेर बिपीसँग भनेका थिए । तर बिपीले त्यसमा आपत्ति जनाएर माओसँग नै कुरा गरे । किनभने माओ प्रधानमन्त्री र राष्ट्रपति नभए पनि चीनका सर्वशक्तिमान् नेता थिए । सगरमाथाबारे बिपीको अडानको सन्दर्भ सन् १९९८ मा प्रकाशित माओको कूटनीतिक पुस्तक *माओ-त्से-तुङ अन डिप्लोमेसीमा* पनि उल्लेख छ । त्यहाँ लेखिएको छ–

बिपी– त्यहाँ अर्को प्रश्न छ । एक भावनात्मक प्रश्न । हामी यसलाई सगरमाथा भन्छौं । तपाईं चोमोलोङ्मा भन्नुहुन्छ । पश्चिमाहरू माउन्ट एभरेस्ट भन्छन् । यो क्षेत्र सधैं नेपालको भूभागभित्र पर्छ । तर प्रधानमन्त्री चाउ एनलाईले यो चीनभित्र पर्छ भन्नुभयो ।

माओ– यसमा तपाईंले असहज मान्नुहुँदैन ।

बिपी– यो भावनात्मक प्रश्न हो ।

माओ– यसलाई आधाआधा गरेर समाधान गर्न सकिन्छ । दक्षिणी भाग तपाईंको, उत्तरी भाग हाम्रो ।

बिपी– अनि चुचुरो चाहिँ के गर्नु ?

माओ– त्यो पनि आधाआधा गरे कसो हुन्छ ? यो समस्याको समाधान गर्न सकिँदैन भने यसको निर्णय पछि गर्न सकिन्छ । हिमाल धेरै अग्लो छ । यसले हाम्रो सीमा सुरक्षा गर्न सक्छ । हामी दुवैले पनि कुनै घाटा बेहोर्नुपर्दैन । सबै सगरमाथा तपाईंलाई दिए भावनात्मक रूपमा

हामीलाई दुःख हुन्छ । सबै हामीलाई दिए पनि भावनात्मक रूपमा तपाईंलाई दुःख हुन्छ । हामीले सीमारेखा चुचुरोमा राख्न सक्छौं । हिमालको नाम पनि नयाँ राखौं । माउन्ट एभरेस्ट त पश्चिमाहरूले दिएको नाम हो । यसलाई सगरमाथा नभनौं, चोमोलोङ्मा पनि नभनौं । यसलाई नेपाल–चीन मैत्री हिमाल भनौं ।

यस सम्बन्धमा राष्ट्रिय समाचार समितिका पत्रकार विराट अनुपमले २०७७ भदौ २३ मा *लोकान्तर डटकम*मा प्रकाशित 'नेपाल्स फाइभ हिस्टोरिक डिप्लोमेटिक रेकर्ड्स मेड बाई बिपी कोइराला' शीर्षकको अङ्ग्रेजी आलेखमा थप तथ्य प्रस्तुत गरेका छन् ।

चीनबाट फर्किएपछि बिपीले २०१६ चैत २२ मा पत्रकार सम्मेलनमार्फत सगरमाथामाथि चीनले पनि दाबी गरेको कुरा सार्वजनिक गरेका थिए । अर्को महिना २०१७ वैशाख १४ मा तत्कालीन चिनियाँ प्रधानमन्त्री चाउ एनलाई नेपालको औपचारिक भ्रमणमा आएका थिए । सोही भ्रमणका क्रममा दुई देशबीच सगरमाथा विवाद टुङ्ग्याउने सहमति बनेको हो । २०१७ वैशाख १६ को राति १० बजे सिंहदरबारस्थित ग्यालरी बैठकमा सगरमाथाबारे एक जना अमेरिकी पत्रकारले सोधेको प्रश्नको जवाफमा चिनियाँ प्रधानमन्त्री चाउले भनेका थिए, "प्रधानमन्त्री कोइराला चीन पाल्नुहुँदा हामीले जुन नक्सा आदानप्रदान गर्‍यौं, त्यसमा एउटै शिखर चिनियाँ नक्सामा चीन क्षेत्रभित्र 'झोल्मोलुङ्मा'का नामले र नेपालको नक्सामा नेपालभित्र सगरमाथाका नामले विद्यमान पायौं । प्रधानमन्त्री कोइरालाले त्यही सगरमाथा नेपालको हो भन्नुभयो । यसबारे कोइरालाले अध्यक्ष माओसँग पनि छलफल गर्नुभयो । हामीले नेपालले प्रस्तुत गरेको त्यही नक्सालाई मान्यता दिँदै आफ्नो नक्सालाई बदर गर्‍यौं ।" उनले थपे, "सगरमाथाको चुचुरो आधारित पहाड दुवै देशको साझा हो । यसपालिको वार्तामा हामीले मन्जुर गर्‍यौं– सगरमाथाको चुचुरो नेपालकै हो ।"

यसरी सगरमाथा विवादबारे चिनियाँ प्रधानमन्त्री चाउले "सगरमाथाको चुचुरो नेपालकै हो" भनी घोषणा गरेपछि यसबारेको विवाद टुङ्गिएको ग्रीष्मबहादुर देवकोटाद्वारा लिखित *नेपालको राजनीतिक दर्पण* पुस्तकमा उल्लेख छ ।

बिपी र माओबीच भएको वार्ताको करिब १९ महिनापछि २०१८ असोज १९ मा नेपाल र चीनबीच सीमा सम्झौता भयो ।

# साहित्य र पुराणमा हिमाल

पूर्वीय पौराणिक ग्रन्थहरू सबैजसोमा हिमालको वर्णन गरिएको पाइन्छ । त्यस्ता ग्रन्थ बिरलै होलान्, जहाँ हिमालबारे चर्चा नगरिएको होस् । पौराणिक ग्रन्थ मात्र होइन, समकालीन साहित्य, सङ्गीत र कलामा पनि कतै न कतै हिमाल र सगरमाथाको प्रसङ्ग जोडिएकै पाइन्छ ।

मानव सभ्यताको विकास पनि हिमालयको सेरोफेरोबाट भएको हो । पूर्वीय सभ्यतामा समग्र हिमालयलाई ईश्वरको स्वरूप मानिएको छ । *नारदपुराण*मा *शैलानां हिमवन्तो च...* भनी हिमालय भगवान्को एउटा रूप हो भनिएको छ । *श्रीमद्भगवद्गीता*मा श्रीकृष्णले *यज्ञानां जपयज्ञोऽस्मि स्थावराणां हिमालयः* भनी स्थावर वस्तुहरूमा आफू (भगवान् विष्णु) हिमालय भएको बताएका छन् । हिन्दू र बौद्ध परम्पराका अनुसार हिमालय क्षेत्र सिद्ध ऋषि-महर्षि, महात्मा र भिक्षुहरूको तपस्थली हो । त्यसैले पूर्वीय साहित्यमा मानव सभ्यता र हिमालय अभिन्न रूपमा आउने गरेका छन् ।

संसारकै सर्वप्राचीन ग्रन्थ *ऋग्वेद*मा *यस्येमे हिमवन्तो महित्वा...* (१०-१२१-४) भनी हिरण्यगर्भको महिमा बताउने एक साक्षीका रूपमा हिमालयलाई प्रस्तुत गरिएको छ । हिमालयको रूप लावण्यले संसारलाई मोहित पार्छ नै, यहाँका कणकणमा दिव्य चेतना र दैवीशक्तिको बास रहेको विश्वाससमेत गरिन्छ । पाँचौं शताब्दीतिर महाकवि कालिदासले रचना गरेको *कुमारसम्भवम्* महाकाव्यको सुरूवात हिमालयको वर्णनबाट भएको छ–

*अस्त्युत्तरस्यां दिशि देवतात्मा हिमालयो नाम नगाधिराजः ।*
*पूर्वापरौ तोयनिधी वगाह्य स्थितः पृथिव्या इव मानदण्डः ॥*

*(प्रथम सर्ग, श्लोक १)*

*(भारतवर्षको उत्तर दिशामा देवताहरूको आत्माको बास भएको पर्वतराज हिमालय पर्वत छ, जो पूर्वदेखि पश्चिमसम्म दुवै दिशाका महासागर छुँदै*

*फैलिइरहेको छ । हेर्दा यसले पृथ्वीलाई नाप्ने कुनै मापदण्ड बनाएको हो कि जस्तो पनि देखिन्छ)* । उनले हिमालयका गुणदोषको तुलना यसरी गरेका छन्–

*अनन्तरत्नप्रभवस्य यस्य हिमं न सौभाग्यविलोऽपि जातम् ।*
*एको हि दोषो गुणसन्निपाते निमज्जतीन्दोः किरणेष्विवाङ्कः ॥*
*(कुमारसम्भवम्, प्रथम सर्ग, श्लोक ३)*

*(अनन्तरत्न उत्पादक हिमालयको महानता चिसो हुने यसको एक मात्र अवगुणले लोप गर्न सक्दैन । सानोतिनो दोष नहुने त को नै हुन्छ र ? पूर्णिमाको चन्द्रमामा पनि दाग त हुन्छ नै)* ।

नेपाली साहित्य र कलाको फाँटमा सगरमाथाले एउटा विशिष्ट छवि र पहिचान स्थापना गरेको छ । इतिहासशिरोमणि बाबुराम आचार्यले सगर अर्थात् आकाश र माथा अर्थात् शिर (आकाश छुन सक्ने हिमालको माथ अर्थात् अग्लो शिर) भनेर वैज्ञानिक एवम् भावनात्मक नामको खोजी गरिदिए । यसपछि नै सगरमाथाले नेपाली जनजिब्रोमा एक उच्चतम र सम्मानित सम्बोधन प्राप्त गरेको हो । इतिहासका विभिन्न समयमा यसलाई अनेक नामले पुकारिए पनि अहिले झोल्मोलुङ्मा, चोमोलोङ्मा, माउन्ट एभरेस्ट र सगरमाथाले नै बढी आदर र सद्भाव प्राप्त गरेका छन् ।

नेपालका थुप्रै कवि, लेखक, साहित्यकार र कलाकारले आफ्ना रचनामा सगरमाथाका प्रसङ्ग र यसको सुन्दरताको वर्णन गरेका छन् । महाकवि लक्ष्मीप्रसाद देवकोटाले गौरीशङ्कर हिमालसँग जोडेर सगरमाथाको उचाइको प्रसङ्गलाई आफ्नो सिर्जनामा अभिव्यक्त गरेका छन् । कविशिरोमणि लेखनाथ पौड्यालले पनि आफ्ना कवितामा शिलशैल र धीरधैर्यसँग तुलना गर्दै सगरमाथाको वर्णन गरेका छन् । राष्ट्रकवि माधव घिमिरेले आफ्ना कतिपय कवितामा सगरमाथाको उचाइ र नेपाली जातिको राष्ट्रिय स्वाभिमानको तुलनात्मक सम्बन्ध देखाएर काव्य रचना गरेका छन् ।

लेखक दौलतविक्रम विष्टको *हिमाल र मान्छे*, सरूभक्तको *चुली*, नयनराज पाण्डेको *सल्लीपिर* र सरल सहयात्रीको *शिखरको ढुङ्गा* आदि उपन्यासमा सगरमाथा आरोहण र वरपरको जनजीवनसँग गाँसिएको प्राकृतिक, सामाजिक र सांस्कृतिक चित्र उतारिएका छन् ।

जनकविकेशरी धर्मराज थापाले त सगरमाथा आरोहण गरेका प्रथम दुई आरोही तेन्जिङ नोर्गे शेर्पा र एडमन्ड हिलारीको सम्मानमा गीत नै गाएका छन्–

*हाम्रो तेन्जिङ शेर्पाले चढ्यो हिमाल चुचुरा*
*गम्केर बज खैंजडी, झम्केर नाच मुजुरा ।*

कवि कालीप्रसाद रिजालले गीत नै लेखेका छन्– *बिहान उठ्नेबित्तिकै हिमाल देख्न पाइयोस् । यी हातले सधैंसधैं नेपाल लेख्न पाइयोस् ।*

कवि भूपी शेरचन, मोहन हिमांशु थापालगायतले लेखेका कविताले पनि सगरमाथालाई सम्बोधन गरेका छन् । अन्य धेरै गीतकारले आफ्ना गीतमार्फत सगरमाथाको भौगोलिक, सांस्कृतिक र प्राकृतिक गाथा अनि यसको उचाइलाई नेपालको परिचयसँग जोडेका छन् । कवि मोहन हिंमाशुले भनेका नै छन्, "मलाई नेपालको सगरमाथा होइन, सगरमाथाको नेपाल चाहिन्छ ।"

यी स्रष्टाका कृतिमा मात्र नभई पाठ्यपुस्तकहरूमा पनि सगरमाथाले नै सबै हिमालको प्रतिनिधित्व गर्छ भन्ने भावसहितका लेख, रचना समावेश छन् । विभिन्न सञ्चारमाध्यममा पनि हिमालका गाथा र गीतसङ्गीत गुन्जिरहेको हामी पाउँछौं । नेपाली कलाक्षेत्रमा पनि कलाकारहरूले आफ्ना कुची र क्यानभासमार्फत सगरमाथाको चुचुरो र वरपरको जनजीवन अनि सभ्यतालाई उतार्ने गरेका छन् । लेखक एवम् कलाकार लैनसिंह बाङ्देलले सगरमाथालाई लिएर कोरेको रेखाचित्र निकै लोकप्रिय भएको इतिहास साक्षी छ ।

# नामकरण

ईसापूर्व ८०० ताका किराँतहरूले नेपालमा शासन गर्थे । उनीहरूको राजवंशको केन्द्र नेपालको पूर्वतर्फ (हालको सगरमाथा क्षेत्र) पर्थ्यो । त्यसैले महालङ्गुर हिमालय पर्वतमालालाई नेपालको किराँत क्षेत्र पनि भनेर चिनिन्छ ।

हिन्दुकुश हिमालय शृङ्खलामा रहेका धेरैजसो हिमाल, हिमताल र हिमनदीका नाम इतिहास-पुराणका कथा प्रसङ्गमा आउने गरेका छन् । सनातन धर्ममा हिमालयमा शिव-पार्वतीलगायत देवीदेवताको नित्य बास रहेको विश्वास गरिन्छ । कैलाश, गौरीशङ्कर, धौलागिरि, अन्नपूर्ण आदि चर्चित हिमाललाई पौराणिककालदेखि नै देवीदेवताका स्वरूप मानिएको छ ।

इतिहास-पुराणमा मेरू पर्वतलाई सर्वोच्च शिखर मानिएको छ । पृथ्वीको सबैभन्दा उत्तरमा रहेको यसको शिखरमा देवताहरूको बास हुने र दिनरातको भेद पनि नहुने भनेर उल्लेख पनि छ । *विष्णुपुराण*अनुसार रात्रिकालमा सूर्य अग्निमा प्रवेश गरी टाढैबाट प्रकाश दिने हुँदा यहाँ रातिको अनुभूति हुँदैन । हालको सगरमाथा भने पुराणमा उल्लेख भएअनुसार मेरू पर्वत नरहेको पुष्टि हुन्छ ।

*तस्माद्दिश्युत्तरस्यां वै दिवारात्रिः सदैव ह, सर्वेषां द्वीपवर्षाणां मेरूरूत्तरतो यतः । प्रभा विवश्वतो रात्रावस्तं गच्छति भास्करे, विशत्यग्निमतो रात्रौ बह्निर्दूरात् प्रकाशते ॥*

*(विष्णुपुराण अध्याय आठ, श्लोक २०)*

*मत्स्यपुराण*मा सगरमाथालाई 'नौबन्धन' भनिएको छ । पाँचौं वेदका रूपमा मानिएको महाभारतको वनपर्वको १८७औं अध्यायमा मार्कण्डेय ऋषिले वैवश्वत मनुलाई बताएको १४ हजार श्लोक भएको *मत्स्यपुराण*को सङ्क्षिप्त

अंशको बयान गरिएको छ । महाभारतको वनपर्वको अध्याय १८७ को ५०औं श्लोकमा यस्तो उल्लेख छ–

*नौर्मत्स्यस्य वचः श्रुत्वा शृङ्गं हिमवतस्तदा ।*
*तच्च नौबन्धनं नाम शृङ्गं हिमवतः परम् ॥*

*(जुन हिमालयको उच्च शिखरमा त्यो माछोले भनेर मुनिहरूले आफ्नो नाउलाई बाँधिदिए, त्यो उच्च शिखरको नाम आज पनि नौबन्धन नै छ) ।*

यो प्रसङ्ग *मत्स्यपुराण*मा राजा सत्यव्रतको कथासँग जोडिन्छ । छैटौं मन्वन्तर अर्थात् चाक्षुष मनुकालको अन्त्यमा राजा सत्यव्रतले एक दिन कृतमाला नदीमा तर्पण गरिरहेका बेला उनको अँजुलीमा एउटा सानो माछो आउँछ । र उसले नदीका ठूला जन्तुले खानबाट आफूलाई बचाउन आग्रह गर्छ । राजाले त्यो माछालाई कमण्डलुमा हाली आश्रममा लैजान्छन् । माछोले एकाएक ठूलो रूप लिन्छ । त्यसलाई राजाले घडामा राख्छन् । अझै ठूलो रूप लिँदै गएपछि त्यसलाई तलाउमा राखिन्छ । त्यहाँ पनि झनै ठूलो रूप लिएपछि त्यो साधारण माछा होइन भनी राजाले समुद्रमा लगेर छाडिदिन्छन् । तर माछोले गोही भएकाले समुद्रमा नछाड्न आग्रह गर्छ । जता लगेर छाड्दा पनि केही सीप नलागेपछि राजाले हात जोडी बिन्ती गर्छन्, "हजुर साधारण माछा अवश्य होइन; आफ्नो वास्तविक रूपमा प्रकट हुनुहोस् !"

त्यस माछाबाट साक्षात् भगवान् विष्णु प्रकट भएर भन्छन्, "आजको सात दिनपछि अधिक वर्षाका कारण जल प्रलय भई पृथ्वी समुद्रमा डुब्नेछ । त्यति बेलासम्म एउटा ठूलो डुङ्गा बनाई सप्तर्षिसहित तिमी सबै प्राणीलाई लिएर त्यसमा गई बस्नू । सबै अनाजका बीउबिजन पनि त्यसमा राख्नू । प्रचण्ड आँधीका कारण डुङ्गा डगमगाउनेछ । त्यति बेला म आइपुग्नेछु । वासुकी नागद्वारा मेरो सिङमा त्यस डुङ्गालाई बाँध्नू ।"

यति भनेर भगवान् विष्णु अन्तर्ध्यान हुन्छन् । राजा सत्यव्रतले सोहीबमोजिम गरे । १२ वर्षसम्म माछाको सिङमा बाँधिएको विशाल डुङ्गा तान्दै लैजान्छन् । अन्त्यमा पानीमा नडुबेको एउटा मात्र पर्वतको चुचुरो भेटियो । सोही चुचुरोमा राजाले डुङ्गा बाँधिदिन्छन् ।

उक्त चुचुरोको नाम आजसम्म 'नौका बन्धन' अथवा 'नौबन्धन' छ भनेर *मत्स्यपुराण*मा उल्लेख छ । भनिन्छ, ती राजा सत्यव्रत अरू कोही नभई विवस्वान अर्थात् वैवस्वत मनु थिए । त्यो माछा पनि भगवान् विष्णुको मत्स्यावतार थियो ।

प्रलयको अन्त्य भएपछि सातौं मन्वन्तर अर्थात् वैवस्वत मनुकाल सुरू भयो । त्यसैले सनातन धर्मावलम्बीहरूले गर्ने विभिन्न शुभकार्यमा सङ्कल्प मन्त्र पढ्दा हामी "...वैवस्वतमन्वन्तरे अष्टाविंशतितमे कलियुगे कलि प्रथमचरणे..." भन्ने गर्छौं । यसरी सङ्कल्पमा पनि अप्रत्यक्ष रूपमा सगरमाथाको प्रसङ्ग जोडिन आउँछ ।

पानीले आफ्नो सतह आफैं निर्धारण गर्छ । पृथ्वीका सबै भूभाग पानीमा डुब्दासमेत एक मात्र स्थान पानीमा डुबेन । यसको तात्पर्य उक्त स्थान पृथ्वीका पहाड र हिमालका चुचुरामध्ये सबैभन्दा अग्लो रहेकाले नडुबेको हो भन्ने हो । यसरी जलप्रलयका बखत पानीमा नडुबेको एक मात्र चुचुरो हालको सगरमाथा रहेको र तत्कालीन समयमा यसलाई 'नौबन्धन' भनिएको *मत्स्यपुराण*ले पुष्टि गरेको छ ।

लेखक मदनमणि दीक्षितले *रूपरेखा*को १८२ पूर्णाङ्कमा 'पौराणिक नेपालको इतिहासबारे केही सवाल' शीर्षकमा सगरमाथाको नेपाली नाम नौबन्धन हुनुपर्ने भनी चर्चा गरेका छन् । पछि २०७० साल वैशाख ७ को *कान्तिपुर* दैनिकमा 'नौबन्धन सट्टा सगरमाथा किन ?' शीर्षकको लेखमा पाँच सय वर्षअघि पाटनका विद्वान् श्रीमन्नीकण्ठले *नीलकण्ठ संस्करण*मा सर्वोच्च शिखरको नाम 'नौबन्धन' भनी उल्लेख गरेको दाबी गरेका छन् । उनले उक्त लेखमा थप व्याख्या गरेका छन्, "आजभन्दा दुई हजार तीन सय वर्षअघि लेखिएको पृथ्वीको समग्र भूगोलको वर्णन गरिएको *वायुपुराण* र *स्कन्दपुराण*को *हिमवत्खण्ड*मा अति उच्च पर्वत शिखरबारे चर्चा गरेका कारण यस सर्वोच्च हिमशिखरको नाम 'मेरू, सुमेरू वा नौबन्धन' राख्नुपर्छ ।"

तर उनले भनेको मेरू वा सुमेरूका सम्बन्धमा पुराणमा चर्चा गरिएको मेरू वा सुमेरू पर्वतको लक्षणअनुसार मिल्दोजुल्दो पर्वतको अवस्थिति हिन्दुकुश हिमालय शृङ्खलामा नभई उत्तरी ध्रुव आसपास रहेको अनुमान गर्न सकिन्छ । यसकारण मेरू वा सुमेरूलाई अग्लो हिमाल भनेर प्रमाणित गर्न भने सकिँदैन ।

यसै सवालमा इतिहासविद् प्राडा. महेशराज पन्तले २०७८ मङ्सिर अङ्कको *हिमाल खबरपत्रिका*मा 'सगरमाथाको सट्टा नौबन्धन ?' नामक आलेखमा भने "महाभारतमा चर्चा गरिएको समुद्र भनेको हालको बङ्गालको खाडी भएको र त्यहाँको हिमालयको चुचुरो भनेको पूर्वसागरसँग सम्बद्ध हिमचुली हो भनी पत्याउने आधार नभएको" टिप्पणी गरेका छन् । उनले आलेखको अन्त्यतिर "सगरमाथा शब्द सबैभन्दा अग्लो चुलीको नेपाली

नाउँका रूपमा स्वीकार गरे तापनि यस नाउँको आधार त्यति बलियो नभएको चर्चा गर्दै अझै नेपाली नाममा विवाद रहेको" विषय उठाएका छन् । तथापि बाबुराम आचार्यले गरेको सर्वोच्च चुलीको नेपाली नाम खोज्दै गर्दा शास्त्रीय ढङ्गले विधि नपुगे पनि आलोचना गर्न नमिल्नेसमेत उनको निष्कर्ष छ ।

तिब्बतमा सगरमाथालाई झोल्मोलुङ्मा भनिने गरेको नेपाल-चीनबीच भएको पहिलो सीमा सन्धिपत्रको दफा १ को बुँदा ११ मा उल्लेख छ । चिनियाँ भाषामा 'झो'को अर्थ 'नौ' अङ्क हुन्छ । त्यसैले झोल्मोलुङ्मा भनेर सगरमाथाको सम्बन्ध कतै 'नौबन्धन'मै आधारित त होइन भन्ने पनि प्रश्न आउँछ । *स्कन्दपुराण*को *हिमवत्खण्ड*मा सर्वोच्च शिखरलाई नाम व्योमकुट भनिएको छ ।

सौन्दर्यमय हिमालयहरूको वर्णनमा आधारित *स्कन्दपुराण*अन्तर्गत *हिमवत्खण्ड*का प्रायः सबै अध्यायमा हिमालयको वर्णन पाइन्छ । पर्वतहरूका विभिन्न नाम (जस्तै, हिमवान्, हिमशैल, हिमाद्रि, हिमाचल, प्रलयाचल, महाकुट, व्योमकुटलगायत) रहेको समेत त्यहाँ उल्लेख छ । सृष्टिको आदिमकालमा सबैभन्दा पहिला पानी र त्यसपछि जमिनको सृष्टि पर्वतबाट प्रारम्भ भएको बताइएको छ । पहिला हिमाल हिँडडुल गर्न सक्थे । तर पछि भगवान् विष्णुको श्रापका कारण खुट्टा र पखेटा काटिएकाले हिँडडुल गर्न नसकी स्थूल र अचल रहेको प्रसङ्ग त्यहाँ चर्चा गरिएको छ । हिमालयको विवाह भएको र त्यसपछि पर्वतहरूमध्ये सबैभन्दा अग्लो व्योमकुट नामक पर्वतमा गएर हिमालय आनन्दसाथ बसेको सन्दर्भ पनि *हिमवत्खण्ड*को सातौं अध्यायमा उल्लेख छ । संस्कृतमा 'व्योम' भनेको आकाश र 'कुट' भनेको चुचुरो अर्थात् 'गगन छुने चुचुरो' हुन्छ । यसलाई अर्थ्याउँदा सबैभन्दा अग्लो हिमचुलीको नाम व्योमकुट थियो भन्न सकिने आधार देखिन्छ ।

## माउन्ट एभरेस्ट

पौराणिक ग्रन्थहरूमा अग्लो पर्वतचुलीबारे चर्चा गरिएको सन्दर्भ भेटिन्छ । आधुनिककालमा सबैभन्दा पहिला ब्रिटिस सर्भेयरहरूले हिमालय क्षेत्र तथा विशेषगरी सगरमाथाको मापन, नक्साङ्कन र अनुसन्धानमा गहिरो चासो देखाएको पाइन्छ । फलस्वरूप संसारको अग्लो चुलीको नाम सम्बन्धमा निकै लामो समयसम्म बहस चल्यो ।

तिब्बतीहरू यस क्षेत्रको हिमालय शृङ्खलालाई झोल्मोलोङ्मा भन्छन् । अहिले तिब्बतियन भाषामा झोल्मोलुङ्मा वा चोमोलोङ्मा भनिन्छ । सन् १७३३ मा फ्रेन्चहरूले तयार पारेको तिब्बतको नक्सामा भने चुचुरो नभई वरपरको सम्पूर्ण शृङ्खलालाई जुमुलुङ्मा भनी नक्सामा उल्लेख गरिएको थियो ।

नेपालमा यसलाई कहिले गौरीशङ्कर, कहिले देवढुङ्गा, कहिले छोमोकङ्कर भन्ने गरिएको थियो ।

ग्रेट ट्रिगोनमेट्रिक सर्भेका क्रममा हिमचुलीहरूको अवलोकन गरिएको फिल्ड सर्भेको डाटा हेर्दा हालको सगरमाथाको चुचुरोलाई फरकफरक नामबाट रेकर्ड गरिएको थाहा भयो । एउटै चुली विभिन्न नामबाट जनिई त्यसको तथ्याङ्क लिइएको त्यो बेला मात्र थाहा भयो, जब फिल्डबुक सङ्गणना गर्नुपूर्व स्केच चार्ट बनाइयो । यही समस्या समाधान गर्न पूर्वतिरबाट पहिलो, दोस्रो, तेस्रो... गरी रोमन नम्बरिङमा ७९ ओटा हिमचुली स्केचमा देखाइयो । यसरी राख्दै जाँदा सगरमाथालाई पन्ध्रौं चुली भनी फिल्डबुक सङ्गणना चार्टमा जनियो । र सङ्गणना गरी हेर्दा पन्ध्रौं चुली सबैभन्दा अग्लो रहेको भेटियो । त्यति बेला यो चुलीको स्थानीय नाम चर्चित हुन सकेको थिएन । एउटै हिउँचुलीको नाम अनेक हुँदा समस्या भयो भनेर संसारभर अग्लो चुलीलाई एउटै नामबाट चिनाउन रोयल जियोग्राफिक सोसाइटी (आरजिएस) बेलायतले सन् १८६५ मा माउन्ट एभरेस्ट भनी नामकरण गर्ने निर्णय गरेको थियो ।

सगरमाथाको सर्भे चाहिँ जर्ज एभरेस्टका पालामा नभई उनीपछि आएका भारतको सर्भे विभागका महानिर्देशक एन्ड्र्यु स्कट वागका पालामा भएको हो । उनले नै सर्वोच्च शिखरको नाम पूर्वसर्भेयर जनरल 'जर्ज एभरेस्ट'को थरबाट माउन्ट एभरेस्ट राख्नुपर्छ भनी सन् १८५६ मार्च १ मा सुझाएका थिए (हेर्नुहोस्, हिमालयन जर्नल, भोल्युम १७ मा प्रकाशित बिएल गुलाटीको आलेख 'माउन्ट एभरेस्ट–इट्स हाइट एन्ड नेम') । यद्यपि माथिल्लो निकाय रोयल जियोग्राफिक सोसाइटीबाट यसबारे निर्णय भइसकेको थिएन । तर पनि ब्रिटिस भारतीय सर्भे विभागबाट प्रकाशित सबै डकुमेन्टमा सन् १८५६ देखि नै सर्भेयर जनरल वागले माउन्ट एभरेस्ट नामकरण गरी प्रचारप्रसार गर्ने तथा विभिन्न लेखमा उल्लेखसमेत गर्दै गएको देखिन्छ ।

## नेपालीपन

माउन्ट एभरेस्ट नामकरण हुनुअघिदेखि नै नेपालीहरूले यस चुचुरोको नाम भैरव लङ्गुर अर्थात् डरलाग्दो पास र देवढुङ्गा अर्थात् भगवान्‌को आसन भनी नामकरण गरिसकेका थिए । त्यसैले यसको नाम माउन्ट एभरेस्ट राख्नुहुँदैन भनेर ११ मे, १८५७ मा भएको रोयल जियोग्राफिक सोसाइटी, लन्डनको बैठकमा बेलायतका तर्फबाट नेपालका लागि तत्कालीन आवासीय प्रतिनिधि ब्रायन हड्सनले आपत्ति जनाएका थिए (हेर्नुहोस्, लरेन्स अस्टिन वाडेलको *अमङ द हिमालयज*) ।

सर जर्ज एभरेस्टकै उपस्थिति रहेको उक्त बैठकमा ब्रायनले जनाएको नामकरणसम्बन्धी आपत्ति सम्बन्धमा निकै छलफल भयो । छलफलमा नेपालीहरूले भन्ने गरिएको स्थानीय नामले उक्त क्षेत्रका सबै हिमालय शृङ्खलालाई पुकारिएको हो कि उक्त चुचुरोलाई मात्र भनिएको हो भन्ने विश्वसनीय आधार नदेखिएको भन्दै सहभागीहरूले प्रश्न उठाए । त्यसैले सर जर्ज एभरेस्टकै थरबाट सर्वोच्च शिखरको नाम राख्न उपयुक्त हुने निष्कर्षसहित उनीहरूले यसलाई अत्यधिक बहुमतबाट पारित गरे ।

निकै पछि आएर इतिहासशिरोमणि बाबुराम आचार्य नेपाली नामको खोजअनुसन्धानमा जुटे । उनले स्थानीयसँगको गहन खोजअनुसन्धान एवम् काठमाडौंको उत्तरपूर्वी भागमा बस्ने जानकारहरूसँग पत्राचारका माध्यमबाट पनि अध्ययन गरे । नेपालको पूर्वी क्षेत्रबाट काठमाडौंमा मुद्दाको तारेख खेप्न आउने झगडिया र ढाक्रेहरूसँग सम्पर्क गरी यस शिखरको नाम सगरमाथा भएको पुष्टि गरे । *शारदा* पत्रिका (१९९५, वर्ष ४ अङ्क ५) मार्फत 'सगरमाथा या झ्यामोलोङ्मा' शीर्षकमा लेख छपाए र नेपाली नाम सार्वजनिक गरे ।

बाबुराम आचार्यका छोरा श्रीकृष्ण आचार्यले पनि यसबारे चर्चा गरेका छन् ('जसले सगरमाथाको नाम जुराए', *कान्तिपुर* दैनिक, ३ चैत, २०६९) । उनले भनेका छन्, "धेरैलाई यस पर्वत शिखरको नाम बाबुराम आचार्यले नै राख्नुभएको हो भन्ने भ्रम छ । तर त्यो सत्य होइन । लोक प्रचलनमा रहेको नामलाई उहाँले प्रकाशमा ल्याइदिनुभएको मात्र हो ।"

# आरोहण सपना र अभियान

प्राकृतिक स्रोतसाधनको खोजअनुसन्धान गरी आफ्नो साम्राज्य विस्तार गर्दै त्यसलाई व्यवस्थित बनाउन बेलायतीहरूलाई सबैभन्दा पहिला भूगोलको जानकारी हुनु जरूरी थियो । कुनै पनि क्षेत्रको विस्तृत जानकारी लिन नक्सा आवश्यक पर्छ । सत्रौं शताब्दीमै युरोपतिर नक्सा बनाएर भूगोलको जानकारी लिने चलन थियो । एसियातिर भने सत्रौं र अठारौं शताब्दीको सुरूवाती समयसम्म पनि नक्सा बनाउने प्रविधि र विज्ञान भित्रिइसकेको थिएन । त्यसैले पनि ब्रिटिसहरूले भारतीय प्रायद्वीपको विस्तृत जानकारी लिन र आफ्नो शासनसत्तालाई मजबुत पार्न सन् १८०२ अप्रिल १० का दिन ग्रेट ट्रिगोनोमेट्रिकल सर्भे अफ इन्डिया नामक वैज्ञानिक कार्यक्रम सुरू गरे ।

इस्ट इन्डिया कम्पनी सरकारको सहयोगमा समग्र भारतीय प्रायद्वीपको विशेष किसिमले नापनक्सा गर्ने, ग्रेट आर्क र अर्धव्यास पत्ता लगाउने उद्देश्यसहित ब्रिटिस सेनाका लेफ्टिनेन्ट कर्णेल विलियम ल्याम्टन नेतृत्वमा यो वैज्ञानिक कार्यक्रम सुरू गरियो । सन् १८०२ को अप्रिल १० मा मद्रास (हालको चेन्नाई)को समुद्र किनार नजिकै करिब ७.५ माइल लामो आधार रेखा बनाई त्यसको मापन गरी कार्यक्रम सुरू गरियो ।

भारतीय प्रायद्वीपभरि नै त्रिकोणमितीय सञ्जाल विस्तार गरेर नक्साङ्कन कार्यलाई द्रुत गतिमा अगाडि बढाइयो । यसै क्रममा ब्रिटिस सर्भेयरहरूले भारतको उत्तरी भागबाट निकै पर उत्तरतर्फको क्षितिजमा सेता अनि टल्किएका हिमशृङ्खला देखे । उनीहरूले ती विषयमा गहन अवलोकन पनि गर्न थाले । सन् १८२३ मा विलियम ल्याम्टनको मृत्यु भएपछि उक्त कामको जिम्मेवारी सर जर्ज एभरेस्टको काँधमा आइपर्‍यो ।

उनी ग्रेट ट्रिगोनोमेट्रिकल सर्भे अफ इन्डियाको सुपेरिटेन्डेन्टमा नियुक्त भए । त्यसपछि सन् १८३० मा भारतीय सर्भे विभागको महानिर्देशकको जिम्मा पनि जर्ज एभरेस्टलाई नै दिइयो । उनले जिम्मेवारी सम्हालेपछि पृथ्वीको सबैभन्दा अग्लो बिन्दु नेपालका यिनै हिउँचुली हुन सक्ने अनुमान गरी सबै हिमाल र पहाडको नापनक्सा गर्ने तयारी गरियो । यसकै सिलसिलामा भर्टिकल कोणसमेत मापन गर्ने र उचाइसमेत पत्ता लगाउने कार्ययोजना अगाडि बढाइयो । अनि सर जर्ज एभरेस्टले सबै सर्भे टोलीलाई सोहीबमोजिम काम गर्न निर्देशन दिए ।

त्यति बेला विदेशीहरूले सहजै नेपाल प्रवेश पाउँदैनथे । त्यसैले ब्रिटिस सर्भेयरहरूले हालको नेपाल-भारत सीमा नजिकै रहेका त्रिकोणमितीय नियन्त्रण बिन्दुबाट सम्भव भएसम्म सबै हिमालको अवलोकन गरे । त्यसै क्रममा पन्ध्रौं चुली संसारको अग्लो हिमाल भएको पत्ता लगाइयो । र पछि त्यसलाई माउन्ट एभरेस्ट भनी नामकरण गरियो । यसरी पत्ता लगाइएको सर्वोच्च चुलीको आरोहण प्रयास भने निकै पछि मात्र सुरू भयो ।

यसरी पत्ता लागेको संसारकै अग्लो चुचुरो चढ्न सकिन्छ कि सकिँदैन होला भन्ने विषयमा निकै बहस हुन थाले । बेलायतस्थित अल्पाइन क्लब अध्यक्ष र हिमाल आरोही एवम् सेन्ट जर्ज अस्पताल लन्डनका सर्जन डा. क्लिन्टन थोमस डेनले पहिलो पटक सन् १८८५ मा संसारको माउन्ट एभरेस्ट आरोहण गर्न सकिन्छ भनेर *एबोभ द स्नो लाइन* नामक पुस्तकको 'फ्युचर अफ माउन्टेनियरिङ' शीर्षक लेखमा उल्लेख गरेका छन् । त्यसपछि सन् १८९० मा फेरि यो शिखरको आरोहण सम्भव छ कि छैन भन्ने विषयमा भारतस्थित ब्रिटिस आर्मी अफिसर फ्रान्सिस योङहज्बेन्ड र चार्ल्स ब्रुसले छलफल अगाडि बढाए । अहिलेसम्म भेटिएको इतिहासमा सगरमाथा आरोहण अभियान सञ्चालन गर्ने सन्दर्भमा भएको पहिलो छलफलका रूपमा यसलाई लिने गरिन्छ ।

यी दुई जना ब्रिटिस सेनाका अधिकृतले बेलायतको खोजअनुसन्धान गर्ने मुख्य दुई निकायसँग पनि आबद्ध भई काम गरेका थिए । फ्रान्सिस योङहज्बेन्ड रोयल जियोग्राफिकल सोसाइटीसँग आबद्ध थिए । चार्ल्स भने ब्रिटिस अल्पाइन क्लबमा काम गर्थे । यी संस्था नयाँ भूगोल र हिमालको खोजअनुसन्धान गर्ने आधिकारिक ब्रिटिस निकाय थिए । यी दुई सैनिक अधिकारीले सन् १८९३ मा पहिलो पटक बेलायती सरकारसँग आफ्नो

सैनिक संयन्त्रमार्फत सगरमाथा आरोहणका लागि अभियान सुरू गर्न आधिकारिक माग गरे । बेलायतको बदलिँदो राजनीतिक परिवेशमा यस प्रस्तावलाई निर्णयसम्म पुऱ्याउन असजिलो कर्मचारी संयन्त्रले गर्दा तत्काल सम्भव हुने देखिएन ।

बेलायतले १८औं शताब्दीदेखि नै इस्ट इन्डिया कम्पनीमार्फत भारतमा शासन गरिरहेको थियो । त्यो समयमा बेलायतीहरूलाई नेपालमा प्रवेश निषेध थियो । तिब्बत जान पनि अनुमति थिएन । कैयौं प्रयास गर्दा पनि नेपाल प्रवेश गर्न नसकेपछि जोन नोयल नामका बेलायती सैनिक अधिकारी भेष बदलेर भिक्षुका रूपमा सन् १९१३ मा तिब्बत गए । उनले सगरमाथालाई नजिक (करिब ६५ किमि) दूरीबाट हेर्ने मौका पाए । केही समयपछि उनी भारत फर्किए । र सन् १९१९ मा बेलायत गए ।

आफ्नो लामो समयको भूमिगत तिब्बत यात्रा र सगरमाथालाई नजिकैबाट अवलोकन गरेको अनुभव रोयल जियोग्राफिकल सोसाइटी लन्डनको बैठकमा राखे । उनले पनि सगरमाथा आरोहण गर्न सकिने सम्भावना दर्साए । बैठकमा उपस्थित सबैले उनको 'फिल्ड' अनुभूति निकै रूचिपूर्वक सुने । सगरमाथा आरोहण गर्न टोली गठन गरी आरोहण अभियान सुरू गर्नुपर्ने आवाज पनि उनले उठाए । यसले धेरैको ध्यानाकर्षित भयो । बेलायतले सैनिकमार्फत सगरमाथा आरोहणको औपचारिक सुरूवात गर्ने निर्णय गरेको त्यही बेला हो ।

# पहिलो प्रयास-१९२१

भर्खर पहिलो विश्वयुद्ध सकिएको थियो । सैनिकहरू त्यति व्यस्त थिएनन् । त्यसैले सन् १९२० मा बेलायती सरकारले सगरमाथाको अन्वेषणका लागि आफ्ना कूटनीतिक निकायमार्फत तिब्बतसँग औपचारिक अनुमति माग्यो । तिब्बत सरकारले तिब्बती भूमि प्रयोग गर्न अनुमति दियो ।

कुनै एक निकायले मात्र अन्वेषण गर्न नसक्ने भएकाले सन् १९२१ को सुरूवातमै रोयल जियोग्राफिक सोसाइटी र ब्रिटिस अल्पाइन क्लबले फ्रान्सिस योङहज्बेन्डको अध्यक्षतामा माउन्ट एभरेस्ट कमिटी गठन गरे । दुई वर्षअघि सन् १९१९ मा रोयल जियोग्राफिक सोसाइटीको अध्यक्षमा योङहज्बेन्ड नियुक्त भएका थिए । सोसाइटीले आरोहण अभियानमा जाने टोली गठन र सम्पूर्ण कार्यक्रम व्यवस्थापनको जिम्मेवारी पनि सोही कमिटीलाई दियो । कमिटीले लेफ्टिनेन्ट कर्णेल सिके हावर्ड बेरीको नेतृत्वमा समग्र हिमालय क्षेत्रको खोजी गर्न तथा तिब्बततर्फबाट सगरमाथा जाने बाटो तय गर्न एउटा टोली गठन गऱ्यो । टोलीमा सर्भेयर सर इडवार्ड ओलिभर ह्विलर र प्रख्यात पर्वतारोही जर्ज मेलोरीलाई पनि समावेश गरियो । मेलोरी क्लाइम्बिङ लिडरका रूपमा यस आरोहण दलमा समावेश थिए ।

टोलीले सन् १९२१ को वसन्त ऋतुमा तिब्बतबाट सगरमाथा आधारशिविर जाने बाटो पत्ता लगायो । ह्विलरले नेतृत्व गरेको १६ जना भरियासहितको सर्भे टोलीमा भारतीय सर्भे विभागमा कार्यरत एक नेपाली सर्भेयर लालवीर सिंह थापा पनि सहभागी थिए । सगरमाथा आधारशिविर जाने बाटो पत्ता लगाई नक्साङ्कन गर्ने र सगरमाथाको उत्तरी मोहडाबाट गरिने आरोहणको रूट तय गर्ने सर्भे टोलीको मुख्य काम थियो (हेर्नुहोस्, *अल्पाइन जर्नल* ९९ मा प्रकाशित माइकल वार्डको 'नर्दन अप्रोचेज : एभरेस्ट

१९१८-२२')। आधारशिविर जाने बाटो पत्ता लगाउने क्रममै टोलीका एक सदस्य एएम केलसको मुटुमा एक्कासि समस्या देखियो। उच्च हिमाली क्षेत्रमै उनी गम्भीर बिरामी परे। उचाइमा हिँड्ने अनुभव नभएका र वातानुकूलित हुन नसकेका कारण बाटोमै उनको मृत्यु भयो।

टोलीले पहिलो पटक रङबुक उपत्यका पत्ता लगायो। हिमनदीको बाटो हुँदै हिँड्दा उक्त टोली कैयौं ठाउँमा हरायो। सगरमाथा चढ्न सकिने रूट पहिचान गर्ने काममा टोली निरन्तर लागिरह्यो। अन्ततः बाटो पत्ता लगायो। यसै क्रममा उक्त टोली सन् १९२१ सेप्टेम्बर २४ मा करिब ६७ सय मिटरको अत्यन्त कठिन भन्ज्याङ छिचोल्दै सात हजार मिटर उचाइमा पर्ने सगरमाथाको उत्तरी काँठी पुग्न सफल भयो।

क्लाइम्बिङ लिडर मेलोरीले नर्थ रङबुक ग्ल्यासियरबाट लोलामाथि आई पहिलो पटक सगरमाथा र नुप्चे हिमालबीच रहेको मनमोहक हिमफाँटलाई वेस्ट कुम नामकरण गरे। उनले सगरमाथाभन्दा पश्चिमतर्फ देखिने सानो तर निकै सुन्दर हिमचुचुरो पुमरीलाई सगरमाथाकी छोरी जस्तै कल्पना गर्दै आफ्नी छोरी क्लाराको सम्झनामा कतै क्लारा पिक त कतै डटर माउन्टेन नामकरण गरेको कुरा त्यस बेलाका *अल्पाइन जर्नल*हरूमा उल्लेख छ।

सर्भेयर ह्विलरको टोलीलाई बाटो देखाउने काममा लाक्पा शेर्पा खटिएका थिए। मेलोरी पनि सँगै थिए। सर्भेयरहरूले करिब सात हजार मिटर उचाइको उक्त मनमोहक र समथर काँठीलाई पहिलो पटक नर्थ कोल नामकरण गरिदिए। वेगवान् बतासका कारण त्यो टोली त्यहाँबाट माथि जान सकेन। माथि जान असहज परिस्थिति बने पनि मेलोरीले त्यहाँबाट चुचुरोसम्म कसरी जान सकिन्छ भनेर माथि चढ्ने मोटामोटी बाटोको आकलन गरेका थिए। त्यसरी सन् १९२१ मा पहिलो पटक सगरमाथाको रेकी सर्भे गरी उक्त टोली त्यहीँबाट फर्कियो (हेर्नुहोस्, सन् १९२८ मा *जर्नल अफ रोयल एसियाटिक सोसाइटी* (६०.२०)मा प्रकाशित फ्रान्सिस योङहज्बेन्डको पुस्तक द *एपिक अफ माउन्ट एभरेस्ट*माथि हेग वेल्सलेको समीक्षा)।

# दोस्रो प्रयास-१९२२

अघिल्लो टोलीले धेरै तथ्य लिएर आएकाले ब्रिटिस सेनालाई आरोहण सफल बनाउन सकिन्छ भन्ने ठूलो आशा थियो । यस अभियानमा ब्रिटिस सेनाले आफ्नो सेनाका वरिष्ठ सैनिक अधिकारी ब्रिगेडियर जनरल सिजी ब्रुसको नेतृत्वमा १३ सदस्यीय आरोहण दल घोषणा गऱ्यो । उक्त आरोहण दललाई सघाउन नेपाली र तिब्बती गरी १६० जनालाई सामान आधारशिविरसम्म पुऱ्याउनेलगायत विभिन्न काममा लगाइयो । मनसुन सुरू हुनुभन्दा अगाडि नै जसरी पनि आरोहण सफल पार्ने उद्देश्यसहित उक्त टोली सगरमाथा आधारशिविरतर्फ लाग्यो । आरोहण दललाई आवश्यक खाना, टेन्ट तथा क्लाइम्बिङ गियरसहित सबै सामग्री पाँच हजार मिटर उचाइको आधारशिविरमा लगेर भण्डारण पनि गरियो ।

आरोहणलाई जसरी पनि सफल बनाउने उद्देश्यसाथ त्यो दलका पर्वतारोहीलाई टोली नेता ब्रुसले तीन समूहमा विभाजन गरेका थिए । पहिलो समूह थियो– आरोही मोर्सहेडसहितको चार जनाको टोली । उक्त टोलीले आधारशिविरमा केही दिन आराम गरेपछि शेर्पाहरूसँग मिलेर मे १४ का दिन नर्थ कोलमा पुगी शिविर खडा गऱ्यो । निरन्तर हिमपातका कारण मौसम बिग्रिएकाले गर्दा नर्थ कोलमा पुगेको टोलीलाई अत्यन्त कठिन परिस्थितिको सामना गर्नुपऱ्यो । तर सबै परिस्थितिका बाबजुद टोलीले मे २० का दिन करिब सात हजार छ सय मिटर उचाइमा शिविर स्थापना गऱ्यो । भोलिपल्ट २१ मेमा सँगै रहेका चार जना आरोहीमध्ये मोर्सहेडका हातका औंला हिउँले खाइदियो । उनलाई सोही शिविरमै छाडी बाँकी तीन जना आरोहीले उत्तरपूर्वी धारको करिब आठ हजार दुई सय ५० मिटर उचाइमा पुगेर शिविर खडा गरे (हेर्नुहोस्, चार्ल्स ग्रानभिल ब्रुसको पुस्तक द *एसल्ट अन माउन्ट एभरेस्ट*) ।

आरोहण टोली नेता ब्रुस तलै थिए । उनी अक्सिजन प्रयोग गरी मे २५ का दिन तेस्रो शिविरबाट नर्थ कोलतर्फ उक्लिए । ब्रुस र अर्का आरोही फिन्चले करिब सात हजार आठ सय मिटर उचाइमा पुगेर पाँचौं शिविर खडा गरे । उनीहरूसँग ब्रिटिस आर्मीको छैटौं बटालियनमा लेस नायक पदमा कार्यरत नेपाली गोर्खा सैनिक तेजवीर बुढा पनि सँगै थिए । ठूलो हिमपात र आँधीका कारण तेजवीर बुढासहित टोली नेता ब्रुस र फिन्च त्यही पाँचौं शिविरमा दुई रात एक दिन रोकिए । २७ मेका दिन तेजवीर बुढा, ब्रुस र फिन्च करिब आठ हजार तीन सय मिटरसम्म पुगे । त्यहाँबाट माथि उक्लिन नसकिने स्थिति देखिएपछि उनीहरू त्यही दिन एकैचोटि तेस्रो शिविरमा ओर्लिए ।

इतिहासमा आधिकारिक रूपमा भेटिएको सगरमाथाको सबैभन्दा माथिल्लो उचाइमा पुग्न सफल पहिलो नेपाली यिनै तेजवीर बुढा हुन् । सन् १९२३ मा प्रकाशित *अल्पाइन जर्नल*को ३४औं भोल्युमअन्तर्गत 'द सेकेन्ड एटेम्ट अन माउन्ट एभरेस्ट' शीर्षकमा जर्ज फिन्चले लेखेका छन्, "तेजवीर ह्याड डन हिज बेस्ट एन्ड ह्याज एभ्री राइट टु बी प्राउड अफ द फ्याक्ट द्याट ही ह्याज क्लाइम्ड टु अ फार ग्रेटर हाइट देन एनी अदर नेटिभ ।"

बुढा एक गोर्खा सैनिक मात्र थिएनन्, साहसी पर्वतारोही पनि थिए । हिमाल आरोहणमा पनि उत्तिकै रूचि भएकाले ब्रिटिस आर्मीका तर्फबाट उनी आरोहण दलको टोली नेता ब्रिगेडियर जनरल ब्रुसको सहयोगी भएर सहभागी भएका थिए । उनको योगदानबारे सन् १९२३ मा लेखिएको पुस्तक *द एसल्ट अन माउन्ट एभरेस्ट १९२२* मा राम्रै चर्चा गरिएको छ । माउन्ट एभरेस्ट कमिटीका पहिलो अध्यक्ष तथा रोयल जियोग्राफिक सोसाइटीका अध्यक्ष फ्रान्सिस योङहज्बेन्डले सन् १९२६ मा लेखेको पुस्तक *द इपिक अफ एभरेस्ट*मा समेत बुढाको योगदानबारे चर्चा गरिएको छ ।

यात्राबाट फर्किएपछि उनको कामको उच्च मूल्याङ्कन गर्दै ब्रिटिस गोर्खाको छैटौं रेजिमेन्टमा उनलाई सैनिक अधिकृतमा बढुवा गरियो । फ्रान्समा आयोजित सन् १९२४ को ओलम्पिकमा ब्रिगेडियर जनरल ब्रुससहित बुढाले पनि उच्च हिमाली क्षेत्रमा विशिष्ट काम गर्न सकेको भन्दै ओलम्पिकको स्वर्णपदक पाएका थिए भन्ने जानकारी सैनिक विकिपिडियाका वेबसाइटहरूमा उल्लेख छ ।

आठ हजार मिटरभन्दा माथि पुग्ने पहिलो नेपाली तेजवीर बुढा

*तस्बिर स्रोत : द जियोग्राफिकल जर्नल, भोल्युम ६० ।*

*सन् १९२२ मा आरोहण अभियानका क्रममा क्याप्टेन जर्ज फिन्चले खिचेको तस्बिर ।*

तेस्रो पटकको आरोहण प्रयास गर्न १४ जना शेर्पा सहयोगी टोलीका साथ मेलोरी, क्रफर्ड र समरभेलले नर्थ कोलको भित्ता चढ्दै थिए । जनरल ब्रुस र तेजवीरको टोली भने यसअघि नै आधारशिविरभन्दा तल झरिसकेको थियो । जुन ६ को बिहान थियो, तलपट्टि हिमपहिरोको निकै ठूलो आवाज सुनियो । हेर्दाहेर्दै १४ जना शेर्पालाई माथिबाट खसेको हिमपहिरोले सोहोरेर तल हिमखाडलमा पुऱ्यायो, जसमध्ये पाँच जना हिमखाडलमा पुरिनबाट जोगिए । दुई जनालाई पछि हिउँ खनेर उद्धार गर्न सकियो । सात जनाको मृत्यु भएको पुष्टि भयो । छ जनाको लास निकाल्न सकियो, एक जनाको भने लासको समेत अत्तोपत्तो हुन सकेन । हिउँपहिरोले मेलोरीसहित तीन जना आरोहीलाई समेत लगभग १५० फिट तल बगाएको थियो । संयोगवश उनलाई चोटसमेत लागेन । आरोहणका क्रममा धेरै जना शेर्पाको मृत्यु भएकाले त्यो अभियान पनि त्यत्तिकै स्थगन भयो । मनसुनअघि नै आरोहण गर्ने ब्रिटिस सेनाको उद्देश्य असफल भयो । (हेर्नुहोस् : रोयल जियोग्राफिक सोसाइटीद्वारा प्रकाशित द *जियोग्राफिकल जर्नल*को भोल्युम ६० को पृष्ठ १४२) ।

# तेस्रो प्रयास-१९२४

हिउँपहिरोका कारण दुःखदायी परिस्थिति आएपछि सन् १९२२ स्थगित आरोहण अभियानलाई ब्युँताउन माउन्ट एभरेस्ट कमिटी सन् १९२३ को पूरा एक वर्ष तयारीमा जुट्यो । उत्कृष्ट व्यवस्थापनसहित ब्रिटिस सेनाको टोली दार्जीलिङ हुँदै तिब्बततर्फबाट सगरमाथाको आधारशिविर पुग्यो । त्यस पटक पनि ब्रिगेडियर जनरल ब्रुस नेतृत्वमा बेन्टले विथम, क्याप्टेन ब्रुस, जेडिभी हजार्ड, मेजर आरडब्लुजी हिङ्स्टोन, एन्ड्र्यु इरभिन, मेलोरी, इडवार्ड नर्टन, नोयल ओडेल, एडवार्ड ओस्वाल्ड सेबेर, समरभेल र जोन नोयल गरी १२ सदस्यीय टोली तयार भयो ।

ब्रिटिस अधिकृत जोन नोयल तिनै व्यक्ति थिए, जसले सन् १९१३ मा भूमिगत रूपमा तिब्बत भ्रमण गरी सगरमाथा चढ्न सकिन्छ भनेर रोयल जियोग्राफिक सोसाइटीको बैठकमा आफ्नो धारणा राखेका थिए । लगत्तै सगरमाथा आरोहण गर्ने कार्यक्रम तय भएको थियो । उनी त्यस पटक फोटोग्राफरका रूपमा त्यो टोलीमा सहभागी हुन चाहन्थे । उनले त्यो ऐतिहासिक आरोहण अभियानमा सहभागी हुन हिमालहरूको फोटो भएको पोस्टकार्ड बनाएर बिक्री गर्ने र उपन्यास लेखेर त्यसको बिक्रीबाट आएको पैसाले आफ्नो खर्च व्यवस्थापन गर्ने योजना बनाए । र सोहीअनुसार काम पनि गरे ।

त्यो वर्ष पनि निकै ढिला गरी आरोहण टोली मे २२ का दिन नर्थ कोल पुग्यो । र चौथो शिविर खडा गर्‍यो । बिरामी परेका कारण टोली नेता ब्रिगेडियर जनरल ब्रुस आरोहण परित्याग गरी आधारशिविर फर्किए । उनले आफूपछिका मर्यादाक्रममा सिनियर अधिकृत लेफ्टिनेन्ट कर्णेल एडवार्ड नर्टनलाई निमित्त टोली नेताको जिम्मा दिए । र नर्टनको नेतृत्वमा जुन १ का दिन करिब सात हजार छ सय ५० मिटर उचाइमा पाँचौं शिविर

स्थापना गरियो । धेरै ठाउँमा शिविर बनाउनुपर्ने र त्यहाँसम्म आरोहीहरूका लागि खाद्यान्न, अक्सिजन र टेन्ट बोकेर लैजानुपरेकाले शेर्पाहरू पनि अत्यन्तै थकित भए । त्यसैले नर्टन, मेलोरी र क्याप्टेन ब्रुसले तत्काल माथि जाने योजना एकदुई दिनका लागि स्थगन गरे । मेलोरी र इरभिन अझै राम्रोसँग उच्च हिमाली क्षेत्रमा वातानुकूलित हुन तेस्रो शिविरतर्फ ओर्लिए ।

नर्टन, समरभेल र तीन जना शेर्पाले जुन ४ को बिहानै ६:४० बजेतिर समिटका लागि यात्रा सुरू गरे । उनीहरूले लगभग आठ हजार एक सय ७० मिटर उचाइमा छैटौं शिविर स्थापना गरे । र त्यो रात त्यहीँ बसे । अर्को दिन जुन ५ मा आरोही नर्टन करिब आठ हजार पाँच सय ६५ मिटर (२८ हजार एक सय फिट) सम्मको उचाइमा पुगे । त्यहाँबाट माथि जान नसक्ने स्थिति देखिएपछि तल फर्किए ।

जुन ७ का दिन मेलोरी र इरभिन तेस्रो शिविरबाट नर्थ कोल पुगे । दुई दिनपछि मेलोरी र इरभिनले अन्तिम गन्तव्यमा पुग्न बिहानै उकालो लागे । तर दुःखद कुरा, उनीहरू फर्किएर नआउने बाटो लागेछन् !

जुन ८ का दिन बिहानै नर्थ कोल आइपुगेका आरोही ओडेलले उक्त दिन दिउँसो १२:५० तिर जर्ज मेलोरीले लगाएको कपडाका आधारमा मेलोरी र इरभिनलाई निकै माथिको कुहिरो र चुचुरोको बीचमा देखेको बताएका थिए । ओडेलले मेलोरी र इरभिनलाई जुन ९ का दिन पुनः देखेका थिए । निकै टाढाबाट हेरेको हुँदा मेलोरी र इरभिन खास कुन बिन्दुमा थिए भन्ने उनले यकिन गर्न सकेनन् ।

उत्तरी मोहडाबाट सगरमाथा चढ्ने क्रममा आठ हजार तीन सय मिटर उचाइमाथि तीन तह देखिन्छन्, जसमा पहिलो तह लगभग एक सय १० फिट ठाडो र अप्ठ्यारो उकालो छ । यो चुनढुङ्गाबाट बनेको छ । त्योभन्दा माथि एक सय ६० फिट अग्लो दोस्रो तह छ । तेस्रो तह चाहिँ करिब एक सय फिट अग्लो विशाल खण्ड छ । त्यसमाथि पुगेपछि शिखरमा पुग्न केही तेर्सो बाटो आउँछ । त्यसपछि केही उक्लिएपछि पानीढलोबाट दुई मिटर जति दक्षिण (नेपालतिर) कटेर पूर्व फर्किएपछि चुचुरोमा पुगिन्छ ।

नेपाल-चीन सीमाको सगरमाथा क्षेत्रमा पानीढलो सिद्धान्तलाई आधार मानेर सीमाङ्कन गरिएको छ । यसलाई आधार मान्दा चुचुरो दुवैको साझा भए पनि तिब्बततर्फबाट चुचुरोमा सोझै पुग्न र चुम्न सकिँदैन; थोरै नेपालतर्फ आउनुपर्छ । किनकि तिब्बततर्फ चुचुरोको भाग एकदम ठाडो

भिरालो छ । त्यहाँ बस्न र झोला बिसाउन पनि मिल्दैन । पानीढलोको दुई मिटर जति दक्षिणतिर नेपालतर्फ प्रवेश गरेपछि मात्र चुचुरो छुन सकिन्छ ।

ओडेलले मेलोरी र इरभिनलाई दोस्रो तहमा देखेका हुन् भने चुचुरोभन्दा तीन सय मिटर जति तल हुनुपर्छ; तेस्रो तहमा देखेका हुन् भने उनीहरू लगभग चुचुरोको एक सय ५० मिटर मुनि देखिएको हुनुपर्छ । तथ्य र तर्क बाहिर धेरै आए पनि उनीहरू खास कुन बिन्दुबाट कसरी हराए, हालसम्म कोही पनि निश्चिन्त हुन सकेका छैनन् । मेलोरी र इरभिन चुचुरो चुमेर तल फर्किंदा दुर्घटनामा परे वा नपुग्दै चिप्लिएर लडी हिउँमा हराए, यसबारे पनि यसै भन्न सकिन्न ।

यसैगरी जुन १० का दिन बिहानै ओडेल केही सहयोगी शेर्पा साथ लिएर मेलोरी र इरभिनलाई खोज्न छैटौं शिविरसम्म पुगे । तर उनले त्यहाँ मानिस हिँडेका पाइलासमेत देख्न सकेनन् । यसरी बेलायती साम्राज्यको भव्य तयारीसाथ गएको टोली शिखर चुम्नै लाग्दा आफ्ना दुई महत्त्वपूर्ण सदस्य हराएपछि आरोहण अधुरै छाडेर फर्कियो ।

मेलोरी माउन्ट एभरेस्ट कमिटीको तीनै पटकको पर्वतारोही छनोटमा परेका थिए । त्यसअघिका अभियानमा समावेश भएर सफल हुन नसके पनि पुनः उनी ब्रिटिस अभियानमा सहभागी हुने भएपछि १८ मार्च १९२३ को *द न्यू योर्क टाइम्स*मा प्रकाशित अन्तर्वार्तामा एक पत्रकारले उनलाई सोधेका थिए, "तपाईं पटकपटक किन सगरमाथा चढ्न जानुहुन्छ ?"

उनले भनेका थिए, "बिकज इट्स देयर ।"

उनको यो भनाइ अझै पनि प्रसिद्ध छ ।

बेलायती जनताले ब्रिटिस सेनाले गरेका पटकपटकको सगरमाथा आरोहण अभियानका प्रयासमा संलग्न आरोहीलाई आफ्नो देशमा फर्किएका बेला प्रशंसा गर्थे । उनीहरूलाई सम्मान पनि गर्थे । तर त्यस पटक दुई जना आफ्ना महत्त्वपूर्ण पर्वतारोही बेपत्ता भएको खबरले उनीहरू निकै दुःखी भए ।

७५ वर्षपछि सन् १९९९ मा मेलोरी र इरभिनको खोजी गर्ने क्रममा आठ हजार एक सय ५५ मिटर उचाइमा एक मानव कङ्काल भेटियो । त्यो मानव कङ्कालको आणुवंशिक (डिएनए) परीक्षण गर्दा मेलोरीका पारिवारिक सदस्यहरूको आणुवंशिक गुणसँग मिलेको देखियो । पछि त्यो कङ्काल जर्ज मेलोरीकै थियो भनेर वैज्ञानिक रूपमा पुष्टिसमेत गरियो । इरभिनको लासका सन्दर्भमा भने हालसम्म कुनै पत्तो छैन ।

# चौथो प्रयास–१९३३

सन् १९२४ मा चर्चित आरोही मेलोरी र इरभिन बेपत्ता भएपछि लामो समयसम्म बेलायती आरोहण अभियान स्थगन भयो । त्यसको आठ वर्षपछि पुनः आरोहणको तयारी भयो, जुन चौथो जमर्को थियो ।

तिब्बत सरकारका तर्फबाट १३औं दलाई लामाले यस आरोहण दललाई तिब्बततर्फबाट आरोहण गर्न अनुमति दिएका थिए । आफूहरूभन्दा अगाडि अरू देशका नागरिकले सगरमाथा नचढून् भन्ने ब्रिटिसहरूको सोचका कारण हतारमा सन् १९३२ मा आरोहण अनुमति लिइएको थियो । किनकि त्यसअघि सन् १९३१ मा जर्मनी आरोहीको टोलीले कञ्चनजङ्घा हिमाल आरोहण गर्न सुरू गरिसकेका थिए । तर ब्रिटिसहरूलाई अबको अर्को जर्मनी आरोहण अभियान सगरमाथातर्फ मोडिन सक्छ भन्ने चिन्ता थियो । त्यसैले 'माउन्ट एभरेस्ट कमिटी'ले बृहत् तयारीसहित सगरमाथामा ठूलो आरोहण अभियान सञ्चालन गर्ने निर्णय गर्‍यो ।

त्यसका लागि ब्रिटिस औपनिवेश भारतका एक निजामती कर्मचारी तथा पर्वतारोही ४८ वर्षीय ह्यु रटलेज नेतृत्वमा इरिक सिप्टनसहित १६ सदस्यीय आरोहण दल तयार भयो । आरोहण दलको मुख्य समूह सन् १९३३ को जनवरीमा बेलायतबाट आरोहणका लागि प्रस्थान गर्‍यो । टोली पानीजहाजबाट भारतको बम्बई आइपुग्यो । र सबै जना आरोही त्यहाँबाट रेलमा दार्जीलिङतिर लागे । सगरमाथातर्फ आउँदै गर्दा यात्रामै उनीहरूले शिविर खडा गर्ने र भइपरी आउने समस्या कसरी समाधान गर्ने भन्नेबारे व्यापक छलफल गरेका थिए । उनीहरूले यसअघि सन् १९२२ र १९२४ को ब्रिटिस आरोहण दलमा शेर्पाका रूपमा काम गरिसकेका कर्मा पौल र नाका शेर्पालाई पनि आरोहण दलमा भाषा अनुवादक अनि सोलुखुम्बुका निमा

दोर्जे र सोनाम शेर्पालाई दार्जीलिङमा भेटी सहयोगीका रूपमा आरोहण दलमा छाने । थप जनशक्ति खोज्न तिनै शेर्पाहरूलाई सोलुखुम्बुतर्फ पठाइयो । भर्खरै जर्मनीको कञ्चनजङ्घा आरोहण अभियानमा सहभागी शेर्पाहरूलाई पनि उक्त टोलीमा छानियो ।

आरोहण सफलताका लागि भगवान्सँग प्रार्थना गर्न शेर्पासहित सबै आरोहीले मार्च २ का दिन दार्जीलिङको घुम गुम्बामा भव्य पूजाआजा गरे । र आरोहण दललाई दुई समूहमा विभाजन पनि गरियो । कालिम्पोङ हुँदै टोली तिब्बततर्फ अगाडि बढ्यो । पहिलो टोली मार्च ३ मा हिँड्न सुरू गऱ्यो । दोस्रो टोली भने मार्च ८ मा तिब्बततर्फ लाग्यो । उक्त टोलीले कालिम्पोङ हुँदै सिक्किमको राजधानी गान्तोक गएर विश्राम लियो । त्यो बेला सिक्किम छुट्टै देश थियो । त्यहाँ टोलीले सिक्किमका राजाबाट भव्य स्वागतसत्कार पायो । त्यसपछि टोली तिब्बततर्फ अगाडि बढ्यो । र अप्रिल १७ का दिन तिब्बततर्फको सगरमाथा आधारशिविरमा पुगेर शिविर खडा गऱ्यो ।

तिब्बतका स्थानीय भरियालाई सामान बोकाई टोलीले २१ अप्रिलमा छ हजार मिटरमा दोस्रो शिविर (हालको आधारशिविर) स्थापना गरेको थियो । इरिक सिप्टनलगायत पाँच आरोहीसहित शेर्पाहरूको समूहले मे २ मा पूर्ण सुविधासहितको तेस्रो शिविर स्थापना गऱ्यो, जहाँबाट सात हजार मिटरमा रहेको चौथो शिविर (नर्थ कोल)को राम्रोसँग अवलोकन गर्न सकिन्थ्यो ।

तेस्रो शिविरदेखि नर्थ कोलसम्म भिरालो हिउँको पाखामा माथि सामान लैजान र शिविर स्थापना गर्न सजिलो होस् भनेर इरिकको टोलीले ८ देखि १५ मेसम्म एक साता लगाई पैताला राख्ने स्टेप बनाउने र रोप फिक्स गर्ने काम गऱ्यो (हेर्नुहोस्, द *जियोग्राफिकल जर्नल* ८३.१ मा प्रकाशित ह्यु रटलेजको 'द माउन्ट एभरेस्ट एक्स्पिडिसन') ।

सात हजार मिटर उचाइमा रहेको चौथो शिविर अलि फराकिलो र सम्म परेको थियो । त्यसैले त्यहाँभन्दा माथिका शिविर खडा गर्न आवश्यक टेन्ट र अन्य सामान स्टोर गर्न पनि यो सजिलो ठाउँ थियो । मे २० मा वेन ह्यारिससहित चार जनाको आरोही समूह र शेर्पाहरूको समूहले २५ हजार पाँच सय फिट उचाइमा पाँचौं शिविर स्थापना गरे । र त्यहाँ सामान छाडेर बस्न भनी उनीहरू पुनः नर्थ कोलमा फर्किए ।

टोली नेता सर ह्यु रटलेजले टोलीलाई विभिन्न उपसमूहमा विभाजन गरेका थिए । उनले एउटा आरोहण उपसमूह असफल हुनेबित्तिकै अर्को उपसमूहलाई माथि पठाउँथे । यसरी उनले व्यवस्थापन र आरोहण योजना निकै चुस्त तवरबाट तयार गरेका थिए । यद्यपि सबै आरोही छैटौं शिविरभन्दा माथि जान सकेनन् । त्यस टोलीका आरोहीमध्ये सबैभन्दा माथि पुग्ने आशा गरिएका टोलीका डा. सिआर ग्रिनको पाँचौं शिविर पुग्नासाथ मुटुको धड्कनमा समस्या आयो । उनी आरोहण छाडेर त्यहीँबाट तल ओर्लिए । मौसम हेर्दा मे २० देखि केही सुधार हुने लक्षण देखिएकाले टोलीका आरोही सदस्य र मेडिकल डाक्टरसमेत रहेका रेमन्ड ग्रिनले दुईतीन दिनभित्रमै समिट प्लान गर्नुपर्छ भनेर टोली नेता रटलेजलाई भनेका थिए । रटलेजले नमानेपछि त्यो सम्भव भएन । नभन्दै मे २० देखि २२ सम्म मौसम राम्रो भयो । त्यसपछि सोचे जस्तो मौसमले साथ दिएन । त्यो दुई दिन गुमाउँदा ब्रिटिस एक्स्पिडिसनले सगरमाथा सफल आरोहण गर्न २० वर्ष कुर्नुपर्‍यो ।

मे २३ को दिन अचानक मौसममा गडबडी आयो । चारैतिरबाट चिसो बतास चल्न थाल्यो । र एकैछिनमा भारी हिमपात भयो । त्यस्तो निराशाजनक मौसमी अवस्था मे २४ साँझसम्म यथावत् रह्यो । अगाडि नै पाँचौं शिविरमा पुगेका आरोही तथा शेर्पा तल ओर्लिन थाले । खराब मौसमका कारण धेरै शेर्पा शीतदंश (फ्रस्टबाइट)को सिकार हुन पुगे । कसैका हातका औंला नै काट्नुपर्‍यो । कसैले खुट्टाका औंला गुमाउनुपर्‍यो । २८ हजार फिट उचाइमा रहेको छैटौं शिविर पुग्न सफल आरोहण दलका एक बलिया सदस्य लरेन्स रिकार्ड वेजर पनि दर्दनाक परिस्थितिको सामना गर्दै शेर्पाहरूसहित आधारशिविरतर्फ ओर्लिए । लाक्पा नाम गरेका एक जना शेर्पाले फ्रस्टबाइटका कारण हातका दुई औंला गुमाउनुपर्‍यो । सोलुखुम्बुका पासाङ नाम गरेका अर्का शेर्पाले पनि एउटा औंला गुमाए । छैटौं शिविरमा वाकरको हातबाट हिमबन्चरो फुत्किएर तल पाखामा झर्‍यो । संयोगवश उनले त्यहाँ अर्को हिमबन्चरो फेला पारे । त्यति बेला टोली नेता रटलेजले भनेका थिए, "इट इज प्रबेबल द्याट दिस वन वाज क्यारिड बाई इरभिन ।" इरभिनको हिमबन्चरोमा तीन ओटा नट राख्ने गरी कटिङ गरिएको थियो । त्यहाँ भेटिएको हिमबन्चरो पनि ठ्याक्कै त्यस्तै भएकाले तथ्यबाट के भन्न सकिन्छ भने त्यो इरभिनकै हिमबन्चरो हुनुपर्छ, रटलेजले भनेका छन् ।

इरिक सिप्टन र स्माइथको आरोहण समूह मे ३० मा छैटौं शिविरसम्म पुगिसकेको थियो । तर अकस्मात् इरिकलाई बिसन्चो हुन थाल्यो । उनले साथी स्माइथसँग सल्लाह गरी अब माथि उक्लिन नसक्ने बताए । र तल ओर्लिन थाले । स्माइथ त्यो उचाइमा एक्लै परे । उनले पनि २८ हजार फिटसम्म उचाइमा पुगेर माथि एक्लै जाने आँट गर्न सकेनन् । र त्यहीँबाट फर्किए ।

माउन्ट एभरेस्ट कमिटीको ठूलो लगानीमा तामझामसहित गएको १६ आरोही र पचासौं शेर्पाको समूह सम्पूर्ण आरोहण कार्यक्रम परित्याग गरी दार्जीलिङ फर्किए ।

# सगरमाथामा पहिलो उडान–१९३३

सगरमाथामा यसअघिका सबै आरोहण प्रयास तथा खोजअनुसन्धानमा नेपाल सरकारले सीमाभित्र प्रवेश अनुमति नदिएकाले नेपालतर्फबाट आरोहण हुन सकेको थिएन । तिब्बततिरबाट सञ्चालित धेरै आरोहण प्रयास दुःखान्तमा टुङ्गिएका थिए ।

त्यो बेलासम्म अग्ला हिमालमाथि जहाज उड्न सक्दैनथे । त्यसैले बेलायतस्थित युद्धपोत कार्यालयअन्तर्गत भौगोलिक अनुसन्धान शाखाले विशेष पूर्वतयारीसाथ सगरमाथामाथि पहिलो पटक जहाज उडान गरेर नक्साङ्कनका लागि भर्टिकल तस्बिर लिने योजना बनायो । सँगै लुप्त भौगोलिक तथ्याङ्क खोजी गर्ने उद्देश्यसहित अभियान सुरू गर्ने निर्णय पनि गऱ्यो । बेलायती जहाज संसारकै उच्च स्थानमा पनि उडान गर्न सक्छन् भनी देखाउनु र विश्वभर ब्रिटिस एयरक्राफ्ट र इन्जिनको सर्वोच्चता स्थापित गर्नु उडान अभियानको एउटा उद्देश्य थियो ।

यसका लागि भारतस्थित इस्ट इन्डिया कम्पनी सरकारमार्फत दुई जना प्रतिनिधि पटना हुँदै मकवानपुरको भीमफेदी आइपुगे । तत्कालीन प्रधानमन्त्री श्री ३ महाराज जुद्धशमशेरका प्रतिनिधिसँग नेपालको सीमाभित्र जहाज उडाउन अनुमति मागे । सन् १९३२ अगस्टदेखि सेप्टेम्बरसम्म नेपाल सरकारले सगरमाथाको आकाशमा दुई ओटा ब्रिटिस जहाजलाई उडान अनुमति दियो पनि ।

बेलायती वायुसेनाका प्रमुख पिएफएम फेलोजको समग्र नेतृत्व र लर्ड क्लाइड्सडेलको फिल्ड नेतृत्वमा रहेको त्यो अभियानले विश्वको सबैभन्दा अग्लो शिखरमाथि उडान गर्ने महत्त्वाकाङ्क्षी प्रयासको घोषणा गऱ्यो । उक्त उडान अभियानका मुख्य पाइलट क्लाइड्सडेलले गरेका थिए । फोटोग्राफर

एसआर बेनेट सँगै ककपिटमा थिए । सगरमाथाको आकाशमा उडान गर्ने काममा लुसी ह्युस्टन नामकी एक बेलायती महिलाले आर्थिक सहायता गरेकी थिइन् । त्यसैले त्यो एक्स्पिडिसनको नाम पनि उनैका नामबाट ह्युस्टन माउन्ट एभरेस्ट एक्स्पिडिसन-१९३३ राखिएको थियो (हेर्नुहोस्, पिएफएम फेलोज आदिको *फस्ट ओभर एभरेस्ट : ह्युस्टन-माउन्ट एभरेस्ट एक्स्पिडिसन*) ।

हिमालमा धेरैजसो समय निकै चर्को हावा चलिरहन्छ । त्यसैले सगरमाथामाथि त्यति नजिकैबाट उडान गर्न पक्कै सजिलो थिएन । त्यसका लागि आरोहण दलले पहिल्यै बेलायतमा ३५ हजार फिटसम्म उचाइमा यी दुई जहाज उडाएर परीक्षण गरेको थियो । जहाजहरूमा भर्टिकल र इन्क्लाइन्ड फोटोग्राफी गर्न दुई क्यामेरा पनि जोडिएको थियो । पछि भारतको कराँचीमा अन्तिम परीक्षणका लागि ती जहाजलाई त्यही उचाइमा उडान गरियो । जहाजमा राखिएका क्यामेरालगायत सबै यन्त्र उपकरणले ठीकसँग काम गर्छन् कि गर्दैनन् भन्नेबारे पनि यकिन गरियो । जहाजमा अक्सिजन फिट गरिएको थियो । करिब समुद्री सतहबाट सोझै उच्च हिमालमाथि उडान गरिने हुँदा कथंकदाचित् अक्सिजनको कमी भए या अन्य कुनै भवितव्य आइपरे पाइलट अचेत हुन गई दुर्घटना निम्तिन सक्थ्यो । त्यसकारण पाइलट तथा जहाजमा बस्ने अवलोकनकर्ताको सुरक्षाका लागि सबै उपाय अवलम्बन गरिएको थियो ।

अप्रिल ३ को बिहान ८:२५ मा भारतको पुर्णेबाट उडान सुरू गरेको जहाज निकै कडा हावाका बाबजुद बिहान १०:०५ बजेतिर सगरमाथाको चुचुरोमाथि पुग्यो । फर्किनुअघि १५ मिनेट चुचुरोको वरिपरि घुमेर सगरमाथाको शिखरसहित त्यहाँ वरपरका भूभागका ३५ ओटा फोटा लिन उडान टोली सफल भयो । सगरमाथाको पहिलो पटक खिचिएको तस्बिर सन् १९३३ अप्रिल ३ को थियो । सगरमाथाको चुचुरोबाट सय फिट मात्र माथि उडान गरी त्यति बेला नयाँ इतिहास रचियो ।

सगरमाथाको आकाशमा जहाज उडाउन सफल भएपछि ब्रिटिसहरू थप उत्साही भए । भोलिपल्ट अप्रिल ४ का दिन कञ्चनजङ्घा हिमालको आकाशमा पनि उनीहरूले उडान गरे र सयौं तस्बिर लिए ।

# पाँचौं प्रयास-१९३५

तिब्बत सरकारबाट ढिला गरी सन् १९३५ र ३६ मा ब्रिटिस टोलीले सगरमाथा आरोहण गर्न अनुमति पायो । सन् १९३६ मा सफलतापूर्वक आरोहण गर्ने योजना बनाउन सन् १९३५ मा बेलायती पर्वतारोही इरिक सिप्टनको नेतृत्वमा टोली गठन गरियो । उनले सगरमाथाको पश्चिमी मोहडाबाट फरक मौसममा आरोहण गर्न तथा समग्र विषयमा खोजअनुसन्धान गर्न तिब्बततर्फबाट आरोहण थाले ।

सिप्टनको आरोहण टोलीमा सजिलो रूट पत्ता लगाउन, मौसमी तथ्यहरूको खोजी गर्न तथा तिब्बती हिमालयन क्षेत्रको नक्सा बनाउन सर्भेयर माइकल स्पेन्डरलाई पनि सहभागी गराइएको थियो । साथै एलभी ब्रायन्ट, इजिएच केम्पसन, एचडब्लू तिलम्यान, चार्ल्स वारेन र इएचएल विग्राम गरी सात जना थिए । टोलीमा आङथार्के शेर्पा, पासाङ भुटिया, छिरिङ थार्के शेर्पा, रिन्जिन शेर्पा, तेन्जिङ नोर्गे शेर्पासहित १५ जना शेर्पाको व्यवस्था गरिएको थियो ।

भर्खर २१ वर्षमा टेकेका युवा तेन्जिङ नोर्गेको त्यो नै पहिलो सगरमाथा यात्रा थियो । उनीलगायत अन्य शेर्पालाई इरिक सिप्टनको टोलीले भरियाका रूपमा टोलीमा छानेको थियो । तेन्जिङ त्यति बेला सर्भेयर स्पेन्डरको फोटो थियडलाइट बोकेर सगरमाथा उक्लिएका थिए । यसलाई 'एभरेस्ट १९३५ : द फर्गटन एडभेन्चर' शीर्षकको लेखमार्फत सन् १९३५ का आरोहण दलका सदस्य चार्ल्स वारेनको दैनिकीमा उल्लेख छ । विभिन्न शिविरमा रहँदा स्पेन्डरले थियडलाइटबाट सगरमाथा, मकालु तथा अन्य हिउँ टाकुराका सुन्दर दृश्य खिचेका थिए । सर्भे टोलीबाट नक्सा बनाउन महत्त्वपूर्ण भौगोलिक तथ्याङ्कसमेत सङ्कलन गरिएको थियो ।

जुलाई अन्त्यतिर आरोहण दल सात हजार मिटर उचाइमा रहेको नर्थ कोलमा शिविर राख्न सफल त भएको थियो । तर ठुल्ठूला हिमपहिरो आइरहेपछि टोलीलाई अघि बढ्न मुस्किल भयो । नर्थ कोल क्षेत्रको च्याङ्त्सेमा शिविर बनाउने अर्को प्रयास पनि गरियो, जसको पूर्वेक्षणका सिलसिलामा जुलाई ९ मा मरिस विल्सनको डायरी र लास फेला पर्‍यो । उनको डायरी अहिले पनि ब्रिटिस अल्पाइन क्लबमा सुरक्षित राखिएको छ । मरिस विल्सन सन् १९३३ र ३४ मा सगरमाथाको आरोहण एक्लै गर्न गएका ब्रिटिस हवाई सेनाका एक सिपाही थिए । भगवान्ले सबै समस्याको समाधान गर्छन् भन्नेमा विश्वास राख्ने उनी अन्यभन्दा फरक र रहस्यमयी आरोही हुन् । आफ्ना सहयोगी भरियालाई ब्रिटिस तेस्रो शिविरमा बस्नू भनी एक्लै माथि गएका र फर्किएर नआएका कारण उनी कसरी हराए वा के भयो, अझै पनि कतिपय विषय रहस्यमै छन् । पछि सन् १९३५ को त्यही आरोहण दलले उनको लास पत्ता लगाएको भनेर वारेनले *एभरेस्ट १९३५ : द फर्गटन एडभेन्चर*मा उल्लेख गरेका छन् ।

सन् १९३५ को सगरमाथा पूर्वेक्षण तथा आरोहण अभियानबाट स्पेन्डरले सगरमाथाको उत्तरी मोहडाको स्टेरियो फोटोग्रामेट्रिक सर्भे गरी नक्सा बनाउन सफल भए (हेर्नुहोस्, केनेथ म्यासनद्वारा सम्पादित *द हिमालय जर्नल : द रेकर्ड्स अफ द हिमालयन क्लब*, भोल्युम ९ मा प्रकाशित माइकल स्पेन्डरको 'सर्भे अन माउन्ट एभरेस्ट रिकनिसन्स', १९३५) ।

# छैटौं प्रयास-१९३६

ब्रिटिस औपनिवेश भारतका एक निजामती कर्मचारी तथा पर्वतारोही ह्यु रटलेजले सन् १९३३ मा पनि सगरमाथा आरोहण दलको नेतृत्व गरिसकेका थिए । सन् १९३६ मा उनकै नेतृत्वमा माउन्ट एभरेस्ट कमिटीले तिब्बततर्फबाट सगरमाथा आरोहणका लागि टोली पठाउने निर्णय गऱ्यो । यसको पूर्ण सफलताको सुनिश्चितताका लागि एक वर्षअघि सगरमाथामा टोली पठाइएको थियो । नेपालमा प्रवेश गर्न विदेशीहरूलाई पूर्ण निषेध गरिएकाले त्यति बेला तिब्बततर्फबाट सगरमाथा चढ्नुको विकल्प थिएन ।

पहिलो पटक सन् १९३६ को आरोहण अभियानमा पर्वतारोहीहरूले हिमालमा सजिलै बोक्न सकिने हलुका रेडियो सेट प्रयोग गरी सूचना आदानप्रदान गर्न थालेका हुन् । सन् १९३६ मा सगरमाथा अभियानका लागि सगरमाथा समितिले सिफारिस र स्वीकृत गरेका व्यक्ति थिए– एफएस स्माइथ, इरिक सिप्टन, पी वेन ह्यारिस, इजिएच केम्पसन, चाल्स वारेन, इएचएल विग्राम, पी ओलिभर, जेएमएल ग्याभिन, सिजे मरिस, जिएन हम्फ्रिज, डब्लुआर स्माइथ, विन्धम र ह्यु रटलेज । यीमध्ये एकदुई जना आरोहण टोलीमा समावेश हुने भए । त्यो टोलीलाई सघाउन दार्जीलिङबाटै लगभग ६० जना शेर्पाको व्यवस्था गरिएको थियो, जसमा आरोही तेन्जिङ नोर्गे शेर्पा पनि थिए । यो टोलीमा यसअघि नै सगरमाथा आरोहणमा सहभागी भई हिमालमा खाइखेलेका चर्चित शेर्पालाई समावेश गराइएको थियो । एकदुई जना आरोही चाहिँ हिमालका लागि नयाँ थिए ।

उल्लिखितमध्ये आठ जनालाई माउन्ट एभरेस्ट कमिटीले सगरमाथाको चुचुरो चुम्न सक्ने उच्च सम्भावना भएका आरोहीका रूपमा आशा गरेको थियो । टोली प्रमुख र सिप्टनहरूले करिब चार महिना लगाएर आरोहणको

बृहत्तर तयारी गरे । त्यसअघि प्रयोग गरिएका सबै प्रकारका आरोहण सामग्रीमा समेत पुनर्विचार गरियो । टेन्ट, स्लिपिङ ब्याग, बुट र लुगामा पहिलेभन्दा पनि ध्यान दिइएको थियो । सबै कुरामा पहिलेभन्दा उच्च गुणस्तरका सामग्री व्यवस्थापन गरिएको थियो ।

जोन हन्टले पनि अभियानमा सहभागी हुन चाहेका थिए । तर स्वास्थ्य परीक्षण गर्दा मुटुमा समस्या देखिएकाले उनी सहभागी हुन सकेनन् । उनी त्यो बेला ब्रिटिस सेनाका मेजर थिए । पछि ब्रिगेडियर जनरलसम्म भए । त्यो बेला आरोहण दलमा सहभागी हुनबाट फालिएका जोन हन्ट पछि सन् १९५३ मा नेपालतर्फबाट सगरमाथा आरोहण अभियानको टोली नेता थिए । उनी नेतृत्वको टोली सगरमाथा आरोहण गर्न संसारमै पहिलोपटक सफल भयो ।

ब्रिटिस गोर्खा राइफलका जमदार लक्ष्मण सिंह शाही पनि त्यो टोलीको समग्र व्यवस्थापनमा खटिएका थिए । छनोट र तयारीको काम सकिएपछि १७ मार्च १९३६ मा टोली दार्जीलिङबाट सिक्किम, गान्तोक हुँदै तिब्बततिर उकालो लाग्यो । अप्रिलको अन्त्यतिर टोली रङबुक गुम्बा हुँदै आधारशिविर पुग्यो ।

टोलीबाट सिप्टनसहित तीन जना मात्र मे ९ मा नर्थ कोल पुग्न सफल भए । उनीहरू नर्थ कोल पुगेको एकदुई दिनमै भारी हिमपात भयो । टोली तल तेस्रो शिविरमा झरेपछि खबर आदानप्रदान गर्दा उनीहरूले थाहा पाए, त्यो पटक मनसुन सोचेभन्दा निकै चाँडै आएछ । यसले हिमालमा भारी आँधीबेहरी ल्याएछ र धेरै हिमपहिरो गएछ । हिमआँधी र हिमपहिरोका कारण विशाल तयारीसाथ गएको अनुभवी टोलीसमेत पछाडि हट्न बाध्य भयो । अन्तिम प्रयासमा दुई पर्वतारोही हिमपहिरोमा परे । संयोगवश उनीहरू बाँचे ।

सन् १९३६ को आरोहण अभियानले सिकायो– समिट प्लान मनसुन सुरू हुनुअघि नै गर्नुपर्छ ।

प्रत्येक ब्रिटिस आरोहण प्रयास असफल भएपछि कतै उनीहरूको तयारीमै समस्या त थिएन भन्ने कोणबाट प्रश्न उठ्न थाल्यो ।

# सातौं प्रयास–१९३८

सगरमाथा आरोहणका लागि गरिएका ब्रिटिस अभियानमध्ये सन् १९३८ मा सञ्चालित प्रयास सातौं थियो । पहिलेका आरोहण अभियानको तुलनामा फरक खालको तयारी थियो, यति बेलाको । केही आलोचकले यति धेरै पटक प्रयास गर्दा खर्च भएको लागतलगायत आरोहीहरूको कार्यकुशलता र क्षमतामाथि नै प्रश्न उठाइरहेका थिए । यति हुँदाहुँदै पनि बेलाबेलामा आरोहण अभियान चलाइराख्नु चुनौतीपूर्ण देखिएको थियो ।

पटकपटक आरोहण स्वीकृति मागिरहने तर आरोहण गर्न नसक्ने ब्रिटिस टोलीको उद्देश्य कतै अरू नै त होइन भनेर तिब्बतीहरूले पनि शङ्का गर्न थालिसकेका थिए ।

यस पटक बिल तिलम्यान नेतृत्वमा इन्जिनियर तथा ब्रिटिस अल्पाइन क्लबका अध्यक्ष पिटर लोएड, ब्रिटिस पर्वतारोही एवम् भूगर्भविद् नोयल ओडेल, सन् १९३६ को टोलीमा पनि समावेश भइसकेका पर्वतारोही पिटर ओलिभर, सन् १९३५ को सगरमाथाको पूर्वेक्षण सर्भेको नेतृत्व गरिसकेका पर्वतारोही इरिक सिप्टन, फोटोग्राफर एवम् बोटानिस्ट फ्याङ्क स्माइथ, सन् १९३५ देखि लगातार आरोहण टोलीमा सहभागी चार्ल्स वारेन गरी सात सदस्यीय आरोहण समिति बन्यो । सातौं आरोहण प्रयासमा छानीछानी चर्चित र अनुभवी व्यक्तिको आरोहण दल बनाइएकाले यसले अवश्य आरोहण गर्नेछ भन्ने विश्वास धेरैले गरेका थिए ।

आङथार्के नामका नेपाली शेर्पा यस टोलीको सरदार नियुक्त भएका थिए । सन् १९३३ र १९३५ को ब्रिटिस आरोहण तथा पूर्वेक्षण अभियानमा शेर्पाका रूपमा सहभागी भइसकेका आङथार्के शेर्पा त्यति बेलाका चर्चित पर्वतारोही थिए । उनले नै पहिलो पटक तेन्जिङ नोर्गे शेर्पालाई सन्

१९३५ देखि शेर्पाका रूपमा आरोहण दलमा समावेश गराएका थिए । सोलुखुम्बुको खुन्दे गाँउमा सन् १९०७ मा जन्मिएका आङ्थार्के सन् १९३१ मा कञ्चनजङ्घा हिमाल आरोहण गर्ने जर्मनी टोलीसँग पहिलो पटक शेर्पाका रूपमा सहभागी थिए । उनी सन् १९५० को अन्नपूर्ण प्रथमको पहिलो पटक आरोहण गर्न सफल फ्रेन्च आरोहण अभियानमा सरदार थिए । सन् १९५२ मा चोयु हिमालको आरोहण प्रयासमा महत्त्वपूर्ण भूमिका खेल्ने उनै थिए (हेर्नुहोस्, *अल्पाइन जर्नल* १०१ मा प्रकाशित माइकल वार्डको 'द ग्रेट आङ्थार्के : अ ट्रिब्युट') ।

सन् १९३६ मा मनसुन सुरू भइसकेपछि टोली आधारशिविर पुगेकाले आरोहण असफल भएको निष्कर्ष निकालेर त्यस पटक टोली समयमै रोम्बुक भ्याली र आधारशिविर पुग्यो । तर यस पटक धेरै नै चाँडै पुगेकाले फेरि आरोहणमा समस्या देखियो ।

मे २४ मा टोली नर्थ कोल त पुग्यो । तर त्यहाँ ताजा हिउँका कारण कहाँनिर शिविर राख्ने र कताबाट बाटो बनाउने अन्योल भयो । यसले गर्दा आरोहण तयारी गर्न असहज देखियो । त्यसैले टोली आधारशिविरमा ओर्लियो । र पुनः उपयुक्त मौसम हेरेर माथि जाने योजना बनायो । हिमालमा यात्रा गर्दा ताजा हिउँ घातक मानिन्छ । ताजा हिउँमा कहाँनिर खुट्टा राख्ने, कुन ठाउँबाट बाटो बनाउने, निर्क्योल गर्न मुस्किल पर्छ ।

ताजा हिउँका कारण हिँड्ने गरेको बाटोभन्दा थोरै पश्चिमतर्फबाट माथि जान सरदार आङ्थार्केले बाटो खोलिदिए । जुन ६ मा पाँचौं शिविर स्थापना गरियो । त्यसको दुई दिनपछि अर्थात् जुन ८ मा सिप्टन र अर्को पर्वतारोहीसहित सात जना शेर्पा आठ हजार दुई सय ९० मिटर उचाइमा छैटौं शिविर स्थापना गर्न सफल भए ।

तर माथि लगातार हिउँ परिरहेको थियो । पुरानो हिउँ पग्लिसकेको थिएन । ताजा हिउँमा आरोहीहरूका खुट्टा यसरी भासिन्थे कि हिउँमा गाडिएका खुट्टा निकालेर पाइला सार्दैमा भएभरको शक्ति सकिन्थ्यो । त्यसैले सिप्टनको टोली त्यहाँभन्दा माथि जान सक्ने स्थिति बनेन । भोलिपल्ट उनीहरूले आफ्नो आरोहण यात्रा तत्काललाई त्यही बिन्दुमै स्थगन गर्ने र तल फर्किने निर्णय गरे ।

उता बिल तिलम्यान र अर्को आरोहीको समूहलाई पनि त्यही समस्या पर्‍यो । सन् १९३६ मा ढिला गरी गएकाले समस्या देखियो । यस पटक

भने समयमै आधारशिविरमा पुगे पनि अगाडि नै मनसुन सुरू भएकाले कठिन भयो ।

मनसुनका बेला उत्तरी मोहडाबाट सगरमाथा आरोहण गर्न खोज्नु त्यति सहज र व्यावहारिक नहुने त्यस पटकको अनुभवले पनि देखायो । आरोहण दलका नेता तिलम्यान र आरोही इरिक सिप्टनले निष्कर्ष निकाले– उत्तरी मोहडाबाट सगरमाथाको अन्तिम दुई हजार फिट चढ्न अनुकूल मौसमबिना निकै गाह्रो छ । सफल आरोहणका लागि सबैभन्दा महत्त्वपूर्ण कुरा मौसम हो । सफलता वा असफलता आरोहीभन्दा धेरै मौसममा भर पर्छ (हेर्नुहोस्, केनेथ म्यासनद्वारा सम्पादित द *हिमालय जर्नल : द रेकर्ड्स अफ द हिमालयन क्लब*, भोल्युम ११ मा प्रकाशित एजडब्लू तिलम्यानको 'माउन्ट एभरेस्ट १९३८') ।

यसअघिका आरोहण दलभन्दा निकै तगडा र अनुभवी आरोही समावेश गरी बनाइएको त्यो आरोहण दलले पनि सफलता पाउन नसकेपछि ब्रिटिस सगरमाथा आरोहण अभियान निराशाजनक रूपमा त्यत्तिकै स्थगन भयो ।

त्यसपछि सन् १९४१, १९४२ र १९४३ मा पनि ब्रिटिसहरूले आरोहणका लागि तिब्बत सरकारसँग अनुमति मागेका थिए । तर दोस्रो विश्वयुद्ध सुरू हुने देखिएको र आन्तरिक सुरक्षाको कारण देखाउँदै तिब्बत सरकारले सबै अनुरोधलाई बेवास्ता गरिदियो ।

यावत् असफल यात्राबाट हामी निष्कर्षसाथ भन्न सक्छौं– हिमाल चट्टान र हिउँको पहाड मात्र होइन, समस्या र चुनौतीहरूको चुचुरो पनि हो । हिमालसँग मौसम खेल्न चाहन्छ । हिमाल र मौसमको खेललाई छलेर चुलीमा पुग्नु र पुगेर फर्कनु नयाँ जीवन पाउनु बराबर हो ।

दुर्भाग्य, सातौं प्रयाससम्म पनि ब्रिटिसहरू सफल हुन सकेनन् !

# ब्रिटिस समूहमा हिलारी–१९५१

## सगरमाथा आरोहणमा स्वर्णकाल सुरू

भर्खरभर्खर दोस्रो विश्वयुद्ध सकिएको थियो । युद्धका कारण केही देशको जन्म भएको थियो । केही देश अर्को देशमा गाभिएका थिए । युद्धमा हारेका देशलाई जितेका मुलुकले अंशबन्डा गरे झैं नियन्त्रणमा लिएका थिए । जितेकाहरू पनि हाँस्न सकेका थिएनन्; हारेकाहरूसँग आँसु सकिएको थियो ।

माओ–त्से–तुङको नेतृत्वमा सञ्चालित जनक्रान्तिको सफलतापछि तिब्बतलाई सन् १९४९ मा चीनले आफ्नो नक्सामा समावेश गऱ्यो । चीनमा कम्युनिस्ट शासन सुरू भयो । त्यहाँ विदेशीहरूलाई प्रवेश निषेध गरियो । त्यस्तो परिस्थितिमा पहिले जसरी तिब्बततिरबाट सगरमाथा आरोहण गर्न विदेशीहरूलाई अनुमति पाउन सम्भव भएन ।

सन् १९५० मा राणाशासन अन्त्य भई नेपालमा प्रजातन्त्र आयो । त्यसपछि नेपालमा हिमाल आरोहणका लागि विदेशीहरूलाई गरिएको निषेध खुकुलो बनाइयो । त्यही अवसरको सदुपयोग गर्दै सन् १९२१ देखि अधुरै रहेको सगरमाथा आरोहण गर्ने बेलायती धोको पूरा गर्ने हेतुले रोयल जियोग्राफिक सोसाइटी, लन्डन र ब्रिटिस अल्पाइन क्लबले नेपालतर्फबाट सगरमाथा आरोहण गर्न नेपाल सरकारसँग प्रवेशाज्ञाको निवेदन दिए । नेपाल सरकारले अनुमति दियो । नेपालमा सहज प्रवेश पाइने भएपछि संसारका अन्य देशका हिमाल आरोहीलाई पनि सगरमाथा आरोहणका लागि ढोका खुल्यो ।

पहिलो र दोस्रो विश्वयुद्धको बीचमा ब्रिटिसहरूले सञ्चालन गरेका सात प्रयास सफल हुन सकेका थिएनन् । त्यसै क्रममा सन् १९५१ मा हिमालयन कमिटीलाई ब्रिटिस युवा आरोही मेडिकल डा. माइकल वार्डले एउटा पत्र लेख्दै शरद् ऋतुमा सगरमाथा आरोहण गर्न सकिनेबारे बताएका थिए । यसअघि लिइएका विभिन्न हवाई तस्बिरको अध्ययन विश्लेषण गर्दा सगरमाथाको दक्षिण-पश्चिमतर्फबाट आरोहण अभियान थाल्न सुझावपत्र दिइएको थियो । उक्त पत्र उपयुक्त लागेर यसअघि सन् १९३३, १९३५, १९३६ र १९३८ को सगरमाथा आरोहण अभियानमा सहभागी आरोही इरिक सिप्टनलाई टोली नेता बनाउने निर्णयसमेत हिमालयन कमिटीले गऱ्यो (हेर्नुहोस्, इरिक सिप्टनको *मेन अगेन्स्ट एभरेस्ट*) ।

सन् १९५१ मेतिरको कुरा हो । एडमन्ड हिलारीसहित न्युजिल्यान्डका चार आरोही भारतको उत्तराखण्डतिरका मुकुट पर्वतलगायत केही हिमाल आरोहण गरी बद्रीनाथमा आराम गरिरहेका थिए । त्यही बेला उनीहरूलाई कसैले लन्डनबाट प्रकाशित एक समाचारपत्रको कटिङ देखाइदियो । त्यसमा आरोही इरिक सिप्टनको नेतृत्वमा दक्षिणी मोहडा अर्थात् नेपालतर्फबाट सगरमाथा आरोहण गर्ने कार्यक्रम बनेको र स्वीकृति प्राप्त भइसकेको विषय उल्लेख थियो । यस्तो समाचार पढेपछि हिलारीलाई पनि उनीहरूको समूहमा सहभागी भएर सगरमाथा आरोहण गर्न मन लाग्यो । उनले इरिक सिप्टनलाई एक पत्र लेखे । त्यसमा भनेका थिए, "हामी न्युजिल्यान्डका चार आरोहीले धेरै हिमाल चढिसकेका छौं । निकै राम्रोसँग वातानुकूलित पनि भएका छौं । तसर्थ तपाईंको टोलीमा हामीलाई पनि समावेश गराए हामी पनि हिमाल आरोहणमा केही योगदान गर्न सक्छौं ।"

चिठीले मात्र नपुग्ला भनेर हिलारीले न्युजिल्यान्डको अल्पाइन क्लबसँग ब्रिटिस अभियानमा आफूहरूको पनि सहभागिताका लागि अनुरोध गरिदिन आग्रह गरे । सोहीअनुसार न्युजिल्यान्डको अल्पाइन क्लबका अध्यक्षले सिप्टनलाई टेलिग्राम गरी आफ्ना देशका आरोहीलाई समावेश गरिदिन अनुरोध गरे । ब्रिटिस टोली प्रमुखलाई त्यो अनुरोध ठीकै लाग्यो । र उनले हिलारीलाई तिमीहरूमध्ये कुनै दुई जना हाम्रो टोलीमा समावेश हुन सक्छौ भनेर जवाफ लेखे । त्यसपछि उनीहरूमध्ये दुई जना आरोही एडमन्ड हिलारी र अर्ली रिडिफर्ड ब्रिटिस अभियानमा सहभागी भए ।

उक्त टोली सन् १९५१ अगस्ट २७ का दिन रेलबाट पूर्वी नेपालको विराटनगरसँगै रहेको जोगबनी नाका आइपुग्यो । सुरूमा सबै योजना सगरमाथा आरोहण नै गर्ने लक्ष्यका साथ टोलीको गठन गरिएको थियो । आरोहण असम्भव देखिएपछि गएर यसलाई पूर्वेक्षण टोली भनियो ।

अगस्ट २७ मा विराटनगरबाट हिँडेको टोली तराईको समथर फाँट पार गर्दै भित्री मधेस छिऱ्यो । धरान, धनकुटा हुँदै सेप्टेम्बर ८ मा भोजपुरको दिङ्ला पुग्यो । त्यहाँ ब्रिटिस टोलीसँग एडमन्ड हिलारी र अर्ली रिडिफर्डको भेट भयो । त्यहाँबाट उनीहरू खोलानाला, भन्ज्याङ, चौतारी हुँदै सेप्टेम्बर २२ का दिन सोलुखुम्बुको नाम्चेबजार पुगे । सकिन लागेको मनसुनले उनीहरूलाई निकै अवरोध गऱ्यो । तर पनि २५ दिनमा उनीहरू नाम्चेबजार पुग्न सफल भए ।

वातानुकूलित हुन उनीहरूले त्यहाँ तीन दिन विश्राम गरे । त्यसपछि तेङ्वोचे, पाङ्वोचे र दिङ्बोचे हुँदै लोबुचे बेंसीमा गई उनीहरूले त्यहाँका चौंरी र याक गोठसँगै शिविर बनाएर बसे । सन् १९५१ अक्टोबर १ मा पुमरी हिमालको तल खुम्बु ग्ल्यासियरको फेदीमा गई उनीहरूले शिविर खडा गरे । विशेषगरी कसरी कुन बाटो भएर चुचुरो चुम्न सकिन्छ भन्नेबारे पूर्वेक्षण गर्ने मुख्य व्यक्तिमा टोली नेता सिप्टन, आरोही हिलारी र सरदार आङथार्के शेर्पा थिए ।

पुमरी हिमालको आधारशिविर र लिङट्रिङ हिमालको चुचुरो नजिकै पुगेर सगरमाथातर्फ हेर्दा उनीहरूले तीनतिरबाट हिमालले घेरिई पूर्वपश्चिम फैलिएर लुकी बसे जस्तो हिउँको उपत्यका देखे । त्यो उपत्यकालाई सन् १९२१ मा चर्चित आरोही मेलोरीले तिब्बततिरबाट आरोहण गर्न जाँदा रेकी गर्ने क्रममा वेस्ट कुम भनी नामकरण गरेका थिए । त्यसको केही भाग उनले पहिला आरोहण प्रयास गर्दा नर्थ कोल र च्याँङ्त्से हिमालबाट पनि देखेका थिए ।

त्यसपछि सिप्टन र हिलारीले खुम्बु आइसफल चढ्ने प्रयास गरे । विस्तृत अध्ययन गर्ने क्रममा धेरै पटक अलि माथिसम्म जाने अनि शिविरमा फर्किने गर्दा २३ अक्टोबर १९५१ मा खुम्बु आइसफलमा न्युजिल्यान्डका अर्का आरोही अर्ली रिडिफर्ड हिमदरार (खर्पस)मा परी मृत्युको मुखमै पुगेर फर्किएका थिए । निकै मिहिनेतसाथ हिलारी र सिप्टनले उनको उद्धार गर्न सफल भएका थिए । केही दिनको मिहिनेतपछि हिलारी र सिप्टन खुम्बु

आइसफलको माथि (अहिलेको पहिलो शिविर)सम्म चढ्न सफल भए । त्यहाँबाट वेस्ट कुमको टाढासम्म अवलोकन गर्दै ल्होत्से फेसतिर पनि नजर डुलाएर उनीहरू आधारशिविर फर्किए ।

आरोहीका आँखाबाट हेर्दा उनीहरूले लोला पासबाट खुम्बु आइसफलमा आइरहने हिमपहिरो छल्न सके वेस्ट कुमको बाटो हुँदै ल्होत्से हिमालमुनिको नीलो हिउँको पाखा चढेपछि साउथ कोल पुग्न सकिन्छ । र साउथ कोलमाथि अन्तिमको एक हजार मिटर चढ्न त्यति गाह्रो नहोला भन्ने अनुमान गरे । जेजसो भए पनि त्यो आरोहण दलले पहिलो पटक नेपालतिरबाट सगरमाथाको विस्तृत अवलोकन गरी खुम्बु आइसफल र ल्होत्से फेसबाट उक्लिएर साउथ कोलको बाटोबाट सगरमाथा चढ्न सकिन्छ भन्ने तथ्य बाहिर ल्यायो । यसरी पहिलो पटक नेपालतर्फबाट आरोहण गर्न सकिने प्राविधिक पूर्वेक्षण सम्पन्न गर्दै टोली काठमाडौं फर्कियो । इतिहास अध्ययन गर्दा सबैभन्दा धेरै आरोहीले यही बाटो भएर आरोहण गर्दा सफलता पाएका छन् ।

सन् १९५२ मा हिमालयन कमिटीले तत्काल सगरमाथा आरोहण कार्यक्रम नराखी त्यो वर्ष पूरा तयारी गर्न र आरोहीहरूलाई अझै वातानुकूलित बनाउन चोयु हिमाल आरोहणको कार्यक्रम सार्वजनिक गऱ्यो । छ हजार पाँच सय मिटर नजिकै निकै ठूलो हिमपहिरो लगातार आइरहेको र केही प्राविधिक समस्याले गर्दा आरोहण परित्याग गरी टोली फर्कियो (हेर्नुहोस्, एडमन्ड हिलारीको *भ्यू फ्रम द समिट*) ।

उल्लिखित पुस्तकमा सन् १९५१ सेप्टेम्बर २१ मा हिलारीले पहिलो पटक सगरमाथाको टुप्पो देखेको वर्णन छ ।

# रसियनहरूको भूमिगत प्रयास-१९५२

समाचारमा त्यति नआए पनि सन् १९५२ मा रसियाले पनि सगरमाथा आरोहण गर्न उत्तरी मोहडाबाट प्रयास गरेको थियो । पावेल डाट्चिनोलियन नामक रसियन आरोहीको नेतृत्वमा ३५ सदस्यीय आरोही रहेको ठूलो समूहले आठ हजार दुई सय मिटरसम्म पुगी उच्च शिविर स्थापना गरेको थियो । उक्त आरोही दलमा जोसेफ डेङ्मारभ नामक फिजिसियन एवम् हाई अल्टिच्युट विषेशज्ञ डाक्टरसहित अन्य तीन जना मेडिकल डाक्टर र अनाटोली जिन्डोम्नोभ नामक भूवैज्ञानिक विशेष रूपमा खटिएका थिए (हेर्नुहोस्, *अल्पाइन जर्नल*, भोल्युम ९९ मा प्रकाशित वाई गिपेनरेइटरको 'माउन्ट एभरेस्ट एन्ड द रसियन १९५२ एन्ड १९५८') ।

आरोहणका क्रममा ठूलो हिमपहिरोले ती सबैलाई बढारिदियो या के अरू नै विपत्ति के आइलाग्यो, उनीहरू तल आधारशिविर आएनन् । तत्कालीन अवस्थामा रसियामा स्टालिनको शासन भएकाले मिसन असफल भए पनि सबै घटना बाहिर नल्याई गुपचुप पारिएको भनेर पनि कतैकतै उल्लेख भएको पाइन्छ ।

# यात्रा ८६०० मिटरसम्म

पहिलो पटक सन् १८५० को दशकमा सबैभन्दा अग्लो हिमाल सगरमाथा हो भन्ने तथ्य ब्रिटिसहरूले पत्ता लगाए । त्यसैले उनीहरू सबै हिमालय, त्यसमा पनि "माउन्ट एभरेस्ट त आफ्नो निजी हिमाल हो, यसमाथि हाम्रो विशिष्ट अधिकार छ" भन्ठान्थे ।

पटकपटकका ब्रिटिस प्रयास असफल भएपछि सन् १९५२ मा स्विसहरूले यसको आरोहणका लागि नेपाल सरकारसँग अनुमति मागे । नेपाल सरकारले अनुमति पनि दियो । उनीहरूले नेपाली पर्वतारोही तेन्जिङ नोर्गे शेर्पालाई आफ्नो टोलीमा राखी भव्य तयारीसाथ सगरमाथा आरोहण अभियान थाले । स्विस आरोहण दल एडवा विस-डुनको नेतृत्वमा रेमन्ड ल्याम्बर्ट, रेने अबर्ट, लियोन फ्लोरी र आन्द्रे रच गरी पाँच आरोही थिए । यसमा मुख्य शेर्पा गाइडको भूमिकामा तेन्जिङ नोर्गे शेर्पा छानिएका थिए ।

ब्रिटिसहरूले भने उक्त आरोहण अभियान असफल भइदियोस् भनेर कामना गरेका थिए । उनीहरू सगरमाथा त ब्रिटिस हिमाल हो, त्यसमाथि ब्रिटिस टोलीको नै पहिलोपटक आरोहण गर्ने अधिकार रहन्छ भन्ठान्थे ।

स्विस टोलीले अप्रिल २५ मा खुम्बु ग्ल्यासियरमा पुगी मुख्य आधारशिविर स्थापना गर्‍यो । टोलीले आइसफलको फेद नजिकै हालको क्र्याम्पन पोइन्टमा पहिलो शिविर खडा गर्‍यो । क्र्याम्पन पोइन्ट सगरमाथा आधारशिविरसँगैको स्थान हो, जहाँबाट आरोहीहरू आफ्नो जुत्तामा अनिवार्य क्र्याम्पन लगाएर मात्र सुरक्षित चढ्न सक्छन् ।

आधारशिविरबाट पहिलो शिविरमा सबै सामग्री ओसार्नेलगायत अन्य तयारी र व्यवस्थापनका काम गरियो । त्यसपछि खुम्बु आइसफल पार गरी वेस्ट कुममा पुग्न आइसफलमा बाटो पत्ता लगाउने हेतुले बलिया

शेर्पा र आरोहीको एउटा टोली बनाइयो । उक्त टोलीले अप्रिल २६ बाट आइसफलमा बाटो खोज्ने अभियान सुरू गऱ्यो ।

लगातार ठुल्ठूला हिउँपहिरो गइरहेको र हिउँका विशाल ढिक्का फुटी त्यसबाट निस्किएको पाउडर जस्तो हिउँको सेतो धूलोले आधारशिविर पूरै ढाकेको थियो । तेन्जिङ नोर्गे शेर्पा र ल्याम्बर्टको टोलीले विभिन्न बाधाअड्चनसँग जुध्दै हालको दम भनिने ठाउँको अलि माथि दोस्रो शिविर र हालको पहिलो शिविर राख्ने नुप्चेको चुचुरोको ठीक मुनि वेस्ट कुमको मुखमा तेस्रो शिविर खडा गऱ्यो । यसरी राम्रोसँग बाटो खोलिएपछि सबै आरोहीलाई माथि बोलाइयो । र आवश्यक बन्दोबस्तीका सामग्री पनि सजिलै माथि पुऱ्याइयो ।

त्यति बेला प्रकाशित *हिमालयन जर्नल* र सम्बन्धित लेखरचनामा स्विस टोलीले चौथो क्याम्प कुन बिन्दुमा खडा गरेको थियो भन्ने यकिन भने हुँदैन । पहिलो आरोहण प्रयास गर्न ल्याम्बर्ट, फ्लोरी र अबर्टहरू तगडा नै देखिएका थिए । उनीहरू र तेन्जिङ नोर्गे शेर्पासहित अन्य छ जना शेर्पाको टोलीले साउथ कोलमा छैटौं शिविर खडा गर्ने र तीन जना शेर्पालाई तल ल्होत्से पाखाको फेदमा रहेको पाँचौं शिविरमा पठाउने, त्यसपछि भोलिपल्ट माथि साउथ कोलमा रहेको टोलीले सगरमाथाको दक्षिणपूर्वी धारमा सातौं शिविर खडा गर्ने र त्यहाँबाट चुचुरोमा जान प्रयास गर्ने योजना बनाइएको थियो । पछि यो योजना त्यति व्यावहारिक नदेखिएको भन्ने टिप्पणी भए ।

वेस्ट कुमको माथि ल्होत्सेको फेदमा पाँचौं शिविर खडा गरेको टोलीले केही दिन लगाएर इतिहासमै पहिलो पटक ल्होत्सेको पाखामा डोरी टाँग्न सफल भयो । र एकै दिनमा ल्होत्से फेस चढी साउथ कोलमा १९५२ मे २६ का दिन छैटौं आधारशिविर खडा गऱ्यो । ल्होत्से फेसमा डोरी टाँग्ने समयमै माथिबाट आएको हिउँको ढिक्काले लागेर एक जना शेर्पाको निधन भयो । त्यसैले समिट प्लान केही समय ढिला हुन गयो ।

मे २७ का दिन ल्याम्बर्ट, फ्लोरी र अबर्टसहित तेन्जिङ नोर्गे शेर्पाको टोलीले लगभग २७ हजार पाँच सय फिट उचाइमा रहेको सगरमाथाको दक्षिणपूर्वी धार (हालको बाल्कोनी)मा शिविर खडा गऱ्यो । तर अनेक प्रतिकूलताका कारण ल्याम्बर्ट र तेन्जिङबाहेक सबै आरोही भने सोही दिन तल साउथ कोलमा फर्किए । तेन्जिङ र ल्याम्बर्टसँग टेन्ट र स्लिपिङ ब्याग

त थियो, पानी तताउने भाँडो भने थिएन । न्यानोका लागि एकअर्काको हात रगड्दै उनीहरूले कठिन रात गुजारे (हेर्नुहोस्, इरिक सिप्टनको *मेन अगेन्स्ट एभरेस्ट*) ।

पानी र खानाबिना एउटा सानो टेन्टभित्र लगभग माइनस ३५ डिग्री सेल्सियस चिसो हावामा उनीहरूले कसरी रात बिताए होलान् ? जब कि अझ माथिल्लो उचाइमा सुक्खा हावाका झोकाले शरीरमा निरन्तर हानिरहने हुँदा खपिनसक्नु तिर्खा लाग्छ ।

भोलिपल्ट मे २८ का दिन भोको पेट, तिर्खाएको ज्यान र थकित शरीर घिसार्दै रेमन्ड ल्याम्बर्ट र तेन्जिङ नोर्गे शेर्पा हालको बाल्कोनी र साउथ समिटको बीच भाग (८६०० मिटर)सम्म पुग्न सफल भए । खाना र पानी त थिएन नै, एक्कासि अक्सिजन बोतल र पाइपमा समस्या देखिएपछि उनीहरू त्यहीँबाट तल ओर्लिए । त्यसअघिका आरोहण दलले चढेभन्दा बढी उचाइमा पुगेको टोली त्यही नै थियो । मौसमलगायत अन्य विविध कारणबाट यो अभियानको पनि त्यत्तिमै इतिश्री भयो । लगभग चुचुराको सन्निकट पुगेर दुःखदपूर्ण अवस्थामा आरोहण परित्याग गरे पनि त्यो टोलीले एउटा इतिहास कायम गर्‍यो ।

ल्याम्बर्टका हातका औंला स्विट्जरल्यान्डका हिमाल चढ्ने अभियानकै बेला हिउँले खाइदिएको थियो । तैपनि उनले देखाएको साहस र त्यो निकट सफलतालाई संसारले प्रशंसा गर्‍यो । स्विसहरूले पुनः त्यही वर्षको सेप्टेम्बर-अक्टोबरको शरद् ऋतुमा पनि आरोहण प्रयास गरे । सन् १९५२ अक्टोबर ३१ मा ल्होत्से फेसबाट खसेको ठूलो हिउँढिक्काले चोट लागेर तीन जना शेर्पा सख्त घाइते भए । तीमध्ये मिङ्मा दोर्जी शेर्पाको त्यहीँ मृत्यु भयो । यही घटनाका कारण आरोहण टोली छुट्याइएको समय तालिकाअनुसार माथि जान सकेन । विविध प्रतिकूल परिस्थितिका बाबजुत ढिला गरी नोभेम्बर १९ मा तेन्जिङ नोर्गे शेर्पासहित सात जना शेर्पाको समूह, रेमन्ड ल्याम्बर्ट र उनका अरू दुई जना साथी लगभग आठ हजार एक सय मिटर उचाइसम्म पुगे । तर परिस्थिति निकै चुनौतीपूर्ण देखिँदै आयो । जाडोको मौसम सुरू भइसकेकाले पनि चिसो बढ्न थालेको थियो । अत्यधिक चिसोका कारण बोकेर लगेको खाना पनि जमेको थियो । अवस्था प्रतिकूल देखिएपछि आरोहण परित्याग गरी उनीहरू फर्किए (हेर्नुहोस्, मिक कोनफ्रेको *एभरेस्ट १९५३ : द एपिक स्टोरी अफ द फस्र्ट एसेन्ट*) ।

# पहिलो पाइला-१९५३

सन् १९५३ मा पनि बेलायतले अभियानको तयारी त्यति राम्रोसँग गर्ने सुरसार नदेखिएपछि हिमालयन कमिटीप्रति आरोही अलि खिन्न देखिन्थे । जब स्विसहरूको शरद् ऋतुको आरोहण अभियान पनि असफलतामा टुङ्गियो, खबर लन्डनमा पुगिहाल्यो । यही बेला ब्रिटिसहरूले निकै तीव्रतासाथ तयारी गर्न थाले ।

निकै छलफलपछि हिमालयन कमिटीले कम्तीमा १० जनाको टोली बनाउने र आरोहणका लागि हालसम्म प्रयोग भएकाभन्दा गुणस्तरीय सामग्रीको प्रयोग गर्ने निर्णय गऱ्यो । त्यसका लागि लन्डनमा हिमालयन एक्स्पिडिसनका लागि सामान बनाउने विभिन्न कम्पनीलाई बढीभन्दा बढी गुणस्तरीय सामग्री र क्लाइम्बिङ गियर बनाउन लगाइयो । आरोहणका क्रममा लगाउने जुत्ता पनि दुई प्रकारका बनाइयो । एउटा, २३ हजार फिटसम्म उचाइमा लगाउन मिल्ने दुई ओटा तलेत्रा भएको साधारण खालको बुट । अर्को, त्योभन्दा उचाइमा लगाउन दुई लेयर र त्यसका बीचमा कपासको अर्को लेयर भएको विशेष प्रकारको बुट ।

पहिला त हिमालयन कमिटीले आरोहण अभियानमा ब्रिटिस सिभिलियन हिमाल आरोहीहरूको टोली पठाउने कुरा गरेको थियो । पहिले नै तीन पटक तिब्बततर्फबाट र एक पटक नेपालतर्फबाट आरोहण अनुभव प्राप्त गरिसकेका आरोही इरिक सिप्टनको नेतृत्वमा पठाउने भनिएको थियो । पछि भने त्यो टोलीलाई आर्मीको नेतृत्वमा पठाउने कुरा भयो । टोलीको नेतृत्व ब्रिटिस सेनाका कर्णेल जोन हन्टलाई दिइयो । हन्ट तिनै व्यक्ति हुन्, जो सन् १९३६ को ब्रिटिस आरोहण अभियानमा छनोटमा पनि परेका थिएनन् ।

जोन हन्टलाई रोयल जियोग्राफिक सोसाइटीको कार्यालयमा बोलाइयो। आफूले जिम्मेवारी पाएपछि हन्टले सर्वप्रथम हिमालयन कमिटी र ब्रिटिस सेनाले गरेका सबै अभियानको अध्ययन गरे। र यसअघि आरोहण सफल नहुनाका प्रमुख कारणको समीक्षा पनि गरे। त्यसपछि उनले समग्र अभियानलाई तीन चरणमा छुट्याए– पहिलो चरणमा, ठूलो मात्रामा खाना र बन्दोबस्तीका सामग्री आधारशिविर पुऱ्याउने अनि आइसफल हुँदै एडभान्स बेसक्याम्प (हालको दोस्रो शिविर)मा पुऱ्याउने। दोस्रो चरणमा, साउथ कोलसम्म बाटो बनाई माथि शिविर खडा गर्ने र तेस्रो चरणमा, आरोहीहरूका कम्तीमा दुई ओटा समूह बनाएर चुचुरोमा पुग्ने।

हिमालयन कमिटीले गरेको निर्णयानुसार त्यो टोलीमा फिजियोलोजिस्ट, विभिन्न विषयका विज्ञसहित आरोही सहभागी थिए (हेर्नुहोस्, जोन हन्टको *द एसेन्ट अफ एभरेस्ट*)।

| नाम | भूमिका | उमेर | देश |
|---|---|---|---|
| जोन हन्ट | टोली प्रमुख | ४२ | बेलायत |
| चार्ल्स इभान्स | सहायक टोली प्रमुख | ३३ | बेलायत |
| जर्ज बान्ड | भूगर्भविद् एवम् आरोही | २३ | बेलायत |
| अल्फ्रेड ग्रेगरी | आरोही | ३९ | बेलायत |
| विलफ्रिड नोयस | आरोही | ३४ | बेलायत |
| माइकल वेस्टमाकोट | तथ्याङ्कशास्त्री एवम् आरोही | २७ | बेलायत |
| टम बर्डिलोन | भौतिकशास्त्री एवम् आरोही | २७ | बेलायत |
| चार्ल्स वाइली | ब्रिटिस सैनिक एवम् आरोही | ३२ | बेलायत |
| एडमन्ड हिलारी | आरोही | ३३ | न्युजिल्यान्ड |
| जर्ज लो | आरोही | २८ | न्युजिल्यान्ड |
| टम स्टोबार्ट | क्यामेरामेन | ३८ | बेलायत |
| माइकल वार्ड | डाक्टर एवम् आरोही | २७ | बेलायत |
| ग्रिफिथ प्यू | डाक्टर एवम् आरोही | ४३ | बेलायत |
| तेन्जिङ नोर्गे शेर्पा | सरदार (शेर्पा) | ३८ | नेपाल |

तेन्जिङ नोर्गे शेर्पाले ठूलो संयोग र मौकाले त्यस टोलीमा काम गर्न पाएका थिए। उनी इरिक सिप्टन नेतृत्वको टोलीमा सन् १९३५ मा तिब्बततर्फबाट

भएको आरोहण कार्यक्रममा पहिलो पटक सहभागी भएका थिए । विख्यात स्विस आरोही ल्याम्बर्टसँग उनी अघिल्लो वर्ष बाल्कोनीसम्म पुग्न सफल भएका थिए । त्यसैले उनको त्यो अनुभव राम्रैगरी प्रयोग गर्न पाइने भएकाले ब्रिटिसहरूले आफ्नो ऐतिहासिक टोलीमा उनलाई छानेका थिए । त्यही अनुभवले होला, जोन हन्ट र एडमन्ड हिलारीको यो टोलीलाई अघिल्लो वर्ष स्विसहरूलाई जस्तो आइसफलमा बाटो खोज्न गाह्रो भएन ।

त्यो टोलीको खाद्यान्न, टेन्ट तथा अन्य सम्पूर्ण सामग्री सगरमाथा आधार शिविरसम्म लैजान भक्तपुरको भादगाउँबाट तीन सय ५० भन्दा बढी भरियाको व्यवस्था गरिएको थियो । आरोहीहरूका सामान शिविरहरूसम्म ओसार्न तथा आरोहीहरूलाई आरोहणमा सघाउन २० जना शेर्पाहरूको व्यवस्था गरिएको थियो ।

सन् १९५३ मार्च ४ मा तेन्जिङ नोर्गेसहित २० जना शेर्पाको समूह काठमाडौं आइपुग्यो । टोलीको प्रमुख इरिक सिप्टन भएका भए उनले राम्रोसँग बेहोरेका अत्यन्त साहसी र प्राविधिक हिसाबले पनि पोख्त शेर्पा आङ थार्केलाई सरदारका रूपमा लिने थिए ।

सन् १९५० मा फ्रेन्च आरोहीहरूको टोलीले पहिलो पटक अन्नपूर्ण प्रथम आरोहण गर्दा उनले त्यो टोलीको सरदार भएर काम गरेका थिए । आरोहण सफल बनाउन उनको ठूलो योगदान थियो । तर त्यति बेला बेलायत र भारतका कुनै पनि सञ्चारमाध्यमले उनको नाम लिएनन् । तिनै सञ्चारमाध्यमले तेन्जिङको भने उत्पात बयान गरेका थिए । त्यसकारण पनि तेन्जिङसँग पक्कै विशिष्ट क्षमता छ भन्नेमा धेरै विदेशी आरोही विश्वस्त थिए ।

त्यसअघि स्विसहरूसँग सगरमाथा जाँदा भने तेन्जिङलाई आरोहण दलका सदस्य र सरदार दुवैको भूमिकामा अनुबन्धन गरिएको थियो । उनलाई स्विस अल्पाइन क्लबमा समेत मानार्थ सदस्यका रूपमा सदस्यता दिइएको थियो । तर सन् १९५३ को जोन हन्ट नेतृत्वको ब्रिटिस आरोहण टोलीले पहिला उनलाई आरोहण दलको सदस्यका रूपमा स्विकारेको थिएन । मिक कोनफ्रेको *एभरेस्ट १९५३ : द एपिक स्टोरी अफ द फस्ट एसेन्ट*मा समावेश सन् १९५३ जनवरी २० मा हन्टले तेन्जिङलाई लेखेको चिठीको यो व्यहोराबाट पनि यो कुराको पुष्टि हुन्छ–

*आई एम राइटिङ टू टेल यू हाउ डिलाइटेड आई एम द्याट, डिस्पाइट योर ग्रेट इफोर्ट्स लास्ट इयर विथ द स्विस । यू ह्याभ*

*डिसाइडेड टू गो विथ अस टू एभरेस्ट दिस इयर एज द हेड पोर्टर । विथ यू एज द हेड अफ आवर पोर्टर टिम, आई एम मोस्ट कन्फिडेन्ट अफ सक्सेस दिस टाइम ।*

पछि सफलतापूर्वक आरोहण गरेपछि भने उनलाई आरोहण दलको सदस्यका रूपमा लिइएको थियो । ब्रिटिस आरोहण अभियानका बेलायती आरोही र न्युजिल्यान्डका हिलारीसहितका दुई आरोहीलाई भने हिमालयन कमिटीले जोन हन्टमार्फत मिडियामा अन्तर्वार्तालगायत आरोहण अभियानका सन्दर्भमा कुनै पनि कुरा पत्रकार या अन्य कोहीकसैसँग बोल्न नपाउने गरी कागज गराएर राखेका थिए । तर तेन्जिङलाई यो नियम लागू नभएकाले उनले काठमाडौंबाट आरोहणतर्फ जानुअघि उनले धेरै भारतीय मिडियामा अन्तर्वार्ता दिएका थिए ।

यस विषयमा जोन हन्टले सन् १९५३ को अगस्टमा प्रकाशन गरेको *द एसेन्ट अफ एभरेस्ट*मा "डाक्टरहरूसहित गन्दा १३ जनाको टोली भएको र १३ लाई बेलायतमा अशुभ अङ्क मानिने भएकाले केही महिनापछि मैले तेन्जिङलाई आरोही सदस्यका रूपमा राख्न सफल भएँ" भनी उल्लेख गरेका छन् । तर उनले भनेको कुरा उल्लिखित चिठीबाट पुष्टि हुन सक्दैन ।

जोन हन्टले टोलीलाई वातानुकूलित बनाउन टोलीलाई तीन ओटा उपसमूहमा विभाजन गरे । प्रत्येक समूहमा कम्तीमा दुई जना आरोही र दुई जना शेर्पा रहने भए । त्यसमा एउटा टोली हिलारी नेतृत्वमा, अर्को इभान्स र तेस्रो टोलीको नेतृत्व हन्ट स्वयम्ले गर्ने भए ।

त्यति बेला जरूरी समाचार आदानप्रदान गर्न नाम्चे बजारमा भारतीय सेनाको चेकपोस्टको ताररहित टेलिग्राम प्रयोग गरिएको थियो । शेर्पाहरूमा तेन्जिङ नेतृत्वमा टाँसी फुटार, आङ नाम्ग्याल, पेम्बा नोर्बु, फु दोर्जी, आङ दाबा, दाबा ठोन्डुप, आङ तेम्बा, निमा, कान्छा शेर्पालगायत थिए ।

चार्ल्स इभान्सको आरोही समूह १९५३ मे ४ का दिन ल्होत्से फेसतिर वातानुकूलित हुन र शिविर निर्माण गर्न गयो । निकै समय लगाएर आरोही तथा शेर्पाहरूको समूहले ल्होत्से फेसमा छैटौं र सातौं शिविर स्थापना गऱ्यो । छैटौं चाहिँ अस्थायी शिविरका रूपमा बनाइएको थियो । शेर्पाहरूलाई साउथ कोलसम्म भारी ओसार्ने क्रममा गाह्रो भए त्यहाँ राख्न सकिन्छ भनेर छैटौं शिविर बनाइएको थियो । मे २४ मा मात्र पूर्ण रूपमा साउथ कोलमा आठौं शिविर स्थापना गरिसकिएको थियो ।

मे २६ का दिन बिहान साढे सात बजे उनीहरू साउथ कोलबाट सीधै चुचुरो आरोहण गर्ने उद्देश्यसहित अघि बढे । सोही दिन उनीहरू दिउँसो एक बजेतिर साउथ समिट (२८७०० फिट)सम्म पुगेका थिए । त्यसभन्दा अघि त्यो उचाइसम्म कोही पनि आरोही पुग्न सकेका थिएनन् । तर त्यहाँबाट अघि बढ्न उनीहरूलाई निकै कठिन भयो । देब्रेतिर हेर्दा चट्टानको ठाडो भीर, जहाँ केही भइहाले चौथो शिविर (आजकालको दोस्रो शिविर) पुगिन्थ्यो । अगाडि एकदमै ठाडो र साँघुरो धार साउथ समिटलाई चारैतर्फबाट बादलले घेरिसकेको थियो । यहाँबाट माथि उक्लिन सकिन्छ कि सकिँदैन भनेर उनीहरूले विचार गर्न थाले । त्यति बेलासम्म टम बर्डिलोनलाई केही असहज महसुस भइरहेको थियो । परिस्थितिले पनि धोका दिइसकेको थियो । बिग्रँदो मौसम, थकित शरीर, सकिन लागेको अक्सिजन, अप्ठ्यारो बाटो र ढल्किरहेको दिन आदि सबै विचार गर्दा उनीहरूले सोचे– यहाँ धेरै बेर बस्नु उचित छैन । माथि पनि जानुहुँदैन । माथि जान खोज्नु भनेको सधैंका लागि 'माथि' जानु हो । त्यसकारण तल ओर्लिनु बुद्धिमत्तापूर्ण हुन्छ । उनीहरू साउथ कोलतिर ओर्लिए । बेलुकाको करिब पाँच बजेतिर उनीहरू तल साउथ कोल आए ।

आरोही चार्ल्स इभान्स र टम बर्डिलोनले झन्डैझन्डै इतिहास कायम गरिसकेका थिए । परिस्थितिले साथ नदिँदा त्यसबाट उनीहरू वञ्चित हुनुपर्‍यो । सबै परिस्थितिले साथ दिएको भए सबैभन्दा पहिला चार्ल्स इभान्स र टम बर्डिलोनले चुचुरो चुम्ने थिए । हिलारी र तेन्जिङको ठाउँमा उनीहरू हुने थिए ।

त्यति बेला टोली प्रमुख जोन हन्ट साउथ कोलमा आराम गरेर बसिरहेका थिए । सोही समयमा शेर्पा आङ निमाले साउथ कोलबाट साउथ समिटको पाखामुनि दुई जना व्यक्ति हिँडिरहे जस्तो देखे । पक्कै पनि ती दुई चार्ल्स र टम हुनुपर्छ भन्ने उनलाई लाग्यो । चार्ल्स र टमलाई निकै चाँडो गरी साउथ कोलबाट हिँडेको देखेका शेर्पाहरूले पक्कै पनि चुचुरोमा पुगी साउथ समिटबाट फर्कंदै गरेका होलान् भन्ठाने । र उनीहरूले हतारहतार टोली नेता जोन हन्टको टेन्टमा गएर भने, "एभरेस्ट खतम हो गया, साब !"

चार्ल्स र टम हरेस खाएर फर्किएका रहेछन् । त्यो दिन मे २७ थियो । फर्किंदा टमको स्थिति नाजुक भइसकेको थियो । चार्ल्सले जोनलाई भने,

"तल चौथो शिविरमा डा. माइकल वार्ड छन् । हामीले टमलाई जीवितै तल झार्ने हो भने म एक्लैले सक्दिनँ । हामीसँग अरू पनि तल झर्नुपर्छ ।"

चार्ल्सले त्यसो भनेपछि जोनले सोचे, मान्छेको जीवन ठूलो कुरा हो । उनी आफू पनि साउथ कोलबाट तल झर्ने निधो गरे । चार्ल्स, टम र आङ तेम्बा नाम गरेका शेर्पालाई लिएर जोन हन्ट सातौं शिविरतिर लागे । मे २८ को दिन बिहानै सातौं शिविरमा पुगेपछि जोनले अर्का आरोही चार्ल्स बालीसहित तीन जना शेर्पालाई भेटे । माथि नजाने निधो गरेर चार्ल्स बाली त्यहीँ बसिरहेका रहेछन् । पछि टमलाई पनि बिस्तारै ठीक हुँदै गए जस्तो भयो । धेरै नै तल आइसकेकाले उनलाई सजिलो भएको थियो सायद ।

भोलिपल्ट दिउँसोतिर उनीहरू एडभान्स बेसक्याम्प (तत्कालीन चौथो शिविर हालको दोस्रो शिविर) पुगे र आराम गरे । दोस्रो आरोही समूहका तर्फबाट मे २६ का दिन ग्रेगरी, तेन्जिङ, हिलारी र केही शेर्पा माथि साउथ कोलमा पुगेका थिए । त्यो रात उनीहरूको बास त्यहीँ भयो ।

भोलिपल्ट मे २७ का दिन बिहानैदेखि साउथ कोलमा अति चिसो हावा चलिरहेको थियो । तापक्रम पनि माइनस २५ डिग्रीभन्दा पनि कम थियो । हिलारीको अनुभवमा मे २७ को दिन पर्वतारोहणको अनुभवमा सबैभन्दा कठिन दिन थियो । आफ्नो योजनाअनुसार जोन हन्टले भोलिपल्ट मे २८ का दिन बिहानै लो, ग्रेगरी र अरू पाँच जना शेर्पालाई नवौं शिविर स्थापनाका लागि सघाउने भनेर सातौं शिविरबाट साउथ कोलतिर पठाए । तर दुई जना शेर्पा बिरामी परेकाले माथि उक्लिन सकेनन् र फर्किए । त्यसपछि सात जनाको भारी पाँच जनाले बाँड्नुपर्ने भयो ।

मे २८ दिउँसोतिर आङ निमा शेर्पा, ग्रेगरी, हिलारी र तेन्जिङहरूले माथि नवौं शिविर स्थापना गर्न आवश्यक टेन्ट, खाने कुरा, स्टोभ र अन्य सामग्री बोकेर हिंडे । अगाडि नै इभान्स र टमहरूको टोलीले बाटो बनाइसकेकाले त्यो टोलीलाई हिंड्न केही सजिलो भयो ।

अघिल्लो वर्ष स्विसहरूसँग तेन्जिङ त्यस ठाउँमा आइसकेका हुँदा उनले अलि सजिलो र सम्म परेको शिविर साइटको मेसो पाएका थिए । उक्त ठाउँको उचाइ २७९०० फिट छ । सोही ठाउँमा उनीहरूले सबै सामान लगेर जम्मा गरे र टेन्ट लगाएर बसे । उक्त ठाउँ अहिलेको बाल्कोनी नजिकै पर्छ । जर्ज लोई, अल्फ्रेड ग्रेगरी र आङ निमा शेर्पा त्यस ठाउँमा आआफ्नो भारी राखेर तल साउथ कोलतिर ओर्लिए ।

मे २८ को दिन । त्यो रात अत्यन्त चिसो थियो । हुरी पनि ठूलै चलिरहेको थियो । खाली अक्सिजनका सिलिन्डर प्रयोग गरेर टेन्टलाई अलि बलियो गरी बाँधेर हिलारी र तेन्जिङ भित्र बसे । पानीका लागि तेन्जिङले टेन्ट पछाडिबाट आइस्याक्सले काटेर हिउँका केही टुक्रा ल्याए र तिनलाई पगाल्न स्टोभ सल्काए । सुप र अन्य उपलब्ध खानेकुरा रूचिअनुसार खाएर आराम गरे । रात छिप्पिँदै गएपछि हावाहुरी केही कम हुँदै गयो ।

भोलिपल्ट बिहानै टेन्ट बाहिर हिलारी र तेन्जिङले यसो नजर डुलाउँदै थिए, उनीहरूको नजर साउथ समिटमा पऱ्यो, जहाँ घामको पहिलो किरण चाँदी झैं टल्किएको थियो । त्यो देखेर उनीहरू यति मोहित भए कि, त्यहाँ पुगिहालूँ भयो । तुरून्तै अक्सिजन र पानीका बोतल बोकेर उनीहरू त्यहाँबाट साउथ समिटतर्फ लागे । उनीहरू बिहानको लगभग साढे नौ बजे त्यहाँ पुग्न सफल भए, जहाँबाट तीन दिनअघि आफ्ना साथीहरू चार्ल्स र टम फर्किएका थिए ।

हिलारीले सर्वप्रथम आफ्नो अक्सिजन कति बाँकी छ भनेर जाँच गरे । कम्तीमा साढे चार घण्टाका लागि अक्सिजन पुग्ने आकलन गरे । त्यसपछि अगाडि बढ्न उनले साउथ समिट र चुचुरोबीचको पानीढलोको धार नियाले । मौसम राम्रो भएकाले अवलोकन गर्न सजिलो थियो । हिउँ र चट्टानको समिश्रण भई बनेको धार निकै चुनौतीपूर्ण लाग्यो उनलाई । त्यहाँ हिमबन्चरोले सिसा जस्तो हिउँबरफ खनेर चट्टानको दरार पुर्ने र तुरून्तै जमेर सेट भयो भने चुचुरोमा जान सम्भव हुन्छ भनी उनले अनुमान लगाए । सोहीअनुसार हिउँ खनेर दरार पुरे । उनले सोचे जस्तै हिउँ त एकैछिनमा क्रिस्टल जस्तै गरी सेट भयो । त्यसरी पाइला राख्ने ठाउँ सजिलो भएपछि उनीहरूमा सफल हुन सकिने ठूलो आशा पलायो ।

स्टेप बनाउँदै हिलारी अगाडि बढे । तेन्जिङले पनि सेफ्टीका लागि हिलारीको कम्मरमा डोरी लगाई आफ्नो कम्मरमा बाँधे । त्यसो गर्दा कथंकदाचित् हिलारी हिउँमा चिप्लिइहाले पनि उद्धार गर्न सकिन्थ्यो । पालैपालो स्टेप बनाउँदै उनीहरू अगाडि बढे ।

लगभग एक घण्टापछि उनीहरूले झनै अप्ठ्यारो स्थितिको सामना गर्नुपऱ्यो । लगभग ४० फिट अग्लो धारिलो र भिरालो चट्टानको छेकबार जस्तो देखिने उक्त ठाउँको अगाडि एकातिर हिउँका ढिकाहरूबाट बनेको

धार थियो भने अर्कोतिर चट्टानको धार, जुन सीधै चढ्न सकिँदैनथ्यो । त्यस ठाउँमा हिलारीले हिमबन्चरोको मद्दतबाट हिउँ काटेर स्टेप बनाउन थाले । एक घण्टासम्म त्यसरी काटिरहँदा उनलाई अब कति समय यसरी काम गर्न सकिएला भन्ने चिन्ता भयो । तैपनि शरीरले धोका दिएको थिएन ।

केही समयपछि तेन्जिङले लगभग समथर परेको धार देखे र त्यहाँबाट अगाडि कुनै चट्टानी वा हिउँको धार देखेनन् । बरू नर्थ कोल र रोङबुक ग्ल्यासियर पो देखे । यति बेलासम्म बिहानको साढे ११ बजिसकेको थियो ।

उनीहरूले यसो यताउति हेरे । अनि पो थाहा पाए, उनीहरू त सबैभन्दा अग्लो स्थानमा सबैभन्दा पहिले आइपुगिसकेका रहेछन्; सगरमाथाको चुचुरोमा; सपनाको चुचुरोमा ।

चर्चित ब्रिटिस कवि रूपेट ब्रुकले सगरमाथा आरोहणका सम्बन्धमा काव्यात्मक भविष्यवाणी गरेका थिए । उक्त कविताको भाव यस्तो थियो–

*बेलायतीहरू, जसलाई उनीहरूले पहिलो पटक मापन गरे*
*जसको नामकरण गरे*
*जसको पहिलो पटक फोटो खिचे*
*जसमाथि जहाजबाट पहिलो पटक उडे*
*र जसको खोजमा धेरै ज्यानको आहुतिसमेत दिए*

*त्यसकारण एक दिन अवश्य नै बेलायतीहरूले नै संसारमै पहिलो पटक सगरमाथाको आरोहण गर्न सफल हुनेछन्* (हेर्नुहोस्, मिक कोनफ्रेको *एभरेस्ट १९५३ : द एपिक स्टोरी अफ द फस्ट एसेन्ट*) ।

बेलायती नागरिकले पहिलो पटक सगरमाथाको शिखर चुम्ने अथक प्रयास सफल नभए पनि बेलायती नागरिककै नेतृत्वमा रहेको अभियान टोलीका सदस्यले पहिलो पटक चुचुरोमा पाइला राख्न सफल भए ।

हिलारीले ज्याकेटबाट क्यामेरा निकालेर तेन्जिङको फोटो खिचिदिए । तेन्जिङले आफ्नो हिमबन्चरोमा डोरीले बाँधेर चार ओटा झन्डा बोकेका थिए । सबैभन्दा माथि संयुक्त रास्ट्रसङ्घ, त्यसमुनि बेलायत, त्यसमुनि नेपाल र सबैभन्दा मुनि भारतीय झन्डा राखेका थिए । तेन्जिङले नेपाली वा भारतीय झन्डा सबैभन्दा माथि राख्दा राजनीति हुने भएकाले संयुक्त रास्ट्रसङ्घको झन्डा सबैभन्दा माथि राखेको कुरा सन् १९५५ मा प्रकाशित *टाइगर अफ द स्नोज* नामक आफ्नो आत्मकथाको 'ड्रिम कम्स ट्रु' शीर्षकमा उल्लेख गरेका छन् । तेन्जिङले आफ्नी छोरी पेमपेमले दिएका रातो र

नीलो रङका दुई साना पेन्सिलले चुचुरोमा प्वाल बनाएर केही चकलेट गाडेको पनि त्यहाँ उल्लेख गरेका छन् ।

१९५३ मे २९ को त्यो क्षण तेन्जिङ नोर्गे शेर्पा र एडमन्ड हिलारीको नाममा स्वर्णिम अक्षरले लेखिने दिन थियो । उनीहरू लगभग १५ मिनेट त्यहाँ बसेर फर्किए ।

यसरी ब्रिटिसहरूको करिब ३० वर्षअघिदेखिको आरोहण अभियान साकार भयो । तर सपना साकार भएन । किनकि दुवै आरोही बेलायती थिएनन् । यस अभियानभन्दा अगाडि तेन्जिङ नोर्गे शेर्पाले छ पटक सगरमाथा आरोहण प्रयास गरेका थिए । चार पटक तिब्बततर्फ र दुई पटक नेपालतर्फबाट । तिब्बततिरबाट उनी आरोही इरिक सिप्टनसँग सन् १९३५ मा, रटलेजसँग सन् १९३६ मा, तिलम्यानसँग सन् १९३८ मा र सन् १९४७ मा ब्रिट अर्ल डेनमानसँग गएका थिए । नेपालतर्फबाट भने सन् १९५२ को वसन्त र शरद् ऋतुमा स्विस सगरमाथा आरोहण अभियानमा संलग्न भई साउथ कोलसम्म पुगेका थिए ।

तेन्जिङ सन् १९४७ मा क्यानडामा जन्मिएका आरोही ब्रिट अर्ल डेनमानसँग बिनाअनुमति तिब्बततिरबाट सगरमाथा आरोहणमा समावेश भएका थिए । अनुमतिबिना गएकाले त्यो आरोहण अभियानको त्यति चर्चा भने भएन । उनीहरूको टोलीलाई तिब्बती गस्तीले झन्डै पक्राउ गरिसकेको थियो । तर उनीहरू चलाखीपूर्वक रोङबुक गुम्बामा लुकेर जोगिएका थिए । अपर्याप्त तयारीका कारण नर्थ कोलको तल्लो ढलानसम्म पुगेर पनि उनीहरूले आरोहण परित्याग गरेको बताइन्छ ।

सगरमाथामा तेन्जिङको पटकपटकको अनुभवलाई नै ब्रिटिस अभियान सफल बनाउने एउटा कारकका रूपमा लिन सकिन्छ । तर यो कुरा तत्कालीन ऐतिहासिक आरोहण अभियानका टोली नेता जोन हन्टले स्विकारेका छैनन् । जेहोस् तेन्जिङको सातौं पटकको आरोहण भने ऐतिहासिक भयो, जसका कारण उनी युगयुगसम्म अमर रहे ।

सन् १९३२ को अन्त्यतिर पुर्ख्यौली घर सोलुखुम्बुको थामे छाडेर दार्जीलिङ पुग्नासाथ तेन्जिङले सगरमाथा आरोहण प्रयास गरेका थिए । सन् १९३३ मा सगरमाथा आरोहणमा जाने समूहमा भरियाको लाइनमा उभिएका तेन्जिङ छनोटमा नपरेको उनले आत्मकथामा उल्लेख गरेका छन् ।

तेन्जिङ र हिलारी मे ३० मा हालको दोस्रो शिविर (तत्कालीन चौथो शिविर) आइपुगे । त्यो रात उनीहरू त्यहीँ बसे । भोलिपल्ट जुन १ का

दिन आधारशिविर आइपुगे । जुन ४ का दिन टोलीसहित तेङ्बोचे पुगेर गुम्बामा प्रार्थना गरे । किनकि आरोहणमा जानुअघि पनि जोन हन्टको टोलीले त्यहाँ प्रार्थना गरेको थियो । जुन १३ मा बनेपा पुगेको हिलारी, तेन्जिङ र जोन हन्टको टोलीलाई नेपाली संस्कृतिको झझल्कोसहित भव्य स्वागत गरिएको थियो ।

पहिलो पटक नेपाली शेर्पा तेन्जिङ नोर्गे र एडमन्ड हिलारीले सफलतापूर्वक सगरमाथा आरोहण गरेको समाचारले संसारभर तहल्का मच्चायो ।

त्यति बेला अहिलेको जस्तो सञ्चारको सहज सुविधा थिएन । त्यसैले उक्त समाचार काठमाडौंस्थित बेलायती दूतावासमार्फत लन्डनस्थित दरबारमा जुन १ तारिखका दिन पुग्यो । भोलिपल्ट अर्थात् १९५३ जुन २ का दिन बेलायतकी नयाँ महारानी एलिजावेथ द्वितीयाको राज्याभिषेकको भव्य कार्यक्रम पनि थियो । सन् १९२१ देखि आरोहण गर्न सुरू गरेको बेलायती सैनिक आरोही टोलीले भोगेका कैयौं असफलताका बीच त्यस पटक ब्रिटिस सगरमाथा आरोहण महाअभियानकै दुई जना टोली सदस्यले सफलतापूर्वक आरोहण गर्न सक्नु चानेचुने घटना थिएन । यी दुई महत्त्वपूर्ण घटना एकसाथ पर्दा बेलायती जनतामा हर्षको सीमा रहेन । नेपालीहरू पनि खुसीले उत्फुल्ल थिए ।

त्यति बेला बेलायतको *टाइम्स* पत्रिकाले "यो एउटा ऐतिहासिक क्षण भएको र यो आरोहण अभियानको सफलताले ब्रिटिस साम्राज्यको विजयको एउटा महत्त्वपूर्ण हिस्साका रूपमा बेलायती नागरिकहरूले गर्वानुभूति गरेको" भनेर लेखेको थियो ।

३ जुन १९५३ मा बेलायत र संसारभरका प्रायः पत्रपत्रिकामा बेलायती नयाँ महारानी एलिजावेथ द्वितीयाको भव्य राज्याभिषेक समारोह र बेलायती सेनाले गरेको सगरमाथा आरोहण अभियानका दुई जना आरोहीले सफलतापूर्वक सगरमाथा आरोहण गरेको समाचार प्रमुख शीर्षक बनेर छापिएका थिए (हेर्नुहोस्, ज्यान मोरिसको *कोरोनेसन एभरेस्ट*) ।

राज्याभिषेक समारोहमा बेलायती महारानीबाट हन्ट, हिलारी र नोर्गेलाई पदकबाट विभूषित गरियो । हिलारी र टोली नेता हन्टलाई 'नाइटहुड' प्रदान गरियो । तेन्जिङलाई भने सामान्य पदक 'जर्ज'बाट सम्मान गरियो ।

यस विषयमा तत्कालीन बेलायती प्रधानमन्त्री विन्स्टन चर्चिलले भनेका थिए, "तेन्जिङको देश नेपाल कमनवेल्थ देशमा पर्दैन । र न्युजिल्यान्ड

कमनवेल्थ देशमा पर्छ ।" यसलाई स्टुअर्ट वार्डले लेखेको *ब्रिटिस कल्चर एन्ड द इन्ड अफ इम्पायर* पुस्तकमा उल्लेख गरिएको छ । पदकमा यसरी गरिएको विभेद आफूलाई मन नपरेको भनेर सर एडमन्ड हिलारीले आफ्नो पुस्तक *भ्यू फ्रम समिट*मा उल्लेख गरेका छन् ।

१३ जुन १९५३ को साँझपख उनीहरू भक्तपुरको भादगाउँ आइपुगे । त्यहाँ एक भव्य स्वागत कार्यक्रम आयोजना गरिएको थियो । कार्यक्रममा तेन्जिङलाई बोल्न पनि लगाइएको थियो । पछि उक्त आरोहण टोलीलाई राजा त्रिभुवनले पनि सम्मानका लागि दरबार बोलाए । राजाले थोरै बोल्दै सबैलाई धन्यवाद दिए । र तेन्जिङ सबैभन्दा पहिला चुचुरोमा पुगेकोमा खुसी व्यक्त गरे । तेन्जिङलाई नेपालको सर्वोच्च पदक 'नेपाल तारा'बाट विभूषित पनि गरियो । हालसम्म शेर्पा समुदायमध्ये यति ठूलो पदकबाट विभूषित हुने तेन्जिङ नै पहिलो हुन् । हिलारी र हन्टलाई भने राजा त्रिभुवनले त्योभन्दा तल्लो तहको पदकबाट विभूषित गरेका थिए ।

सगरमाथा आरोहणमा तेन्जिङले सफलता प्राप्त गरेपछि मात्रै होइन, सफलताको नजिक रहेका बेला पनि नेपालले तेन्जिङलाई सम्मान गरेको थियो । यो कुरा स्वयम् तेन्जिङले आफ्नो आत्मकथामा उल्लेख गरेका छन् । सन् १९५२ मा स्विस टोलीसँग चुचुरो नजिकै पुगेर आएका तेन्जिङलाई 'नेपाल प्रताप वर्द्धक' पदवी दिइएको थियो । *टाइगर अफ द स्नोज* नामक आत्मकथाको 'इट मस्ट बी नाउ'को प्रारम्भमै तेन्जिङले यसबारे लेखेका छन्, "काठमाडौंमा हामीलाई हारभन्दा जित भए जस्तो गरेर स्वागत गरियो । राजा त्रिभुवन स्वयम् उपस्थित भएर मलाई 'नेपाल प्रताप वर्द्धक' पदक दिए ।"

त्यति बेला तेन्जिङ नोर्गे शेर्पालाई आजीवन पेन्सन दिने भनी नेपाल सरकारले निर्णय गरेको थियो । केही समयपछि जब उनी भारतको नयाँ दिल्ली गए, भारतका तत्कालीन प्रधानमन्त्री पण्डित जवहरलाल नेहरूले उनलाई दार्जीलिङमा माउन्टेन तालिम केन्द्र खोली त्यसको प्रमुखका रूपमा नियुक्ति दिन्छौं भनी फकाए । दुःखसाथ भन्नुपर्छ, उनले आफ्नो जन्मभूमिलाई सामान्य लोभलालचमा परी परित्याग गरे । र भारतीय नागरिक बन्न स्वीकार गरे । परिणामस्वरूप उनका परिवारिक सदस्य अहिले दार्जीलिङमा स्थायी बसोबास गर्छन् । उनका दुई छोरा भने अमेरिकामा बसोबास गर्छन् ।

हुन त सगरमाथा चुमेको २० वर्षअगाडि नै किशोरावस्थामै तेन्जिङ आफ्ना २० जना साथी लिएर घरमा नभनी भारत पुगेका थिए । सुरुमा दार्जीलिङ नजिकैको आलुबारीमा बसेका तेन्जिङ पछि दार्जीलिङमै मुकाम बनाएर बसे । नेपालमा नजिकबाट हिमाल देखे पनि हिमाल पुग्न, चढ्न भने उनले दार्जीलिङ बसेर सुरू गरेका थिए । सन् १९३२ को अन्त्यतिर आफू भारत पुगेको कुरा उनले आफ्नो आत्मकथामा उल्लेख गरेका छन् ।

उनका धेरै आफन्त, चिनजानदेखि व्यापारसम्म सबै भारतमै भयो । आत्मकथाको 'फ्रम टाइगर हिल' शीर्षकमा आफू नेपाली र भारतीय दुवै भएको बताएका छन् । आत्मकथामा तेन्जिङले उल्लेख गरेका कुरा तत्कालीन एक अमेरिकी अखबार न्यू *योर्कर*को समाचारले पनि पुष्टि गर्छ ।

सन् १९५४ मे २९ मा क्रिस्टोफर र्‍यान्डले लेखेको 'द स्टोरी अफ द फस्ट शेर्पा टू क्याम्प टू द टप अफ द वर्ल्ड' शीर्षक समाचारमा तेन्जिङले बेलायत यात्राका क्रममा नेपाली र भारतीय दुवै पासपोर्ट बोकेको उल्लेख छ ।

# पहिलो पाइला कसको ?

*गोरखापत्र*मा २०१० जेठ २७ मा प्रकाशित समाचारले बेलायतीहरूलाई निकै तनावग्रस्त बनायो, जसमा लेखिएको थियो, "हिलारीभन्दा तेन्जिङ नै पहिले चुचुरोमा पुगिसकेका थिए ।"

कसले पहिला पाइला टेकेको भन्ने विषयमा तेन्जिङ र हिलारी दुवैले भने कहिल्यै केही भनेनन् । उनीहरूले जहिले पनि सँगसँगै पाइला टेकेको भनेर अन्तर्वार्ता दिएका थिए । २०१० सालमा *रेडियो नेपाल*ले तेन्जिङको एउटा अन्तर्वार्ता लिएको थियो । त्यसमा सोधिएको थियो, "खासमा पहिला कसले चुचुरोमा पाइला टेकेको थियो त ?"

त्यहाँ तेन्जिङले भनेका थिए, "हामी दुई जना लगभग सँगसँगै चुचुरोमा पुगेका थियौं ।"

सगरमाथा चुचुरोमा तेन्जिङ नोर्गे शेर्पा
(साभार : रोयल जियोग्राफिक सोसाइटी)

केही तथ्य हेर्दा चुचुरोमा पहिलो पाइला चाहिँ तेन्जिङले नै राखेका थिए भनेर केही विश्लेषकले उल्लेख गरेका छन् । किनकि साउथ समिटबाट माथि जाँदै गर्दा वरपरको धेरै नै फोटो लिँदै हिलारी अगाडि बढेका थिए । पालैपालो बाटो खोल्दै उनीहरू अगाडि बढेका थिए । कति समयमा चुचुरोमा पुगिन्छ भन्ने कुनै अन्दाज थिएन । उनीहरू एउटै डोरीमा सेफ्टी बनाएर अघिपछि गरी उक्लँदै थिए । माथि पुगेपछि पहिला १९३५, १९३६ र १९३८ मा आफू

उत्तरतर्फबाट गएर शिविर खडा गरेको नर्थ कोल एक्कासि तल देखिएपछि चुचुरोमा आइपुगेको तेन्जिङलाई थाहा भयो । र उनले हिलारीलाई भने, "चुचुरो त यहीँ रहेछ, हामी आइपुग्यौं !"

तेन्जिङले लगत्तै आफ्नो हिमबन्चरो चुचुरोमा गाडे । र आफ्नो झोलाबाट अर्को सानो हिमबन्चरोमा बाँधेर ल्याएका झन्डा हातले माथि उठाएर चुचुरोमा उभिए । तलबाट उक्लँदै गर्दा हिलारीले तेन्जिङको तस्बिर खिचिदिए । रोयल जियोग्राफिक सोसाइटीले सार्वजनिक गरेको तेन्जिङको चुचुराको तस्बिर राम्रोसँग नियालेर हेर्दा त्यो फोटोको पछाडि सगरमाथाको उत्तरपश्चिमको भाग देखिन्छ । यसको अर्थ, यो तस्बिर सगरमाथाको चुचुरोमा जाने बाटोको दक्षिणपूर्वबाट लगभग पाँच मिटर दूरीमा रही खिचेको बुझ्न सकिन्छ । चुचुरोमा को पहिलो पुग्यो होला भनेर त्यति गहिराइमा गई व्याख्या विश्लेषण गरिएको त छैन । यद्यपि केही भारतीय लेखकले "उल्लिखित तथ्य केलाएर हेर्दा हिलारीभन्दा तेन्जिङले नै अगाडि चुचुरोमा पाइला टेकेको प्रस्ट हुन्छ" भनी उल्लेख गरेका छन् ।

तेन्जिङ र हिलारी पारिवारिक हिसाबले पनि घनिष्ट मित्र बनिसकेका थिए । त्यसकारण उनीहरूले कहिल्यै पनि को अगाडि पुग्यो भनेर विवाद गरेनन् । जहाँ, जसले सोध्दा पनि उनीहरूले एउटै जवाफ दिए, "हामी दुवै सँगसँगै चढ्यौं ।" तर धेरै विश्लेषकले उनीहरूको जवाफभित्र प्रयुक्त शब्दावलीबारे आआफ्नै किसिमले व्याख्या गरिरहे ।

ब्रिटिसहरूले लेखेका आलेखको अध्ययनबाट यस्तो भन्न सकिन्छ– ब्रिटिस आर्मीको टोलीबाट हिलारी र तेन्जिङले सफलता प्राप्त गरे पनि ब्रिटिस आर्मी र टोलीका नेता कर्नेल जोन हन्ट अन्तर्हृदयदेखि खुसी थिएनन् । किनभने बेलायतीहरूको अभियान सफल भए पनि सपना साकार भएको थिएन । दुई जना सफल आरोहीमध्ये कुनै पनि आफ्ना नागरिक थिएनन् । त्यसैले जोन हन्टले सबैभन्दा पहिला बलिया शेर्पासहित आफ्नै देशका इभान्स र टमलाई पहिलो टोलीमा पठाएका थिए । दुर्भाग्यवश, उनीहरू चुचुरोमा पुग्न नसकी साउथ समिटबाटै फर्किए । त्यसपछि मात्र तेन्जिङ र हिलारी साउथ कोलबाट माथि उक्लिएका थिए । तर त्यो बेलासम्म आफूले शासन गरेका कमनवेल्थ देशका नागरिकलाई ब्रिटिसले आफ्ना वा सोसरहका नागरिक मानेको हुँदा हिलारीलाई उनीहरूले आफ्नै मानेका थिए, जुन कुरा बेलायती महारानी एलिजावेथ द्वितीयाको सन् १९५३ जून २ को राज्याभिषेक समारोहमा दिइएको पदकबाट प्रस्ट हुन्छ ।

तेन्जिङलाई पदकमा बेलायतीहरूले विभेद गर्दा हिलारी स्वयम्लाई पनि बेलायतीहरूले असहज पारेको कुरा हिलारीले आत्मकथामा उल्लेख गरेका छन् । साथी जर्ज लोअ र आफूलाई सँगै चढ्न नदिएको साङ्केतिक खुलासा हिलारीले त्यहाँ बताएका छन् । साथी जर्ज र आफ्नो एसल्ट टोली बन्न दिँदा न्युजिल्यान्डका दुवै नागरिक चुचुरोमा पुग्दा ब्रिटिसहरूलाई असहज हुने भएकाले आफूहरूलाई अलग गरिएको हिलारीले आत्मकथाको पहिलो अध्याय 'रोर अफ अ थाउजेन्ड टाइगर्स'मा उल्लेख गरेका छन् ।

सन् १९५३ जुनमा बेलायती पत्रिका *लाइफ म्यागजिन*का प्रतिनिधि जेम ब्रुकले तेन्जिङ नोर्गेलाई गरेको प्रश्न र उनले दिएको जवाफबाट तेन्जिङले नै चुचुरोमा पहिलो पाइला टेक्न सफल भएका हुन् भनी बुझ्न सकिन्छ । चुचुरोमा अगाडि कसले पाइला टेकेको हो त भनेर पत्रकार जेम ब्रुकले सोधेको प्रश्नमा तेन्जिङले यस्तो जवाफ दिएका थिए, "इफ आई से हिलारी फस्ट, इन्डियन एन्ड नेपाली पिपल अनह्याप्पी । इफ आई से आई फस्ट, युरोपियन पिपल अनह्याप्पी । इफ यू अग्री आई लाइक से बोथ गट टप टुगेदर अलमोस्ट सेम टाइम । इफ एभ्रिबडी राइट द्याट, नो ट्रबल ।"

कतैकतै यस्तो पनि उल्लेख छ– जब हिलारी र तेन्जिङ तल आधारशिविरमा आइपुगे, टोली नेता हन्टले तेन्जिङ र हिलारी दुवैसँग छुट्टै मिटिङ गरेर भने, "कसैले सोध्दा हामी सँगै पुगेको भनेर जवाफ दिनू ।"

उनका कुरामा तेन्जिङ सहमत भए । त्यहाँभन्दा अगाडि तेन्जिङलाई सरदारका रूपमा मात्र लिइएको थियो । त्यसपछि जोन हन्टले तेन्जिङलाई पनि आरोही सदस्यका रूपमा राख्ने भनेर फकाइफुल्याइ गरेका थिए पनि भनिएको छ । नेपाली लेखकले सगरमाथा आरोहणका कथा त्यति नलेखेकाले जति पनि सगरमाथा र हिमालबारे किताब र लेख छन्, प्रायः ती सबै पश्चिमा लेखकबाट आएका छन् । त्यसकारण पनि एउटा नेपाली शेर्पा आरोहीलाई उनीहरूले कहिल्यै त्यो उचाइबाट बुझेर लेख्ने प्रयास गरिदिएनन् ।

तर पश्चिमाहरू यो तथ्यलाई त्यति सहज रूपमा स्विकार्दैनन् । उनीहरूले भन्ने गरेका छन्, "हिलारीले साउथ समिटबाट अगाडि बाटो बनाउने र सेफ्टी लगाई तेन्जिङलाई पछिपछि हिँडाएका थिए । त्यसकारण हिलारी अगाडि पुगेर तेन्जिङलाई पछि बोलाएका हुन् ।"

हामीले जेजसरी व्याख्या-विश्लेषण गरे पनि तेन्जिङ र हिलारीमध्ये चुचुरोमा पहिला कसले पाइला राख्न सफल भए भन्ने विषय अहिलेसम्म

विवादास्पद छ । हिलारीले सन् १९९९ मा लेखेको आत्मकथामा भने आफू र तेन्जिङ बढीमा छ फिटको दूरीमा रहेको र पहिला आफूले पाइला टेकेको उल्लेख गरेका छन् ।

बेलायती लेखक उलम्यानको पुस्तक *म्यान अफ एभरेस्ट*मा "अब सत्य सबैको अगाडि ल्याउने बेला भएको छ" भन्दै हिलारीले नै चुचुरोमा पहिलो पाइला टेकेका थिए भनेर तेन्जिङले भनेका छन् । हिलारीले चुचुरोमा पहिलो पटक पुगेको स्वीकार गर्न कसैले पनि तेन्जिङलाई दबाब नदिएको भनेर पनि त्यहाँ लेखिएको छ । यसरी लेख्नु भनेको आफैंमा दबाब दिइएको हो भन्ने स्वतः पुष्टि हुन्छ । तसर्थ यसअघिका पश्चिमाहरूले लेखेका सगरमाथासम्बद्ध पुस्तकमा जसरी हुन्छ हिलारीले पहिलो पटक शिखरमा पाइला टेकेका हुन् भन्ने विषय स्थापित गर्न खोजिएको देखिन्छ । तर त्यसको आधिकारिकता अहिलेसम्म पुष्टि गर्न सकिएको छैन ।

"आई डिड नट से टू माइसेल्फ, 'देयर इज अ गोल्डेन एप्पल अप देयर । आई विल पुस हिलारी असाइड एन्ड रन फर इट ।' वी वेन्ट अन स्लोली, स्टेडिली । एन्ड देन वी वेयर देयर । हिलारी स्टेप्ड अन टप फस्ट । एन्ड आई स्टेप्ड अप आफ्टर हिम ।"

सँगै अलम्यानले यस्तो पनि लेखेका छन्– "सरप्राइजिङ्ली, तेन्जिङ्स एडमिसन द्याट एडमन्ड हिलारी ह्याड रिच्ड द समिट फस्ट डिड नट सिम टू कज मच फस ।"

विभिन्न सवालजवाफमा अनुभव र दक्षता दुवै भएका आधारमा तेन्जिङको पाइला पहिलो पटक सगरमाथामा परेको तर्क गरिए तापनि दस्तावेजहरूमा हिलारी नै पुगेको उल्लेख छ । हिलारीको आत्मकथादेखि तेन्जिङको आत्मकथा दुवैमा उक्त कुरा लेखिएको छ । हिलारीको आत्मकथा *भ्यू फ्रम द समिट*मा साङ्केतिक रूपमा उल्लेख छ; तेन्जिङको आत्मकथामा भने विस्तारमा ।

हिलारीले आफू चुचुरोमा पुगेलगत्तै तेन्जिङ पनि पुगेको उल्लेख गरेका छन् । तेन्जिङले पहिलो को भन्ने प्रश्नले सधैं पिरलो दिएकोबारे लामो व्याख्या गर्दै आफू र हिलारी ३० फिटको डोरीले सँगै बाँधिएर चढेको तर अधिकांश डोरी आफ्नो हातमा भएको र आफू अनि हिलारीका बीचमा छ फिट हाराहारी मात्रै फरक रहेको बताएका छन् । हिलारी चुचुरोमा पहिले पुगेको र सँगै आफू पनि रहेको बताउँदै तेन्जिङले हिमाल आरोहण सामूहिक काम भएकाले "पहिलो को ?" भन्ने प्रश्न आफैंमा अनावश्यक भएको तर्क गरेका छन् ।

# नापनक्सा

हरेक विषयको इतिहासको आफ्नै महत्त्व छ । सर्भेइङ र नापनक्साका दृष्टिबाट पनि सगरमाथाको आफ्नै विशेष महत्त्व छ । संसारको अग्लो चुली भएकाले यसमा विविध पक्षबाट अध्ययन भएका छन् । यसबारे यहाँ चर्चा गर्ने प्रयास गरिएको छ । नापनक्साको क्षेत्रमा पुरानो त्रिकोणमितीय पद्धतिदेखि अहिलेको स्पेस प्रविधिसम्म आउँदा सगरमाथामा गरिएका सर्भे र खोजलाई यहाँ उल्लेख गर्न खोजिएको छ ।

उन्नाइसौं शताब्दीको सुरूतिर बेलायतले भारतीय उपमहाद्वीपमा रोयल जियोग्राफिक सोसाइटीले ग्रेट ट्रिगोनोमेट्रिक सर्भे थाल्यो । सोही शताब्दीको मध्यतिर सगरमाथाको अस्तित्वबारे तथ्य बाहिर आयो । पछि संसारको सबैभन्दा अग्लो चुचुरो सगरमाथा हो भन्ने आधिकारिक पुष्टि भइसकेपछि नापनक्सा तयार गर्ने विश्वका विभिन्न निकाय एवम् संस्थाले त्यस क्षेत्रको नक्सा प्रकाशन गर्न थाले । हालसम्म विभिन्न निकायबाट धेरै नक्सा प्रकाशित भइसकेका छन् ।

सर्वोच्च शिखर हो भन्ने पुष्टि नहुँदै तिब्बत क्षेत्रतिरबाट युरोपियनहरूले तत्कालीन अवस्थामा उपलब्ध साधनस्रोत प्रयोग गरी सगरमाथा क्षेत्रको मोटामोटी नक्सा तयार गरेका थिए । अहिले इन्टरनेटमा सहज अनि निःशुल्क उपलब्ध तथ्याङ्क प्रशस्त पाइने हुँदा यसप्रकारका डाटा प्रयोग गरेर सगरमाथा क्षेत्रको 'टुरिस्ट म्याप' छाप्ने होडबाजी नै छ ।

तर यहाँ प्रश्न उठ्छ, सगरमाथा क्षेत्रको पहिलो सर्भे कहिले र कसले गरेको थियो ? अध्ययनले देखाउँछ, अठारौं शताब्दीको सुरूवातमा फ्रान्सेली भूगोलविद् डाएन्भिललाई । उनले सन् १७०८ देखि १७१८ सम्म चीन शासित भूभागको मोटामोटी सर्भे गरी नक्सा बनाएका थिए । बेइजिङमा छपाइएको

उक्त नक्सामा सगरमाथासँगै रहेको लामो हिमशृङ्खलालाई 'जुमु लुङ्मा' भनिएको थियो । चुचुरोको भने कुनै नाम थिएन । त्यो नक्सा पहिला नै युरोपियनहरूले तिब्बतको मोटामोटी नक्सामा आधारित भएर बनाएका थिए ।

नेपालको नापनक्साको इतिहास हेर्ने हो भने, सबैभन्दा पहिले औपचारिक सर्भे गरी ब्रिटिस/काठमाडौं मिसनका एक सदस्य चार्ल्स क्राउफोडले सन् १८०२/०३ मा काठमाडौं उपत्यकाको नक्सा तयार गरेको भेटिन्छ । उनले त्यति बेला यहाँको अक्षांश र देशान्तर पत्ता लगाएका थिए । यहाँबाट देखिने हिमालको उचाइसमेत निकालेका थिए ।

सन् १८१४ देखि १८१६ सम्म नेपाल र इस्ट इन्डिया कम्पनीबीचको लडाइँपछि सन् १९५० (२००७ साल) मा राणाशासन अन्त्य भयो । र प्रजातन्त्रको उदय भयो । यसबीचमा नेपालमा विदेशी र त्यसमा पनि युरोपियनहरूलाई सरकारले विशेष अनुमति उपलब्ध गराएको अवस्थाबाहेक अरू समयमा प्रवेश निषेध थियो । त्यसैले त्यसअघि अङ्ग्रेजहरूले नेपालभित्र प्रवेश गरी नापनक्सा गर्ने अवसर पाएनन् ।

सन् १८४७ देखि १८५० सम्मको ग्रेट त्रिकोणमितीय सर्भेका सिलसिलामा बिहारतिर रहेका नियन्त्रण बिन्दुहरूको सञ्जालबाट उत्तरतर्फका हिमालको उचाइ र अवस्थिति मापन गरिएको थियो । सोही क्रममा पन्ध्रौं चुली संसारकै सबैभन्दा अग्लो भएको तथ्य बाहिर आएको हो । सन् १९२१ मा मेलोरीको पहिलो सगरमाथा आरोहण अभियानमा संलग्न सर्भेयरले तिब्बततर्फबाट सर्भे गरेका थिए । चुलीको नजिकैबाट गरिएको पहिलो सर्भे यही थियो ।

सगरमाथा आरोहण गर्ने टोलीसँगै तिब्बततिरबाट मेजर इडवार्ड ओलिभर ह्विलरको नेतृत्वमा लालवीरसिंह थापा, गुज्जरसिंह, तुरबाजसिंह र एक फोटोग्राफरसहित १६ जना भरिया लिएर सर्भे टोली पनि सगरमाथाको आधारशिविरतर्फ गएको थियो । त्यो टोलीका मुख्य तीन उद्देश्य थिए– पहिलो, उक्त क्षेत्रको नापनक्सा तयार गर्नु, दोस्रो, नक्सा नबनेका क्षेत्रको थप खोजी गर्नु र तेस्रो, सगरमाथा आधारशिविर र नजिकैका बस्तीको एक इन्च बराबर एक माइलको विस्तृत नक्सा तयार गर्नु (हेर्नुहोस्, चार्ल्स हवार्ड बेरीको *माउन्ट एभरेस्ट : द रिकनिसन्स*) । सर्भे टोली सिक्किमदेखि नै सर्भेको काम गर्दै अघि बढेको थियो । नेपालतर्फबाट भने सन् १९५१ मा इरिक सिप्टनको सगरमाथा आरोहण अभियानले नै पहिलो पटक सर्भे

गरेको हो । पहिलो पटक खुम्बु हिमनदी (ग्ल्यासियर)मा नाथ सिंह नामक भारतीय सर्भेयर पुगे पनि उनले त्यहाँ रहेर सर्भे गर्न भने सकेनन् (हेर्नुहोस्, सर्भे अफ इन्डियाले सन् १९२९ मा प्रकाशन गरेको केनेथ म्यासनद्वारा लिखित द *रिप्रिजेन्टेसन अफ ग्ल्यासिएटेड रिजन्स अन म्याप्स अफ द सर्भे अफ इन्डिया*, अङ्क २५) ।

सन् १९२२ को सगरमाथा आरोहण अभियानमा सघाउ पुगोस् भनेर रोयल जियोग्राफिक सोसाइटीले सन् १९२२ मा १:१०००००० को माननापको नक्सा प्रकाशन गरेको थियो ।

आरजिएसले सन् १९२२ मा प्रकाशन गरेको सगरमाथाको उत्तरतर्फको नक्साको तल्लो भाग ।

त्यसपछि रोयल जियोग्राफिक सोसाइटी सर्भेका क्रममा लिइएका तस्बिर र सङ्कलित तथ्याङ्कको सहयोगबाट सन् १९२५ मा सगरमाथाको उत्तरी क्षेत्रको सय मिटरको समुच्चरेखा अन्तरालमा एक इन्च बराबर एक माइल (१:६३३६०)को माननापको नक्सा तयार गर्न सफल भयो ।

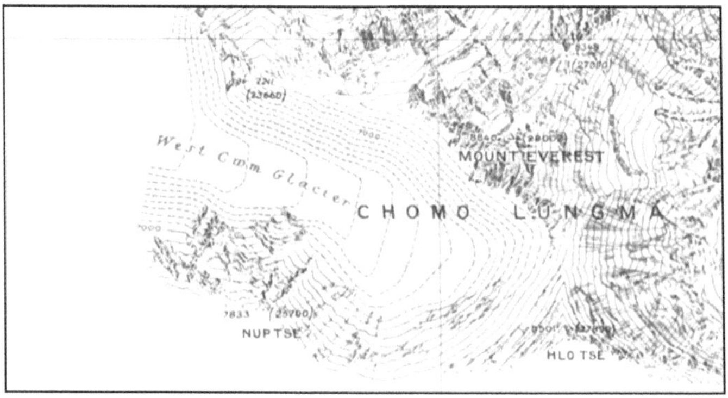


आरजिएसले सन् १९२५ मा प्रकाशन गरेको सगरमाथाको उत्तरतर्फको एक इन्च बराबर एक माइलको नक्सा ।

भारतीय सर्भे विभागले सन् १९३० मा पहिलो पटक सगरमाथा क्षेत्रको एक इन्च बराबर दुई माइल (१:१२६७२०)को स्केलको नक्सा प्रकाशन गरेको थियो । तर त्यो नक्सामा सगरमाथा क्षेत्रका धेरै ठाउँको फिल्ड भेरिफिकेसन हुन नसकेकाले कतिपय स्थान र साना खोलाको नाम राख्न सकिएको थिएन ।

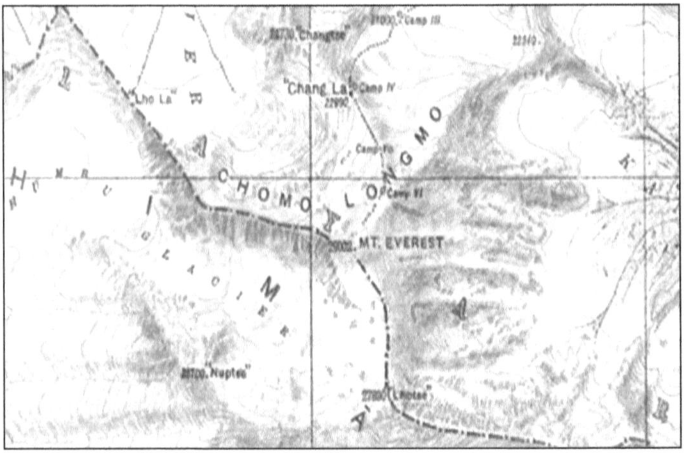


ब्रिटिस इन्डियाको भारतीय सर्भे विभागले सन् १९३० मा प्रकाशन गरेको नक्साको केही भाग ।

जर्ज मेलोरीहरूले तिब्बततर्फबाट सगरमाथा चढ्दा बनाएका शिविरको अवस्थिति पनि उक्त नक्सामा देखिन्छ ।

सन् १९३३ मा नेपाल सरकारको पूर्वस्वीकृति लिएर ह्युस्टन सगरमाथा हवाई एक्स्पिडिसनमार्फत हवाई तस्बिर लिइएको थियो । भारतको पुर्णेबाट सगरमाथातर्फ उडेका दुई जहाजले आकाशबाट सगरमाथा र वरपरको क्षेत्रको होरिजन्टल (क्षितिजीय) र भर्टिकल (ऊर्ध्वगामी) तस्बिर लिएका थिए । कार्टोग्राफर एवम् रोयल जियोग्राफिक सोसाइटीका तत्कालीन सचिव आरके हिङ्क्स र ड्राफ्टमेन एचएफ मिल्नले ती तस्बिर प्रयोग गरी नक्सा बनाउन तस्बिर प्रोसेसिङको काम गरेका थिए (हेर्नुहोस्, लर्ड क्लाइजडेल र डिएफ म्याकइनटायरको द *पाइलट्स बुक अफ एभरेस्ट*) ।

सन् १९३५ मा पुनः बेलायती आरोही इरिक सिप्टन नेतृत्वमा गएको टोलीमा सर्भेयर माइकल स्पेन्डर पनि थिए । यसअघि स्पेन्डरले फोटोग्रामेटिक

सर्भेबाट नक्सा बनाउने नयाँ तरिका प्रयोग गरेका थिए । त्यसैले उनले रोयल जियोग्राफिक सोसाइटीले प्रयोग गरेको 'जाइस फोटो-थिअडलाइट' पनि सँगै लगेका थिए । अन्त्यमा परिशुद्ध किसिमले उचाइ र दूरी निकाली सगरमाथाको तिब्बती मोहडादेखि टुप्पोसम्मको फोटोग्रामेटिकल सर्भे गरी १:२०००० को स्केलमा नक्सा प्रकाशन गर्न स्पेन्डर सफल भए ।

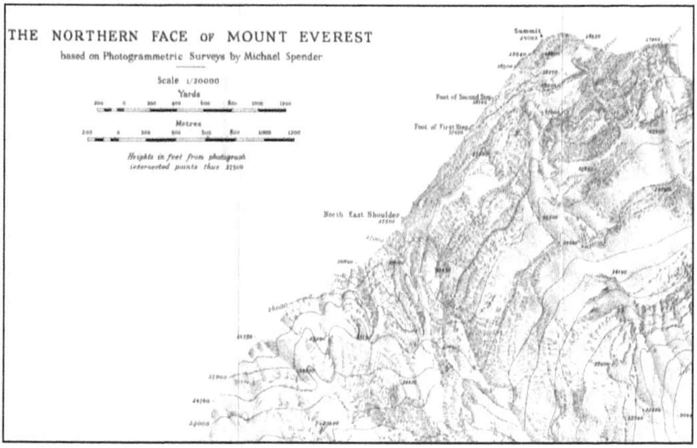


आरजिएसअन्तर्गत सन् १९३५ मा सर्भेयर मिचेल स्पेन्डरले गरेको सर्भेअनुसार प्रकाशित नक्सा ।

सन् १९३६ र १९३८ को ब्रिटिस सगरमाथा आरोहण दलमा पनि सर्भेको केही काम गरिएको थियो । त्यति बेला भूगर्भविद् नोयल ओडेल पनि उक्त टोलीमा सहभागी थिए । सगरमाथाको भूगर्भबारे अध्ययन गरेर उनी फर्किएका थिए ।

सगरमाथाको उत्तर र दक्षिणतर्फका दुवै मोहडा देखिने गरी सन् १९३३ मा पहिलो पटक दक्षिणतर्फबाट लिइएको हवाई तस्बिर र सन् १९३५ मा मिचेलले तिब्बततिरबाट बनाएको नक्सालाई एकत्र गरी सन् १९४५ मा १:५०००० को स्केलमा संयुक्त नक्सा बनाइएको थियो (हेर्नुहोस्, द *जिओग्राफिकल जर्नल*मा प्रकाशित एमपी वार्ड र पिके क्लार्कद्वारा लिखित 'एभरेस्ट, १९५१ : कार्टोग्राफिक एन्ड फोटोजेनिक इभिडेन्स अफ अ न्यू रूट फ्रम नेपाल') ।

सन् १९५३ को पहिलो सफल सगरमाथा आरोहण अभियानका आरोही चार्ल्स इभानले वातानुकूलित हुने समय पारी सगरमाथा वरिपरिका विभिन्न

हिमाल आरोहण गरेर जमिनबाट तथ्याङ्क सङ्कलन गरेका थिए । सर्भे अफ इन्डियाले त्यसअघि प्रकाशित नक्साका केही खाली ठाउँमा ती तथ्याङ्क थप गरी सन् १९३० मा नक्सा छापेको थियो ।

सन् १९५४ मा न्युजिल्यान्ड र ब्रिटिस सरकारको संयुक्त अभियानमा सगरमाथा र वरपरका भागमा फोटो सर्भे गरिएको थियो । त्यस एक्स्पिडिसनबाट लिइएका डाटाको सहयोगमा नेदरल्यान्ड्सले सन् १९६१ मा सगरमाथा क्षेत्रको नक्सा निकालेको थियो (हेर्नुहोस्, एडमन्ड हिलारी र जर्ज लोको *इस्ट अफ एभरेस्ट)* ।

सन् १९५४-५५ मा फ्रेन्च फेडेरेसन अफ क्लाम्बिङ एन्ड माउन्टेनियरिङले सगरमाथा र मकालु क्षेत्रको १:५०००० स्केलको नक्सा प्रकाशन गरेको थियो । सन् १९५७ मा अस्ट्रियन कार्टोग्राफर इरविन स्नाइडरले सगरमाथासहित खुम्बु क्षेत्रको १:२५००० को स्केलमा २० मिटर अन्तरालको समुच्च रेखा राखी अङ्ग्रेजी र जर्मनी दुवै भाषामा स्थानका नामसहितको नक्सा तयार गरेका थिए ।

सन् १९५३ मा पहिलो पटक सगरमाथा आरोहण सम्पन्न भएपछि भारतीय सर्भे विभागले १९५४ मा सगरमाथाको उचाइ ८८४८ मिटर मापन गरेपछि पहिलो पटक यति ठूलो स्केलमा नक्सा प्रकाशन गरेको थियो । यही नक्साका आधारमा पछि सन् १९६३ मा नक्सालाई डाउनस्केलिङ गरी १:५०००० को स्केलको नक्सा तयार गरिएको थियो ।

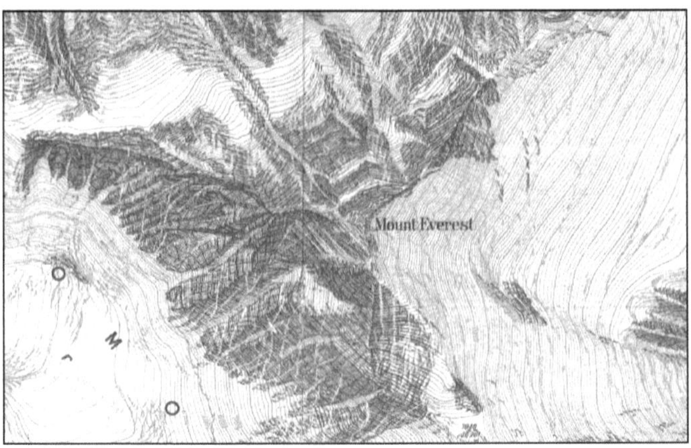


अस्ट्रियन कार्टोग्राफर इरविन स्नाइडरले सन् १९५७ मा १:२५००० स्केलमा तयार पारेको नक्सा ।

सन् १९५९ मा भारतीय सर्भे विभागले नेपालभरिको पहिलो स्थलरूप नक्सा प्रकाशन गऱ्यो । त्यति बेला नेपालका सबै भूभागको नक्सालाई २७४ सिटमा प्रकाशन गरिएको थियो । सन् १९५६ देखि १९५८ सम्म १:४०००० स्केलमा लिइएको हवाई तस्बिर र स्थलगत सर्वेक्षणबाट सगरमाथा क्षेत्रको पनि १:५०००० स्केलमा नक्सा तयार गरिएको थियो । सन् १९६० मा स्विस कार्टोग्राफर एडुआर्ड इमहफले सगरमाथा क्षेत्रको निकै आकर्षक कार्टोग्राफिक प्रस्तुतीकरण गरी १:१००००० स्केलमा नक्सा प्रकाशन गरेका थिए । त्यो नक्सा निकै महँगो दरमा बजारमा बिक्रीसमेत भएको थियो ।

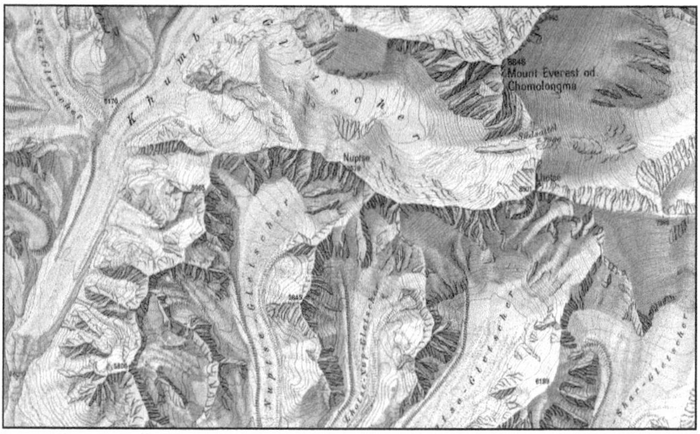

स्विस कार्टोग्राफर एडुआर्ड इमहफले १:१००००० स्केलमा बनाएको नक्सा ।

सन् १९६१ मा पहिलो पटक सगरमाथाको दक्षिण नाम्चे बजारदेखि उत्तर तिब्बतको रोङबुक ग्ल्यासियरसम्म र पश्चिम दोलखाको रोल्बालिङ र सोलुखुम्बुको बीचमा पर्ने टासी लाप्चा पासदेखि पूर्व वरूण उपत्यकासम्मको क्षेत्र समावेश गर्दै रोयल जियोग्राफिक सोसाइटीका कार्टोग्राफर जिएस हल्यान्डले १:१००००० को माननापमा एउटा नक्सा प्रकाशन गरेका थिए (हेर्नुहोस्, जिएस होल्यान्ड र जिआर क्रोनले प्रकाशन गरेको नक्साको सङ्ग्रह *अ न्यू म्याप अफ द माउन्ट एभरेस्ट रिजन*) ।

यो नक्सा तयार गर्दा केही स्थानमा नयाँ सर्भे गरी थप तथ्याङ्क लिइएको थियो । सन् १९७५ मा रोयल जियोग्राफिक सोसाइटीले यसअघि प्रकाशन गरेकोमा केही नयाँ तथ्य समावेश गरी अद्यावधिक नक्सा प्रकाशन गरको थियो । सन् १९७७ मा चीनको लान्जो विश्वविद्यालयका प्रा. चेन

ज्यामिङ नेतृत्वमा चिनियाँ कार्टोग्राफरले चिनियाँ भाषामा सगरमाथा क्षेत्रको नक्सा तयार गरी प्रकाशन गरेका थिए । यो नक्सा प्रकाशन गर्न चिनियाँ सर्भेयरले सन् १९६६ देखि सन् १९७५ सम्म सर्भे गरेका थिए ।

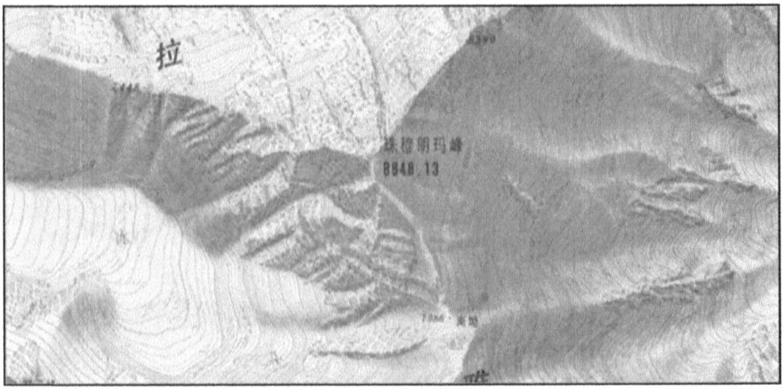

चीनले प्रकाशन गरेको सगरमाथा क्षेत्रको १:५०००० को माननापको नक्सा ।

उक्त नक्सालाई रोयल जियोग्राफिक सोसाइटी लन्डनले अङ्ग्रेजीमा उल्था गऱ्यो, जसलाई अहिले पनि सोसाइटीको पुस्तकालयमा सङ्ग्रह गरी राखिएको छ ।

सन् १९८० मा अमेरिकाको बोस्टन म्युजियम अफ साइन्सका निर्देशक प्रा. ब्राडफोर्ड वासबर्नले सगरमाथा क्षेत्रका नक्सामा यसअघि भएका सबै त्रुटि हटाई नक्साको शुद्धता बढाउने तथा भूगर्भविद् एवम् हिमनदीविज्ञलाई पछिसम्म काम गर्नसमेत सजिलो होस् भनेर २० मिटर समुच्च रेखा राखी १:१०००० स्केलको नक्सा तयार गर्न र नयाँ हवाई सर्भे गर्न नेपालको नापी विभागसँग सगरमाथामाथि हवाई उडान स्वीकृति मागे । उनको मागअनुसार नक्सा बनाउन नेपाल सरकारले स्वीकृति दियो । उनले समुद्री सतहदेखि १२ हजार मिटरसम्मको उचाइबाट जहाज उडाएर समग्र सगरमाथा क्षेत्रको हवाई तस्बिर लिए ।

हवाई सर्भेबाट लिइएका तस्बिर प्रयोग गरी वासबर्नले नेपाली र चिनियाँ सर्भेयरको सहयोगमा स्थलगत प्रमाणीकरण गरी विभिन्न स्थानका नाम सङ्कलन गरे । र अमेरिकाको नेसनल जियोग्राफिक सोसाइटीमार्फत सन् १९८८ मा १:५०००० स्केलको नयाँ नक्सा तयार गरी प्रकाशन पनि गरे (हेर्नुहोस्, जिएस होल्यान्ड र जिआर क्रोनले प्रकाशन गरेको नक्साको सङ्ग्रह *अ न्यू म्याप अफ द माउन्ट एभरेस्ट रिजन*) ।

नेसनल जियोग्राफिक सोसाइटीले सन् १९८८ मा प्रकाशन गरेको १:५०००० माननापको नक्सा ।

विदेशीहरूले यतिविधि नक्सा प्रकाशन गरिसकेको अवस्थामा सगरमाथाको देश नेपालले भने निकै पछि मात्र यसबारे चासो दिएको पाइन्छ । पहिलो र दोस्रो विश्वयुद्धमा बेलायतका तर्फबाट लडाइँमा सहभागी गोर्खा सैनिकहरूले नक्साको महत्त्वबारे बुझेका थिए । उनीहरूमध्ये केहीले नक्सा बनाउन र अध्ययन गर्नसमेत जानेका थिए ।

१९८० सालतिर प्लेनटेबल प्रयोग गरी नापनक्सा गर्ने र नक्सा बनाउने कामको सुरूवात नेपाली सेनाले गरेका थिए । तर निकै ढिला गरी २०१४ साल जेठ १४ (सन् १९५७) मा नेपाली सेनाको मातहतमा रहने गरी नापी विभाग स्थापना भयो । त्यसपछि नापी विभागले भूमि लगतका लागि आवश्यक नक्सा तयार गर्ने उद्देश्यसहित कित्तानापी नक्सा बनाउन थाल्यो ।

यसैबीचमा २०१८/१९ सालतिर नेपाल-चीनबीच संयुक्त रूपमा सीमा चिह्न स्थापना गर्ने काम सम्पन्न भयो । सँगै संयुक्त रूपमा १:५००००० स्केलको सीमा नक्सा पनि तयार गरियो ।

२०२८ सालमा स्थलरूप नक्साङ्कन इकाइ गठन भयो । त्यसपछि मात्र स्थलरूप नक्सा बनाउन आवश्यक पूर्वाधार तयार गर्ने काममा विभाग अघि बढ्यो । २०३५ देखि २०४१ सालसम्म वन विभागसँग मिलेर भूमिस्रोत नक्सा प्रकाशन गर्ने काममा नापी विभाग लागिपऱ्यो । यस क्रममा सगरमाथा क्षेत्रको पनि भूमिस्रोत नक्सा तयार गरियो ।

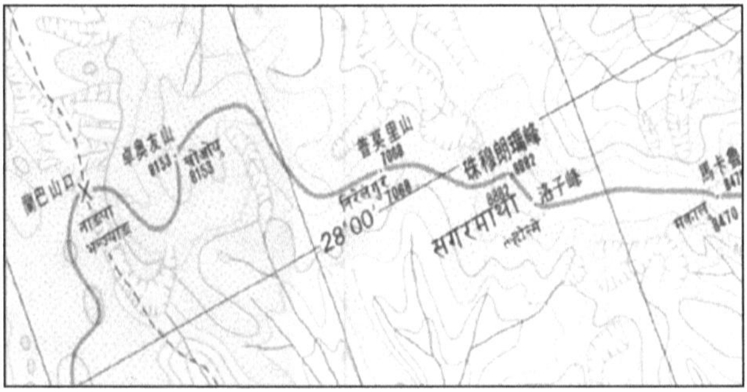


नेपाल-चीन सीमा सन्धिपत्र, २०१८ । स्रोत : मदन पुरस्कार गुठी

२०५२ सालदेखि फिनल्यान्ड सरकारको सहयोगमा पूर्वी नेपाल टोपोग्राफिकल नापनक्सा आयोजनाअन्तर्गत यस क्षेत्रको स्थलरूप नापीका लागि हवाई तस्बिरहरू लिइयो । पछि २०५७ सालमा मात्र सगरमाथा क्षेत्रको १:५०००० को माननापमा विस्तृत नक्सा तयार गरियो ।

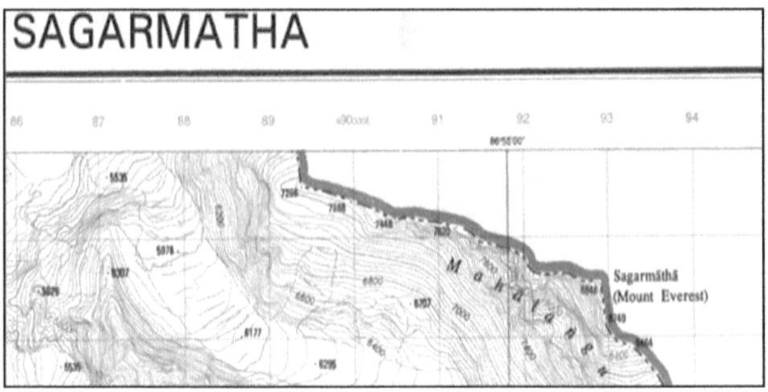


नापी विभागले तयार गरेको १:५०००० स्केलको स्थलरूप नक्सा ।

हिजोआज नापी विभागले बनाएको सगरमाथाको भूउपयोगका तथ्याङ्क तथा समुच्च रेखाका डाटाका आधारमा नेपालकै विभिन्न कन्सल्टेन्सी तथा नक्साङ्कन गृहले आकर्षक रूपमा कार्टोग्राफिक भिजुअलाइजेसन गरी सगरमाथा क्षेत्रको नक्सा प्रकाशन गरेका छन् ।

# उचाइ र मापन विधि

उचाइ मापनमा तीन विषय महत्त्वपूर्ण हुन्छन्– कहाँबाट (आधार सतह), कहाँसम्म र कसरी (विधि) । यसकारण उचाइ आफैंमा तुलनात्मक विषय हो । फरक दृष्टिकोणबाट हेर्ने हो भने, पृथ्वीमा दुई ओटा यस्ता पहाड छन्, जुन सगरमाथाभन्दा अग्ला छन् भन्न पनि सकिन्छ ।

इक्वेडरको चिम्बोराजो हिमाल समुद्री सतहबाट छ हजार दुई सय ६७ मिटर अग्लो छ । तर यही हिमालको चुचुरो पृथ्वीको केन्द्र (सेन्ट्रोइड)बाट नाप्दा छ हजार तीन सय ८४ किमि टाढा हुन्छ । सगरमाथाको चुचुरो पृथ्वीको केन्द्रबाट मापन गर्ने हो भने छ हजार तीन सय ८२ किमि मात्र टाढा पाइन्छ । अर्थात् पृथ्वीको केन्द्रबाट नाप्दा चिम्बोराजोभन्दा सगरमाथाको चुचुरो दुई किमि जति कम हुन आउँछ ।

अमेरिकाको हवाई टापुमा पर्ने 'मौना किया' समुद्री सतहबाट चार हजार दुई सय सात मिटर अग्लो छ । अर्थात् सगरमाथाभन्दा करिब चार हजार छ सय ४२ मिटर होचो छ । यस पहाडको फेददेखि हेर्ने हो भने यो करिब ५८ प्रतिशत भाग अर्थात् छ हजार मिटर जति फेद, समुद्री सतहमुनि पर्छ । यसरी पहाडको फेददेखिको उचाइ हेर्ने हो भने यो करिब १० हजार दुई सय मिटर अग्लो हुन आउँछ । अर्थात् सगरमाथाभन्दा एक हजार तीन सय मिटर अग्लो भन्न पनि सकिन्छ । तर प्रचलित उचाइ मापनको परिभाषाभित्र यी विषय पर्दैनन् ।

सगरमाथा संसारको सबैभन्दा अग्लो शिखर हो भनेर गणितीय रूपमा सन् १८५६ मा पुष्टि भयो । त्यति बेला तत्कालीन ब्रिटिस इन्डियाका सर्भेयर जनरल वागले ढिलो गरी उचाइ घोषणा गरेका थिए । संसारकै उच्च मानिएको यस शिखरको उचाइ मापन सन् १९५४ मा भारतको सर्भे विभागले गऱ्यो । विभिन्न किसिमका तथ्याङ्क प्रशोधन गरी त्यो बेला सगरमाथाको उचाइ ८८४८ मिटर घोषणा गरिएको थियो ।

नेपाल आफैले उचाइ मापन नगरेसम्म संसारभर यही उचाइलाई स्विकारियो । उचाइको शुद्धता मापन गर्ने विधि, लिइएको आधार सतह, मापन गरिने उच्चतम सतह एवम् मापित समयमा समेत भर पर्ने भएकाले एक पटक कुनै एक विधिबाट नापिएको उचाइ सधैंका लागि र सबैका लागि मान्य हुन्छ भन्ने छैन (हेर्नुहोस्, *जर्नल अफ स्प्यासियल साइन्स*को भोल्युम ५१ मा प्रकाशित डब्लूई फिदरस्टन र माइकल कुनको 'हाइट सिस्टम्स एन्ड भर्टिकल ड्याटम्स : अ रिभ्यू इन द अस्ट्रेलियन कन्टेक्स्ट') । भूगर्भविद्हरू चाहिँ हिमालय क्षेत्रभित्रको भूगर्भमा भारतीय र युरेसियाली प्लेटको हलचल जारी रहेको अनि दुई टेक्टोनिक प्लेट आपसमा ठोकिइरहेका कारण हिमालयको उचाइ बढिरहने बताउँछन् । यसै पृष्ठभूमिमा सन् १९९९ मा अमेरिकाको नेसनल जियोग्राफिक सोसाइटीले जिपिएसका सहायताले सगरमाथाको उचाइ आठ हजार आठ सय ५० मिटर रहेको निष्कर्ष निकालेको थियो ।

स्थायी हिउँले ढाकिएको पहाडको चुलीलाई सामान्य बुझाइमा हिमाल भनिन्छ । अर्थात् सबै हिमाल पहाड हुन्; सबै पहाड हिमाल होइनन् । त्यसकारण हिमालको उचाइ भन्नाले सामान्यतया हिउँ सतहसहितको उचाइ भन्ने बुझिन्छ । सन् २००५ तिर चिनियाँ सर्भेपछि चाइनिज एकेडेमी अफ साइन्सले चोमोलोङ्मा अर्थात् सगरमाथाको चट्टानी सतहको उचाइ आठ हजार आठ सय ४४ दशमलव ४३ मिटर रहेको तथ्य सार्वजनिक गऱ्यो । यसकारण उचाइ विवाद झनै चर्कियो ।

त्यति बेलादेखि चट्टानी उचाइ र हिउँ सतहको उचाइको विषय बहसमा आएको हो । सन् १९७५ मा पहिलो चिनियाँ मापनमा खटिएका शेर्पा आरोहीहरूले चुचुरोमा फलामको एउटा रड तल छिराई हेर्दा ०.९३ मिटर हिउँ सतहको मोटाइ रहेको तथ्य बाहिर आएपछि नै यो विषय बहसमा आएको हो ।

यसरी एउटै चुलीको फरकफरक उचाइ मानका कारण कतिपय अवस्थामा अनुसन्धानकर्मीहरूलाई असहज परेको तथा पर्यटक र सगरमाथासँग सरोकार राख्नेहरूमा द्विविधा पनि उत्पन्न भएको थियो । यस्तो परिस्थितिमा नेपाल आफैंले उचाइ मापनको कार्यक्रम अगाडि ल्याएको हो ।

कुनै स्थानको निश्चित सतहबाट त्यसको ठाडो दूरीको फरकलाई विभिन्न गणितीय पद्धतिद्वारा कुनै निश्चित इकाइमा देखाउने कामलाई सामान्यतया उचाइ मापन गर्ने भनेर बुझिन्छ । विभिन्न विधिबाट कुनै पनि निश्चित स्थानको उचाइ मापन गर्न सकिन्छ ।

प्राचीनकालमा लेखिएका विभिन्न ग्रन्थ एवम् सिद्धान्त ज्योतिषशास्त्र हेर्दा उचाइ मापनमा पूर्वीय चिन्तन निकै गहन देखिन्छ । लामो समयसम्म प्रचलनमा रहेको त्रिकोणमितीय आधार नै पूर्वीय परम्परा हो । यहाँ उचाइ मापनको पूर्वीय प्राचीन विधि, त्रिकोणमितीय विधि (परम्परागत विधि) र स्याटलाइट जियोडेसीको आधुनिक विधिको विवेचना गरिएको छ ।

## प्राचीन विधि

यो विधिअन्तर्गत पौराणिक ग्रन्थहरूमा उल्लिखित उचाइ मापन विधि तथा यज्ञवेदीहरूका ज्यामितीय आकार निर्धारण गर्ने तौरतरिकालाई सङ्क्षेपमा चर्चा गरिएको छ ।

*शब्दशास्त्रं मुखं ज्यौतिषं चक्षुषी श्रोत्रमुक्तं च कल्पः करौ ।*
*या तु शिक्षास्य वेदस्य सा नासिका पादपद्मद्वयं छन्द आद्यैर्बुधैः ॥*
*वेदचक्षुः किलेदं स्मृतं ज्यौतिषं... ।*

– *सिद्धान्तशिरोमणि*, कालमानाध्याय

वेदव्यासले वर्गीकरण गरेको वेदका मुख्य छ अङ्ग छन् । ती अङ्ग नै वेदाङ्ग हुन् । शिक्षा, कल्प, निरूक्त, छन्द, व्याकरण र ज्योतिष वेदका अङ्ग हुन् । तीमध्ये व्याकरणलाई वेदपुरूषको मुख, ज्योतिषलाई आँखा, निरूक्तलाई कान, कल्पशास्त्रलाई हात, शिक्षालाई नाक र छन्दलाई गोडा मानेर वैदिक दर्शनमा यिनीहरूका कामको चर्चा गरिएको छ । मानिसका इन्द्रियमध्ये आँखाको काम हेर्ने हो । वेदाङ्गमा आँखाको स्थान पाएको ज्योतिषशास्त्रले पनि अनन्त ब्रह्माण्डमा भएका हरेक वस्तुको अवलोकन र मापन गर्छ ।

विभिन्न आकृति र तिनका अवयवको रचना, मापन एवम् गणना रेखागणितीय अथवा ज्यामितीय सिद्धान्तमा आधारित भएर गरिन्छ । सरलतम ज्यामितीय आकृति त्रिभुज हो । यसको रचना, मापन र सङ्गणनासम्बन्धी शास्त्र त्रिकोणमिति हो । ग्रिक गणितज्ञ पाइथागोरस (ईपू ५७०-४९५)ले प्रतिपादत गरेको भनेर मानिएको पाइथागोरस सिद्धान्तलाई आधुनिक त्रिकोणमितिको आधार मानिन्छ । वास्तवमा यो सिद्धान्तका प्रतिपादक पाइथागोरस नभई प्राचीन गणितज्ञ वैदिक ऋषि बौधायन (ईपू ८००) थिए । बौधयानले लेखेका छ ग्रन्थ– *श्रौतसूत्र*, *कर्मान्तसूत्र*, *द्वैधसूत्र*, *गृह्यसूत्र*,

*धर्मसूत्र* र *शुल्वसूत्र*मध्ये *शुल्वसूत्र*को प्रथम अध्यायको अठ्चालिसौं सूत्रमा उक्त सिद्धान्तको उल्लेख छ । त्यसलाई सीधै समकोण त्रिभुजको कर्ण र भुजाहरूको सम्बन्धका रूपमा नभई एउटा आयतको विकर्ण र बाँकी भुजाहरूको वर्गले ओगट्ने क्षेत्रफलको सम्बन्धका रूपमा यसरी व्यक्त गरिएको छ–

*दीर्घचतुरश्रस्याक्ष्णया रज्जुः पार्श्वमानी तिर्यङ्गमानी च यत्पृथग्भूते कुरूतस्तदुभयं करोति ।*

अर्थात् कुनै आयतको विकर्णद्वारा व्युत्पन्न वर्गको क्षेत्रफल त्यसको लम्बाइ एवम् चौडाइद्वारा पृथक्पृथक् व्युत्पन्न हुने वर्गहरूको क्षेत्रफलको योगसँग बराबर हुन्छ । यसैलाई वर्गका सम्बन्धमा बौधायनले यसरी व्यक्त गरेका छन्–

*समचतुरश्रस्याक्ष्णयारज्जुर्दिस्तावती भूमि करोति ।*

अर्थात् कुनै वर्गको विकर्णले बनाउने क्षेत्रफल त्यसकै दुगुना हुन्छ । यसको अर्थ त्रिकोणमितिको मूल आधारका रूपमा रहेको समकोण त्रिभुजका भुजाहरूको वर्गबीच सम्बन्ध दर्साउने सिद्धान्त, जसलाई पाइथागोरसले प्रतिपादन गरेको भनिएको छ । त्यो सिद्धान्त पाइथागोरसको समयभन्दा २५० वर्षअघि नै बौधयानले *शुल्वसूत्र*मा उल्लेख गरिसकेका थिए, जुन धागोको प्रयोगबाट यज्ञवेदीहरू बनाउने शास्त्रका रूपमा विकास भएको थियो । तर पनि विभिन्न गणितीय रेखा तथा आकृतिका भुजाको मान निकाल्न उपयोगी थियो ।

यसैगरी *शतपथब्राह्मण*, *सिद्धान्ततत्त्वविवेध*, *ब्रह्मस्फुटसिद्धान्त* र *ज्योतिर्गणित*मा पनि पर्वत एवम् हिमालय टाकुराको उचाइ निकाल्ने विधिबारे वर्णन गरिएको छ । आधुनिक गणितज्ञहरूले त्यसलाई त्रिकोणमिति नाम दिई फरक ढङ्गबाट अलिक विस्तृत रूपमा व्याख्या गरेका मात्र हुन् । त्रिकोणमितिका सबै सिद्धान्त वैदिककालमै प्रतिपादित थिए । तथापि त्यो बेला कुनै पनि हिमालको उचाइ वा दूरी यति छ र यसरी नापिएको हो भन्ने विषय कतै उल्लेख पाइँदैन ।

सन् १११४ मा जन्मिएर ३६ वर्षकै उमेरमा सन् ११५०/५१ तिर *सिद्धान्तशिरोमणि* लेखिसकेका भास्कराचार्यले आफ्नो ग्रन्थको अध्याय 'यन्त्राध्याय'मा नाडीवलय यन्त्र, घटिका यन्त्रलगायतका नौ यन्त्रको निर्माणविधि उल्लेख गरेका छन् । उनकै अर्को कृति *लीलावती*मा

वस्तुको उचाइ मापनका आधार प्रस्तुत गरिएको छ । आर्य भट्टले लेखेको *आर्यभटीयम्*मा पनि उचाइ मापनका विधि उल्लेख गरिएको पाइन्छ । गणितमा प्रचलित आधार, लम्ब र कर्ण जस्ता पदलाई ज्योतिषमा क्रमशः भुज वा दो, कोटि वा लम्ब र कर्ण वा श्रुति जस्ता पदावली प्रयोग गरिएको छ । *लीलावती*को क्षेत्रमितिमा त्रिभुजका तीन भुजाबारे यसरी वर्णन गरिएको छ–

*इस्टो बाहुर्यः स्यात् तत्स्पर्धिन्यां दिशीतरो बाहुः ।*
*त्र्यस्रे चतुरसस्त्रे वा सा कोटिः कीर्तिता तज्ज्ञैः ॥*

- *लीलावती* भाग २८, क्षेत्रमिति, प्रथम श्लोक

यसको अर्थ लम्ब त्रिभुजमा भुजा (बेस) कोटी (प्रपेन्डिक्युलर) र कर्ण (हाइपोटेनस) हुन्छन् । आधुनिक गणितमा प्रयुक्त कोणीय सम्बन्धहरूलाई ज्या (साइन), कोज्या (कस) स्प (टेन) जस्ता शब्दले जनाइएको पाइन्छ । आधुनिक गणितमा पाइथागोरस सूत्रका नामले प्रसिद्ध सूत्र ($h^2=p^2+b^2$) लाई पूर्वीय गणितले यसरी परिभाषित गरेको छ–

*तत्कृत्योर्योगपदं कर्णो दोकर्णवर्गयोर्विवरति ।*
*नूनं कोटिः कोटिश्रुतिकृत्योरन्तरात पदं बाहु ॥*

- *लीलावती* भाग २८, क्षेत्रमिति, द्वितीय श्लोक

भुजवर्ग र कोटिवर्गको योगको वर्गमूल कर्ण हुन्छ । कर्णवर्गबाट कोटिवर्ग घटाएर त्यसको वर्गमूल लिए भुज हुन्छ । कर्णवर्गबाट भुजवर्ग घटाएर त्यसको वर्गमूल लिए कोटि हुन्छ । पाश्चात्यहरूको त्रिकोणमितिमा जे कुरा बताइएको छ, पूर्वीयशास्त्रमा पनि दूरी र उचाइको ज्ञान गर्न सकिने कुराको विधि सबै एउटै पाइन्छ । त्रिकोणमितिका विषयमा आधुनिक गणितमा जस्तो धेरै खोजअनुसन्धान पूर्वीयशास्त्रमा गरेको पाइँदैन । तर कुन चाहिँ पहिला सुरू भएको हो भन्ने विषयको आधिकारिक पुष्टि पाउन भने कठिन छ ।

त्यस्तै *सिद्धान्तशिरोमणि*को 'गोलाध्याय'मा पनि वस्तुको उचाइ मापनका आधार प्रस्तुत गरिएको छ । त्यहाँ वस्तुको उचाइ, दूरी र कोणीयमान आदि प्रस्तुत गर्ने प्रशस्त उदाहरण छन् । भास्कराचार्यले *लीलावती*मा कुनै पनि वस्तुको उचाइ, दुई वस्तुबीचको दूरी र वस्तुको कोणीय मान मापनको विधिसहित धेरै उदाहरण प्रस्तुत गरेका छन् । पृथ्वीका कुनै दुई ओटा बिन्दुमा बसेर तेस्रो बिन्दुलाई हेरी दूरी तथा उचाइ पत्ता लगाउने सम्बन्धमा पनि *लीलावती*मा वर्णन गरिएको छ ।

*यदि समभूवि वेणुद्रिवत्रिपाणिप्रमाणो ।*
*गणक ! पवन वेगादेकदेशे स भग्नः ॥*
*भुविनृपमित हस्तेष्वङ्गलग्नं तदग्रं ।*
*कथयकतिषुमूलादेष भग्नः करेषु ॥*

- *लीलावती*, क्षेत्रव्यवहार उदाहरण नम्बर एक

समतल भूमिमा ३२ हात अग्लो बाँस छ । हावाको वेगले त्यो बाँस एक ठाउँमा भाँचियो । भाँचिएर आएको बाँसको टुप्पाले फेददेखि १६ हात परको भूमिमा छोयो भने बाँसको मूल (फेद) देखि कति हातमाथि उक्त बाँस भाँचियो ? यसअनुसार १२ हात माथिबाट बाँस भाँचिएको हिसाब सहजै निकाल्न सकिन्छ ।

नतांश (होरिजन्टल एङ्गल) र उन्नतांश (भर्टिकल एङ्गल)का आधारमा वस्तुको उचाइ नाप्ने तरिका सम्बन्धमा पनि प्राचीन *ज्योतिर्गणित*का सिद्धान्तमा उदाहरणसहित वर्णन गरेको पाइन्छ । ज्योत्पतिकै कुरा *ब्रह्मस्फुटसिद्धान्त*, *ज्योतिर्गणित* र *केतकी ग्रह गणित*मा पनि वर्णन गरिएको छ । यसैलाई आधुनिक ग्रह गणितमा त्रिकोणमिति भनी नाम दिइएको हामीले देख्न सक्छौं ।

*सिद्धान्तशिरोमणि*को 'गोलाध्याय'मा पनि वस्तुका उचाइ मापनका आधार प्रस्तुत गर्दै वस्तुको उचाइ आफूदेखिको दूरी, कोणीयमान आदि प्रस्तुत गर्ने उदाहरण प्रशस्त छन् । 'गोलाध्याय'अन्तर्गत 'यन्त्राध्याय'को ४१ देखि ४९औं श्लोकसम्ममा उचाइ नाप्ने सम्बन्धमा भास्कराचार्यले विस्तृत व्याख्या गरेका छन् । प्राचीनशास्त्रमा व्याख्या गरिएका सूत्रको प्रयोगबाट जमिनको सतहदेखि रूख, बाँस तथा सासाना पर्वतको उचाइ मापन गरिएको विषयलाई उदाहरणका रूपमा दिइएको पाइन्छ ।

*दृष्टा चेतर्त्यङ्गुला कोटिर्बाहुश्च चतुरङ्गुलः ।*
*ऊर्ध्वस्थेनोपविष्टेन बाहुरेकादशाङ्गुलः ॥*
*कोटिरष्टाङ्गुला तोये वंशाग्रं विध्यतां सखे ।*
*त्र्येकहस्तौ दृगुच्छायौ वंशौच्यं चान्तरं वद ॥*

- *सिद्धान्तशिरोमणि*, गोलाध्याय-यन्त्राध्याय, श्लोक ४९

धेरै टाढा नभएको कुनै एक द्रष्टाले पानीपोखरीमा रहेको बाँसको अग्रभाग मात्र पानीमा देखेको अवस्थामा बाँसको ऊर्ध्वभाग बेध गर्दा कोटि तीन अङ्गुल र भुज चार अङ्गुल पायो । त्यसपछि बसेर पानीमाथिको बाँसको उचाइबोध गर्दा भुज ११ अङ्गुल र कोटि आठ अङ्गुल पायो ।

यही अवस्थामा बाँसको देखिएको उचाइ (दृगुच्छ्रिति) तीन हात र एक हात परिमाणको पायो । अब भन्नुहोस्, बाँसको वास्तविक उचाइ र आफू रहेको स्थानदेखि बाँससम्मको दूरी कति होला ?

माथिको समस्यालाई चित्रमा उतार्दा यस्तो देखिन्छ–

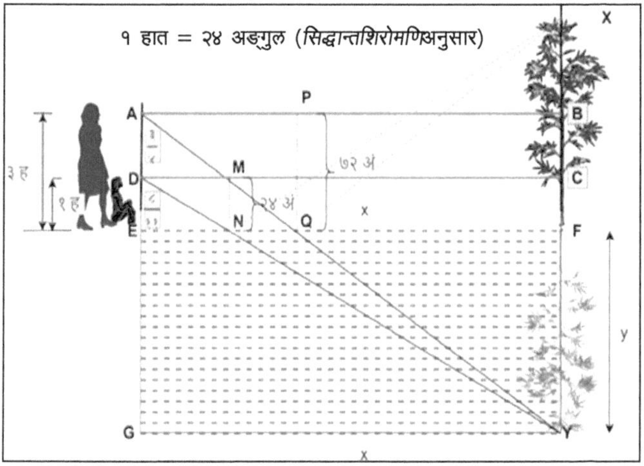


उचाइ मापन गर्ने तरिका सम्बन्धमा *सिद्धान्तशिरोमणि*को एउटा श्लोकलाई सचित्र वर्णन गर्दा बन्न आउने तस्बिर ।

मानौं, सोधिएको दूरी x हात र उचाइ y हात छ । चित्रबाट समरूप त्रिभुजका भुजाहरूको अनुपात हेर्दा

$\frac{y+1}{x}=\frac{8}{11}, \frac{y+3}{x}=\frac{3}{4}$ सिद्धान्तशिरोमणि अनुसार एक हातमा २४ अङ्गुल हुन्छ । हामीले अङ्गुल एकाइमा सीधै हिसाब गऱ्यौं भने माथिको समीकरणलाई यसरी पनि प्रस्तुत गर्न सकिन्छ–

$\frac{y+24}{x}=\frac{8}{11}, \frac{y+72}{x}=\frac{3}{4}$ अथवा **11y+264=8x, 4y+288=3x**

अथवा, y (बाँसको उचाइ)=१५१२ अङ्गुल=६३ हात, x (दूरी)=२११२ अङ्गुल=८८ हात ।

यसरी भास्कराचार्यले वस्तुको उचाइ मापनका तौरतरिकालाई उति बेलै प्रस्तुत गरीसकेका थिए । तर हिमालहरूको उचाइ यसरी नापेर यति आयो भन्ने तथ्य शास्त्रहरूमा उल्लेख भएको पाइँदैन ।

## परम्परागत विधि

यसअन्तर्गत परम्परागत उपकरणको प्रयोगबाट सामान्य गणितीय एवम् विज्ञानका समीकरण प्रयोग गरी कोण, दूरी र उचाइ मापन वा सङ्गणना गर्ने विधि पर्छन् । त्रिकोणमिति, ब्यारोमेट्री, ह्याइप्सोमेट्री, स्प्रिट लेभलिङ आदि परम्परागत उपकरणको प्रयोगबाट दूरी, उचाइ र कोण मापन गर्ने विधि प्रचलित विधि हुन् ।

यहाँ विशेषगरी पहाडको उचाइ मापनका सन्दर्भमा त्रिकोणमितीय विधिलाई बताउन खोजिएको छ । सर्भेको आधारभूत सिद्धान्तनुसार पृथ्वीको सापेक्षित अवस्थिति र उचाइ थाहा भएका कुनै पनि दुई बिन्दुबाट तेस्रो अज्ञात बिन्दुको अवस्थिति र सापेक्षित उचाइको फरक पत्ता लगाउन सकिन्छ । सामान्य त्रिकोणमितिका सूत्र प्रयोग गरी वा केही स्वयम्सिद्ध तथ्यको सहायता लिई अवस्थितिको यकिन गरिन्छ । त्यसपछि थाहा भएका बिन्दुबाट थाहा नभएका बिन्दुको उन्नतांश कोणको परिशुद्ध मापन तथा त्रिकोणमितिका सूत्र प्रयोग गरी उचाइको फरक निकालिन्छ । र उचाइ पत्ता लगाइन्छ ।

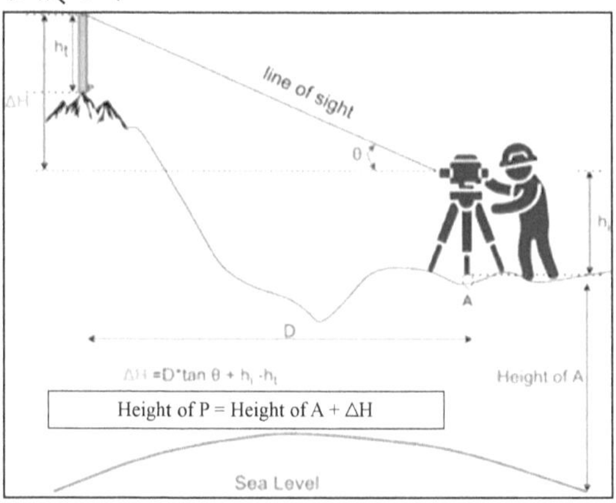


परम्परागत विधि (त्रिकोणमिति)बाट उचाइ निकाल्ने तरिका ।

पृथ्वीको सतहको बनावटमा भएको उबडखाबड तथा भूघनत्व सबै स्थानमा एकै नासको हुँदैन । त्यसैले पृथ्वीको गुरूत्वाकर्षणमा खगोलीय पिण्डहरूको प्रभाव आदिले गर्दा परिशुद्ध उचाइ मापनमा धेरै असर परेको हुन्छ । उचाइ थाहा पाउन सर्वप्रथम आधार सतह परिभाषित गर्न आवश्यक छ । यसरी परिभाषित समतल सतहलाई पृथ्वीको गुरूत्वले पारेको असर थाहा

पाउनुपर्छ । त्यसका लागि गुरूत्वाकर्षण प्रवेगको मान अवलोकन गरी उचाइमा परेको असरमा सुधार गरेपछि मात्र परिशुद्ध उचाइ प्राप्त हुन्छ । यसबाहेक त्रिकोणमितीय विधिबाट उचाइ मापन गर्दा क्षितिजीय रेखामा पर्ने पृथ्वीको वक्रताको प्रभाव र प्रकाशको परावर्तनको प्रभावमा समेत सुधार गर्नुपर्छ । विगतमा सगरमाथाको उचाइ मापनका निम्ति अपनाइएका विधि धेरैजसो परम्परागत नै थिए । निकै लामो समयसम्म विश्वव्यापी रूपमा मानिएको सगरमाथाको उचाइ ८८४८ मिटर पनि यसै विधिबाट मापन गरी निकालिएको हो ।

## आधुनिक विधि

प्राकृतिक एवम् मानवनिर्मित भूउपग्रहको प्रयोगबाट गरिने जिएनएसएस, भिएलबिआई, एलएलआर, एसएलआर आदि जमिन सर्वेक्षण तथा उचाइ मापन गर्ने आधुनिक विधिअन्तर्गत पर्दछन् । सन् १९८० को दशकयता स्पेस साइन्सको प्रयोग सुरू गरिएको थियो । यी विधिमध्ये सगरमाथाको उचाइ मापन गर्न प्रयोग भएको विधि जिएनएसएस हो । यसमा खासगरी पृथ्वीको सतहबाट २० हजार किमिभन्दा माथि रहेर पृथ्वीलाई परिक्रमा गर्ने मानवनिर्मित भूउपग्रहको प्रयोग गरेर कुनै पनि स्थानको अवस्थिति र उचाइ नापिन्छ ।

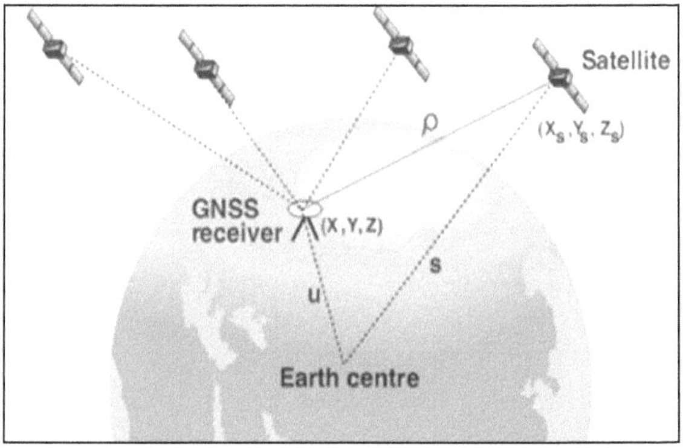


आधुनिक विधिबाट उचाइ तथा अवस्थिति पत्ता लगाउने विधि ।

यस विधिमा पनि आधार बिन्दुहरूको आवश्यकता पर्छ । तर यसमा त्रिकोणमिति विधिमा जस्तो आधार बिन्दुहरू आपसमा देखिने गरी स्थापना गर्न जरूरी हुँदैन । इटाली, अमेरिका, चीन र हालै नेपालले पनि यो विधि अपनाएर सगरमाथाको उचाइ पत्ता लगाइएको छ ।

## प्रयास

इस्ट इन्डिया कम्पनी सरकारले समग्र भारतीय प्रायद्वीपको नापनक्साङ्कन गरी भूगोलको जानकारी लिन सन् १८०२ अप्रिल १० देखि हाल भारतको चेन्नईलाई आधाररेखा मानेर ग्रेट ट्रिगोनोमेट्रिक सर्भे अफ इन्डिया परियोजना सुरू गऱ्यो । त्यति बेला ब्रिटिस सर्भेयरहरूले नेपालका उत्तरी भागमा अवस्थित हिमचुचुरा पृथ्वीका सबैभन्दा अग्ला स्थान हुन सक्ने अनुमान गरे । त्यसैले उत्तरतर्फका हिमालको सर्भे गरी उचाइ पत्ता लगाउन सर्भे टोली खटियो । र सन् १९४९-५० को सर्भेबाट लिइएको तथ्याङ्कबाट अग्लो बिन्दु 'पन्ध्रौं चुली' हो भन्ने पत्ता पनि लाग्यो । त्यसपछि यसको उचाइको परिशुद्धतालाई लिएर विभिन्न देशका वैज्ञानिक सम्मिलित सर्भे टोलीले यसको मापन/अध्ययन गरिरहेका छन् ।

सन् २०१९ मा मात्र सगरमाथाको स्वामित्व रहेको देश नेपालले आफैं उचाइ मापन गऱ्यो । यहाँ सन् १८५६ देखि सन् २०२० सम्ममा विभिन्न मुलुकका विभिन्न संस्थाले गरेका सगरमाथा उचाइ मापन अभियानबारे पछिल्ला अध्यायमा सङ्क्षेपमा चर्चा गरिन्छ ।

# पन्ध्रौं चुली : सर्वोच्च शिखर

इतिहासका कतिपय विषय यकिनसाथ भन्न र लेख्न अनि त्यसमा प्रमाण दिन निकै गाह्रो हुन्छ । सर्भे अफ इन्डियाको इतिहासमा पनि कतिपय विषय अनुत्तरित छन् । सबैभन्दा पहिला सर्वोच्च शिखर सगरमाथा कसले पत्ता लगायो भन्ने विषय पनि निर्विवाद छैन । सर्भे अफ इन्डियाको इतिहास लेखनको मुख्य काम पूर्वसर्भेयर जनरलहरू एसजी बुराड र फिलिमोरले गरेका हुन् ।

फिलिमोरले त्यति बेला फिल्ड सर्भेयरहरूले लेखेर राखेका नोटबुक र चिठीपत्रसमेत मसिनो गरी केलाएर गहिरो अनुसन्धान गरी लेखेको देखिन्छ । बुराडले भने त्यति मसिनो गरी इतिहास खोतलेको पाइँदैन । फिलिमोरलाई उनको अवकाशपछि भारतको सर्भे विभागले सर्भे अफ इन्डियाको विस्तृत इतिहास लेखनका लागि औपचारिक जिम्मेवारी दिएको थियो । उनले लेखेको इतिहासलाई सर्भे अफ इन्डियाले ग्रहण गर्दै विभिन्न मितिमा सन् १९४५ देखि १९६८ सम्ममा पाँच ओटा भाग प्रकाशन गऱ्यो ।

दस्तावेजमा फिलिमोरले ग्रेट ट्रिगोनोमेट्रिकल सर्भेका त्रिकोणमितीय सञ्जालबाट कहिले, कसरी, कसले, कहाँकहाँबाट पन्ध्रौं चुलीको अवलोकन भयो भन्ने विषयमा निकै महत्त्वसाथ उल्लेख गरेका छन् । अरू उपलब्ध आधारतर्फ समेत दृष्टिगत गर्दै यहाँ विषेशगरी फिलिमोरद्वारा लेखिएको *हिस्टोरिकल रेकर्ड अफ द सर्भे अफ इन्डिया*मा उल्लिखित आधार बढी प्रमाणिक देखिएको हुँदा यसैका आधारमा यहाँ व्याख्या-विश्लेषण गरिएको छ ।

सन् १८४७ को नोभेम्बरमा सर्भेयर जनरल वाग र सर्भे अधिकृत लोगनले दार्जीलिङको दक्षिण, कोलकाताभन्दा उत्तरतर्फ एवम् नेपालको झापाभन्दा २५ किमि दक्षिणपूर्वमा रहेको सोनाखोडामा नयाँ आधाररेखा

स्थापना गरी चुलीको मापन गरेका थिए । यो ठाउँमा कोलकाताको त्रिकोणमितीय सञ्जाललाई उत्तरपूर्वको देशान्तरीय सञ्जालसँग जोडिएको थियो । यसै सञ्जालबाट सन् १८४७ नोभेम्बर पहिलो साता उनीहरूले कञ्चनजङ्घा र त्यसभन्दा पश्चिमतर्फका हिमालका चुचुरा अवलोकन गरे । ती चुचुरामध्ये कतिपय निकै टाढा देखिएकाले उनीहरूले तिनका भर्टिकल कोण भने नाप्न सकेनन् । भर्टिकल कोण मापन नभए तापनि उत्तर-पश्चिमतर्फ एउटा हिउँचुचुरो टल्किएको देखे र क्षितिजीय कोण मापन गरी त्यस हिउँचुलीतर्फको दृष्टिरेखालाई गामा (**γ**) नामकरण दिए ।

सर्भेयर जोन आर्मस्ट्रङले नोभेम्बरकै १३ र १४ मा जिटिएसको उत्तर-पश्चिमतर्फको त्रिकोणमितीय शृङ्खलाबाट एउटा हिउँचुली अवलोकन गरे । उक्त हिउँचुलीलाई उनले पिक बी नाम दिए । यसै सिलसिलामा हालको बिहारको मुजफरपुरभन्दा केही माइल उत्तरतर्फ रहेको सदनपुरबाट क्षितिजमा सोही हिउँचुली टल्किएको देखे । र उनले पुनः अवलोकन गरे । अनि त्यहाँसम्मको दूरी मापन गरे । उनले यो हिउँचुली (पिक बी) पक्कै पनि सर्भेयर जनरल वाग र सर्भे अधिकृत लोगनले कोलकाताभन्दा माथि सोनाखोडाबाट देखेको कञ्चनजङ्घाभन्दा अलि पश्चिमतर्फकै 'गामा पिक' हुनुपर्छ भनी अनुमान लगाए । दूरी र उन्नतांश कोणका आधारमा उक्त चुचुरोको उचाइ लगभग २८ हजार सात सय ९९ फिट (८७७८ मिटर) हो भनी हिसाब निकाले । त्यो सबैभन्दा अग्लो चुली हो भन्नेमा सर्भेयर आर्मस्ट्रङलाई लागे पनि यकिन थिएन । लगत्तै आर्मस्ट्रङले फिल्डको सबै विवरण तथ्याङ्कसहित सर्भेयर जनरल वागलाई पेस गरे ।

आर्मस्ट्रङको फिल्ड रिपोर्ट र अवलोकन गरिएको तथ्याङ्क सम्बन्धमा जनरल वागले लेखेको नोटलाई *हिस्टोरिकल रेकर्ड अफ द सर्भे अफ इन्डिया*को पाँचौं भागमा समावेश गरिएको छ । उक्त नोट यस्तो छ–

"सर्भेयर जोन आर्मस्ट्रङले अवलोकन गरेका डाटा हेर्दा उनले निकै महत्त्वपूर्ण हिउँचुचुराहरूको तथ्याङ्क सङ्कलन गरेको देखिन्छ । सायद उनले अवलोकन गरेका हिउँचुचुरामध्ये सन् १८०४ वरपर कर्णेल क्रफर्डले काठमाडौंबाट अवलोकन गरेका चुलीसमेत परेका हुन सक्छन् । त्यसबाहेक एउटा हिउँचुलीको फिल्डबुक हेर्दा त्यो हालसम्म हामीले मान्दै आएको सबैभन्दा अग्लो कञ्चनजङ्घा चुलीभन्दा पनि अग्लो देखिन जान्छ । उक्त चुली कोसी नदीको सिरानतिर देखिन्छ । आर्मस्ट्रङले उक्त चुलीलाई

१६० र १८० माइल टाढाका दुई बिन्दुबाट अन्तरछेदन गरी अवस्थिति निश्चित भएको दूरी र भर्टिकल कोणका आधारमा उचाइ हिसाब गर्दा उक्त हिउँचुलीको उचाइ २८ हजार सात सय ९९ फिट अग्लो हुन आउँछ । निकै टाढाका जम्मा दुई बिन्दुबाट मात्र अवलोकन गरी आएको उचाइमा अलि बढी नै अनिश्चितता देखिन सक्छ । त्यसकारण यसलाई अलि नजिकका त्रिकोणमितीय बिन्दुहरूबाट अवलोकन गरी थप पुष्टि गर्नुपर्छ । वास्तवमा लोगनले भर्टिकल कोण नपढे तापनि केवल क्षितिजीय कोण पढेर दिएको 'लाइन अफ साइट', जसलाई गामा भनेका छन् । आर्मस्ट्रङले दिएको पिक बीसँग यो गामा पिक मेल खाने देखिएको छ ।"

लोगनले गामा भनी फिल्डबुकमा रेकर्ड गरेको हिउँचुली र आर्मस्ट्रङले पिक बी नाम दिई अवलोकन गरिएको हिउँचुली एउटै थियो भन्ने पछि मात्र पुष्टि भयो, जुन हालको सगरमाथा थियो । यसको थप पुस्ट्याइँका लागि सर्भेयर जनरल वागले सन् १८४८ र ४९ को फिल्ड सिजनमा सर्भे गर्न जोन पेटनलाई खटाए ।

ब्रिटिस सर्भेयर पेटनले ८५ देखि ८६.५ डिग्रीसम्मको देशान्तरीय शृङ्खलाको सर्भे सुरू गरे । निकै दुःखका साथ कहिले घना जङ्गल त कहिले ठूला पहाड, कहिले खोला र नदी पार गर्दै उनले नेपाल-भारत सीमारेखाबाट लगभग दुईदेखि आठ किमि नजिकै हालको बिहार राज्यमा २०-३० फिट अग्ला त्रिकोणमितीय बुर्जाहरू निर्माण गरी उक्त क्षेत्रको समग्र त्रिकोणमिति सर्भे गरेर डाटा लिए । यसअघि आर्मस्ट्रङले अवलोकन गरेको पिक बीको समेत भेरिफिकेसनका लागि उत्तरी क्षितिजसम्म देखिने हिमालहरूको अवलोकन गर्नुपर्ने थियो । उनले अवलोकन गर्न सुरू गरे । तर खराब मौसमका कारण हिमाली चुचुराहरूको अवलोकन गर्न सकेनन् । उनले हिउँचुलीहरूको अवलोकन गर्न नसकेका कारण जनरल वागले सन् १८४९ को फिल्ड सिजनका लागि अर्का मेधावी सर्भेयर निकोल्सनलाई पठाए ।

ब्रिटिस बाबु र बङ्गाली आमाको कोखबाट जन्मिएका थिए– निकोल्सन । यिनका बुबा बङ्गाली इन्फेन्ट्रीमा कप्तान थिए । निकोल्सनलाई शिक्षादीक्षाका लागि बाल्यकालमै बेलायत पठाइएको थियो । मेधावी सर्भेयर भएकै कारण उनलाई सन् १८३६ देखि १८४० सम्म सर जर्ज एभरेस्टको सहयोगीका रूपमा काममा खटाइएको थियो ।

सर्भेकै क्रममा यिनले सन् १८४९ मा पटना नजिकै रहेको सदनपुरमा गई नोभेम्बर ३ को साँझपख १२ इन्च थियडलाइटको सहायताबाट हिमचुचुराहरूको अवलोकन गरे । र आफ्नो टोलीमा रहेका अन्य सर्भेयरलाई लिएर जिरोलको त्रिकोणमितीय स्टेसनमा गए । तर नोभेम्बर २७ सम्म मौसमले त्यति साथ नदिएपछि थियडलाइटको क्रस हेयर हिमालहरूको टुप्पोमा राम्रोसँग बाइसेक्सन गर्न नसक्दा हिमचुचुराहरूको शुद्ध उन्नतांश कोण अवलोकन गर्न सकेनन् (हेर्नुहोस्, सिआर मार्खमको *अ मेम्वायर इन इन्डियन सर्भेज*) ।

धेरै पटकको निरन्तर प्रयासपछि डिसेम्बर २, १९४९ का दिन सर्भेयर निकोल्सनले २४ इन्च थियडलाइट प्रयोग गरी बिरलै देखिने हिउँचुलीहरूको दुई सेट होरिजन्टल र भर्टिकल कोणको मापन लिन सफल भए, जसमध्ये एउटा चुलीलाई यसअघि आर्मस्ट्रङले स्केचमा पिक बी नै नामकरण गरी तथ्याङ्क फिल्डबुकमा रेकर्ड गरेका थिए । यसरी सन् १८४९ को नोभेम्बर २ देखि १८५० को जनवरी १७ सम्म निकोल्सन र उनको सर्भे टोलीले पटनादेखि पूर्व रहेका त्रिकोणमितीय सञ्जालका छ ओटा नियन्त्रण बिन्दुबाट सगरमाथाको दुईदेखि १२ सेटसम्म कोणीय मापन गरेका थिए (हेर्नुहोस्, आरएच फिलिमोरद्वारा लिखित *हिस्टोरिकल रेकर्ड अफ दी सर्भे अफ इन्डिया*को पाँचौं भाग) ।

## के सगरमाथा पत्ता लगाउने व्यक्ति राधानाथ सिक्दर हुन् ?

सन् १८४९ डिसेम्बरमा कोलकाता अफिसमा राधानाथ सिक्दरको सरूवा भएपछि सर्भेयर हेनेसीको सरूवा देहरादुनस्थित सर्भेयर जनरलको मुख्यालयमा भयो । उनको नेतृत्वमा विभिन्न त्रिकोणमितीय शृङ्खलाहरूका तथ्याङ्क प्रशोधन तथा जाँच गरी भेरिफिकेसन हुने गरेका थिए । त्यसै बेला सर्भेयर जनरल वागले यसअघि अवलोकन भइसकेका हिमालको तथ्याङ्कसमेत एकमुस्ट गर्ने र दोहोरिएर अवलोकन हुन गएका हिउँचुलीहरूको सूची तयार गर्ने योजना अगाडि बढाए । यसका लागि उनले सर्भेयर हेनेसीलाई जिम्मा दिएको *हिस्टोरिकल रेकर्ड अफ दी सर्भे अफ इन्डिया*को पाँचौं भागमा उल्लेख छ ।

हेनेसीले प्रथमतः यसअघि भएका समग्र फिल्ड अवलोकनका सम्पूर्ण फाइल अध्ययन गरे । कम्प्युटर सर्भेयर हेनेसीले एउटै चुचुरालाई पनि

विभिन्न समयमा विभिन्न सर्भे टोलीले आआफ्नै तरिकाबाट नामकरण गरी फिल्डबुकमा लेखेको पत्ता लगाए । यसअघि सन् १८०४ तिर काठमाडौंको पहिलो नक्सा बनाउने क्रफर्डदेखि १८०९-१० मा धवलागिरिको अवलोकन गरी उचाइ मापन गरेका क्याप्टेन डब्लुएस वेब हुँदै विभिन्न कालखण्डमा हडसन, हर्बट, जनरल वाग, डू भर्नेट, रेनी टेलुर, सर्भे अधिकृत लोगन, लाने, सर्भेयर आर्मस्ट्रङ हुँदै निकोल्सनसम्म आइपुग्दा आआफ्नो तवरबाट नामकरण दिई अवलोकन गरेको देखियो ।

जस्तै आर्मस्ट्रङ र निकोल्सनले हिउँचुलीहरूलाई ए, बी, सी... नामकरण गरेको देखियो । सर्भेयर लोगनले भने धेरैजसो फिल्डबुकमा एल, एम, एन... नाम दिएको पाइयो । सर्भेयर जनरल वाग र लानेले ग्रिक अक्षरहरू $\alpha$ (अल्फा), $\beta$ (बिटा), $\gamma$ (गामा) नामकरण गरी फिल्डबुक कायम गरेको भेटियो ।

यी सबैलाई एकरूप बनाउनुपर्छ भन्ने सोचसाथ सर्भेयर हेनेसीले हिउँचुलीका सबै अवलोकनलाई एक इन्च बराबर चार माइलको माननापमा मोटामोटी प्लट गरी स्केच चार्ट तयार गरे । सबै हिउँचुलीका नाममा एकरूपता ल्याउन र तथ्याङ्क प्रशोधन गरी तुलना गर्न सजिलो हुने गरी हेनेसीले पूर्वदेखि पश्चिमसम्म नयाँ तबरबाट नम्बरिङ गर्ने निधो गरे ।

सन् १८५० मा सबैभन्दा पूर्वमा अवलोकन गरिएको चोमलरी हिमाल (जुन हाल भुटानमा पर्छ)लाई हेनेसीले रोमनमा पिक १ (प्रथम चुली), कञ्चजङ्घा हिमाललाई पिक ९ (नवौं चुली), मकालु हिमाललाई पिक १३ (तेह्रौं चुली) हुँदै सगरमाथालाई पिक १५ (पन्ध्रौं चुली), धवलागिरिलाई पिक ४२ (बयालिसौं चुली) र गढवालको नन्दादेवीलाई पिक ५८ (अन्ठाउन्नौं चुली) भनी नामकरण गरे (हेर्नुहोस्, आरएच फिलिमोर, ऐजन, पृष्ठ ९१) ।

Projected rough sketch of the principal series...and Himalayan and sub-Himalayan points on a scale of 4 miles to the inch for the purposes of identification[3].

This chart showed the whole length of the longitudinal series, with the Darjeeling work, and all rays to the peaks. The individual observers, having no knowledge of any names, had allotted their own characteristics—Armstrong and Nicolson the small letters a, b, c, etc.—Logan mostly accented letters K′, L′, M′, etc.—Waugh and Lane the greek letters. Hennessey now numbered in a continuous series from the east all those peaks that had worked out successfully, "including—I, Chomalari—IX, Kanchinjunga—XIII, Makalu—XV, Mont Everest—XLII, Dhaulagiri—LVIII, Nanda Devi", etc.

Armstrong's ( b ), reported as 28,799 feet from a single angle of elevation taken between 2 and 3 p.m. [82], was proved to coincide with Nicolson's ( h ) and the Darjeeling *gamma*, and was computed out as serial XV from seven principal stations, which gave six vertical angles from which the height of 29,002 was deduced.

पूर्वतर्फका त्रिकोणमितीय सञ्जालका फिल्डबुक भने सर्भेयरहरूले कोलकाता लगे । सामान्यतया जुन सर्भेयरले अवलोकन गरेको हो, उसैले मोटामोटी सङ्गणना गरी सक्कल फिल्डबुकसहित मुख्यालयमा बुझाउने गरिन्थ्यो । सन् १८५० को सुरूवातमै सर्भेयर निकोल्सनले पन्ध्रौं चुलीको फिल्डमा सङ्गणना गरी हेर्दा ३० हजार फिटभन्दा बढी उचाइ देखिएको थियो । तर त्यसमा आवर्तन र पृथ्वीको वक्रताका कारण दृष्टिरेखामा पर्ने असरसम्बन्धी कुनै प्रकारको सुधार गरेका थिएनन् । केवल त्यो अशुद्ध मान थियो । फिल्डबुकहरू लिएर सर्भे टोली कोलकाता पुग्यो र कार्यालयलाई हस्तान्तरण गऱ्यो ।

केही समयपछि सबै हिउँचुलीको अवलोकन भएका फिल्डबुक कोलकाताबाट देहरादुनस्थित मुख्यालयमा लगियो । अन्तिम सङ्गणना गर्ने समयमा निकोल्सनलाई कडा रोग लागेकाले उनी सहभागी हुने अवस्था रहेन । मलेरियाबाट ग्रस्त उनलाई कहिले चक्कर आउने तथा स्मरणक्षमतामै समस्या देखियो । उनी थप उपचारका लागि बेलायत गए । र पछि सन् १८५८ मा पुनः इन्डियामा फर्किए । त्यसपछि उनलाई आसाम अनि उडिसामा सर्भे गर्न खटाइयो । खस्किँदो स्वास्थ्यका कारण सन् १८६६ मा सेवाबाट अवकाश लिएका निकोल्सन बेलायत फर्किए । सन् १८६९ मा ५० वर्षकै उमेरमा अल्पायुमै उनको निधन भयो (हेर्नुहोस्, सन् १९८५ मा प्रकाशित अमेरिकन जियोफिजिकल युनियनको *इओएस* पत्रिका (६६.४१)मा प्रकाशित पिए डिक्कीको 'हु डिस्कभर्ड माउन्ट एभरेस्ट') ।

त्यति बेलासम्म सर्भे अफ इन्डियाको मुख्यालय देहरादुनमा तथ्याङ्क प्रशोधन गर्ने छुट्टै शाखा भने थिएन । कोलकाता अफिसमा भने ग्रेट ट्रिगोनोमेट्रिक सर्भे अफिसको एउटा तथ्याङ्क प्रशोधन इकाइ थियो । सङ्गणनाको काम देहरादुनमा पनि हुने गर्थ्यो । सन् १८६१ देखि मात्रै औपचारिक रूपमा सर्भे अफ इन्डियामा तथ्याङ्क प्रशोधन गर्ने छुट्टै शाखा स्थापना गरिएको थियो, जसको पहिलो शाखा प्रमुख हेनेसी थिए (हेर्नुहोस्, आरएच फिलिमोर, ऐजन, पृष्ठ ९५) ।

Mr. Scott...has spent a quarter of a century in unravelling more intricate geographical problems than this. ...

Mr. Hennessey has been engaged on all the computations for determining the positions and heights of the principal peaks of the Himalaya range, including Mount Everest. ... He also saw Mount Everest when he was engaged on the North-East Longitudinal series.

Mr. Armstrong is one of the gentlemen by whom Mount Everest was observed[8].

सम्पूर्ण हिमालको अवस्थिति र उचाइ सङ्गणनामा संलग्न सर्भेयर थिए, हेनेसी । उत्तर-पूर्वी देशान्तरीय शृङ्खलामा काम गर्दा उनी आफैंले सगरमाथाको अवलोकनसमेत गरेका थिए । पन्ध्रौं चुली भनी नामकरण गर्नेदेखि उचाइ सङ्गणना र संसारको सबैभन्दा अग्लो चुली रहेको तथ्य सार्वजनिक गर्ने काममा सर्भेयर हेनेसीको योगदान विशिष्ट थियो ।

चर्चित गणितज्ञ राधानाथ सिक्दर प्रमुख गणकका रूपमा सर्भे अफ इन्डियामा कार्यरत थिए । उनले देहरादुनमा रहँदा सन् १८४९ सम्म गरिएको फिल्ड सर्भेको प्रतिवेदन सन् १८५४ मा सर्भेयर जनरल वागलाई बुझाएका थिए ।

यसअघि भारतीय एवम् कतिपय विदेशी लेखकले लेखेका विभिन्न पुस्तक, लेख, समाचारलगायतमा "पहिलो पटक सर्भेयर जनरल वागले सन् १८५२ मा पन्ध्रौं चुली अग्लो रहेको थाहा पाएका थिए । र समग्र सङ्गणना प्रमुख गणक राधानाथ सिक्दरले गरेका थिए" भनेर लेखिएको छ (हेर्नुहोस्, सिड्नी बुराड आदिले लेखेको *स्केच अफ द जियोग्राफी एन्ड जियोलोजी अफ द हिमालय माउन्टेन्स एन्ड टिबेट*) ।

तर भारतको सर्भे विभागले नै प्रकाशन गरेको इतिहासका कुनै पनि तथ्यले राधानाथ सिक्दरले पन्ध्रौं चुलीको उचाइ सङ्गणना गरी अग्लो रहेको सर्वप्रथम पत्ता लगाएका हुन् भन्ने पुष्टि गर्दैनन् । *हिस्टोरिकल रेकर्ड अफ द सर्भे अफ इन्डिया*को पाँचौं भागको सातौं अध्यायको ९२औं पेजमा यस्तो लेखिएको देखिन्छ ।

No official corroboration has been found of the statement that 1852 was the first year that the Surveyor General first knew of the great height of peak xv[1]. As early as 1848 he had reported Armstrong's height ( b ), and this would have been confirmed by Nicolson's field computations of 1850 [ 82, 91 ]. Waugh continues ;

I...append an attested statement on the geographical positions and elevations of Dhoulagiri, Mont Everest [ 94 ], Kanchinjinga, and Choomalari. ... You are at liberty to make use of these results in anticipation of my forthcoming report on the positions and elevations of all the principal peaks of the Himalaya range.

In justice to my able assistant J. Hennessey, it is proper to acknowledge that I am greatly indebted to him for his cordial co-operation in revising these computations. ...

| | | | | | | |
|---|---|---|---|---|---|---|
| Choomalari | I | from 2 | stations | ... | height | 23,944 |
| Kanchinjinga | IX | ,, 9 | ,, | ... | ,, | 28,156 |
| Mont Everest | XV | ,, 7 | ,, | ... | ,, | 29,002 |

सिक्दरले ग्रेट ट्रिगोनोमेट्रिक सर्भेमा काम गर्दा सबै सर्भेयरका लागि सजिलो होस् भनेर सङ्गणना फारम, लग टेबल, जियोडेटिक तथा त्रिकोणमिति सर्भेमा गरिनुपर्ने करेक्सनका सबै फर्मुला सरल किसिमले बनाई प्रकाशन गरेका थिए । उनले बनाएको तालिका प्रयोग गरी सङ्गणना गर्न अन्य गणक र सर्भेयरलाई सहज भएको थियो ।

सबै डाटा विभिन्न त्रिकोणिमितीय सञ्जालका फिल्डबुक व्यवस्थित गरी सङ्गणना गर्नु चानचुने थिएन । फिल्डबुकहरूको सङ्गणनाअघि उक्त स्थानको पृथ्वीको गोलाइका कारण गर्नुपर्ने वक्रीय सुधार (कर्भेचर करेक्सन) र निकै लामो दृष्टिरेखा (लाइन अफ साइट)का कारण सङ्गणनामा समस्या हुन्छ । प्रकाशको आवर्तन (रिफ्र्याक्सन), वायुमण्डलीय चाप र तापक्रमका कारण उचाइ सङ्गणनामा आउने त्यही समस्या समाधान गर्न गरिनुपर्ने सुधारको परिशुद्ध मान अनुसन्धान गरी निकाल्नु चुनौतीपूर्ण थियो । यसका लागि तत्कालीन सर्भेयर जनरल वागले समेत राधानाथ सिक्दर, लोगन, हेनेसीलगायत सर्भेयरसँग राय लिएर मात्र निर्णय गर्ने गरेका थिए । सबै हिउँचुली र त्यसमा पनि मुख्यतः सगरमाथाको उचाइ परिशुद्ध बनाउन सिक्दरले आवर्तन सुधारको मान निकाली उचाइ परिशुद्ध बनाउने काममा विशेष भूमिका खेलेका थिए (हेर्नुहोस्, आरएच फिलिमोर, ऐजन, पृष्ठ ५२१) ।

Major work of Calcutta office was now the closing of comps., distribution of errors, and completion of prof. reports of subordinate merdl. ser. of NE. Quad. [ 126–8 ] and of Bombay trgn., so far available. A report on the work completed since May 1849 was submitted by Radhanath in 1856 ; this contains no ref. whatever to NE. Longl. ser. or obsns. to snow peaks which were dealt with by section at Dehra Dūn under Hennessey. This is of particular interest in view of suggestions that have been made that Radhanath was responsible for deducing height of Mt. Everest [ IV, 462 ; V, 90, 343 ].

सर्भेयर जनरल वागले लोगन र हेनेसीले गरेको समग्र हिउँचुलीहरूको सङ्गणना प्रतिवेदनलाई पुनः जाँच गरे । त्यसपछि सन् १८५६ मार्च १ मा हेनेसीको स्केच चार्टअनुसार पन्ध्रौं चुली संसारको सबैभन्दा अग्लो रहेको घोषणा गरे । यसको स्थानीय नाम नभेटिएकाले पूर्वसर्भेयरका नामबाट यो चुलीलाई माउन्ट एभरेस्ट भन्नुपर्ने धारणासहित एसियाट्रिक सोसाइटी, बङ्गाल र रोयल जियोग्राफिक सोसाइटी, लन्डनमा पत्र लेखी पठाए ।

तथ्यले पुष्टि गर्छ, निकोल्सनले अवलोकन गरी ल्याइएको फिल्डबुकका आधारमै सगरमाथा उचाइ सङ्गणना गरिएको हो । यसमा धेरैको धारणा

छ– कुनै एक मात्र अवलोकनकर्ता वा सङ्गणकले मात्र पन्ध्रौं चुली पत्ता लगाएको भन्न सकिँदैन । सर्वेक्षणको काम आफैंमा सामूहिक काम भएकाले यसको उचाइ चुल्याउने काम पनि सामूहिक रूपमै भएको हो (हेर्नुहोस्, सर्भे अफ इन्डियाले सन् १९३१ को प्रोफेसनल पेपर नम्बर २६ को पृष्ठ ६ मा प्रकाशित सिड्नी बुराडको 'माउन्ट एभरेस्ट एन्ड इट्स टिबेटियन नेम्स') ।

10. Sven Hedin has asked the question,—by whom was Mount Everest discovered? It cannot be said that any *individual* observer or computer discovered the height of Mount Everest. The triangulation through the jungles at the foot of the Nepal Himalaya was observed by many observers; Mr. George Logan, Mr. C. Lane, Mr. Peyton, Lieut. R. Walker and Capt. Renny Tailyour. The actual rays from the triangulation to the peak were observed mostly by Mr. G. O. Nicholson. The computations of the triangulations were carried out by many computers from Radhanath Sikdar and Mr. Hennessy to Ganga Prasad and Kali Mohun Ghose.

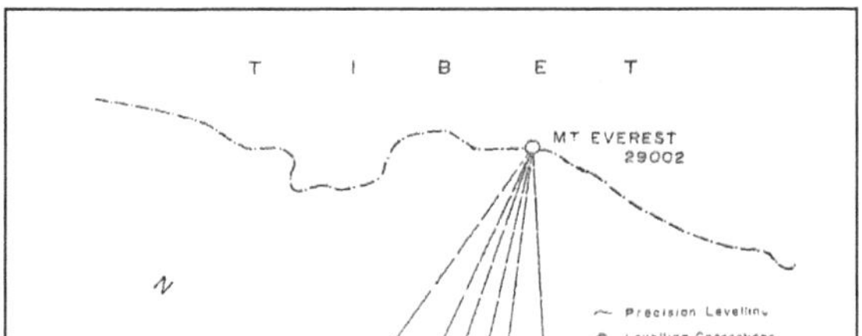


सन् १८४९-५० ताका सर्भेयर निकोल्सनले सगरमाथाको उचाइ पत्ता लगाउन प्रयोग गरेको ट्रिगोनोमेट्रिकल नेटवर्क ।

माथि नक्सामा देखाइएको त्रिकोणमितीय शृङ्खलाका आधारमा तलको तालिकामा दिइएका छ स्थानमा खडा गरिएका त्रिकोणमितीय बिन्दुहरूबाट

पन्ध्रौं चुलीको अवलोकन गरिएको थियो । अवलोकनका आधारमा चुचुरोको औसत उचाइ २९ हजार दुई फिट (८८३९.८० मिटर) आएको थियो ।

| अवलोकन गरिएको स्थान | सगरमाथासम्मको दूरी (माइलमा) | सगरमाथाको चुचुरोको उन्नतांश कोण | उचाइ (फिटमा) | अब्जर्भेसन गरेको मिति |
|---|---|---|---|---|
| जिरोल | ११८.६६१ | १° ५३′ ३३.३५″ | २८९९१.६० | नोभेम्बर २७, १८४९ |
| मिर्जापुर | १०८.८७६ | २° ११′ १६.६६″ | २९००५.३० | डिसेम्बर ५-६, १८४९ |
| जन्जिपाटी | १०८.३६२ | २° १२′ ९.३१″ | २९००१.८० | डिसेम्बर ८-९, १८४९ |
| लदनिया | १०८.८६१ | २° ११′ २५.५२″ | २८९९८.६० | डिसेम्बर १२, १८४९ |
| हरपुर | १११.५२३ | २° ६′ २४.९८″ | २९०२६.१० | डिसेम्बर १८, १८४९ |
| मिनाई | ११३.७६१ | २° २′ १६.६१″ | २८९९०.४० | जनवरी १७, १८५० |
| पन्ध्रौं चुलीको औसत उचाइ | | | २९००२.३ | |

सन् १८४९-५० मा सगरमाथा अवलोकन गरिएका भारतका विभिन्न छ स्थानको विवरण (नेचरको भोल्युम ७१ मा प्रकाशित एसजी बुराडद्वारा लिखित 'माउन्ट एभरेस्ट : द स्टोरी अफ अ लङ कन्ट्रोभर्सी') ।

## उचाइमा अनिश्चितता

समयक्रममा नयाँ प्रविधि र ज्ञानको जानकारी हुँदै गर्दा उक्त उचाइको मानमा केही कमजोरी हुन सक्ने देखियो । पहिलो त, छ ओटा नियन्त्रण बिन्दु, जसका आधारबाट मापन गरिएको थियो, ती नियन्त्रण बिन्दु सगरमाथाभन्दा १७४ देखि १९० किमि दक्षिण भारतको समथर भूभागमा अवस्थित थिए । त्यति टाढाबाट नाप्दा मानमा आवर्तन (रिफ्र्याक्सन)ले गर्दा अनिश्चितता बढी आउने सम्भावना थियो । प्रथम दर्जाको परिशुद्धता निकाल्न मौसमसम्बन्धी तथ्याङ्क जस्तै वायुमण्डलीय दबाब र तापमान पनि जरूरी हुन्थ्यो, जसको सहायताले पृथ्वीको कर्भेचर करेक्सन र रिफ्र्याक्सन करेक्सन लगाउन सकिन्थ्यो । त्यति बेला यी विषयमा ध्यान दिइएको थिएन ।

उचाइ मापनका क्रममा लिइने कोण र दूरीलाई एउटा निश्चित सतहमा रूपान्तरण गर्नुपर्छ । त्यसका लागि विक्षेपण सुधार (डिफ्लेक्सन

करेक्सन) गर्नुपर्छ । त्यसो नगरिएको अवस्थामा कुन सतहलाई आधार मानी उचाइ लिइएको हो भनी परिभाषित गर्न सकिँदैन । आधार सतह परिभाषित गर्न पर्याप्त मात्रामा सम्बन्धित ठाउँमा 'डिफ्लेक्सन अब्जर्भेसन' र गुरूत्वबलको मापन हुनुपर्छ । उक्त कमजोरी यस मापनमा देखियो । मुख्यतः यसमा तीन ओटा अनिश्चितता देखापरे–

१. दृष्टि झुकाव, आवर्तन (कर्भेचर एन्ड रिफ्याक्सन)मा सुधार नहुनु
२. विक्षेपणमा सुधार (डिफ्लेक्सन करेक्सन) नहुनु
३. आधार सतह (रिफरेन्स सर्फेस अर ड्ेटम) परिभाषित नहुनु

सन् १८८० देखि १९०२ सम्म दार्जीलिङका पहाडहरूबाट पनि सगरमाथाको उचाइ नापियो । सन् १९०५ मा सिड्नी बुराडले आवर्तनमा सुधार त लगाए । तर विक्षेपण सुधार भने लगाएका थिएनन् । उनले निकालेको सगरमाथाको उचाइ ८८८२ मिटर त्यति चर्चामा आएन, आधिकारिक पनि मानिएन । यो विषय त्यति चर्चामा नआई त्यसै सेलायो ।

# सर्भे अफ इन्डियाको सर्वेक्षण-१९५४

सन् १९५० अघि नेपालमा विदेशीहरूलाई प्रवेशाज्ञा थिएन । ब्रिटिसहरूले नेपालको सिमाना बाहिरबाट नै सगरमाथा अवलोकन गरी मापन गरिरहेका थिए । तर जब सन् १९५० मा नेपालमा राजनीतिक परिवर्तन भयो, तब विदेशी सर्भेयर तथा अनुसन्धानकर्मी सगरमाथा नजिक आएर अवलोकन गर्न सम्भव भयो ।

नजिकबाट अवलोकन गरी उचाइ नाप्दा यसबाट प्राप्त हुने नतिजामा पृथ्वीको वक्रता र आवर्तन (रिफ्रेक्सन)ले पार्ने असरका कारण आउने त्रुटि स्वतः कम हुन्छ, उचाइको परिशुद्धता पनि बढ्छ ।

पहाडका गल्छेडाहरूबाट सँगालिँदै नेपालको पूर्वी तराईको सप्तरी र सुनसरी भएर बग्ने कोसी नदीको बाढीले बिहारमा बर्सेनि ठूलो धनजनको क्षति गराइरहन्थ्यो । त्यसैले कोसीमा बाँध बनाउने र त्यसबाट नेपाल तथा भारतको बिहारतिर सिँचाइको व्यवस्था गर्ने योजना बनाइयो, जसका लागि विस्तृत सर्भे गर्नुपर्थ्यो । सर्भेका लागि सन् १९४४ को अन्त्यतिर त्रिकोणमितीय विधिबाट नियन्त्रण बिन्दुहरूको स्थापना गरी विस्तृत सर्वेक्षण गर्न ब्रिटिस इन्डियाका सर्भेयरहरूलाई नेपालको सीमाभित्र प्रवेश गर्न दिने गरी नेपाल र ब्रिटिस इन्डियाबीच सहमति पनि भयो । भारतीय सर्भे विभागका बिएल गुलाटीको नेतृत्वमा सर्भे टोली तयार गरी त्यसलाई नेपालतर्फ सर्भे गर्न पठाइयो । सप्तकोसी नदीको नक्सा तयार गरेर गहन विश्लेषण गरेपछि मात्र कोसीमा तलपट्टि बाँध बनाउने, सिँचाइका लागि पानीको बाँडफाँट गर्ने र बाढी नियन्त्रणसमेत हुने गरी संरचना बनाउन सकिन्थ्यो । त्यसैले बिहारको लदनिया र हरपुरका त्रिकोणमितीय नियन्त्रण बिन्दुका आधारमा सप्तकोसीका सबै नदीको सर्भे गर्ने क्षेत्रतिर

उच्च दर्जाका नियन्त्रण बिन्दु स्थापना गरियो । माथि तालिकामा दिए जस्तै लदनिया र हरपुरका त्रिकोणमितीय नियन्त्रण बिन्दु पहिले सगरमाथा मापनमा प्रयोग गरिएका थिए (हेर्नुहोस्, द *अमेरिकन अल्पाइन जर्नल*मा सन् १९९५ मा मा प्रकाशित ब्राडफोर्ड वासबर्नको 'टु मेमोरन्डा : अ ब्रिफ हिस्ट्री अफ माउन्ट एभरेस्ट्स अल्टिच्युड एन्ड द कन्फिगुरेसन अफ द समिट अफ माउन्ट एभरेस्ट') ।

सन् १९५२ देखि १९५४ सम्म भारतीय सर्वेक्षण विभागको जियोडेटिक अनुसन्धान केन्द्रका प्रमुख बिएल गुलाटीले सर्वेक्षण गर्न परिष्कृत सञ्जाल बिछ्याउने कामको नेतृत्व गरे । त्यति बेला भारतीय सर्भेयरहरूले सगरमाथालाई २९ देखि ४७ माइलको दूरीमा विभिन्न ठाउँबाट अवलोकन गरेका थिए ।

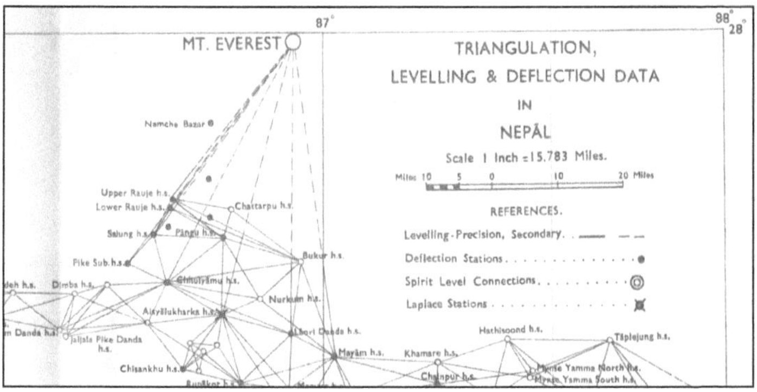


सन् १९५२-५४ मा सार्भे अफ इन्डियाबाट सगरमाथाको उचाइ मापन गर्दा प्रयुक्त त्रिकोणमितीय नेटवर्क ।

उचाइ मापन र तथ्याङ्क सङ्गणनाका क्रममा उल्लिखित तीन विषयलाई परिष्कृत ढङ्गले सङ्गणना गरी करेक्सन गर्न लगाइयो । र सगरमाथाको यस किसिमको अवस्थिति र उचाइ निकालियो–

अक्षांश : २७° ५९′ १५.८५″ देशान्तर : ८६° ५५′ ३९.५१″ उचाइ : समुद्री सतहदेखि २९०२८ (+०.८ फिट) (हेर्नुहोस्, *सर्भे अफ इन्डिया टेकनिकल पेपर*को भोल्युम ८ मा प्रकाशित बिएल गुलाटीको 'द हाइट अफ एभरेस्ट') । लामो समयसम्म माथिको मानलाई नै संसारभर आधिकारिक अवस्थिति र उचाइ मानियो । त्यो बेला प्रचलित सर्भेका सबै मान्यता अवलम्बन गर्दै

सगरमाथाको उचाइ नापिएको हुँदा हालसम्म कसैले पनि यसको विधि र उचाइलाई चुनौती दिन सकेका थिएनन् । गुलाटीले त्यति बेला विभिन्न प्रकारका सुधार गरी उचाइलाई अन्तिम रूप दिएका थिए ।

## वक्रता र आवर्तन सुधार (कर्भेचर एन्ड रिफ्याक्सन करेक्सन)

पहिलेका कुनै पनि उचाइ मापनका क्रममा सही तरिकाले आवर्तन सुधार (कर्भेचर रिफ्याक्सन) लगाइएको थिएन । तर सन् १९५०-५२ को उचाइ मापन सगरमाथाको नजिकैबाट नापिएकाले यसले पर्न जाने असर कम हुने र आवर्तन सुधार पनि वायुमण्डलीय दबाब (पी) र तापमान (टी) नापेर निकालिएकाले बढी शुद्धता हुन जान्छ । आवर्तन सुधार लगाउँदा यो सूत्र प्रयोग गरिएको थियो–

$$K=50{,}000^{\frac{P}{T^2}}\ (0.0187+\beta)$$

जहाँ वायुमण्डलीय दबाब (पी), तापमान (टी) र (बी) भनेको 'एडियाबाइटिक ल्याप्स रेट' 3.2°F/1000ft ।

## आधार सतह (रिफरेन्स सर्फेस/डेटम)

विभिन्न हिमालको उचाइ तुलना गर्न एउटै आधार सतह हुनु जरूरी छ । आधार सतह धेरै किसिमका हुन्छन्, जुन एकअर्कामा फरक हुन सक्छन् । तर हामीलाई एउटै आधार सतह जरूरी हुन्छ । उपगोल (इलिप्सोइड) र भूरूप (जियोइड) गरी दुई ओटा मुख्य आधार सतह हुन्छन् । अक्षांश र देशान्तर उपगोलमा आधारित हुन्छ । र उचाइलाई जियोइडका आधारमा मापन गर्नुपर्ने हुन्छ ।

आधार सतह सकेसम्म समथर हुनुपर्छ । पृथ्वीको भूगोल समथर नभएर अनियमित स्वरूपको छ । तर समुद्री सतह भने तुलानात्मक रूपमा समथर हुन्छ । त्यसैले समुद्री सतहलाई नै आधार सतह मान्नुपर्छ । गणितीय पद्धतिबाट समुद्री सतहको काल्पनिक सतहलाई विस्तार गरेर नक्सामा सगरमाथाको फेदसम्म ल्याउनुपर्छ । यसका लागि त्यस क्षेत्रको गुरूत्वबलको मान नाप्नुपर्छ । समुद्री सतहमा सबै ठाउँमा एकैनासको गुरूत्वबल हुन्छ । हामीले त्यही मानको गुरूत्वबल नापी एउटा सतह सगरमाथाको फेदसम्म

ल्याउनुपर्छ । उक्त सतहलाई भूरूप वा जियोइड भनिन्छ । यसअघि नापिएका कुनै पनि उचाइ एउटा निश्चित डेटममा आधारित थिएनन् ।

## जियोइड अन्डुलेसन अवलोकन

सन् १९५० ताका सगरमाथा क्षेत्रको जियोइड निकाल्न भूआकर्षण सर्भे गरिएको थियो । सन् १९५२ मा बिहारको लदनियासम्म 'एस्ट्रोनमिकल स्टेसन' स्थापना भइसकेको थियो । त्यसैलाई निरन्तरता दिई १९५३ मा नाम्चेसम्म पुऱ्याइयो, जुन सगरमाथाभन्दा जम्मा १८ माइल टाढा छ । 'एस्ट्रोनमिकल अब्जर्भेसन'बाट जियोइड र उपगोलबीचको विक्षेपण (डिफ्लेक्सन)को मान पत्ता लगाउन सकिन्छ । यसको प्रयोग गरी पृथ्वीको वास्तविक स्वरूप (जियोइड) र गणितीय स्वरूप (इलिप्सोइड)बीचको सम्बन्ध थाहा पाउन सकिन्छ । विक्षेपणको मान भूआकर्षण अवलोकनबाट थाहा पाउन सकिन्छ । त्यति बेला पनि भूआकर्षण सर्भे गरी जियोइडल राइज र फल्सको मान पछि ठीक छ भनी पुष्टि गरिएको थियो ।

गुलाटीले उल्लिखित आठ स्थानबाट सगरमाथामा भर्टिकल र क्षितिजीय कोण मापन गरेका थिए । ती कोणलाई 'जियोइडल करेक्सन' लगाई 'जियोइड'बाट 'स्फेरोइड'मा परिवर्तन गरेका थिए । उनले दूरीमा वक्रता र आवर्तन सुधार गरेका थिए । सबै मान जस्तै सगरमाथाको नियन्त्रण बिन्दु र उचाइलाई पहिला 'स्फेरोइड'मा आधार मानेर निकालेपछि अवलोकन गरिएको बिन्दु र सगरमाथाबीचको 'जियोइडल राइज'को भ्यालु निकालेका थिए । गुलाटीले 'जियोइड'को सतहबाट आठ स्थानबाट गरिएको १२ ओटा अवलोकनको औसत मान २९०२८ फिट निकाले । यो निकै लामो समयसम्म सगरमाथाको आधिकारिक उचाइ रह्यो । सन् १९५४ मा प्रकाशित बिएल गुलाटीको लेख 'द हाइट अफ माउन्ट एभरेस्ट'मा गुलाटीको नेतृत्वमा गरिएको सगरमाथाको सर्भेबारे विस्तृत रूपमा उल्लेख छ ।

| Station (1) | Season (2) | Distance (3) | Height of station (Feet) (4) | Spheroidal Height difference (5) | Sum (6) | δN=Geoidal rise between the station and Mount Everest (7) | Geoidal height of Mount everest= (6)-(7) (8) |
|---|---|---|---|---|---|---|---|
| | | Miles | Feet | feet | Feet | Feet | feet |
| Mayam | 1952–53 | 47 | 10948.1 | 18145.6 | 29093.7 | 55 | 29038.7 |
| Laori Danda | 1952–53 | 42 | 11877.4 | 17206.2 | 29083.6 | 51 | 32.6 |
| Aisyalukharka | 1952–53 | 42 | 8670.3 | 20412.7 | 29083.0 | 52 | 31.0 |
| Chhulyamu | 1952–53 | 41 | 10160.4 | 18920.1 | 29080.5 | 50 | 30.5 |
| Pike Sub | 1952–53 | 41 | 12059.3 | 17011.8 | 29071.1 | 47 | 24.1 |
| Sollung | 1952–53 | 36 | 11657.9 | 17411.4 | 29069.3 | 40 | 29.3 |
| Lower Rauje | 1952–53 | 30 | 13357.4 | 15700.8 | 29058.2 | 32 | 26.2 |
| Upper Rauje | 1952–53 | 29 | 14762.1 | 14293.1 | 29055.2 | 30 | 25.2 |
| Sollung | 1953–54 | 36 | 11657.9 | 17409.9 | 29067.8 | 40 | 27.8 |
| Pike Sub | 1953–54 | 41 | 12059.3 | 17015.3 | 29074.6 | 47 | 27.6 |
| Upper Rauje | 1953–54 | 29 | 14762.1 | 14290.7 | 29052.8 | 30 | 22.08 |
| Chhulyamu | 1953–54 | 41 | 10160.4 | 18917.8 | 29078.2 | 50 | 29028.2 |

सन् १९५२–५४ मा नेपालका विभिन्न आठ स्थानबाट नापिएको सगरमाथाको उचाइ ।

# चिनियाँ जियोडेटिक अभियान-१९७५

सगरमाथाको उचाइ मापनका लागि चीनले सन् १९६६ देखि नै स्टेट ब्युरो अफ सर्भेइङ एन्ड म्यापिङ (एसबिएसएम)मार्फत विभिन्न जियोडेटिक कार्यक्रम चलाउँदै आएको थियो । सन् १९६६-६८, १९७५ र १९९२ मा चिनियाँहरूले तीन ओटा जियोडेटिक अभियान चलाए । ती सबैको उद्देश्य सगरमाथाको उचाइ मात्र नभएर त्यस क्षेत्रको भूचाल (क्रस्टल मुभमेन्ट)सम्बन्धी अध्ययन गर्नु थियो । १९६६-६८ र १९७५ मा होरिजन्टल कन्ट्रोलका लागि त्रिकोणमिति सर्भे गरियो । उचाइ अधार बिन्दुका लागि तिब्बतको टिङ्ग्रीमा रहेको 'बेन्चमार्क'बाट 'लेभलिङ' गरी रोङबुक ग्ल्यासियरको लामासेरीसम्म रहेका त्रिकोणमितीय बिन्दुसम्म पुऱ्याइएको थियो ।

सन् १९६६-६८ र १९७५ को अभियानमा चिनियाँ सर्वेक्षकहरूले १५ स्थानमा 'एस्ट्रोनमिकल अब्जर्भेसन' गरेका थिए । त्यसको उद्देश्य 'डिफ्लेक्सन अफ भर्टिकल' निकाली 'जियोइड' र उपगोल (इलिप्सोइड)बीच सम्बन्ध स्थापित गर्नु थियो । त्यस्तै २० स्थानमा भूआकर्षण सर्भे गरिएको थियो, जसको मापनबाट सगरमाथा क्षेत्रको तिब्बती भूगोलको परिशुद्ध 'जियोइड'को स्थिति थाहा पाउन सकिन्थ्यो ।

चिनियाँहरूले पनि त्रिकोणमितीय समतलन (ट्रिगोनोमेट्रिकल लेभलिङ) विधि प्रयोग गरी सगरमाथाको उचाइ नापेका थिए । यस विधिअन्तर्गत सगरमाथाको टुप्पोको निश्चित नियन्त्रण बिन्दुहरूका आधारमा कोण र दूरी नापिन्छ । सँगै मौसमसम्बन्धी तथ्याङ्क पनि लिइएको थियो, जुन वायुमण्डलीय शुद्धता तथा प्रकाशको परावर्तनका कारण दृष्टिरेखामा आउन सक्ने त्रुटि हटाउन आवश्यक हुन्छ । यसरी नापिसकेपछि सन् १९६६-६८ को अभियानमा सगरमाथाको हिउँ सतहको उचाइ ८८५०.०६ मिटर निकालिएको थियो

(हेर्नुहोस्, सन् १९९३ मा प्रकाशित *जियोडेसी एन्ड फिजिक्स अफ द अर्थ*मा समावेश चेन जिङ युङको 'अन द रिडिटरमिनेसन फर द हाइट अफ द वर्ल्ड हाइएस्ट पिक') ।

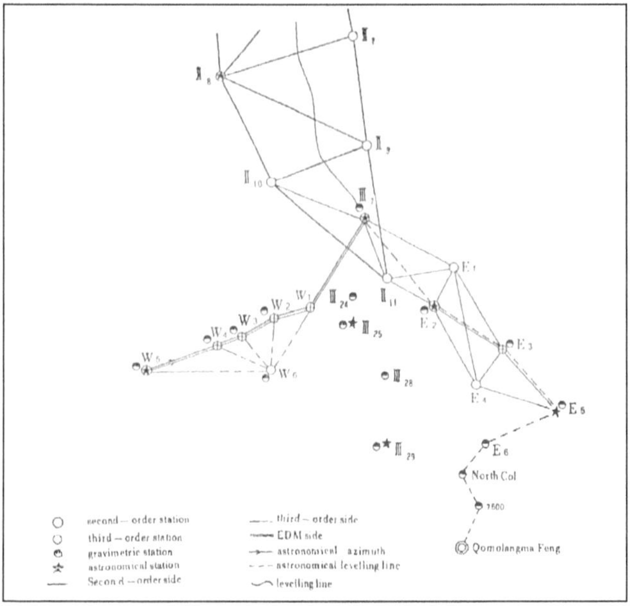


सन् १९७५ मा सगरमाथाको उचाइ मापन गर्दा चिनियाँहरूले प्रयोग गरेको सर्भे नेटवर्क ।
(नक्सा स्रोत : नोभेम्बर १९७९ मा गु दाङसेनले लेखेको 'द *डिटेमिनेसन अफ हाइट अफ चोमोलुङमा* फेङ' लेखको पृष्ठ ६)

सर्भे निरन्तरताकै क्रममा सन् १९७५ मे २७ मा चिनियाँ पर्वतारोहण अभियानका नौ जना आरोहीले चिनियाँ समयानुसार दिउँसो साढे दुई बजेतिर सगरमाथाको चुचुरोमा पुगी इतिहासमा पहिलो पटक ३.५१ मिटर अग्लो रातो रङको सर्भे मेटालिक बिकन स्थापना गरेका थिए । उनीहरूले मेटालिक बिकनको तलपट्टि हिउँ सतहभन्दा भित्र घुसेको भाग ९२ सेन्टिमिटर नापेका थिए । चुचुरो वरपरका विभिन्न त्रिकोणमितीय स्टेसनबाट अवलोकन गरी लिइएका तथ्याङ्क अब्जर्भेसनलाई 'डाटा कम्प्युटेसन' गरी हेर्दा उनीहरूले सगरमाथाको उचाइ ८८४८.१३ मिटर निकालेका थिए । चिनियाँ जियोडेटिक अभियानका अनुसार यो नै त्यस बेलासम्मको सबैभन्दा परिशुद्ध उचाइ थियो ।

# इटालियन सर्भे-१९८७

पहिलो पटक सगरमाथा आरोहण भएको एक वर्षपछि इटालियन आरोही अचिले कम्पागोनी र लिनो लेसिडेलीले ३१ जुलाई १९५४ को साँझ छ बजेतिर पाकिस्तान र चीनको सिमानामा पर्ने संसारको दोस्रो अग्लो चुली केटूको सफल आरोहण गरे ।

यसपछि इटालियनहरू रूचिपूर्वक हिमालयको खोजअनुसन्धानमा अघि बढे । यसै क्रममा अमेरिकाको सियाटल विश्वविद्यालय, वासिङटनका खगोलविद् प्राडा. जर्ज वालेस्टाइनले नयाँ अनुसन्धानबाट सन् १९८७ मार्चमा केटू हिमाल सगरमाथाभन्दा करिब ११ मिटर अग्लो भएको प्रतिवेदन सार्वजनिक गरे (हेर्नुहोस्, द *अल्पाइन जर्नल २०१५* मा प्रकाशित मिक कोनफ्रेको 'माकिम्यालिएन बास्टार्डी : द फस्ट असेन्ट अफ केटू') ।

तर उनले नाप्दा एउटा मात्र स्याटलाइट केटूमाथिबाट पास भएको र 'सिङ्गल पोइन्ट पोजिसनिङ सिस्टम'का आधारमा सगरमाथाभन्दा अग्लो देखिएको हुँदा प्राविधिक हिसाबले त्यो मानको परिशुद्धतामा पुस्ट्याइँ हुन सकेन । त्यसैले इटालियनहरू सगरमाथा र केटूको थप अध्ययन गर्न आतुर देखिए ।

कथंकदाचित् केटू अग्लो भएको खण्डमा संसारको सबैभन्दा उच्च हिमाल पहिलो पटक चढ्ने आरोहीहरू आफ्नो देशका हुन सक्ने तथ्य विश्वसामु ल्याउन सकिने उद्देश्यले पनि इटालियनहरू अध्ययनमा आतुर देखिएका थिए । यसै क्रममा इटालीका प्राध्यापक, भूगर्भविद् एवम् पहिलो पटक केटू हिमाल आरोहण गर्दाका टोली नेता अर्दितो देसियोले सर्भेयरहरूको एउटा समूह बनाए । र सगरमाथा अनि केटू हिमालको पुनः सर्भे गर्न द्रुत गतिमा कार्यक्रम अघि बढाए । पहिलो पटक 'स्पेस जियोडेसी'को प्रयोग गर्दै उनले तिब्बत र पाकिस्तानमा नियन्त्रण बिन्दुहरू स्थापना गरी

त्रिकोणमिति विधिबाट सगरमाथा र केटू हिमालको गणितीय उचाइ मापन गरे । उनको सर्भे टोलीले केटू हिमालको उचाइ अग्लो आइदियोस् भन्ने कामना गरिरहेको थियो । तर तथ्यले त्यस्तो देखाइदिएन (हेर्नुहोस्, द *अमेरिकन अल्पाइन जर्नल*मा सन् १९९५ मा प्रकाशित ब्राडफोर्ड वासबर्नको 'टू मेमोरन्डा : अ ब्रिफ हिस्ट्री अफ माउन्ट एभरेस्ट्स अल्टिच्युड एन्ड द कन्फिगुरेसन अफ द समिट अफ माउन्ट एभरेस्ट') ।

उनीहरूले निकालेको तथ्यले पनि केटू हिमालको उचाइ सगरमाथाको तुलनामा आठ सय फिटभन्दा कम देखायो । नतिजाबाट इटालियनहरू बेचैन बने । अर्दितो देसियोले फेरि केटू र सगरमाथाको उचाइ नापे । उनीहरूले पहिलो पटक सन् १९८७ मा तिब्बततर्फ जिपिएसबाट नियन्त्रण बिन्दु स्थापना गरी त्रिकोणमितीय विधिबाट सगरमाथाको उचाइ नाप्दा ८८७२ मिटर उचाइ निकालेका थिए (हेर्नुहोस्, जेम्स बेकरको *प्लानेट अर्थ : भ्यू फ्रम स्पेस*) ।

तर  विधिमा प्रश्न उठेपछि मान्य हुन सकेन । यो त्यति प्रचारमा पनि आएन (हेर्नुहोस्, https://www.britannica.com/place/Mount-Everest/The-height-of-Everest) ।

इटालीका वैज्ञानिकहरूले यो सर्भे कार्यक्रमलाई अघि बढाउन र हिमालय शृङ्खलाका सम्बन्धमा विभिन्न दृष्टिबाट थप अध्ययनअनुसन्धान गर्न इटालियन नेसनल रिसर्च काउन्सिलमार्फत नेपाल सरकारसँग सहकार्य गरे । र सन् १९८७ मा इभी-केटू-सिएनआर नामम रिसर्च प्रोजेक्टसमेत सुरू गरे । उनीहरूले सोलुखुम्बुस्थित सगरमाथा आधारशिविर नजिकै लोबुचेमा एउटा भव्य रिसर्च सेन्टर स्थापना पनि गरे, जुन अझै छ । त्यहाँ उनीहरूले लाइकाको एउटा कन्टिन्युअस्ली अपरेटिङ रिफरेन्स स्टेसन (सिओआरएस) पनि स्थापना गरेका थिए ।

# टावर आयोजना र सर्वेक्षण-१९९२

संसारको दोस्रो अग्लो हिमाल केटूको पहिलो सफल आरोहण अभियानका टोली नेता र इभी-केटू-सिएनआर रिसर्च प्रोजेक्टका संस्थापक अर्दितो देसियोले समग्र काराकोरम शृङ्खलाका हिमाल र सगरमाथाको उचाइ पत्ता लगाउन टप अफ द वर्ल्ड एलिभेसन रिमेरजर्मेन्ट (टावर) नामक प्रोजेक्ट सुरू गरेका थिए । त्यस प्रोजेक्टअन्तर्गत सन् १९९२ र २००४ मा इटालियनहरूले परम्परागत तथा जिपिएस प्रविधि प्रयोग गरी सगरमाथालगायत अन्य केही चर्चित हिमालको उचाइ मापन अभियान चलाएका थिए (हेर्नुहोस्, *प्रोसिडिङ्स अफ द इन्टरनेसनल काराकोरम कन्फ्रेन्स २००५* मा प्रकाशित जर्जियो पोरेटीको 'द हाइट अफ द काराकोरम-हिमालय माउन्टेन रेन्ज') ।

सन् १९९२ मा इटालीले चीनसँगको सहकार्यमा टावर आयोजनाअन्तर्गत सगरमाथाको सर्वेक्षण गर्ने भयो । त्यसपछि सगरमाथाको खास उचाइ यसको हिउँको नभई चट्टानी सतहलाई मान्नुपर्ने सोच अघि सारियो । सन् १९७५ मा चिनियाँ टोलीले एउटा औजार प्रयोग गरी सगरमाथाको हिउँ सतहको मोटाइ ९२ सेन्टिमिटर छ भनेको थियो । तर पछि सन् १९९२ मा चाहिँ २.५५ मिटर देखियो । यसपछि इटालियन र चिनियाँहरू एउटा निर्क्योलमा पुगे– अब सगरमाथाको वास्तविक उचाइ त्यसको टुप्पोमुनिको आँखाले नदेखिने चट्टानी सतहलाई मान्नुपर्छ ।

चिनियाँ-इटालियन टोलीको सर्भे टोलीमा सहभागी भई पहिलो पटक १९९२ सेप्टेम्बर २९ का दिन फ्रान्सेली आरोही बेन्वेट चमोक्सले लाइका २०० जिपिएस रिसिभर र एन्टेना सगरमाथाको चुचुरोमा पुऱ्याई भौगोलिक तथ्याङ्क रेकर्ड गरे (हेर्नुहोस्, *एकेडेमिया* साइटमा प्रकाशित जर्जियो पोरेटीको 'इज माउन्ट एभरेस्ट हाइयर देन १५५ इयर्स अगो ?') । यसबाट सङ्गणना गरी आएको मानमा हिउँ सतहको मोटाइलाई घटाएर उनीहरूले सगरमाथाको नयाँ उचाइ ८८४६.१० मिटर प्रकाशित गरे । तर प्रयुक्त तरिकामा प्रश्न उठिरह्यो, जसकारण यसले पनि आधिकारिकता पाउन सकेन ।

# अमेरिकन सर्भे-१९९९

अमेरिकाको नेसनल जियोग्राफिक सोसाइटीले सन् १९८० को दशकबाट नै सगरमाथामा निकै चासो दिएर अध्ययनअनुसन्धान गरिरहेको थियो । सन् १९८० मा बोस्टन म्युजियम अफ साइन्सबाट अवकाश पाएका प्राध्यापक ब्राडफोर्ड वासबर्नलाई सगरमाथाको सर्भे र अनुसन्धानमा रूचि थियो । त्यसैले उनले अवकाश पाएलगत्तै सगरमाथा क्षेत्रको अध्ययनअनुसन्धान थाले । सन् १९८४ डिसेम्बर २० मा नेसनल जियोग्राफिक सोसाइटीको टोलीसहित सगरमाथाको आकाशमा लगभग १३,१०० मिटर उचाइमाथिबाट जहाज उडाएर उनले सयौं हवाई तस्बिर लिए (हेर्नुहोस्, *आइएसपिआरएस जर्नल अफ फोटोग्रामेट्री एन्ड रिमोट सेन्सिङ* ५७.१-२ (२००२) मा प्रकाशित आर्मिन ग्रुयन र सुन्जी मुराईको 'हाई रिजोलुसन थ्रिडी मोडलिङ एन्ड भिजुअलाइजेसन अफ माउन्ट एभरेस्ट') ।

यी तस्बिरबाट वासबर्नले ठूलो माननापको नक्सा प्रकाशन गर्न खोजेका थिए । त्यसपछि सन् १९८८ मा उनले नेसनल जियोग्राफिक सोसाइटीबाट यसअघि लिएका हवाई तस्बिरका आधारमा १:५०००० माननापको त्रिआयामिक 'हिलसेडिङ म्याप' पहिलो पटक प्रकाशन गरे ।

लामो समयदेखि यस क्षेत्रको अध्ययन गरिरहेकाले वासबर्न स्याटलाइट जियोडेसी प्रयोग गरी बृहत् रूपमा सगरमाथाको उचाइ नाप्न चाहन्थे । सन् १९५४ मा बिएल गुलाटीले गरेको सर्भेको उन्नतांशको कोण जाँच्ने पनि उनको चाहना थियो । त्यसैले नापी विभागका पूर्वमहानिर्देशक बुद्धिनारायण श्रेष्ठसँग समन्वय गरी नेपाली सर्भेयर सङ्घरत्न वज्राचार्य र श्यामकृष्ण महर्जनलाई यन्त्र उपकरणसहित माथिल्लो राउजेमा पठाए । र सन् १९९६ नोभेम्बर २३ मा परिशुद्ध किसिमले भर्टिकल कोणको नयाँ मापन लिए । उनीहरूले ४५ पटकसम्म थियडलाइटको 'क्रस हेयर'लाई सगरमाथाको

चुचुरोमा अन्तरक्षेदन गरी मापन गर्दा केही फरक पाइयो । सर्भेयरहरूले माथिल्लो राउजेबाट गरेको मापनअनुसार चुचुरोको उन्नतांश कोण ५°०४' ५९.३६" रेकर्ड गरे । तर सन् १९५४ मा गुलाटीले निकालेको रिपोर्टअनुसार ५° ०५' २.४५" थियो (हेर्नुहोस्, सन् १९८८ को १५ अक्टोबरमा सन्निभेल क्यालिफोर्नियामा भएको ट्रिम्बल न्याभिगेसन युजर्स कन्फ्रेन्समा ब्राडफोर्ड वासबर्नले 'माउन्ट एभरेस्ट सर्भेइङ हिस्ट्री' शीर्षकमा दिएको विद्वत्प्रवचन)।

माथिल्लो राउजेबाट नेपाली सर्भेयरले मापन गरेपछि आएको रिपोर्टबाट वासबर्नलाई सगरमाथाको नयाँ उचाइ नाप्न थप उत्साह मिल्यो । र नापी विभागका तत्कालीन सर्भेयर अमिरमान शाक्यसहितको टोलीको सहयोगमा उनले नाम्चे बजारभन्दा केही माथि दोस्रो दर्जाको नियन्त्रण बिन्दु स्थापना गरी त्यहाँबाट सगरमाथाको उन्नतांश कोण १०° ०९' ४३" मापन गरे । वासबर्न र शाक्यले नाम्चे र तेङ्बोचेबाट ध्रुवतारा अवलोकन गरी त्यस बिन्दुको 'डिफ्लेक्सन अफ भर्टिकल'समेत पत्ता लगाए ।

नाम्चे बजारमाथिको डाँडोबाट सगरमाथाको चुचुरो अवलोकन गर्दै नापी विभागका सर्भेयर अमिरमान शाक्य ।

सगरमाथाको उचाइ मापनकै सिलसिलामा नेसनल जियोग्राफिक सोसाइटीको आर्थिक सहयोगमा वासबर्नले सन् १९९८ मा नेपाल र चीनसँग सहकार्य गरी संयुक्त रूपमा जिपिएस सर्भे गरी विभिन्न स्थानमा नियन्त्रण बिन्दु स्थापना गरेका थिए । चीनको सर्भे विभाग स्टेट ब्युरो अफ सर्भेयिङ एन्ड म्यापिङ

(एसबिएसएम)ले तिब्बततर्फ चोमोलोङ्मा नजिकै पाँच ओटा स्टेसनमा जिपिएस डाटा रेकर्ड गरेका थिए । सँगसँगै नेपालतर्फ कालापत्थर, साउथ कोल (७९५० मिटर) र चुचुरोभन्दा केही तल 'बिसप लेज'मा जिपिएसद्वारा अवलोकन गरिएको थियो ।

सगरमाथाको हिलारी स्टेप र चुचुरोको बीचतिर ढुङ्गा देखिने अन्तिम स्थानलाई अमेरिकीहरूले 'बिसप लेज' भन्दछन् । उक्त स्थानमा वासबर्नका सर्भेयर जान सकेनन्, केवल साउथ कोलसम्म मात्र पुगेर जिपिएस सर्भे गरी तथ्याङ्क लिन सफल भए । सन् १९९८ को त्यो मौसममा वासबर्नको मिसनमा सहभागी शेर्पाहरूको टोलीले हिलारी स्टेप पार गरी चुचुरोको निकै नजिक पुगेर पनि त्यहाँ जिपिएस सेटअप गर्न किन सकेनन् र अर्को वर्ष गए भन्ने कुरा कहीँ पाइँदैन ।

सन् १९९९ मे ५ मा नेपालतिरबाट नेपाली शेर्पाहरूको साथ लिई (सर्भेयरहरूले होइन) दुई ओटा जिपिएस सगरमाथामा लगे । एउटा १९९८ मा साउथ कोलमा बनाइएको बिन्दु र अर्को चुचुरोमा लगेर सेटअप गरे । त्यही दिन बिहान १० देखि ५० मिनेट जतिको डाटा रेकर्ड गर्न उनीहरू सफल भए । अमेरिकी आरोही तथा नेसनल जियोग्राफिक सोसाइटीका पिटर एथेन्ससहित केही शेर्पा जिपिएस अब्जर्भेसन भइन्जेल चुचुरोमै थिए (हेर्नुहोस्, *कोअर्डिनेट*को भोल्युम ४, अङ्क ४ मा प्रकाशित मुनीन्द्र कुमारको 'हाइट अफ माउन्ट एभरेस्ट') ।

पहिला हिउँ सतहको मोटाइ मापनसमेत गर्ने योजना थियो । तर चुचुरोमा पुगेका आरोहीले उक्त काम गर्न सकेनन् । सोही समयमा 'रेफरेन्स स्टेसन'का रूपमा सँगसँगै साउथ कोल र कालापत्थरमा पनि जिपिएसबाट डाटा रेकर्ड गरिएको थियो, जुन स्थानमा सन् १९९८ मा समेत जिपिएस डाटा रेकर्ड गरी सर्भे मार्क कायम गरिसकिएको थियो । यसअघि चिनियाँ सर्भेयरहरूले तिब्बती इलाकामा जिपिएस अवलोकन गरेका थिए । तर सन् १९९९ मा भने तिब्बततिरबाट अवलोकन गरेनन् ।

फिल्ड कार्य सकिएपछि तथ्याङ्क सङ्गणना काम बाँकी नै थियो । यसका लागि वासबर्नले सँगसँगै तथ्याङ्क प्रशोधन गर्ने भनी चीनको एसबिएसएमसँग सम्झौता गरिसकेका थिए । नेपाल र तिब्बततिरका सबै तथ्याङ्क सङ्कलन गरिसकेपछि वासबर्नले चीनको एसबिएसएमका वरिष्ठ जियोडेटिक सल्लाहकार डा. जेवाई चेनसँग संयुक्त रूपमा तथ्याङ्क

प्रशोधन गरे । भारतीय सर्भे विभागसँग पनि तथ्याङ्क प्रशोधनका लागि संयोजन गर्न खोजिएकोमा सर्भे अफ इन्डियाबाट कुनै प्रतिक्रिया नआएपछि काम अघि बढाइयो ।

पहिले सन् १९९८ को जिपिएस सर्भेमा प्रयुक्त कालापत्थरको स्टेसनदेखि साउथ कोलको नियन्त्रण बिन्दुसम्मका सबै स्टेसनको नेटवर्क बनाइयो । र त्यसमा समायोजन गरी परिशुद्ध किसिमले नेटवर्कका नियन्त्रण बिन्दुहरूको गणितीय उचाइको सङ्गणना गरियो ।

कालापत्थर र साउथ कोलमा यसअघि सन् १९९८ मा पनि जिपिएस सर्भे गरी तथ्याङ्क लिइएको थियो । त्यसैले ती स्टेसनलाई सगरमाथाको चुचुरोको उचाइ सङ्गणना गर्न मुख्य आधार स्टेसनका रूपमा लिने निर्णय गरिएको थियो । सन् १९९८ मा आएको यी दुई स्टेसनको मानलाई आधारित मान्दै सन् १९९९ मा लिइएको जिपिएस डाटाको 'एब्सोल्युट पोजिसन कम्प्युटेसन' गरी त्यसका आधारमा सगरमाथाको गणितीय उचाइ गणना गरियो । त्यसपछि डब्लुजिएस८४ (इजिएम९६) जियोइड मोडल प्रयोग गरी चुचुरोको 'जियोइडल हाइट'को सङ्गणना गरियो । डब्लुजिएस८४ (इजिएम९६)लाई हालसम्मकै परिशुद्ध जियोइड मोडल मानिन्छ । यसरी तथ्याङ्क सङ्गणना गर्दा सगरमाथाको नयाँ उचाइ ८८५० मिटर (+२ मिटर) आएको थियो (हेर्नुहोस्, मुनीन्द्र कुमार, ऐजन) ।

चुचुरोको उचाइसम्बन्धी नयाँ तथ्याङ्कलाई वासबर्नले अमेरिकन अल्पाइन क्लबको ८७औं वार्षिक बैठकको उद्घाटन समारोहमा घोषणा गरेका थिए । तर त्यति बेलासम्म यसलाई गोप्य नै राखिएको थियो (हेर्नुहोस्, १२ नोभेम्बर १९९९ मा *वासिङ्टन पोस्ट*मा प्रकाशित पिटर कार्लसनको 'न्यू मेजरमेन्ट एड्स सेभेन फिट टू माउन्ट एभरेस्ट्स हाइट') ।

अमेरिकाको नेसनल जियोग्राफिक सोसाइटी र बोस्टन म्युजियम अफ साइन्सले सन् १९९५ देखि सुरू गरी निकै लामो समय लगाएर पुनः मापन गरी निकालेको नयाँ उचाइलाई मान्यता दिन सन् २००० मा औपचारिक रूपमा नेपाललाई अनुरोध गऱ्यो । त्यति बेला नापी विभागका महानिर्देशक बाबुराम आचार्य थिए ।

सन् १९५४ देखि २००० सम्म सगरमाथाका विभिन्न चार उचाइ देखिएको भन्दै विभागले सन् १९५४ मा भारतको सर्भे विभागले गरेको सर्वेक्षणबाट आएको ८८४८ मिटरबाहेकका अन्य उचाइलाई आधिकारिक मान्यता दिन नसक्ने जवाफ दियो ।

विभागको जवाफ पाएपछि बोस्टन म्युजियम अफ साइन्सका मानार्थ अध्यक्ष ब्राडफोर्ड वासबर्नको टोली निकै रूष्ट बन्यो । वासबर्नले विभागका पूर्वमहानिर्देशक श्रेष्ठमार्फत सगरमाथा मापनका डाटा हस्तान्तरण गरिदिन नापी विभागका महानिर्देशक बाबुराम आचार्य र भूमिसुधार तथा व्यवस्था मन्त्रालयका सहसचिव पुण्यप्रसाद ओलीलाई अनुरोध गरेका थिए ।

**Museum of Science**
Science Park, Boston, Massachusetts 02114
Phone 617 589 0229 Fax 617 589 0363
bwashburn@mos.org

February 4, 2000

Mr. Buddhi N. Shrestha
Chairman
Bhumichitra Co.
P.O. Box 6769
Kathmandu, Nepal

Dear Buddhi:

We're having a helluva bad time with the HMG Survey Department, which has reported that there have been "four different heights of the mountain in the last 25 years, we just can't accept them!" As I recollect, Everest's altitude hasn't changed an inch since 8848m by Gulatee in 1954 --- 46 years ago!

We are enclosing letters to Babu Ram Acharya, Director General, Survey Department HMG/Nepal and Punya Prasad Oli of the Ministry of Land Reform and Management. By sending all this data to them **through you**, I know that it will get into the right hands soon. (Please send me a fax or e-mail when it is actually delivered.)

If Nepal wants to take GPS equipment up to the South Col and do all of our work over again, all I can say is, "Good luck!".

Ever Sincerely,

Brad

Bradford Washburn

नापी विभागका पूर्वमहानिर्देशक बुद्धिनारायण श्रेष्ठलाई सगरमाथाको उचाइसम्बन्धी प्रतिवेदन नापी विभागमा बुझाइदिन बोस्टन म्युजियम अफ साइन्सबाट लेखिएको पत्रको प्रतिलिपि ।

# इटालियनको तेस्रो प्रयास-२००४

मे २४, २००४ मा इटालियनहरूले सगरमाथाको चुचुरोमा 'ग्राउन्ड पेनिट्रटिङ राडार' (जिपिआर) र जिपिएस प्रविधि प्रयोग गरी तिब्बततर्फबाट चुचुरोको चट्टानी सतहको नक्सा बनाए । र चट्टानी सतह एवम् हिउँ सतहबीचको फरक थाहा पाउने उद्देश्यले तिब्बती मोहडाबाट सगरमाथाको उचाइ मापन गरे । सगरमाथाको उचाइ प्रत्येक पटकको मापनमा केही न केही मात्रामा घटबड भइरहने समस्या समाधान गर्न चट्टानी सतहको उचाइ नापिएको थियो । हिउँको सतह केही मात्रामा फरक भइरहने र जियोइडको मानमा पनि फरक भइरहेका कारण उचाइ एउटै नआउने हुन्छ । सगरमाथाको चट्टानी सतहलाई आधार मानेर नाप्दा भने जुनसुकै समयमा केही सेन्टिमिटरको फरकमा शुद्धता निकाल्न सकिन्छ । विभिन्न समयमा सगरमाथाको चट्टानी सतहको उचाइ नाप्दा मात्र सगरमाथाको उचाइ कति फरक पऱ्यो भनेर थाहा पाउन सकिन्छ भन्ने इटालियनहरूको मान्यता थियो ।

यस पटकको उचाइ मापनको मुख्य उद्देश्य सन् १९९२ मा चट्टानी सतहमा नापिएको उचाइसँग दाँज्नु थियो ।

सोहीअनुसार सङ्गणना गरी नतिजा निकालिएको थियो, जसलाई तल तालिकामा दिइएको छ । तालिकामा सन् २००४ र १९९२ मा निकालिएको 'इलिप्सोइडल' उचाइलाई दुई ओटा 'जियोइड अन्डुलेसन भ्यालु' (एन-सेपरेसन) प्रयोग गरी भौतिक उचाइ निकालिएको छ । यसअनुसार १९९२ को इटाली र चीनको संयुक्त सहकार्यमा सगरमाथा उचाइ मापनअन्तर्गत चिनियाँ जियोइडमा आधारित भई सगरमाथाको चुचुरोको 'एन-सेपरेसन'को मान -२५.१४ मिटर आएको थियो । यसैगरी सन् १९९९ मा नेसनल जियोग्राफिकल सोसाइटीले निकालेको मान -२८.७४ थियो ।

यसलाई भूगर्भविद् जर्जियो पोरेटीले सन् २००६ मा इटालियन भाषामा प्रकाशित *बुलेटिन अफ थियरिटिकल एन्ड एप्लाइड जियोफिजिक्स* जर्नलमा लेखेको आलेख 'द हाइट अफ माउन्टेन'मा उल्लेख गरेका छन् ।

त्यति बेला सगरमाथाको चुचुरोमा जिपिआर सर्भे गरी चट्टानी र हिउँको सतहबीचको फरक पनि निकालिएको थियो । सन् १९९२ मा २.५५ मिटर फरक निकालिएको थियो । सन् २००४ मा भने ३.६८ मिटर आएको थियो । सन् २००४ मा जिपिएसबाट 'इलिप्सोइड' उचाइ ८८२३.३८ मिटर निकालिएको थियो । त्यसअनुसार सगरमाथाको चट्टानी सतहको उचाइ चट्टानी सतह र हिउँको सतहबीचको फरक ३.६८ मिटर र 'एन-सेपरेसन'को मान -२५.१४ मिटर र -२८.७४ लिँदा क्रमशः ८८४४.८४ र ८८४८.४४ हुन आएको थियो । हिउँको सतहसहितको उचाइ ८८४८.५२ र ८८५२.१२ आएको थियो । सन् १९९२ मा जिपिएसबाट 'इलिप्सोइड' उचाइ ८८२३.५१ निकालिएको थियो । चट्टानी सतह एवम् हिउँको सतहबीचको फरक २.५५ मिटर र सोही समय निकालिएको 'एन-सेपरेसन'को मान २५.१४ लिँदा चट्टानी सतहको उचाइ ८८४६.१० र हिउँको सतहसहितको उचाइ ८८४८.६५ देखिएको थियो । (हेर्नुहोस, जर्जीयो पोरेटी आदिले सन् २००७ मा इटालियन भाषामा प्रकाशित *बुलेटिन अफ थेउरिटिकल एन्ड एप्लाइड जियोफिजिक्स*को ४८औं भोल्युममा प्रकाशित 'द जिपिएस स्टेसन एट द पिरामिड जियोडेटिक ल्याबोरेटरी' शीर्षकमा लेखिएको लेख) ।

| | **2004** | **2004** | **1992** |
|---|---|---|---|
| Ellips. Height | 8823.38 | 8823.23 | 8823.51 |
| N | -25.14 | -28.74 | -25.14 |
| Geoidal Height | 8848.52 | 8852.12 | 8848.65 |
| Ice Thickness | 3.68 | 3.68 | 2.55 |
| Height of Mt. Everest | 8844.84 | 8848.44 | 8846.10 |

सन् १९९२ र २००४ को सर्भेका आधारमा फरकफरक 'एन-सेपरेसन'को मान राखी गरिएको तुलना ।

सन् २००४ को उचाइ मापनमा जिपिआर, जिपिएसका अतिरिक्त परम्परागत तरिकाले पनि उचाइ नापिएको थियो । यसअनुसार तीन ओटा 'रिफ्लेक्टिङ प्रिज्म' र 'रेन्जिङ रड' चुचुरोमा सेटअप गरी 'लाइका टी २००२ के थियडलाइट' र 'डिआई३००एस डिस्ट्यान्स मेटर' प्रयोग गरी अवलोकन

गरिएको थियो । त्यस पटक पनि सर्भेयरहरू चुचुरोमा गएका थिएनन् । सर्वेक्षणमा तिब्बततिरका १२८ स्थानमा 'एस्ट्रोनमिकल अब्जर्भेसन' गरी 'डिफ्लेक्सन अफ भर्टिकल' पनि निकालिएको थियो, जुन तथ्याङ्क 'जियोइड' र 'इलिप्सोइड'बीचको सम्बन्ध स्थापित गर्न प्रयोग हुन्छ ।

सन् १९९२ र सन् २००४ मा गरिएको सर्भेको तथ्याङ्क तुलना गरी हेर्दा पहिलो पटक सगरमाथाको हिउँ सतहको अग्लो भाग र चट्टानी सतहको अग्लो भाग एउटै नभएको पाइयो ।

**सगरमाथाको हिउँ सतह र चट्टानी सतहबीच गरिएको तुलना ।**

| | **अक्षांश** | **देशान्तर** | **उचाइ (मिटरमा)** |
|---|---|---|---|
| स्नो समिट | २७°५९'१६.९६३" | ८६°५५'३१.७३६" | ८८४८.३६ |
| रक समिट | २७°५९'१६.९९८" | ८६°५५'३१.७२३" | ८८४५.३२ |

स्रोत : *एकेडेमिया* साइटमा प्रकाशित जर्जियो पोरेटीको 'इज माउन्ट एभरेस्ट हाइयर देन १५५ इयर्स अगो ?')

# चिनियाँ सर्वेक्षण-२००५

सन् २००५ मा चिनियाँहरूले सगरमाथाको उचाइ मापनका लागि अर्को अभियान चलाए । त्यति बेला खगोलीय भूमापन विधि (स्पेस जियोडेटिक टेक्निक) अपनाएर अझ परिष्कृत रूपमा उचाइ नापिएको थियो, जसमा जिपिएस प्रविधि र भूआकर्षण सर्भेबाट जियोइड निकालिएको थियो । यसअन्तर्गत विशेषगरी छ प्रकारका तथ्याङ्क लिइएको थियो । उचाइका लागि प्रथम दर्जाको बेन्चमार्कलाई आधार मानी परिशुद्ध किसिमले समतलन गर्दै तिब्बततिरको सगरमाथाको क्षेत्रसम्म लगिएको थियो ।

'होरिजन्टल कन्ट्रोल'का लागि जिपिएस सर्वेक्षण गरिएको थियो । यसअन्तर्गत १७ ओटा इन्टरनेसनल जिएनएसएस सर्भिस (आइजिएस) स्टेसनलाई आधार मानेर अरू स्थानका डाटा प्रशोधन गरिएको थियो । २००५ मे २२ को मध्य दिनमा चुचुरोमा पुग्न सफल चिनियाँ आरोहीले जिपिएस रिसिभरबाट अब्जर्भेसन गरी ३६ मिनेटसम्म जिएनएसएस डाटा रेकर्ड गरेका थिए ।

जियोइड सतहको सङ्गणनाका लागि भूआकर्षण सर्वेक्षण गरिएको थियो । यसमा ९६ ठाउँमा भूआकर्षण सर्भे गरी यसका आधारमा जियोइड मान सङ्गणना गरी हेर्दा सगरमाथाको चुचुरोमा भूरूपको तथ्याङ्कको फरक (एन-सेपरेसन भ्यालु) -२६.३८६ मिटर आएको थियो । त्यस बेला चिनियाँहरूले परम्परागत भूमापन विधि (क्लासिकल जियोडेटिक मेथड)बाट पनि सगरमाथाको उचाइ निकालेका थिए । त्यसमा सगरमाथा नजिकैका विभिन्न स्थानमा 'होरिजन्टल' र 'भर्टिकल कन्ट्रोल स्टेसन' स्थापना गरी त्रिकोणमितीय समतलन (ट्रिगोनोमेट्रिक लेभलिङ) एवम् 'लेजर रेन्जिङ'द्वारा कोण र दूरी नापी सगरमाथाको त्रिकोणमितीय उचाइ मापन गरेका थिए ।

त्यति बेला चिनियाँ सर्वेक्षकहरूले छ ठाउँबाट त्रिकोणमितीय समतलन र पाँच ठाउँबाट 'लेजर रेन्जिङ'मार्फत दूरी नापेका थिए (हेर्नुहोस्, चेन जोनयोङ आदिले सन् २००६ मा *साइन्स इन चाइनिज सेरिज* जर्नलको भोल्युम ४९ मा प्रकाशित 'प्रोग्रेस इन टेक्नोलोजी फर द २००५ हाइट डिटरमिनेसन अफ चोमोलोङ्मा फेङ') ।

परम्परागत र आधुनिक विधि गरी दुवै तरिकाबाट सगरमाथाको गणितीय उचाइ सङ्गणना गरी औसत मान निकाल्दा ८८२१.४६७ मिटर देखिएको थियो ।

यसरी आएको गणितीय उचाइमा पृथ्वीको वास्तविक र गणितीय स्वरूपको फरकलाई समयोजन गरी हेर्दा सगरमाथाको हिउँ सतहसहितको चुचुरोको उचाइ आठ हजार आठ सय ४७ दशमलव नौ सय ३३ मिटर निस्किएको थियो । सगरमाथाको चुचुरोको हिउँ सतह र चट्टानी सतहबीचको फरक थाहा पाउन जिपिआर सर्वेक्षण पनि गरिएको थियो । यसअनुसार हिउँ सतहको मोटाइ ३.५० मिटर निस्किएको थियो । वास्तविक सगरमाथाको उचाइ भनेको हिउँ सतहबाहेकको उचाइलाई लिनुपर्छ भनेर चट्टानी सतहको उचाइ ३.५० मिटर घटाउँदा चुचुरोको चट्टानी सतहको उचाइ आठ हजार आठ सय ४४ दशमलव ४३ मिटर देखिएको चिनियाँहरूको निष्कर्ष थियो । यस विषयलाई चाइनिज एकेडेमी अफ साइन्स (कास) र स्टेट ब्युरो अफ सर्भेयिङ एन्ड म्यापिङ (एसबिएसएम)ले २००५ अक्टोबर ९ मा हिउँ सतहबाहेकको वास्तविक चट्टानी उचाइलाई सगरमाथाको नयाँ उचाइ स्वीकार गर्नुपर्ने बताएका थिए (हेर्नुहोस्, 'एभरेस्ट नट अज टल एज थट' शीर्षकमा अस्ट्रेलियन ब्रोडकास्टिङ करपोरेसनको ५ अक्टोबर २००५ मा प्रकाशित लेख) ।

# डेनमार्कले गरेको भूआकर्षण सर्वेक्षण-२०१०-१२

नापी विभाग र डेनमार्कको टेक्निकल युनिभर्सिटी (डिटियू-स्पेस)को सहकार्यमा सन् २०१० डिसेम्बर ४ देखि १७ सम्म देशभरि हवाई उडान गरी 'एयरबर्न ग्राभिटी सर्भे' गरियो (हेर्नुहोस्, रेनी फर्सबर्ग आदिले डेनमार्कको टेक्निकल विश्वविद्यालयमा सन् २०११ अक्टोबर २४ मा प्रस्तुत गरेको 'नेपाल एयरबर्न ग्र्याभिटी एन्ड जियोइड प्रोजेक्ट, डाटा एक्युजिसन एन्ड ग्र्याभिटी प्रोसेसिङ रिपोर्ट' नामक प्रस्तुतीकरण) ।

डेनमार्कका प्राविधिक एवम् वैज्ञानिकहरूका साथमा नापी विभाग, खगोल तथा भूमापन महाशाखाका तत्कालीन उपमहानिर्देशक कल्याणगोपाल श्रेष्ठ र प्रमुख नापी अधिकृत नीरज मानन्धरले पनि भूआकर्षण सर्भेका बेला जहाजमा बसेर अवलोकन गरेका थिए । उक्त परियोजनाको लगानी नेपाल सरकार र संयुक्त राज्य अमेरिकाको नेसनल जियोस्पासियल एजेन्सी (एनजिए)ले गरेको थियो । नेपालको नयाँ जियोइड मोडल बनाउने र ग्लोबल ग्राभिटी मोडल इजिएम०८ पछि आउने नयाँ मोडलमा भूआकर्षणको थप तथ्याङ्क हाल्नु यो परियोजनाको मुख्य उद्देश्य थियो । उक्त भूआकर्षण नापी गर्न डेनमार्कबाटै विशेष प्रकारको हवाईजहाज ल्याइएको थियो । र डाटा प्रशोधन कार्य डिटियू-स्पेसमै गरिएको थियो (हेर्नुहोस्, नीरज मानन्धर र कल्याण गोपाल श्रेष्ठ आदिले सन् २०१४ मा लेखेको तथा स्प्रिङ्गरले प्रकाशन गरेको *अर्थ अन द एज : साइन्स फर अ सस्टेनेबल प्लानेट* पुस्तकको पेज ५२१ देखि ५२७ सम्म रहेको 'जियोइड अफ नेपाल फ्रम एयरबर्न ग्र्याभिटी सर्भे' शीर्षकको लेख) ।

डाटा प्रशोधनको काम सन् २०१२ मा सकियो । लगत्तै नेपालको भूरूपका लागि एउटा नयाँ आधार सतह परिभाषित गरियो । तर नेपाल-भारत

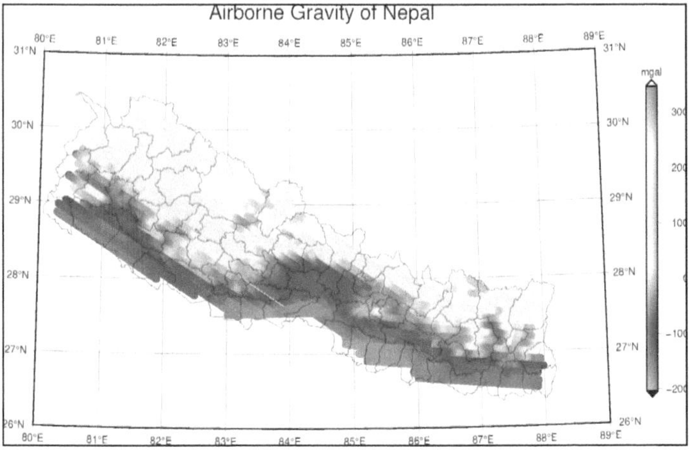

एयरबर्न ग्राभिटी सर्भे (स्रोत : नापी विभाग)

सीमा र नेपाल-चीन सीमाको ठीक माथि सगरमाथाको चुचुरोमा उडान गर्न भारत-चीनले सहमति दिएका थिएनन् । तथापि उक्त जहाजले सिमानाको करिब २०-२५ किलोमिटर नजिकसम्म गई रेकर्ड गरिएका तथ्याङ्कहरूका आधारमा प्रक्षेप (एक्स्ट्रापुलेसन) विधिबाट सगरमाथाको भूआकर्षणको मान निकालिएको थियो । त्यो काम नेपालको उचाइ मापनको आधार सतह परिभाषित गर्न, भौगोलिक सूचना पूर्वाधारमा योगदान पुऱ्याउन र परम्परागत लेभलिङको कामलाई विस्थापित गरी जिएनएसएस प्रविधिबाटै उचाइ निकाल्न महत्त्वपूर्ण हुन्थ्यो । यसरी निकालिएको जियोइडको शुद्धता १०-२० सेन्टिमिटरभित्र आएको थियो (हेर्नुहोस्, नीरज मानन्धर आदि ऐजन) ।

नेपालभरिको लेभलिङको पर्याप्त परिशुद्ध तथ्याङ्क नभएका कारण काठमाडौंको सीमित लेभलिङको उचाइ थाहा भएका बिन्दुहरूमा जिएनएसएस सर्वेक्षण गरी परिशुद्धता परीक्षण गर्दा ११ सेन्टिमिटरभित्र निस्किएको थियो । यसरी एउटा भरपर्दो उचाइ मापनको आधार सतहको मापन गरेपछि र सगरमाथाको चुचुरोको जिएनएसएस सर्वेक्षणबाट आएको गणितीय मान (इलिप्सोइडल हाइट)बारे जानकारी भएपछि चुचुरोको उचाइ पनि थाहा पाउन सकिने भयो ।

सामान्यतया जियोइड सङ्गणना गर्दा दुई प्रकारका शुद्धता लगाएर 'एन-सेपरेसन' निकालिन्छ । पहिलो, रसियाका चर्चित भौतिक भूवैज्ञानिक मिखायल मोलोडेन्स्कीले प्रतिपादन गरेको सिद्धान्तअनुसार गरिन्छ ।

अर्को भने, जर्मनीका भूवैज्ञानिक फ्रेडिक रोबर्ट हेल्मर्टले प्रतिपादन गरेको सिद्धान्तलाई आधार मानी 'जियोइडमा करेक्सन' लगाइन्छ । यसलाई सर्भेयरहरूले हेल्मर्ट मेथड र मोलोडेन्स्की मेथड भनी बुझ्छन् ।

'स्पेस जियोडेटिक्स मेथड'बाट हिमालयन क्षेत्रका स्थानको उचाइ मापन गर्दा 'हेल्मर्ट मेथड'बाट निकालिएको 'एन-सेपरेसन' प्रयोग गरी निकालिने भौतिक उचाइलाई परिशुद्ध मानिन्छ । त्यसैले डिटियूले पनि 'हेल्मर्ट करेक्सन' लगाई सगरमाथाको उचाइ सङ्गणना गरेको थियो । यसैअनुसार सगरमाथाको चुचुरोको 'जियोइड इलिप्सोइड सेपरेसन'को मान -२६.६६ निकालिएको थियो । त्यति बेलासम्म नेपाल आफैँले सगरमाथाको चुचुरोमा जिएनएसएस सर्वेक्षण नगरेकाले सन् २००५ मा चिनियाँहरूले गरेको चुचुरोको जिएनएसएस सर्वेक्षणबाट आएको गणितीय उचाइ आठ हजार आठ सय २१ दशमलव ४० मिटरलाई नै आधार मानी 'एन-सेपरेसन करेक्सन' लगाउँदा सगरमाथाको चुचुरोको उचाइ आठ हजार आठ सय ४८ दशमलव ०६ मिटर निस्किएको थियो । उनीहरूले प्रस्तुत गरेको प्रतिवेदनमा सगरमाथाको चुचुरोको उचाइको परिशुद्धता ±१ मिटर भित्र रहेको उल्लेख छ (हेर्नुहोस्, इन्टरनेसनल एसोसिएसन अन जियोडेसीले प्रकाशन गरेका पेपरहरू) ।

# नेपालको पहिलो पहल–२०१७–२०

नेपाल भ्रमण वर्ष २०११ सफल बनाउन तत्कालीन सचिव लीलामणि पौड्यालको नेतृत्वमा निजामती कर्मचारीहरूको १५ सदस्यीय टोलीले पनि सगरमाथा आरोहण गर्ने चर्चा बाहिरियो । भाग्यवश, मैले पनि त्यस आरोहण टोलीमा सहभागी हुने मौका पाएँ । २०६८ जेठ ४ मा मसहित नौ जना निजामती कर्मचारी सफलतापूर्वक सगरमाथा आरोहण गरी इतिहासमा नाम लेखाउन सफल भयौं ।

आफ्ना सर्भेयर सगरमाथा आरोहण गर्न सफल भए पनि नेपाली आफैंले यसको मापन गर्न सकेका थिएनन् । त्यसैले नापी विभागले आर्थिक वर्ष २०६९/७० को वार्षिक कार्यक्रममा सगरमाथाको उचाइ नाप्ने कार्यक्रम सरकारसमक्ष प्रस्ताव गर्‍यो । तर तत्कालीन अर्थसचिव कृष्णहरि बास्कोटाले त्यो कार्यक्रम अनुपयुक्त भएको र यसका लागि बजेट व्यवस्था गर्न नसकिने भनी कार्यक्रम अघि बढाउन दिएनन् । फलस्वरूप विभागको त्यो उच्च महत्त्वाकाङ्क्षी कार्यक्रम त्यत्तिकै सेलायो ।

२०७२ वैशाख १२ मा गोरखालाई केन्द्रबिन्दु बनाई आएको विनाशकारी भूकम्पबाट नेपालमा हजारौं मानिसको मृत्यु भयो । कैयौं भौतिक पूर्वाधारमा अर्बौं रूपैयाँको क्षति भयो । हजारौं व्यक्ति घरबारविहीन भए । यसले नेपालको सगरमाथा क्षेत्रलाई समेत अछुतो राखेन ।

वसन्त ऋतुमा सगरमाथा आरोहण गर्न आधारशिविरमा अनुकूल मौसम कुरेर आरोहीहरू बस्ने महिना हुन्– वैशाख र जेठ । तर यही बेला भूकम्प आएपछि आधारशिविरमा वरपरबाट आएको हिमपहिरोबाट कैयौं आरोही घाइते भए । १८ जना आरोहीले आधारशिविरमै ज्यान गुमाउनुपर्‍यो ।

नापी विभागले २०३० सालदेखि चार दशक लगाएर तयार पारेका होरिजन्टल र भर्टिकल नियन्त्रण बिन्दुहरूको सञ्जाल (जियोडेटिक कन्ट्रोल नेटवर्क)हरूमा पनि भूकम्पले ठूलो क्षति पुऱ्यायो । घर र बाटा भत्किएको, हिमाल र पहाडमा पहिरो गएको त सबैले देखे । तर नेपालको नापनक्साका नियन्त्रण बिन्दुहरूमा भएको क्षति नापनक्सासम्बन्धी वैज्ञानिकहरूले मात्र देखे ।

कतिपय वैज्ञानिकले भूकम्पका कारण सगरमाथाको उचाइ घटेको भनी विभिन्न अन्तर्राष्ट्रिय जर्नलहरूमा शोधमूलक लेखसमेत लेखे । कतिपयले नेपालको हिमाली क्षेत्र दुई ओटा भौगर्भिक ढिक्काको बीचमा पर्ने हुँदा भूकम्पका कारण ती धेरै ठोकिए र हिमालहरू अझ माथि उठे भनेर पनि उल्लेख गरे ।

भूकम्पलगत्तै नेपालको जमिन सर्किएका कारण हिमाल, पहाड अनि समग्र धरातलीय उचाइमा असर परेको हुन सक्ने सम्भावना दर्साउँदै नापी विभागले अनुसन्धान अघि बढायो । त्यति बेला नापी विभागका महानिर्देशक मधुसूदन अधिकारी थिए । उनले सबैभन्दा पहिला काठमाडौंको भूभागको अवस्थितिमा कस्तो असर परेको छ भनी विभागका तर्फबाट अनुसन्धान कार्यक्रम सुरू गरे । विभागले जिएनएसएस प्रविधि प्रयोग गरी अनुसन्धान गर्न फिल्डमा सर्भे टोली परिचालन गऱ्यो ।

काठमाडौंका विभिन्न पाँच स्थानबाट जिएनएसएस अवलोकन गरी तत्काल तथ्याङ्क सङ्गणना गरियो । यसरी हेर्दा औसतमा उपत्यका १४२ सेन्टिमिटर दक्षिण-पश्चिम सर्किएको पाइयो । साथै उपत्यकाको जमिन औसतमा ९२ सेन्टिमिटर माथि उठेको भनी विभागले २०७२ असारमा प्रेस विज्ञप्ति जारी गऱ्यो ।

यसरी भूकम्पका कारण संसारभरबाट सगरमाथाको उचाइबारे जिज्ञासा उठ्यो । सगरमाथाको देश भएका नाताले यसको प्राविधिक र वैज्ञानिक हिसाबबाट नेपालले जवाफ दिन जरूरी थियो । यसै परिप्रेक्ष्यमा सन् २०१८ फेब्रुअरी ३ मा *न्युयोर्क टाइम्स*मा प्रकाशित पत्रकारद्वय भद्र शर्मा र काई सुल्जले संयुक्त रूपमा लेख नै लेखे । त्यहाँ उनीहरूले "सगरमाथाको उचाइ कति छ भन्ने कुरा नेपालका लागि एउटा कठिन प्रश्न हो" भनी उल्लेख गरेका छन् । नापी विभागका तत्कालीन महानिर्देशक गणेशप्रसाद भट्टलाई उद्धृत गर्दै निकट भविष्यमै नेपालले सगरमाथाको उचाइ मापन गर्दै छ भन्ने जानकारी पनि लेखमा छ ।

अन्तर्राष्ट्रिय जगत्मा नेपाल र नेपालीहरूको पहिचानको प्रमुख धरोहरका रूपमा रहेको सगरमाथा संसारको सबैभन्दा अग्लो चुचुरो भनी पत्ता लागेको करिब १७० वर्ष पूरा हुन लाग्दासम्म पनि यसको उचाइ मापन नेपाल आफैँले गर्न सकेको थिएन । अन्य देशले नापेको परिणामलाई आधार मानी आफ्नो धरोहरको विशिष्टता अरूसामु राख्नुपरेको सत्य नेपालसामु थियो । अर्कोतिर, चीनले सन् २००५ मा मापन गरी प्रकाशन गरेको चट्टानी सतहको उचाइलाई आधिकारिक मान्न गरिएको प्रस्ताव पनि "नेपाली पक्षबाट आधिकारिक पुस्ट्याइँबिना अमान्य" भन्नुपर्ने थियो ।

प्राविधिक रूपमा नापी विभागले उचाइ मापन गर्ने भए पनि त्यसका लागि आधारभूत क्षमता विकासको आवश्यकता थियो । सोहीअनुसार आफ्नै जनशक्ति र स्रोतको उपयोग गरी सगरमाथाको उचाइ मापन गर्ने सोच अगाडि ल्याइनु सराहनीय काम थियो । चीनले पहिलो पटक उचाइ मापन गरेको ४४ वर्षपछि नेपालले पनि पहिलो पटक नै यस कार्यक्रमलाई आफ्नै पहलमा मापन गर्ने सोच अगाडि बढायो ।

सगरमाथाको उचाइमा पनि प्रश्न उठिरहेकाले नेपालले यसको उचाइ आफैं मापन गर्नुपर्छ भन्नेतर्फ पनि विभाग लाग्यो । सरकार भूकम्पपीडितको उद्धार, राहत तथा पुनःस्थापनामा जुटेको थियो । नापी विभाग भने आफ्ना नियमित कामबाहेक नापीका नियन्त्रण बिन्दुहरूको पुनःस्थापना र अवलोकन गरी नापनक्सा प्रणालीलाई अझै चुस्तदुरूस्त र विश्वासनीय बनाउनेतिर लाग्यो । यसका लागि राष्ट्रिय नापनक्साका नियन्त्रण बिन्दुका सञ्जाललाई समयसापेक्ष अद्यावधिक गरी शुद्ध बनाउनु र थप नियन्त्रण बिन्दु स्थापना गर्नुपर्थ्यो । यिनै नियन्त्रण बिन्दु र थप स्थापना गरिने बिन्दुबाट सगरमाथाको उचाइको काम पनि गर्न सकिने भनी नापी विभागका तत्कालीन महानिर्देशक गणेशप्रसाद भट्टले २०७३ चैतमा यो कार्यक्रम औपचारिक रूपमा अगाडि ल्याए ।

यसअघि कृष्णराज बिसी विभागको महानिर्देशक हुँदा २०७३ असारमा काठमाडौंमा बसेको नेपाल-भारत सीमासम्बन्धी संयुक्त कार्यदल बैठकमा भारतका तत्कालीन सर्भेयर जनरल डा. सुवर्ण सुब्बा रावले संयुक्त रूपमा सगरमाथाको उचाइ मापन गर्ने प्रस्ताव गरेका थिए ।

२०७३ चैत दोस्रो सातातिर विभागको महानिर्देशकमा गणेशप्रसाद भट्ट नियुक्त भए । पदवहालीलगत्तै विभागको सभाकक्षमा विभाग र अन्तर्गतका

कर्मचारीलाई सम्बोधन गर्दै उनले नापी विभागकै जनशक्ति र सरकारको आफ्नै साधनस्रोतबाट सगरमाथाको उचाइ मापन गर्ने आफ्नो सपना रहेको बताए । साथै उक्त काम तुरून्त प्रारम्भ गरी आफ्नै कार्यकालमा सक्ने गरी काम अघि बढाउने पनि धारणा राखे । उनको धारणालाई तत्कालीन भूमि व्यवस्थामन्त्री विक्रम पाण्डेले प्रस्ताव गरे र प्रधानमन्त्री पुष्पकमल दाहाल 'प्रचण्ड'ले सरकारको वार्षिक नीति तथा कार्यक्रममा समावेश गराए ।

भट्ट पदबहाली हुनु तीन महिनाअघि भारतीय सर्वेक्षण विभागले आफ्नो स्थापनाको २५० वर्ष पूरा गरेको उपलक्ष्यमा सगरमाथाको उचाइ पुनः मापन गर्ने सोच राखेको विषय सञ्चारमाध्यममा आइसकेको थियो । विभागीय नेतृत्व परिवर्तन हुनासाथ भारतीय सर्वेक्षण विभागले उक्त कामका लागि औपचारिक पत्र नापी विभागलाई पठायो ।

नेपालले स्वतन्त्र रूपमा आफ्नै जनशक्ति र स्रोतबाट सगरमाथाको उचाइ नाप्ने कार्यक्रम अगाडि बढाइसकेका बेला महानिर्देशक भट्टले भारतीय सर्वेक्षण विभागको उक्त पत्रलाई यथास्थितिमा राखी विभागीय तयारीलाई निरन्तरता दिए । फलस्वरूप २०७४/७५ को वार्षिक कार्यक्रममा 'सगरमाथाको उचाइ मापन' कार्यक्रमसमेत समावेश भयो ।

कार्यक्रम स्वीकृत भएलगत्तै सञ्चारमाध्यममा चर्चा हुन थाल्यो । महानिर्देशक भट्टले सञ्चारमाध्यममा नेपाल आफैंले सगरमाथा उचाइ मापन गर्नुको उद्देश्य, यसबाट हुने लाभ र नापी विभागको क्षमताबारे धेरै अन्तर्वार्ता दिए । भारतीय सञ्चारमाध्यमले समेत यसमा विशेष चासो देखाएर भारतको प्रस्ताव अस्वीकार हुनुको कारण सोधखोज गरे ।

राजनीतिक सिमानाका हिसाबले सगरमाथा नेपालमा पर्ने भए पनि यो संसारकै सम्पत्ति हो । विभिन्न देश र विदेशी संस्थाले यसअघि विभिन्न समयमा यसको उचाइ मापन गरिसकेका छन् । यसै क्रममा नेपालले गरेको मापनलाई सर्वस्वीकार्य बनाउनुपर्ने जिम्मा नापी विभागको थियो । यही हेतुले विभागले सन् २०१७ डिसेम्बर ११ र १२ मा सगरमाथा उचाइ मापनसम्बन्धी अन्तर्राष्ट्रिय कार्यशाला गोष्ठी आयोजना गऱ्यो, जसमा नापी विभागका पूर्वमहानिर्देशक बुद्धिनारायण श्रेष्ठ, पुण्यप्रसाद ओली, तोयनाथ बरालसहित विभिन्न संस्थाका विज्ञ सहभागी थिए । साथै भारत, चीन, न्युजिल्यान्ड, संयुक्त राज्य अमेरिका, इटाली, जापानलगायत देशका नापनक्सासम्बन्धी वैज्ञानिक पनि उक्त गोष्ठीमा सहभागी थिए । गोष्ठीमा नापी विभागका तर्फबाट

उपमहानिर्देशक नीरज मानन्धरले सगरमाथा उचाइ मापन विधिसम्बन्धी कार्यपत्र प्रस्तुत गरेका थिए । त्यसमा विज्ञहरूबाट आएका सुझावका आधारमा मापन कार्यविधि संशोधनसमेत गरियो । नापनक्सा विज्ञहरूको सुझावसहित मापन विधि गोष्ठीबाट पारित गरिएकाले नतिजालाई सर्वस्वीकार्य बनाउन त्यो गोष्ठीले सकारात्मक भूमिका खेलेको थियो ।

नापी विभागले विभिन्न चरणमा सर्भे गर्न विभागका तत्कालीन प्रमुख नापी अधिकृत सुशील डङ्गोलको संयोजकत्वमा नापी अधिकृतहरू सुरजबहादुर केसी, ई. महेश थापा, ई. विज्ञान बञ्जारा, ई. स्टालिन भण्डारी, ई. शङ्कर केसी र ई. भानुभक्त भट्ट सदस्य रहने गरी सगरमाथा उचाइ मापन सचिवालयसमेत गठन गऱ्यो ।

जर्मनीबाट जियोडेसीमा स्नातकोत्तर एवम् नापी अधिकृत सुरजबहादुर केसी जियोइड र भूआकर्षणसम्बन्धी विषयमा जानकार व्यक्ति भएकाले उनलाई सचिवालयमा थप गरियो । विभागले तय गरेको कार्यविधिअन्तर्गत रहेर परिशुद्ध समतलन, त्रिकोणमितीय समतलन, जिएनएसएस र भूआकर्षण सर्भे गर्न सर्भेयरहरूको टोली गठन गरी स्थलगत सर्वेक्षणका लागि फिल्डमा खटाइएको थियो ।

## परिशुद्ध समतलन

नापनक्सा गर्दा समुद्री सतहबाट उचाइको आधार तय गर्नुपर्छ । नेपालमा समुद्र नभएकाले बङ्गालको खाडीबाट सर्भे गर्दै उचाइ ल्याउनुपर्छ । २०७२ सालको भूकम्पलगत्तै भारतले बङ्गालको खाडीबाट जनकपुरदेखि दक्षिण जयनगरसम्म परिशुद्ध समतलन सर्भे गरिसकेको थियो । नेपाल-भारत सीमा कार्यदलको बैठकमा महानिर्देशक भट्टले भारतीय समकक्षी लेफ्टिनेन्ट जनरल गिरीश कुमारसँग अद्यावधिक तथ्याङ्क नेपाललाई दिई सघाउन अनुरोध गरे । त्यसलाई भारतीय समकक्षीले सहजै स्विकारे । त्यसपछि जयनगरबाट सर्भे गर्दै नेपाल-भारत सीमा नजिकै पर्ने सिरहाको मार्डरसम्म ल्याइयो । र नेपालको उचाइका लागि आधार बिन्दुका रूपमा सिरहाको मार्डरलाई मानियो । त्यहाँ भूआकर्षण सर्भेसमेत गरी उक्त स्थानलाई स्थायी बेन्चमार्कका रूपमा खडा गरियो ।

नापी विभाग र खगोल तथा भूमापन महाशाखाको टोलीले मार्डरबाट उदयपुरको गाईघाट हुँदै सोलुखुम्बुको पातालेसम्म र वरपर गरी २४८

किलोमिटर परिशुद्ध समतलन सक्यो । सगरमाथामा त्रिकोणमितीय सर्भे गरिने नियन्त्रण बिन्दुहरूसम्म लेभलिङ कार्य सम्पन्न गऱ्यो । नापी विभागबाट यो झन्झटिलो परिशुद्ध समतलन कार्य सम्पन्न गर्न प्रमुख नापी अधिकृत ऋषिराम श्रेष्ठको नेतृत्वमा नापी अधिकृत हरि श्रेष्ठ, दीपकरत्न शाक्य र राजमान श्रेष्ठ सहभागी थिए । साथै सर्भेयर वसन्त श्रेष्ठ, पूर्णबहादुर दनेखु, रामप्रसाद थुसा, गोपाल खत्री, जनकराज जोशी, शिवशङ्कर चौलागाईं, विष्णुराज जोशी, सुमित कतिला तथा सहायक सर्भेयर विशाल गौतम र लक्ष्मण केसीसहित १४ जनाको टोलीले समग्र परिशुद्ध समतलनको काम गरेको थियो ।

## जिएनएसएस सर्भे

विभागले सगरमाथाको उचाइ मापनका लागि तयार गरेको कार्यविधिलाई अन्तिम रूप दिन काठमाडौंमा आयोजित सगरमाथा उचाइ मापनसम्बन्धी अन्तर्राष्ट्रिय कार्यशाला गोष्ठीमा सहभागी सबैजसो विदेशी विज्ञले सबैभन्दा उपयुक्त विधि जिएनएसएस हो भनेर सुझाएका थिए । नयाँ प्रविधिमा आधारित सर्भेका लागि विभागले पहिला तराईतिरको काम गर्न टोली प्रमुखमा प्रमुख नापी अधिकृत अजित कुँवर र हिमालय क्षेत्रतिर नापी अधिकृत महेश थापाको नेतृत्वमा सर्भेयरसहितको टोली गठन गरेको थियो ।

भौगोलिक कठिनताका कारण समग्र जिएनएसएस सर्भेलाई दुई भागमा विभाजन गरिएको थियो । एउटा तल्लो तटीय भूभाग, जहाँ गाडीबाट जान सकिन्थ्यो । सर्भे गर्न पनि सजिलो थियो । तर अर्को चाहिँ उच्च कठिन पहाडी र हिमाली भूभाग, जहाँ लेक पनि लाग्ने भएकाले सर्भेयरहरूलाई हेलिकप्टरबाट ल्याउने-लैजाने गरिएको थियो ।

## ग्राभिटी सर्भे (भूआकर्षण नापी)

कुनै पनि स्थानको परिशुद्ध उचाइ जिएनएसएस सर्भेबाट मात्र निकाल्न सकिँदैन । जिएनएसएस सर्भेबाट सगरमाथाको निश्चित गणितीय उचाइ पत्ता लाग्न सक्छ । तर हामीलाई सगरमाथाको भौतिक उचाइ पत्ता लगाउनुपर्ने थियो, जसका लागि भूआकर्षण नापी गरी समुद्री सतहलाई सगरमाथाको टुप्पोको ठीक मुनिसम्म अनुमानित बिस्तार गर्दा एउटा काल्पनिक सतह कहाँ आइपुग्छ भन्नेबारे पनि हिसाब गर्नुपर्थ्यो ।

उचाइ मापनका लागि कुन आधार सतहबाट नाप्ने भन्ने विषय महत्त्वपूर्ण हुन्छ । आधार सतह सकेसम्म समथर हुनुपर्छ । पृथ्वीको सतह समथर नभएर अनियमित छ भने समुद्री सतह तुलानात्मक रूपमा समथर हुन्छ । त्यसैले समुद्री सतहलाई नै आधार मान्नुपर्छ । समुद्री सतहमा एकैनासको गुरूत्वबल हुन्छ । हामीले त्यही मानको गुरूत्व आकर्षण बल मापन गरी एउटा काल्पनिक सतह सगरमाथाको फेदसम्म ल्याउनुपर्छ । उक्त सतहलाई भूरूप भनिन्छ । यस्तो खालको सतह बनाउन भूआकर्षण नापी गरिन्छ ।

भूआकर्षण नापीमा ग्राभिमिटर नामक उपकरण हुन्छ । यसले पृथ्वीको सतहमा भएको गुरूत्वबलको मान दिन्छ, जसलाई हामी सङ्गणना गरेर आधार सतहसम्म पुऱ्याउँछौं । जिएनएसएसले दिने गणितीय उचाइ, जुन डब्लुजिएस८४ इलिप्सोइड (उपगोल)मा आधारित उचाइ (इलिप्सोइडल वा म्याथमेटिकल हाइट) हुन्छ । यसको उचाइको आधार समुद्री सतहभन्दा फरक हुन्छ । भूआकर्षण नापी र जिएनएसएस सर्वेक्षण गरेपछि जियोइड परिभाषित गरिन्छ । र जियोइड र वर्ल्ड जियोडेटिक प्रणाली-८४ (डब्लुजिएस८४ इलिप्सोइड)बीचको फरक थाहा पाइन्छ । यसलाई 'जियोइड अन्डुलेसन' भनिन्छ । जिएनएसएस सर्वेक्षणपछि प्राप्त उचाइ वर्ल्ड जियोडेटिक प्रणाली-८४ मा आधारित हुन्छ । र जियोइड अन्डुलेसनको मानबाट जिएनएसएसको उचाइलाई जियोइडको सतहमा आधारित भएर भौतिक उचाइमा रूपान्तरण गरिन्छ ।

सगरमाथाको भौतिक उचाइ निकाल्न यो सतह सबैभन्दा महत्त्वपूर्ण हुन्छ । परिशुद्ध भूरूपबिना सगरमाथामा जिएनएसएस सर्भे गर्दैमा परिशुद्ध उचाइ निकाल्न सकिँदैन । यो साधारणतया प्रयोगमा नआउने अलि जटिल र विशिष्ट प्रकारको सर्भे हो । यसमा सोहीअनुसारका तालिमप्राप्त सर्भेयरको आवश्यकता हुन्छ । त्यसैले फिल्ड डाटा अवलोकनका लागि खटिएका सर्भेयरहरूको टोलीले जिएनएसएस सर्भे गरिएका बिन्दुमा भूआकर्षण यन्त्र स्थापना गरी तथ्याङ्क सङ्कलनको काम गऱ्यो ।

### ट्रिगोनोमेट्रिकल लेभलिङ (त्रिकोणमितीय समतलन सर्भे)

विभाग सगरमाथाको उचाइ मापन गरी आउने नतिजामा द्विविधा नआओस् भन्नेमा सचेत थियो । सोहीअनुरूप प्रचलित सबै तरिकाबाट सगरमाथाको उचाइ निकाल्न चाहेको थियो । त्यसकारण आधुनिक र परम्परागत दुवै

विधिबाट सगरमाथाको उचाइ मापन अघि बढाउने निर्णय गरिएको थियो । यसअघि सन् १९५४ र १९७५ मा त्रिकोणमितीय समतलनबाटै सगरमाथाको उचाइ निकालिएको थियो ।

भारतीय सर्भे विभागले सन् १९५४ मा प्रयोग गरेकासहित थप चार बिन्दुबाट सगरमाथाको चुचुरोमा त्रिकोणमितीय सर्भे गरी उचाइ पत्ता लगाउन सबै बिन्दुमा स्प्रिट लेभलिङ पु-याउन सक्ने अवस्था थिएन । तसर्थ केही बिन्दुमा त्रिकोणमितीय सर्भे गरी नयाँ उचाइ लगिएको थियो । भारतीय सर्भे विभागले प्रयोग गरेका आठ र थप चार बिन्दुबाट सगरमाथाको चुचुरो अवलोकन गरिएको थियो । त्रिकोणमितीय सर्भे गर्न नापी विभागका प्रमुख नापी अधिकृत ऋषिराम श्रेष्ठको नेतृत्वमा नापी अधिकृतहरू शङ्कर केसी, स्टालिन भण्डारी, गोपालकृण्ण खर्बुजा, पूर्णरत्न वज्राचार्य र सर्वेक्षकहरू प्रभास यादव, नारायण सुवेदी, शिवशङ्कर चौलागाईं, नवीन केसी, गोविन्द गौडेल, भीमबहादुर विक, विजय मानन्धर र महेशचन्द्र पुडासैनीको टोली गठन गरी फिल्डमा खटाइयो ।

टोलीले बिहान पाँचदेखि १० बजेभित्र सगरमाथाको चुचुरोलाई थियडलाइटको 'क्रस हेयर'ले अन्तरक्षेदन गरी परिशुद्ध तवरबाट अवलोकन गरेको थियो । त्रिकोणमिति सर्भे गर्दा टाढाबाट सगरमाथाको अवलोकन गरिएको हुन्छ । यसमा पृथ्वीको गोलाइ, वायुमण्डलको चाप, सापेक्षित आर्द्रता तथा तापक्रमका कारण दृष्टिरेखा बाङ्गिएर आउन सक्ने त्रुटि सुधार्न मौसमसम्बन्धी तथ्याङ्क पनि आवश्यक पर्छन् । त्यसैले मौसमी तथ्याङ्क सङ्कलन गर्न विभिन्न स्थानमा मौसम मापन केन्द्र खडा गरी तथ्याङ्क लिने काम पनि यही टोलीले गरेको थियो । विभिन्न उचाइका थप मौसमी तथ्याङ्क चाहिँ नापी विभागसँग गरिएको सम्झौताअनुसार अमेरिकाको नेसनल जियोग्राफिक सोसाइटीले उपलब्ध गराएको थियो ।

## चुचुरो अवलोकन

सन् १८४७ देखि कैयौं पटक विभिन्न मुलुक तथा संस्थाले सगरमाथाको उचाइ पत्ता लगाउने काम गरे । स्याटलाइट जियोडेसीको सुरूवात नहुँदा सन् १९७५ भन्दा अगाडिका सबै मापन परिणाम त्रिकोणमितीय पद्धतिबाट निकालिएका हुन् । त्रिकोणमितीय पद्धतिबाट उचाइ निकाल्न चुचुरोमा आरोहण गर्नुपर्दैन । टाढाबाट कोणीय मान नाप्ने यन्त्र उपकरणको सहयोगबाट अवलोकन गरी त्यहाँको अवस्थिति थाहा पाएपछि कोण र

दूरीका आधारमा उचाइ निकालिन्छ । पृथ्वीको गोलाइ, वायुमण्डलीय चाप र तापक्रमका कारण हेरिएको दृष्टिरेखा (लाइन अफ साइट)मा आवर्तन (रिफ्र्याक्सन) हुन जान्छ । आवर्तनले गर्दा आउन सक्ने त्रुटिमा संशोधन गरेपछि उचाइ पत्ता लगाउन सकिन्छ । तर जिएनएसएस प्रविधिबाट उचाइ नाप्दा यन्त्र बोकेर चुचुरोमा जानुपर्छ । र त्यहाँ उक्त यन्त्र स्थापना गरेपछि मात्र त्यसबाट डाटा आउँछ । त्यसलाई सङ्गणना गरेपछि मात्र उचाइ निकाल्न सकिन्छ ।

यसअघि इटाली एवम् चीनले पनि जिएनएसएस प्रविधि प्रयोग गरी उचाइ निकालेका थिए । त्यस बखत केही माउन्टेन गाइडलाई तालिम दिई उनीहरूलाई बोकाएर त्यो यन्त्र चुचुरोमा स्थापित गरिएको थियो । परिशुद्ध तवरबाट गर्नुपर्ने सर्वेक्षणको काम सर्भे विषय नपढेका मानिसबाट गराउँदा त्यसबाट समेत त्रुटि आउन सक्छ । त्यसैले अप्राविधिकबाट सही रूपमा यन्त्र उपकरण सञ्चालन हुन नसक्ने विषय मनन गर्दै नापी विभागले सगरमाथाको चुचुरोमा सर्भेयरहरूलाई नै पठाउने निर्णय गऱ्यो ।

२०७६ जेठ ४ राति आधारशिविरबाट समिट अब्जर्भेसन टोलीले यन्त्र उपकरणसहित सगरमाथा आरोहण सुरू गरेको हो । जेठ ७ मा चुचुरोमा पुगेर सर्वेक्षण कार्य गर्ने लक्ष्य लिएकोमा मौसम तथा केही प्राविधिक कारणबाट जेठ ६ गते आठ हजार मिटर नजिकैको साउथ कोलमा रहेको चौथो शिविरमा कठिन रात बिताउनुपरेको थियो ।

२०७६ जेठ ७ को दिउँसो दुई बजेतिर साउथ कोलबाट अन्तिम आरोहण सुरू गरेको टोली भोलिपल्ट जेठ ८ (सन् २०१९ मे २२) को बिहानीपख तीन बजे सगरमाथाको चुचुरोमा पुग्न सफल भएको थियो । माइनस ४३ डिग्री सेन्टिग्रेडभन्दा कम तापक्रमको कठिन मौसममा समेत छ मिनेटभित्र चुचुरोमा यन्त्र उपकरण जडान गर्न सफल भएको टोलीले तीन बजेर छ मिनेटदेखि जिएनएसएस अब्जर्भेसनको काम सुरू गरेको थियो ।

काठमाडौँबाट हिँडेको ४३औं दिनमा टोलीले संसारको छानोमा एक घण्टा ४५ मिनेट बसेर एक घण्टा १५ मिनेट २० सेकेन्डको अब्जर्भेसन गऱ्यो । टोलीले एक सेकेन्ड इपोकमा भूउपग्रहबाट प्राप्त हुने महत्त्वपूर्ण तथ्याङ्क रेकर्ड गरेको थियो । सोही समयमा टोलीले जिपिआर यन्त्रबाट सगरमाथाको चुचुरोमा रहेको हिउँ सतहको मोटाइसमेत अध्ययन गरेको थियो ।

## डाटा सङ्गणना

नापी विभागले यसअघि डाटा सङ्गणना जस्तो विशिष्ट प्रकृतिको प्राविधिक काम गरेको थिएन । विज्ञ जनशक्तिको सीमितता भएको अवस्थामा सङ्गणना कार्य चुनौतीपूर्ण नै थियो । यसरी सङ्गणना गर्ने काममध्ये पनि विशेषतः भूआकर्षण सर्भेका तथ्याङ्कलाई बुझ्ने र ती सबै डाटालाई प्रशोधन गर्ने काम सबैभन्दा जटिल थियो । तसर्थ समग्र तथ्याङ्कको सङ्गणना एवम् प्रशोधन गर्न जनशक्ति तयार गर्ने उद्देश्यले सगरमाथा मापन कार्यक्रम सचिवालयमा कार्यरत सबैजसो नापी अधिकृत र विभागका अन्य सर्भेयरसहित १६ जनाको टोलीलाई स्विट्जरल्यान्डस्थित युनिभर्सिटी अफ बर्न र डेनमार्कको टेक्निकल युनिभर्सिटी अफ डेनमार्कमा जिएनएसएस सर्भे र भूआकर्षण सर्भेका तथ्याङ्क परिशुद्ध तवरबाट सङ्गणना गर्ने तालिमका लागि पठाइएको थियो ।

यसमा सबैभन्दा मुख्य र चुनौतीपूर्ण काम थियो– भूआकर्षण सर्भेका डाटा प्रशोधन गरी जियोइडको सङ्गणना गर्नु । जियोइडका विषयमा अध्ययन गरेका नापी अधिकृत सुरजबहादुर केसीले यसको सङ्गणना गरेका थिए । सिरहाको मार्डरदेखि समिट अब्जर्भेसन टोलीले सगरमाथाको चुचुरोबाट लिई आएको जिएनएसएसका तथ्याङ्क सङ्गणनाको काम नापी अधिकृत विज्ञान बञ्जाराले गरेका थिए । नापी अधिकृत महेश थापाले लेभलिङ डाटाको सङ्गणना गरेका थिए । साथै नापी अधिकृत शङ्कर केसीलगायतको टोलीले त्रिकोणमितीय तथ्याङ्क सङ्गणना गरेका थिए ।

नेपालले आफ्नो देशको सीमाभित्र पर्ने सगरमाथाको आधिकारिक उचाइ मापन गर्ने कार्यक्रम अगाडि बढाएपछि त्यसमा चिनियाँहरूले पनि चासो देखाएका थिए । नापी विभागले सन् २०१७ डिसेम्बर ११ र १२ मा काठमाडौंमा गरेको कार्यशाला गोष्ठीमा चीनको सर्भे विभाग (स्टेट ब्युरो अफ सर्भेइङ एन्ड म्यापिङ, बेइजिङ)बाट आएका चार जना प्रतिनिधि सहभागी थिए ।

यही बीचमा चिनियाँ पक्षबाट पनि उचाइ मापन र डाटा सङ्गणनाको काम भइरहेको थियो । उचाइबारे विवाद नहोस् भनेर नेपाली र चिनियाँ प्राविधिकले उचाइ सङ्गणना सकेपछि संयुक्त रूपमा सगरमाथाको नयाँ उचाइ घोषणा गर्ने सैद्धान्तिक सहमति थियो । यसकारण नेपालले सबै काम सके पनि संयुक्त रूपमा उचाइ घोषणा गर्न चिनियाँ पक्षलाई एक वर्षभन्दा बढी समय पर्खिइबस्यो ।

# चिनियाँ सर्वेक्षण-२०२०

नेपालको आधिकारिक सर्भे टोली चुचुरो आरोहण गरी २०७६ जेठ ९ मा काठमाडौं आयो । त्यसलगत्तै स्टेट ब्युरो अफ सर्भेइङ एन्ड म्यापिङ बेइजिङका महानिर्देशकको नेतृत्वमा नौ जनाको टोली २०७६ जेठ १४ मा अकस्मात् काठमाडौं आइपुग्यो । र टोलीले कूटनीतिक निकायहरूसँग समन्वय गरी जेठ १५ मा नापी विभागसँग छलफल गऱ्यो । छलफलका क्रममा उनीहरूले नेपालले एक्लै सगरमाथाको उचाइ मापन गरेको सम्बन्धमा गम्भीर चासो प्रकट गरे । अब पुनः संयुक्त रूपमा समिट अब्जर्भेसन गरी मापन कार्यक्रम अघि बढाउने प्रस्तावसमेत गरे ।

नापी विभागका प्रतिनिधिले पनि चिनियाँ पक्षले सन् १९७५ र सन् २००५ मा सगरमाथाको उचाइ नाप्दा आफूहरूलाई सहभागी नगराएको बताए । त्यसकारण यस पटक नेपालले गरेको मापन सम्बन्धमा अतिरिक्त चासो देखाउन उपयुक्त र तर्कसङ्गत नहुने भनेर नेपालले जवाफ दियो । छलफलका क्रममा चिनियाँ प्रतिनिधिले तत्कालीन समयमा एकपक्षीय रूपमा भएका काम दुवै पक्षले ग्रहण नगरेका कारण मतैक्य हुन नसकेको र यसअघि जेजसो भए पनि अब पुनः सँगै मापन गर्ने प्रस्ताव राखे । दुवैतर्फका सर्भेयरको संयुक्त टोली बनाई समिट अब्जर्भेसन गर्न आरोहण अभियानमा पठाउने प्रस्तावसमेत दोहोऱ्याए । नेपालले भने आफूहरूको काम अन्तिम अवस्थामा पुगिसकेको हुँदा उचाइ सङ्गणना गर्ने विषय स्पष्टसँग राख्यो । तिब्बततिरको जियोइड नेपाललाई उपलब्ध गराइदिए तथ्याङ्क प्रशोधन गरी नतिजा निकाल्न थप सजिलो हुने भनी नेपालले चिनियाँ पक्षसँग अनुरोध गरेको थियो । तर चिनियाँ पक्षले डाटा आदानप्रदान गर्ने आफ्नो नीति नरहेको भन्दै टारिदियो ।

प्रविधिको क्षेत्रमा विकासको उत्कर्षमा पुगेको देश हो, चीन । प्राविधिक क्षेत्रमा तुलनात्मक रूपमा कमजोर नेपालले भने अत्याधुनिक प्रविधि प्रयोग गरी आफ्नै पहलमा सगरमाथाको उचाइ मापन एवम् सङ्गणना गरी नयाँ उचाइ प्रकाशन गर्ने कुरालाई चीनले त्यति बेला प्रतिष्ठाको विषय बनायो । यहीबीच २०७६ असोज २५ र २६ मा चिनियाँ राष्ट्रपति सी चिनफिङले नेपाल भ्रमण गरे । भ्रमणका क्रममा सगरमाथाको उचाइ मापनको विषयले राम्रै चर्चा पायो । नेपाली पक्षले उचाइ मापनसम्बन्धी सम्पूर्ण काम सकिएको विषय दोहोऱ्यायो । तर चिनियाँ पक्षले उचाइ सङ्गणना मात्र भए पनि संयुक्त रूपमा सम्पादन गरी एकसाथ उचाइ घोषणा गर्ने प्रस्ताव नेपाल सरकारसँग राख्यो ।

बेइजिङ फर्किएलगतै नेपालले गरेको जस्तै विधि अवलम्बन गर्दै चिनियाँ टोलीले 'सर्भेइङ म्यापिङ' क्षेत्रमा भइरहेको आइसिटी प्रविधिको समेत प्रयोग गरी सगरमाथा उचाइ मापन कार्यक्रमलाई पुनः अघि बढाए ।

सन् २०२० अप्रिलमा चीनले ३५ जना आरोही शेर्पासहित ३० जना सर्भेयरको समूह बनाई तिब्बततिरबाट आधारशिविरमा टोली पुऱ्यायो । सन् २०२० अप्रिल ३० मा चिनियाँ सर्भे टोलीले तिब्बततिरको सगरमाथा आधारशिविरमै पत्रकार सम्मेलन गऱ्यो । र समग्र कार्यक्रमबारे जानकारी गरायो । स्टेट ब्युरो अफ सर्भेइङ एन्ड म्यापिङ बेइजिङका ५३ जना सर्भेयरले सन् २०२० मार्च २ देखि सुरू भएको खराब मौसम तथा सगरमाथा र आसपासका क्षेत्रमा फैलिएको कोरोना सङ्क्रमणको समेत प्रवाह नगरी सर्भे गर्दै अगाडि बढेको चिनियाँ समाचार संस्था *सिन्ह्वाले* त्यसै दिन उल्लेख गरेको थियो । चिनियाँहरूले पहिलो दर्जाको समतलन सर्भे ४८० किमि, दोस्रो दर्जाको समतलन सर्भे २४० किमि, जिएनएनएस सर्भे, १९० बिन्दुमा सापेक्षित भूआकर्षण सर्भे, एउटा बिन्दुमा निरपेक्ष भूआकर्षण सर्भे, एउटा बिन्दुमा 'एस्ट्रोनमिकल अब्जर्भेसन' र २१ बिन्दुमा 'प्लेट मोसन मनिटरिङ' सञ्जाल स्थापना गरेका थिए ।

अप्रिल ३० कै पत्रकार सम्मेलनमा अभियानका मुख्य पाँच उद्देश्यबारे पनि उनीहरूले बताएका थिए । चिनियाँहरूले आफ्नै बेइदु स्याटलाइट नेभिगेसन प्रणाली प्रयोग गरी सर्भे गर्ने, देशभित्रै निर्मित 'सर्भेइङ' र 'म्यापिङ' यन्त्र उपकरण प्रयोग गर्ने, मापनकार्यको शुद्धता बढाउन हवाई भूआकर्षण सर्भेको डाटा प्रयोग गर्ने, सगरमाथा र वरपरका प्राकृतिक

स्रोतलाई त्रिआयामिक प्रविधिद्वारा संसारभर देखाउने र सर्वेक्षकहरूले नै सगरमाथाको चुचुरो आरोहण गरी परिशुद्ध, भरपर्दो र आधिकारिक सर्भेका तथ्याङ्क लिने भनेर गरेका उद्घोषलाई चिनियाँ समाचार स्रोतहरूले उल्लेख गरेका थिए (हेर्नुहोस्, *विच्याट* पब्लिक प्ल्याटफर्ममा चिनियाँ भाषामा ३० अप्रिल २०२० मा प्रकाशित समाचार)।

*सिन्ह्वाले* सन् २०२० मे ३ मा प्रकाशन गरेको समाचारअनुसार नेपाल-चीन दौत्य सम्बन्ध स्थापना भएको ६५ वर्ष पुगेको अवसरमा चीनले सगरमाथाको उचाइ मापन गरेको उल्लेख गरेको छ। चीनले आफ्नो देशका नागरिकबाट सगरमाथाको चुचुरो चुमेको ६० वर्ष पुगेको अवसरमा आधुनिक किसिमले गरिने परिशुद्ध मापनले एउटा नयाँ सन्देशसमेत दिने बताएको थियो। सुरूमा १२ जना चिनियाँ सर्भेयरले सगरमाथा आरोहण गरी समिट अब्जर्भेसन गर्ने भनिएको थियो। तर पछि सर्भेयर चेन गाङ र वाङ उईलाई १२ जना क्लाइम्बरसहित चुचुरोमा पठाइएको थियो (हेर्नुहोस्, चिनियाँ समाचार एजेन्सी *सिन्ह्वाका* ल्हासा प्रतिनिधि हुवासियाले १८ मे २०२० मा अङ्ग्रेजीमा लेखेको 'टू सर्भेयर्स इन टिम हेडिङ टू द वर्ल्ड्स हाइएस्ट पिक' शीर्षकको समाचार)।

सन् २०२० मे २७ (२०७७, जेठ १४) बिहान ११ बजे चुचुरो पुगेको सर्भेयरसहितको त्यो टोलीले एक घण्टाभन्दा बढी समय शिखरमा बसी 'जिपिआर सर्भे' तथा 'जिएनएसएस अब्जर्भेसन' गरी तथ्याङ्क सङ्कलन गरेको थियो। सगरमाथाको चुचुरोमा यन्त्र उपकरणसहित सम्बन्धित सर्भेयर नै पुगेको यो दोस्रो पटक थियो (हेर्नुहोस्, *ग्लोबल चाइना डेलीका* तिब्बत क्षेत्र हेर्ने पत्रकार निमा पाल्देनले ३० अप्रिल, २०२० मा लेखेको समाचार शीर्षक 'हाइट अफ माउन्ट चोमोलङ्मा टू बी मेजर्ड बाई एक्स्पिडिसन')।

# उचाइ घोषणा

मन्त्रिपरिषद् बैठकले २०७७ मङ्सिर १० मा नेपाल र चीनबीच संयुक्त रूपमा सगरमाथाको नयाँ उचाइ घोषणा गर्ने निर्णय गऱ्यो । सोही बैठकले नापी विभागले निकालेको सगरमाथाको नयाँ मानाङ्कसमेत स्वीकृत गऱ्यो । लगत्तै नेपालको परराष्ट्र मन्त्रालय र चिनियाँ विदेश मन्त्रालयबीच कूटनीतिक तहमा छलफल भयो । र २०७७ मङ्सिर २३ मा सगरमाथाको नयाँ उचाइ सार्वजनिक गर्ने निर्णय भयो । तत्कालीन परराष्ट्रमन्त्री प्रदीप ज्ञवाली र चिनियाँ विदेशमन्त्री वाङ यीले मङ्सिर २३ (डिसेम्बर ८, २०२०) मङ्गलबार आआफ्ना देशका राष्ट्रपतिको शुभकामना सन्देश सुनाउँदै सगरमाथाको नयाँ उचाइ आठ हजार आठ सय ४८ दशमलव ८६ मिटर रहेको सार्वजनिक गरे ।

निकै लामो समयदेखि विवादमा रहेको सगरमाथाको उचाइ सम्बन्धमा नेपाल र चीन एकै ठाउँमा उभिएपछि सगरमाथाको उचाइ विवाद शृङ्खला अन्त्य भएको छ । नेपाल-चीन सम्बन्ध अझै न्यानो बनेको छ ।

# आभार

मलाई मार्गनिर्देशन गर्नुहुने आदरणीय गुरू मधुसूदन अधिकारी तथा पर्यटन विभागका महानिर्देशक तारानाथ अधिकारीप्रति ।

नापी विभागका अग्रज बुद्धिनारायण श्रेष्ठ, पुण्यप्रसाद ओली, तोयनाथ बराल, सुरेशमान श्रेष्ठ, आख्यानकार अमर न्यौपाने तथा प्राध्यापक एवम् साहित्यकार नारायणप्रसाद गौतमको सुझाव र सहयोगप्रति ।

पुस्तकका प्राविधिक विषयमा सहयोग गर्ने आदरणीय गुरूहरू गणेशप्रसाद भट्ट, जनकराज जोशी, कमल घिमिरे, अनिल मरासिनी र डा. देवराज पौड्यालप्रति ।

पूर्वीयशास्त्र सम्बन्धमा सल्लाह प्रदान गर्नुहुने नेपाल पञ्चाङ्ग निर्णायक समितिका अध्यक्ष प्रा. श्रीकृष्ण अधिकारी, उपप्राध्यापकद्वय लक्ष्मीप्रसाद बराल र कपिलदेव भट्टराईप्रति ।

पुस्तक सम्पादन गर्नुहुने मित्र भूमीश्वर पौडेलप्रति ।

पुस्तक प्रकाशनका लागि फाइनप्रिन्टका संस्थापकद्वय नीरज भारी र अजित बरालप्रति । उहाँहरूसँग चिनजान र समन्वय गराइदिने प्रिय दाइ विश्वशङ्कर पालिखेप्रति । लेआउटका लागि मञ्जु पौडेल र कभरका लागि सचिन यगोल श्रेष्ठप्रति ।

सगरमाथा उचाइ मापन सचिवालयका संयोजक तथा नापी विभागका उपमहानिर्देशक सुशील डङ्गोल, सदस्यहरू ई. महेश थापा, ई. विज्ञान बन्जारा, सुरजबहादुर केसीलगायत साथीहरूप्रति ।

मेरा प्रिय मित्र एवम् नेपाल पर्वतीय प्रशिक्षण प्रतिष्ठानका उत्तम भट्टराई, नापी विभागका प्रशान्त घिमिरे, हरिशरण नेपाल, सुवास भण्डारी, शिवप्रसाद जोशी, शरदचन्द्र मैनाली, सुदर्शन गौतम र गगन ढकालप्रति ।

सगरमाथा आरोहण बल र विवेकले मात्र गर्न सकिँदो रहेनछ, यसका लागि आत्मबल र भावनात्मक प्रेरणा पनि उत्तिकै चाहिँदो रहेछ । त्यही

आत्मबलका स्रोत पूजनीय आमा प्रेमकुमारी गौतम, बा भीमप्रसाद गौतम र प्रिय जीवनसाथी हेमाप्रति ।

दाइ लेखनाथ, भाउजू सन्तोषी र दिदीहरू सावित्री, घनमाया, देवी तथा बहिनीहरू पद्मा अनि मुनाप्रति ।

आदरणीय बुबा रूद्रप्रसाद हुमागाईं, ममी मनु हुमागाईं, दाइहरू सुदर्शन भट्टराई, प्रकाश चौलागाईं, सञ्जय हुमागाईं, डा. कृष्णमुरारी अधिकारी, सुशील गौतम, लीलानाथ भण्डारी, भाइ कृष्ण हुमागाईं तथा मामा किशोर अधिकारीप्रति ।

आदरणीय अग्रज अभिभावक वामदेव दीप अधिकारी, मित्र भरतराज शर्मा, चन्द्रा प्रसाईं, भूगर्भविद्हरू डा. सोमनाथ सापकोटा, डा. वसन्तराज अधिकारी र निजामती पर्वतारोही सङ्घका अध्यक्ष सुरथ पोखरेलप्रति ।

आदरणीय सरहरू कृष्णप्रसाद सापकोटा, रमेश ज्ञवाली, दामोदर ढकाल, टङ्कप्रसाद दाहाल र रामकुमार सापकोटाप्रति ।

गण्डकी अल्पाइन क्लबका संस्थापक अध्यक्ष नरेन्द्र शाही, सचिव गोविन्द गुरूङ तथा प्रेम गुरूङ र सुनारबहादुर गुरूङप्रति ।

मित्रहरू विष्णुप्रसाद शर्मा, ई. शैलेन्द्र बज्राचार्य, कमलबहादुर खत्री, भद्र शर्मा, विराट अनुपम, थानेश्वर गुरागाईं, छिरिङ जाङ्बु शेर्पा, कामी रिता शेर्पा, कल्पना महर्जन, मिङ्मा शेर्पा, सुदर्शन पौडेल, टासी लाक्पा शेर्पा, छिरिङ तेन्जिङ शेर्पा, विकास श्रेष्ठ तथा प्रिय भाइहरू चिरञ्जीवी गौतम, ई. दिनेश लामिछाने, विष्णु महर्जन, विष्णुप्रसाद अधिकारी, ई. शङ्कर केसी, ई. स्टालिन भण्डारी, ई. रविन कार्की, सन्दीप ढकाल, सुरजसिं भण्डारी र युवराज धितालप्रति ।

संस्थागत रूपमा सहयोग पुऱ्याउने नेपाल जियोमेट्रिक्स इन्जिनियरिङ सोसाइटी, नेपाल रिमोट सेन्सिङ एन्ड फोटोग्रामेट्रिक सोसाइटी, नेपाल सर्भेयर्स एसोसिएसन, नेपाल पर्वतारोहण सङ्घ, ट्रेकिङ एजेन्सिज एसोसिएसन अफ नेपाल (टान), एक्स्पिडिसन अपरेटर्स एसोसिएसन नेपाल र नेपाल नेसनल माउन्टेन गाइड एसोसिएसनप्रति ।

अनि प्रत्यक्ष-परोक्ष सहयोग पुऱ्याउनुहुने सबैप्रति ।

**- खिमलाल गौतम**

कात्तिक २५, २०७८

gautamkhimlal@gmail.com

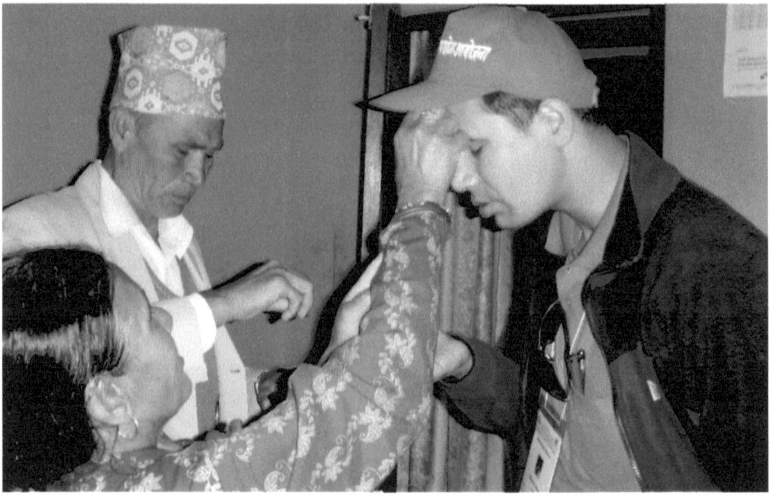

२०६८ सालमा सगरमाथा आरोहणअघि बाआमाबाट आशीर्वाद लिँदै ।

सगरमाथाको चुचुरोमा फहराउन नेपाल सर्भेयर्स एसोसिएसनको झन्डा हस्तान्तरण कार्यक्रम ।

२०६७ असारमा निजामती कर्मचारी प्रथम सगरमाथा आरोहणको पूर्वतयारीका क्रममा रसुवाको धुन्चेबाट लाङटाङतर्फ लाग्दै टोलीनेता लीलामणि पौड्यालसहित म ।

सगरमाथाको चुचुरोमा नेपाल सर्भे
एसोसिएसनको झन्डा फहराउँदै
पछाडि उभिने तुलसीराम भण्डारी
अगाडि म ।

२०६८ जेठ ४ मा सगरमाथाको चुचुरोमा (बायाँबाट म, ङा तेन्जी शेर्पा, सुवीर श्रेष्ठ र सन्तकुमार महज

नापी विभागद्वारा २०७४ मङ्सिर २५-२६ मा आयोजित सगरमाथाको उचाइ मापनका लागि वि
तयसम्बन्धी अन्तर्राष्ट्रिय कार्यशाला गोष्ठीमा म ।

२०७५ फागुनमा तालिमका क्रममा सहकर्मीहरूसँग लाङटाङमा ।

तत्कालीन प्रधानमन्त्री केपी शर्मा ओली र भूमि व्यवस्था, सहकारी तथा गरिबी निवारणमन्त्री पद्मा अर्यालसँग बालुवाटारमा ।

आइल्यान्ड पिक हिमाल आरोहणपछि आधारशिविरतर्फ फर्कंदै ।

आइल्यान्ड पिक चुचुरोमा नेपाल जियोमेट्रिक इन्जिनियरिङ सोसाइटीको लोगोसहित नापी विभागको टोली ।

आइल्यान्ड पिकको हाई क्याम्पबाट साँझतिर देखिएको मकालु हिमाल ।

दिवङ्गत आरोहीहरूको सम्झनामा थुक्ला हाइटमा बनाइएका स्तम्भ ।

आधारशिविरमा उचाइ मापन यन्त्र जाँच गर्दै ।

सगरमाथाको आधारशिविरमा तत्कालीन मन्त्री पद्माकुमारी अर्याल, सचिव गोपीनाथ मैनाली, महानिर्देशक प्रकाश जोशीलगायत ।

आधारशिविरबाट सूर्यास्तका बेला देखिएको नुप्चे हिमाल ।

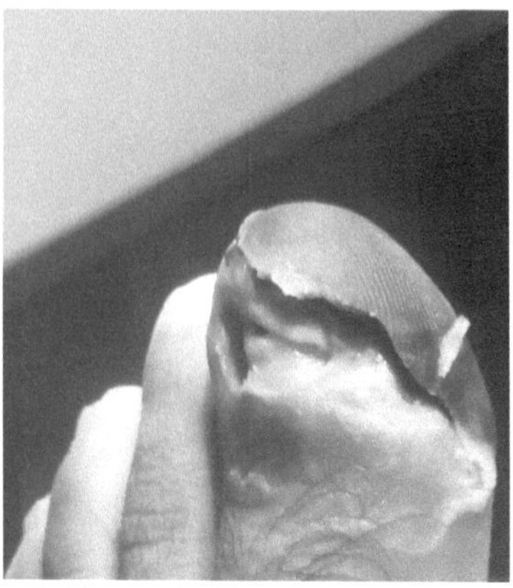

हिउँले खाएको मेरो खुट्टाको बूढीऔंला ।

लोबुचे पिरामिडको डाँडामा स्थापना गरिएको कोर्स स्टेसन ।

कालापत्थरमुनिबाट सगरमाथाको चुचुरोमाथि देखिएको बादल ।
यस्तो आकृति देखिएपछि मौसम बिग्रिने बताइन्छ ।

आधारशिविरबाट आइसफलतर्फ उक्लिँदै आरोहीहरू ।
*तस्बिर सौजन्य* : टासी लाक्पा शेर्पा

सगरमाथाको पहिलो शिविर ।

सगरमाथाको तेस्रो शिविर र ल्होत्सेमुनि देखिएको एलो ब्यान्ड ।

उचाइ मापन टोली सगरमाथाको एलो ब्यान्डमा ।

सगरमाथा चुचुरोमा म रविन र छिरिङ जाङ्बु शेर्पा, नापी विभागको ब्यानरसहित ।

सगरमाथाको चुचुरोमा जिएनएसएस उपकरणसहित म र रविन कार्की ।

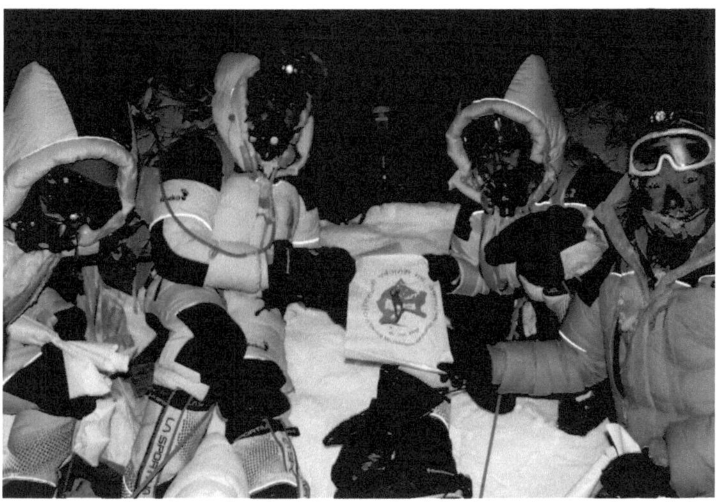

सगरमाथा चुचुरोमा निजामती पर्वतारोही सङ्घको लोगोसहित समिट अब्जर्भेसन टोली ।

सगरमाथाको उचाइ घोषणापछि नापी विभागमा तत्कालीन मन्त्री पद्माकुमारी अर्याललगायत उच्चपदस्थ व्यक्तिहरू ।

नापी विभाग प्राङ्गणमा समिट अब्जर्भेसन टोलीसहित म र हेमा ।

नापी विभाग प्राङ्गणमा उचाइ मापनमा खटिएका सर्भेयरहरू ।

सगरमाथाको आधारशिविर ।

कास्की धितालको बराह माविबाट सम्मानित हुँदै म, साथमा बाआमा ।

कास्कीको पोखरा नजिकै धितालमा जन्मिएका खिमलाल गौतम पेसाले सर्भेयर हुन् । साल्जबर्ग विश्वविद्यालय, अस्ट्रियाबाट भौगोलिक सूचना प्रणालीमा स्नातकोत्तर उनी निजामती सेवामा १७ वर्षदेखि कार्यरत छन् । दुई पटक सगरमाथा आरोहण गरिसकेका उनले २०७६ सालमा नेपालले पहिलो पटक सगरमाथाको उचाइ मापन गर्ने कार्यक्रमअन्तर्गत समिट अब्जर्भेसन सर्भे टोलीको संयोजकका रूपमा चुचुरोमै पुगी सर्भे गरेका हुन् । उनी दुई पटकसम्म सगरमाथा आरोहण गर्ने एक मात्र कर्मचारी एवम् सर्भेयर हुन् । नापनक्सा र सर्वेक्षणको क्षेत्रमा अतुलनीय योगदानका लागि सन् २०२१ को 'जियोस्पासियल वर्ल्ड'को संसारका ५० उदाउँदा ताराहरूको सूचीमा परेका गौतमको पहिलो कृति हो, *पन्ध्रौं चुली* ।

www.ingramcontent.com/pod-product-compliance
Ingram Content Group UK Ltd.
Pitfield, Milton Keynes, MK11 3LW, UK
UKHW042130021026
15589UKWH00003B/722

9 789937 746465